Seeamt Lübeck

Der Untergang des Segelschulschiffes Pamir

Seeamt Lübeck

Der Untergang des Segelschulschiffes Pamir

ISBN/EAN: 9783954270507
Erscheinungsjahr: 2012
Erscheinungsort: Bremen, Deutschland

www.maritimepress.de | office@maritimepress.de

Bei diesem Titel handelt es sich um den Nachdruck eines historischen, lange vergriffenen Buches. Da elektronische Druckvorlagen für diese Titel nicht existieren, musste auf alte Vorlagen zurückgegriffen werden. Hieraus zwangsläufig resultierende Qualitätsverluste bitten wir zu entschuldigen.

Seeamt Lübeck

Der Untergang des
Segelschulschiffes
» PAMIR «

I

INHALTSVERZEICHNIS

Abgrenzung der Aufgaben der Untersuchung

Ermittlung der Ursachen und Umstände des Untergangs

Erarbeitung von Lehren zum Nutzen der Seeschiffahrt

Keine Prüfung der Schuldfrage

Keine Stellungnahme zur Frage der Ausbildung auf
Segelschiffen, der Verwendung kombinierter Schul-
und Frachtsegler oder überhaupt zu Ausbildungs-
fragen

Grundlagen des Spruchs

243   Fest steht, dass die Schiffsleitung am 21.
          morgens über die Annäherung eines Hurrikans
          unterrichtet war. Hat sie aber so rechtzeitig,
          dass ein Ausweichen möglich gewesen wäre, also
          vor dem 21.9., davon erfahren?

244   Wahrscheinlich keine deutliche Warnung durch
          atmosphärische Vorzeichen, Barometer oder
          Dünung

V

S. PAMIR HEIMREISE Nr 6 MIT GERSTE

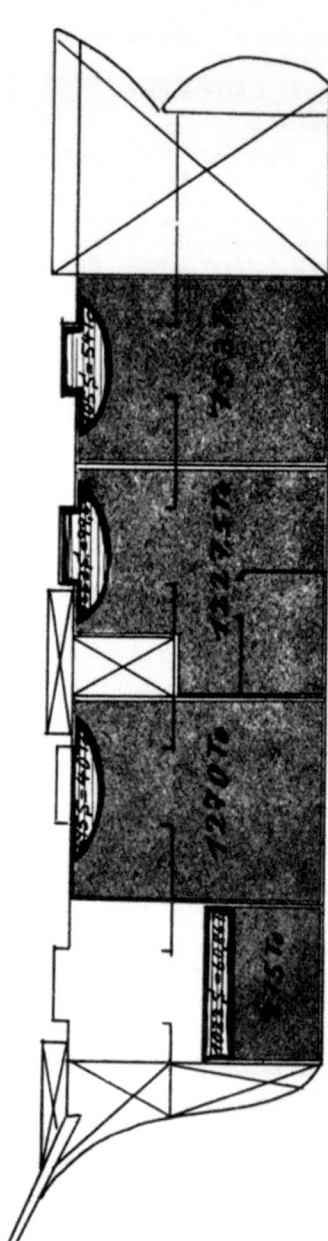

BUENOS AIRES, DEN 9.8.57

$TG_v = 22'11"$
$TG_H = 23'10"$
$\underline{TG_M = 23'4.5"}$

Luke	Säcke	To	Bulk	Gesamt
Nr. 1	1022	60.86	275	335.86
Nr. 2	695	40.00	1270	1310.00
Nr. 3	1663	99.64	1228.6	1327.74
Nr. 4	905	54.00	753	807.00
Gesamt	4285	254.50	3525.5	**3780 To**

Ba.

Seeamt Lübeck

In der Seeunfallsache

betreffend den Untergang des Segelschulschiffes
"P a m i r" am 21.September 1957 im Atlantik

hat das Seeamt in seiner am 6. - 1o., 14. und 2o. Januar
1958 in Lübeck abgehaltenen öffentlichen Sitzung, an
welcher teilgenommen haben:

    1. Amtsgerichtsrat Luhmann
            als Vorsitzender,

    2. a) Kapitän Kruse
       b) Seefahrtoberlehrer Kapitän Dobberthien
       c) Kapitän Seefisch
       d) Kapitän Krieger
           als Beisitzer,

    3. Kapitän zur See a.D.Wesemann
           als Bundesbeauftragter,

    4. Justizamtmann Schmelzer
           als Schriftführer,

nach mündlicher Verhandlung folgenden S p r u c h
verkündet:

Die Viermastbark "P a m i r", ein frachtfahrendes
Segelschulschiff, ist am 21.September 1957 gegen 16 Uhr
MGZ im Atlantik auf Position 35°57'N, 4o°2o'W, etwa 6oo
Seemeilen westsüdwestlich der Azoren bei schwerem Nordnordoststurm im Sturmfeld eines tropischen Orkans gekentert und gesunken. Von der 86 Mann starken Besatzung
konnten nur 6 Mann gerettet werden. Sie sind an den nachfolgenden Tagen aus zertrümmerten Rettungsbooten geborgen
worden. Alle übrigen sind ums Leben gekommen.

Die "Pamir" führte sämtliche Marssegel, Fock und
mehrere Stagsegel und segelte hart angebrasst mit
steuerbord Halsen am Winde, als der bisher etwa mit
Stärke 9 wehende Sturm in kurzer Zeit stark zunahm. Das
Schiff war diesem Winddruck mit den geführten Segeln, der
Segelstellung, seinem Beladungszustand und dem nicht mit
Ballastwasser gefluteten Tieftank stabilitätsmässig so
wenig gewachsen, dass es eine starke Backbord-Schlagseite
erhielt. Infolge Überschreitung ihres Böschungswinkels
kam die -zum grössten Teil lose geladene und während der
Reise gesackte- Gerste trotz aufgebauter Längsschotte in
Bewegung und ging in zunehmendem Maße nach Backbord über.
Ausserdem drang Wasser in die nicht überall verschlosse-
nen und auf Backbordseite bereits eingetauchten Aufbauten,
so dass auch deren Auftriebskraft verlorenging. Auf diese
Weise ist das Schiff gekentert.

"Pamir" besass die höchste Klasse des Germanischen
und des Britischen Lloyds.

Es sind keine Anhaltspunkte für die Annahme gegeben,
dass der Erhaltungszustand des Schiffskörpers bei dem
Untergang eine nachteilige Rolle gespielt hätte. Die
Masten, das stehende und laufende Gut und die Segel waren
in bestem Zustand. Die Funkeinrichtung war erstklassig
und ging über das bestimmungsgemäss Erforderliche hinaus.

Die Ausrüstung der "Pamir", insbesondere auch mit
Rettungs- und Signalmitteln, und auch die Rettungsboote
und deren Ausrüstung waren vorschriftsmässig. Zusätzlich
waren drei Schlauchboote vorhanden.

Bei der Besetzung des Schiffes mit Kapitän, Offizieren und Stammbesatzung haben sich die Schwierigkeiten ausgewirkt, die seit Jahren in dieser Richtung bestehen. Die Möglichkeit ist gegeben, dass die mangelnde Vertrautheit des Kapitäns mit den besonderen Segel- und Stabilitätseigenschaften der "Pamir" und die nur begrenzte Segelschiffserfahrung des I.Offiziers ungünstige Auswirkungen gehabt haben.

Die Gefährlichkeit, voraussichtliche Zugrichtung und Marschgeschwindigkeit des Hurrikans "Carrie" war seit Tagen von der für dieses Seegebiet massgeblichen Wetterfunkstation (Washington NSS) in laufenden Warnmeldungen -wenn auch hinsichtlich der Zugrichtung nicht immer zutreffend- der Schiffahrt bekanntgegeben worden. Ob der Schiffsleitung der "Pamir" die bedrohliche Annäherung dieses tropischen Orkans bis zum Morgen des Unglückstages unbekannt geblieben ist, konnte nicht geklärt werden. Die technischen Voraussetzungen für den Empfang der Orkanwarnungen sind gegeben gewesen.

Rückschauend betrachtet, wäre durch ein am 19.September durchgeführtes Beidrehen der "Pamir" oder durch Ausweichen in südliche oder östliche Richtungen eine gefährliche Berührung mit dem Orkanfeld vermieden worden. Die gesteuerten Kurse widersprechen aber auch dann nicht den anerkannten Regeln der meteorologischen Navigation, wenn man davon ausgeht, dass die Orkanwarnungen der Schiffsleitung bekannt gewesen sind. Die Segelführung und Segelstellung in den letzten Stunden dagegen widersprach jenen Regeln und hat sich sehr ungünstig ausgewirkt.

Die Such- und Rettungsaktionen sind, nachdem eine Aufforderung an alle im Umkreis von 2oo Seemeilen anwesenden Schiffe ergangen war, mit beispielhafter Organisation, Gründlichkeit und Ausdauer durchgeführt worden. Allen daran beteiligten Seeleuten, Reedern und nicht zuletzt den Fliegern gebührt Dank und Anerkennung.

Sehr nachteilig für das Auffinden der Überlebenden hat es sich ausgewirkt, dass der grösste Teil der Ausrüstung der nur in beschädigtem Zustand zu Wasser gekommenen Rettungsboote herausgeschlagen oder -gewaschen worden war und dass die wenigen übrig gebliebenen Signalmittel weitgehend versagt haben.

Folgende Lehren sollten aus dem "Pamir"-Unglück gezogen werden:

1.) Segelschulschiffe sollten nur Kapitänen anvertraut werden, die entweder das Schiff aus längerer eigener Fahrpraxis als Wachoffizier kennen gelernt haben oder Schiffe ähnlicher Grösse und ähnlicher Eigenschaften aus eigener Kapitänspraxis gründlich kennen.

2.) Als Offiziere sollten auf Segelschiffen nur Männer angemustert werden, die selber eine gründliche Segelschiffsausbildung -auch vor dem Mast- erfahren haben.

3.) Um sicherzustellen, dass Kapitäne und Schiffsoffiziere über die besonderen Stabilitätsverhältnisse ihres Schiffes unterrichtet sind und diese bei der Beladung und etwaigen Beballastung auswerten können, sollten die Stabilitätsblätter mit schriftlichen Erläuterungen versehen werden. Es sollte Vorsorge getroffen werden, dass diese schriftlichen Unterlagen auch nachfolgenden Kapitänen und Offizieren bekannt werden.
Dies gilt nicht nur für Segelschiffe.

4.) Getreide sollte auf Segelschiffen nur in Säcken und beim Vorhandensein eines allen Beanspruchungen standhaltenden Mittel-Längsschotts verschifft werden, sofern nicht seitens der Seeberufsgenossenschaft Einzelanweisungen für jedes frachtfahrende Segelschiff herausgegeben werden, die auf andere Weise ein Übergehen der Getreideladung zuverlässig ausschliessen.

5.) Im letzten Absatz von § 159 der Unfallverhütungsvorschriften sollte das Wort "möglichst" (dichtschliessend) gestrichen werden.

6.) Man sollte sich bemühen, aus bruchfesten und elastischen Kunststoffen Rettungsboote zu bauen, die den

besonderen Beanspruchungen beim Zuwasserbringen bei
Seegang und Schlagseite besser als hölzerne gewachsen
wären.

7.) Rettungsboote, Schlauchboote und Rettungsflösse, deren
Weiterentwickelung ebenfalls gefördert werden möge,
sollten von hell-leuchtender Farbe sein.

8.) Die Ausrüstung der Rettungsboote sollte durch Farbbeutel zur Färbung der Wasseroberfläche und möglichst
auch durch fest eingebaute automatische Notsender
oder schwimmfähige Funkbaken ergänzt werden. An die
Stelle eines grossen Wasserfasses sollten mehrere
kleinere Trinkwasserbehälter treten.

9.) Die Ausrüstung der Rettungsboote sollte wirksam gegen
Seeschlag geschützt werden.

lo.) Die Wasserfestigkeit der pyrotechnischen Signalmittel
sollte weiter entwickelt werden.

11.) Alle Rettungsboote, möglichst auch Schlauchboote und
Flösse, sollten mit Radarreflektoren versehen werden.

Auf See geblieben mit der "Pamir" sind:

> Johannes Diebitsch, Kapitän
> Rolf-Dieter Köhler, 1.Offizier
> Alfred Schmidt, 1.Offizier
> Gunther Buschmann, 2.Offizier
> Johannes Buscher, 2.Offizier
> Dr.Heinz Ruppert, Schiffsarzt
> Kurt Richter, 1.Ingenieur
> Erich Halbig, 2.Ingenieur
> Günter Schinnagel, Ingenieur-Assistent
> Günther Krohn, Ingenieur-Assistent
> Wilhelm Siemers, Funkoffizier u.Zahlmeister
> Richard Kühl, 1.Bootsmann
> Helmuth Lütje, 2.Bootsmann

Julius Stober, Segelmacher
Hermann Walter, Zimmermann
Werner Eggerstedt, Koch
Ingo Hamburger, Kochsmaat
Alois Daiser, 1.Steward
Hans-Peter Scheer, Messesteward
Gerd Holzapfel, Segelmacher-Matrose
Volkert Arfsten, Matrose
Dieter Koopmann, Matrose
Rolf Lühring, Matrose
Rolf Dellit, Matrose
Hartmut Gundermann, Matrose
Wilfried Kehr, Jungzimmermann
Gert Hein, Leichtmatrose
Helmut Schlüter, Leichtmatrose
Wolfram Leppert, Leichtmatrose
Hermann Geller, Leichtmatrose
Jürgen Schmitz, Leichtmatrose
Klaus Meier, Jungmann
Heiner Schmidt-Brinkmann, Jungmann
Karl-Otto Beck, Jungmann
Klaus Grunewald, Jungmann
Artfried Dierbach, Jungmann
Christiano Riemann, Jungmann
Peter Frederich, Jungmann
Dietrich Woite, Jungmann
Jan-Peter Kröger, Jungmann
Rüdiger von Minden, Jungmann
Helmut Westerkamp, Jungmann
Eberhard Strigler, Jungmann
Jürgen Fleischmann, Jungmann
Peter Fischer, Jungmann
Winfried Schüler, Jungmann
Peter Hensel, Jungmann
Manfred Hastedt, Jungmann
Franz Hutschenreuter, Jungmann
Uwe Stever, Jungmann

Klaus Driebold, Jungmann
Bertel Wippermann, Jungmann
Bernhard Küper, Jungmann
Friedrich von Bechtold, Jungmann
Werner Fluck, Jungmann
Olaf Lind, Jungmann
Hans-Dieter Bollmann, Jungmann
Peter Stöcks, Jungmann
Klaus-Diedrich Thorborg, Jungmann
Sönke Andresen, Jungmann
Hans-Gerd Born, Schiffsjunge
Gerhard Dorow, Schiffsjunge
Raimund Ellinghaus, Schiffsjunge
Klaus Förster, Schiffsjunge
Manfred Gerstenberg, Schiffsjunge
Holger Hartmann, Schiffsjunge
Uwe Hasselmann, Schiffsjunge
Albrecht Hepe, Schiffsjunge
Manfred Holst, Schiffsjunge
Axel Jensen, Schiffsjunge
Manfred Krumm, Schiffsjunge
Jürgen Meine, Schiffsjunge
Heiner Rosenbrock, Schiffsjunge
Peter Scheider, Schiffsjunge
Jochen Schnalke, Schiffsjunge
Hans-Jürgen Stampe, Schiffsjunge
Erwin Stangl, Schiffsjunge
Dieter Streeck, Schiffsjunge
Gerd Thies, Schiffsjunge
Peter Wittrock, Schiffsjunge

Als Sachverständige oder Zeugen sind vom Seeamt gehört
worden:

<u>Als Sachverständige:</u>

<u>Ehemalige Rahseglerkapitäne:</u>
   Kapitäne Piening, Lehmberg, Schütze, Wendt,
       von Zatorski und Ballehr;

<u>Für Meteorologie:</u>
   Reg.Rat (ORR a.D.) Dr.Rodewald, Seewetteramt Hamburg;

<u>Für Seefunkverkehr:</u>
   Fernmeldeoberinspektor Harder, Oberpostdirektion
                                    Hamburg;

   Reg.Amtmann Nanninga, Norddeich Radiostation;

   Funkoffizier Ewald, Hamburg-Altona;

<u>Für Stabilitätsfragen:</u>
   Professor Dr.Ing.Wendel, T.H.Hannover u. Universität
                                    Hamburg;

   Kapitän Platzoeder, Studienrat an der Seefahrtschule
                                    Hamburg;

<u>als Zeugen:</u>

<u>Vom Bundesverkehrsministerium Hamburg:</u>
   Ministerialdirektor Dr.Schubert,

   Ministerialrat Dr.Zwiebler,

   Regierungsrat Dr.Marienfeld;

<u>Vom Germanischen Lloyd:</u>
   Professor Dr.Schnadel,

   Dipl.Ing.Seefisch,

   Kapitän Sietas;

<u>Von der Seeberufsgenossenschaft:</u>
   Kapitän Groeschel;

<u>Von der Stiftung "Pamir und Passat" u. der Reederei</u>
<u>Zerssen & Co:</u>
   Dr.Wachs,

   Konsul Entz,

   Kapitän Dominik

Kapitän Eggers,

Kapitän Grubbe;

Kapitän Schmidt, Studienrat an der Seefahrtschule
Hamburg

Von der Howaldtswerft Kiel:
Direktor Klehn;

Die Überlebenden der "Pamir"-Besatzung:
Kochsmaat Dummer,
Leichtmatrose Haselbach,
" Wirth,
" Fredrichs,
Schiffsjunge Anders,
" Kraaz;

Frühere Besatzungsmitglieder der "Pamir":
Kapitän Greiff,
I.Offizier Meyer-Kaufmann,
Funkoffizier Schröder,
Leichtmatrose Roch;

Ferner:
Rechtsanwalt Dersch,
Kapitän Pütz.

In der Seeamtsverhandlung haben u.a. vorgelegen:
Generalplan der "Pamir",
Bau-Akte des Germanischen Lloyds,
Berichtsakte des Germanischen Lloyds,
Überholungsakte der Seeberufsgenossenschaft,
Korrespondenzakte der Seeberufsgenossenschaft,
Stabilitätsakte der Seeberufsgenossenschaft,
Auszug aus der Seemannskartei betr. Kapitän,
Offiziere und die gesamte Stammbesatzung der
"Pamir",
Schiffstagebuch-Reinschrift (Deck) über die vor-
letzte Reise (Nr.5) der "Pamir",
Meteorologische Monatskarten für den Nordatl.Ozean,

Deutsche Seekarten für den Atlantischen Ozean Nr.379,
Nr.383 und Nr.384,

Handbuch des Atlantischen Ozeans 1952

Entscheidungen des Reichsoberseeamts und der See-
ämter Bd.28 (enthält den Spruch des Hamburger
Seeamts über den Untergang des Segelschulschiffs
"Admiral Karpfanger"),

Schubart, "Praktische Orkankunde" 1934,

Krauss-Meldau, Wetter- u.Meereskunde für Seefahrer,

Rotermund, "Die Ladung", 4.Auflage.

T a t b e s t a n d :

Die Viermastbark "P a m i r" wurde im Jahre 19o5
für Rechnung der Reederei F.Laeisz bei Blohm & Voss in
Hamburg aus Schiffbaustahl gebaut. Sie wurde ausseror-
dentlich stark gebaut, weil die Reederei die im Jahre
19o2 beim Bau der Fünfmastbark "Preussen" verwandten
Längs- und Querverbände nun auf die erheblich kleinere
"Pamir" übertragen liess. Die "Pamir" ist zum Muster-
Schiff geworden für eine ganze Serie von Gross-Seglern,
die nur mit geringen Abweichungen in Länge, Breite und
Tragfähigkeit in den nachfolgenden Jahren für die Firma
Laeisz gebaut worden sind, darunter auch für die "Passat".
Die Abmessungen der "Pamir" waren:

Länge: 96,o3 m

Breite: 14,o4 m

Tiefgang: 7,99 m.

Der Raumgehalt in Registertonnen betrug brutto 31o3 und
netto 25o9. "Pamir", die das Unterscheidungssignal DKEF
erhielt, hat von 19o5 - 1914 insgesamt 18 Reisen um Kap
Horn zur südamerikanischen Westküste durchgeführt. Im
Herbst 1914 konnte sie -nachdem sie auf der Heimreise die
Nachricht vom Kriegsausbruch erhalten hatte- die Kanarischen Inseln erreichen und hat dort $5^{1}/2$ Jahre lang in
einer Bucht zu Anker gelegen. Nach dem Kriege konnte sie

ihre Salpeter-Ladung nach Hamburg bringen. Im Jahre 1921
wurde sie an Italien ausgeliefert; 1924 wurde sie von
der Reederei Laeisz zurückgekauft und wieder in Fahrt
gesetzt. Sie hat bis 1931 noch weitere 18 Mal das Kap
Horn umsegelt. Alsdann verkaufte die Reederei Laeisz
aus Rentabilitätsgründen -die Frachtraten waren inzwischen sehr schlecht geworden und versprachen keine Besse-
rung- die "Pamir" an den bekannten finnischen Reeder
Gustaf Erikson aus Mariehamn, der, weniger durch Löhne
und soziale Lasten beschwert, das Schiff mit bescheide-
nem Gewinn noch mehrere Jahre in der Weizenfahrt von
Australien und in der Erzfahrt von Neukaledonien einsetzen konnte. Im Juli 1941 lief die "Pamir" Wellington
auf Neuseeland an und wurde, da Finnland damals auf
deutscher Seite kämpfte, beschlagnahmt. Unter neuseeländischer Flagge hat "Pamir" in den nachfolgenden Jahren -bis Oktober 1948- 5 grosse Reisen, vorwiegend im
Pazifik, unternommen. Dabei hat sie auch einen richtigen
Hurrikan überstanden, bei dem 18 Segel verlorengegangen,
aber Menschen nicht zu Schaden gekommen sind. Nach einer
Englandreise wurde die Viermastbark im Jahre 1949 von
der neuseeländischen Regierung an den finnischen Reeder
Erikson zurückgegeben. Die Betriebskosten waren aber
inzwischen so gestiegen, dass Erikson sich im Jahre 1950
genötigt sah, die "Pamir" und die gleichfalls in seinem
Besitz befindliche "Passat" an die Werft van Loo in Antwerpen zu veräussern, die beide Schiffe abwracken wollte.
Hier erwarb der Lübecker Reeder Schliewen am 1.6.1951
die beiden Viermastbarken, um sie im Einvernehmen mit
amtlichen Stellen als frachtfahrende Segelschulschiffe
herzurichten und einzusetzen.

Nachdem die beiden Schiffe in Antwerpen einer einfachen Besichtigung zur Ausstellung eines Schleppfähig-
keitsattestes unterzogen worden waren, wurden sie nach
Lübeck und darauf nach Kiel überführt, um die erforderlichen Erneuerungsarbeiten, Um- und Ausbauten durchzu-
führen. Auf Veranlassung des Bundesverkehrsministeriums

wurde ein "Arbeitsausschuss Segelschulschiffe" gegründet,
dessen Vorsitz Prof.Dr.Schnadel (Germanischer Lloyd) übernahm und dem neben Vertretern des Bundesverkehrsministeriums und des Germanischen Lloyds u.a. auch Kapitän
Piening -ehemaliger Rahseglerkapitän, dann Inspektor der
Reederei Laeisz- angehört hat. Der Ausschuss sollte Richtlinien für den Umbau und die Herrichtung der beiden Segelschiffe zu Schulschiffen ausarbeiten. Er hat am 4. und 11.
7.1951 zwei Sitzungen abgehalten. Die wichtigste Forderung,
welche der Ausschuss aufstellte, war nach einem Bericht des
Germanischen Lloyds vom 31.1.52 diejenige, die Schiffe so
umzubauen, dass sie beim Vollaufen einer Abteilung noch
schwimmfähig blieben. Kapitän Grubbe (der jetzige "Passat"-
Kapitän) hat als Inspektor des Reeders Schliewen in Kiel
an den Um- und Ausbauplänen mitgewirkt und die Bauaufsicht
ausgeübt. Auch Kapitän Lehmberg, ehemaliger jahrelanger
Führer des Segelschulschiffes "Commodore Johnsen", ist
damals 3 Wochen in Kiel gewesen, um die Schiffe eingehend
zu besichtigen, die Überholungsarbeiten zu beobachten und
Ratschläge zu geben. Unter Aufsicht der Schiffs- und Ma-
schineninspektion Kiel des Germanischen Lloyds wurden sämtliche Platten gebohrt, gemessen und -soweit erforderlich-
erneuert. In der Seeamtsverhandlung hat ein Schiffsplan
1:2oo, Arbeits-Nr. 74loo der Howaldts-Werke, datiert vom
13.11.1951, vorgelegen, in welchem die Bohrergebnisse der
Aussenhaut niedergelegt worden sind. 35 Platten (von insgesamt 250 - 3oo) sind daraufhin erneuert worden. Auch im
Bereich des Oberdecks sind Erneuerungsarbeiten durchgeführt worden.

Die (stählernen) Masten und Rahen sowie die ganze
Takelage wurde gründlich mit allen Beschlägen überholt
und repariert. Die Rahen wurden an Land gegeben und gebohrt. Das stehende und laufende Gut wurde überprüft und
grossenteils erneuert, desgl. die Segel.

"Pamir" war schon unter neuseeländischer Flagge bei
Lloyds Register of Shipping klassifiziert worden. Im
Oktober 1951, als die Arbeiten bei Howaldt im Gange waren,

entschloss sich der Reeder Schliewen aus versicherungs-
technischen Gründen -nämlich um sicherzustellen, dass bei
den englischen Versicherern diese Segelschiffe nicht
ungünstiger behandelt würden als Dampfer und Motorschiffe-
auch die Klasse beim Britischen Lloyd zu erneuern. Vom
22.1o.1951 ab sind demgemäss auch die Experten von Lloyds
Register hinzugezogen worden.

Während das Schiff im Auftrag der neuseeländischen
Regierung fuhr, waren schon im Zwischendeck eine Segel-
koje, ein Proviant- und ein Kühlraum eingebaut worden;
auch hatte das Schiff eine E-Anlage und eine FT-Station
erhalten. Im Rahmen der Herrichtung zum frachtfahrenden
Segelschulschiff wurden bei Howaldt 1951 noch folgende
schiffbauliche Veränderungen getroffen:

Änderung des Hinterstevens für Einbau einer
Schraube,

Änderung des vorhandenen Einplattenruders zu
einem Verdrängungsruder,

Anordnung einer Stufe im Querschott Spant 6/8 für
die Stevenrohrlagerung,

Einbau von Rahmenspanten auf Spant 8, 11, 14
und 17,

Einbau des Hauptmotorenfundaments von Spant 8-18
und der Fundamente für die Hilfsmaschinen und den
Hilfskessel,

Anordnung und Einbau der für den Maschinenbetrieb
notwendigen Schmieröltanks, Tagestanks und Apparate,

Einbau von 4 wasserdichten Querschotten auf den
Spanten 25,47,87,12o und von stählernen Mittellängsschotten ausserhalb der Ladeluken von Spant 25 - 27,
35 - 37, 66 - 79, 87 - 1o3, 115 - 133, 139 - 143,

Einbau eines Tieftanks mit Längsschott und Tankdecke von Spant68 - 87, der wechselweise für Ballastwasser oder Ladung benutzt werden konnte.
(Diese Tieftanks wurden auf beiden Schiffen eingebaut,
um bei Verhol- und sonstigen kleineren Fahrten anderen Ballast einsparen zu können. Soweit stabilitätsmässig unbedenklich, sollte auch Ladung in den Tieftanks gefahren werden.)

Einbau der Bunkerquerschotte auf Spant 2o - 22 und
der Bunkerlängsschotte von Spant 2o - 25,

Einbau von Frischwassertieftanks von Spant 87 - 9o
und von Spant 12o - 125,

Verlängerung der Poop von Spant 8 - 25^1/2,

Einbau von 2 kleinen Deckshäusern,

Ausbau von 1o Raumbalken und 2 x 32 + 3 Stützen.

Durch die 4 neuen wasserdichten Querschotte und das vorhandene Vorpiekschott wurde das Schiff in 6 Abteilungen unterteilt. Die Schottabstände entsprachen bei Zugrundelegung einer Flutbarkeit von 33 % der Schottenkurve für ein Einabteilungsschiff der Fahrgastschiff-Verordnung 1932. Die Unterkunfsräume für die Schiffsjungen wurden in dem Zwischendecksraum oberhalb der Maschine angeordnet. Die Offiziere, Unteroffiziere und das Bedienungspersonal wurden mittschiffs, die Stammbesatzung achtern im Oberdeck untergebracht. An Deck wurden in Deckshäusern die Schmiede, die Zimmerei und (hinter dem Kreuztopp) das Lazarett eingerichtet. Die Häuser wurden durch Laufbrücken verbunden. Die Luken wurden zum Teil verstärkt, die Lukendeckel erneuert.

Als Hilfsmotor wurde ein 4 Te Krupp F 46 9oo PS, Baujahr 1943, also ein 6 Zylinder-Diesel-Motor von 9oo PS mit 35o Umdrehungen pro Minute, eingebaut. Die Maschine wurde grundüberholt, d.h. alle Laufbuchsen erneuert, Kolben und Kolbenbolzen zum Teil erneuert, die Kurbelwelle wurde eingeschliffen, sämtliche Lager wurden neu ausgegossen. Dazu kamen folgende Hilfsmaschinen:

2 Generatoren je 3o kw, 5o PSe,

1 Generator 15 kw, 25 PSe,

1 Hauptluftverdichter mit E-Antrieb,

1 Hilfsluftverdichter mit E-Antrieb,

am Hauptmotor angehängte Schmieröl- und Kühlwasserpumpen,

Reserve-Schmieröl- und Kühlwasserpumpe mit E-Antrieb,

1 Brennstoff-Förderpumpe mit E-Antrieb,

1 Lenzpumpe mit E-Antrieb,

1 Ballastpumpe mit E-Antrieb,

1 Deckwasch- und Feuerlöschpumpe mit E-Antrieb,

Anordnung eines Hilfskessels von 5 qm Heizfläche für die Heizungsanlage,

Einbau einer vollständigen Lenz- und Ballastanlage
für Laderäume und Ballasttanks.

Die Ausrüstung wurde ergänzt durch Anordnung von 8 kurzen
Ladepfosten mit Bäumen für eine Nutzlast von 2 to bzw.
2,5 to Tragfähigkeit bei 45 Grad Baumneigung einschliesslich der dazugehörigen 4 Dieselladewinden, ferner Einbau
einer Bootsbarring für 2 weitere Rettungsboote.

Die Funkeinrichtung wurde auf den modernsten Stand
gebracht. Einzelheiten hierüber und auch über die Ausrüstung des Schiffes mit Rettungsbooten und Signalmitteln
werden weiter unten bei der Beschreibung der Ausrüstung
des Schiffes vor Antritt der letzten Reise gebracht.

Die Kosten der Erneuerungs- und Umbauarbeiten allein
auf der "Pamir" sollen laut Angabe des Kapitäns Grubbe
rd. 2,5 Millionen DM betragen haben.

Nachdem alle Instandsetzungs- und Umbauarbeiten in
der Zeit vom 25.9. - 15.12.1951 zur Zufriedenheit der Besichtiger des Germanischen und des Britischen Lloyds durchgeführt worden waren, erhielt "Pamir" die höchste Klasse
des Germanischen und Britischen Lloyds: + loo A 4 bzw. loo
A 1. Entsprechend dem Schottentiefgang von 6,8 m erhielt
das Schiff den Freibord von 1,79 m.

Die Probefahrt, an der auch der Herr Bundespräsident
Heuss teilnahm, fand am 15.12.1951 statt. Anschliessend
wurde das Schiff um Skagen herum nach Hamburg überführt,
wo es mit Zement für Rio de Janeiro beladen wurde. Bevor
die "Pamir" wieder in Fahrt gesetzt wurde, ist auch die
Stabilitätsfrage geprüft worden. Hierüber ist an anderer
Stelle näheres zu sagen.

Nach 2 Südamerika-Reisen musste die "Pamir" (wie
auch die "Passat") in Hamburg bzw. Travemünde aufgelegt
werden, weil der Reeder Schliewen in Vermögensverfall geraten war. Am 2.4.54 wurde "Pamir" in Hamburg zwangsver-
steigert. Ersteherin war die Schleswig-Holsteinische
Landesbank und Girozentrale. Ein Konsortium von 4o deutschen Reedern schloss sich in der "Stiftung Pamir und
Passat" mit dem Sitz in Lübeck zusammen. Die Stiftung

wurde im Dezember 1954 vom Lande Schleswig-Holstein genehmigt. Mit Mitteln, die die Bundesregierung, die Länder
Schleswig-Holstein und Hamburg und die Stiftung aufbrach-
ten, wurden beide Schulschiffe wieder in Gang gesetzt. Kor-
respondentenreeder wurde die Eirma Zerssen & Co in Hamburg.
In ihrer Hand lag die Leitung und der Betrieb der Schulschiffe. Im Januar 1955 wurde ein neuer Fahrterlaubnisschein
beantragt und alsbald erteilt.

"Pamir" hat dann noch 6 Südamerika-Reisen gemacht. Von
der ersten ist sie im Juni 1955, von der zweiten im November 1955, von der dritten im Juni 1956, von der vierten im
November 1956 und von der fünften im Mai 1957 zurückgekehrt.
Von der sechsten ist das Schiff nicht zurückgekehrt.

Da "Pamir" gemäss den Vorschriften des Germanischen
Lloyds für die Klassifikation von Seeschiffen wie ein Fahr-
gastschiff behandelt wurde, war sie alljährlichen Besichtigungen unterworfen. Hinzutraten Sonderbesichtigungen nach
kleineren Havarien oder nach dem Auftreten von einzelnen
Schäden. Nach einer dem Seeamt vom Germanischen Lloyd ge-
lieferten Zusammenstellung haben in der Zeit vom April
1952 bis Oktober 1952 7 Besichtigungen und in der Zeit vom
Februar 1955 bis zum Mai 1957 lo Besichtigungen stattgefunden. Im April 1952 ist ein Aussenhautriss repariert und
im Juni 1952 eine Aussenhautplatte erneuert worden. Bei
der Bodenbesichtigung im Dock der Stülckenwerft am 3.2.1955
ist an einigen Platten beginnende Korrosion festgestellt
worden. Einige vereinzelte tiefe Löcher, die sich in die
Platten eingefressen hatten, sind durch Aufschweissen ausgefüllt worden. Bei der Klassenerneuerungsbesichtigung am
8.6.1956 im Dock von Blohm & Voss wurde eine Reihe von
Platten als erneuerungsbedürftig festgestellt. Sie sind
unter Aufsicht der Experten des Germanischen Lloyds und
des Britischen Lloyds erneuert worden. Nachdem auch Takelage (durch Kapitän Sietas), Maschine usw. besichtigt und
in bester Ordnung befunden worden waren, ist die höchste
Klasse beider Klassifikationsgesellschaften um 4 Jahre
verlängert worden.

Auf der fünften Ausreise segelte "Pamir" bis Antwerpen in Ballast. Hier übernahm sie eine Ladung von
25oo to Methylalkohol in Eisenfässern (insgesamt 11716
Fässer) für Montevideo. Kapitän Eggers hat von vornherein
Bedenken wegen des abnorm geringen Gewichts dieser Ladung
gehabt und schon in Antwerpen zwei Beladungsexperten hinzugezogen. Als man nach dem Auslaufen aus Antwerpen mehrere Tage vor Sturm bei Terneuzen vor Anker liegen musste,
ist versucht worden, durch Rollperiodenmessung die Stabilität zu überprüfen. Damals sind auch die Reuel-Rahen an
Deck gegeben worden. Kapitän Eggers wollte es allerdings
in der Seeamtsverhandlung nicht wahrhaben, dass dies aus
Sorge um die Stabilität geschehen sei; angeblich hat er
sie nur mit Rücksicht auf die winterlichen Stürme im
Nordatlantik und um sie einmal überholen zu lassen, an
Deck genommen. Tatsächlich sind diese Rahen jedenfalls
-das war aus dem Logbuch von Jan Peter Kröger zu entnehmen, welches dessen Vater in der Seeamtsverhandlung
vorlegte-, zeitlich im Anschluss an die Rollperiodenmessungen heruntergenommen worden. Sie sind auch nicht
wieder aufgebracht worden, nachdem man südliche Breiten
erreicht hatte. Sie sind überhaupt während der ganzen
Reise bis Montevideo an Deck geblieben. Auch der Funker
Schröder, welcher kommissarisch als Zeuge vernommen
worden war, hat einen ursächlichen Zusammenhang zwischen
dem Herunterholen der Rahen und den Sorgen um die Stabilität angenommen, und im gleichen Sinne hat der britische
Experte Mr.Noble den Sachverhalt verstanden, wie aus
seinem Bericht zu entnehmen ist. Wesentlich ist diese
Frage nicht, da -wie noch zu erwähnen- die Stabilität auf
dieser Reise nicht durch das Herunternehmen der Reuelrahen,
sondern durch das Fluten des Tieftanks entscheidend verbessert worden ist. Am 18.12.1956 wurde die Ausreise von
Terneuzen angetreten Der englische Kanal wurde bei flauen
Winden mit Motor durchlaufen Als aber auf dem Atlantik,
nach dem Passieren von Kap Lizard, die Segel gesetzt wurden, stellte man schon bei Windstärke 3 eine Schlagseite

von 11 Grad fest, und das Schiff zeigte so bedenkliche
Rollbewegungen und segelte so schlecht, dass Kapitän
Eggers, ohne die Entscheidung seiner Reederei abzuwarten,
sich am 21.12.1956 entschloss, umzukehren und den nächsten Hafen -Falmouth- anzusteuern, der am 22.12.1956
erreicht wurde. Kapitän Dominik (Inspektor der Reederei
Zerssen) flog nach Falmouth, wo er mit der Schiffsleitung der "Pamir" und auch mit einem hinzugezogenen
britischen Experten, Mr.Noble, Beratungen gepflogen hat.
Dann flog er nach Hamburg zurück, um mit Dipl.-Ing.
Seefisch vom Germanischen Lloyd über die Stabilitätsfrage zu beraten. Anschliessend begab er sich sogleich
wieder nach Falmouth. Erhebliche Teile der Ladung, vor
allem die im Tieftank gestauten 1256 Fässer mit Methylalkohol, wurden gelöscht, Zur Verbesserung der Stabilität wurde der Tieftank mit 760 to Seewasser geflutet
und ein Teil der Ladung -1300 Fässer Methylalkohol -
wurde vorsichtshalber zurückgelassen. Diese sind später
von der "Passat" abgeholt und mitgenommen worden. Die
Reise von Falmouth nach Montevideo mit geflutetem Tieftank und an Deck genommenen Reuelrahen ist gut verlaufen.

Nachstehend wird der Originalbericht des Mr.Noble
abgedruckt, der für die später zu erörternden Stabilitätsfragen von erheblichem Interesse ist. Er lässt u.a.
erkennen, dass die Rollperiode beim Einlaufen in Falmouth
24 Sek. nach dem Fluten des Tanks und Beladung gemäss
Empfehlung von Mr. Noble beim Auslaufen dagegen 16,5 Sek.
betragen hat.

Bei der Heimkehr von der fünften Reise ist wieder
Ladung im Tieftank gefahren worden.

W.J.Noble

Consulting engineer and naval architect

Town Quay Chambers

Falmouth

April 5, 1957.

This is to Certify

that the undersigned attended the four masted bargue

" P A M I R "

of the port of Lubeck, 3lo2,87 gross tons register, while
lying afloat in Carrick Roads, Falmouth, and subsequently
while lying alongside County Wharf, Falmouth Docks, on
behalf of See-Berufsgenossenschaft, relative to a reported
insufficiency of metacentric height.

It is stated that the vessel sailed from Antwerp
on December 12, 1956, laden with a cargo of 2,5oo tons of
methylated spirits in drums for Montevideo. When the vessel
reached open seas it was found that she listed abnormally
and, due to the development of this list as wind increased,
the Master decided to put about for Falmouth. When the
vessel was put about she was in position 49° 3o' N and 9°
3o' W and during the passage to Falmouth it was found
necessary to lower the upper sails and yards to the deck
and employ the auxiliary engine. The vessel arrived at
Falmouth at 4.00 p.m. on December 23, 1956.

For further particulars please refer to the
vessel's log book, extracts of which accompany this report.

December 24, 1956.

Proceeded to the vessel on this and upon subse-
quent dates and on sighting the Stowage Plan found that
the cargo consisted of 11,716 drums of methylated spirits
distributed in the various cargo spaces as follows:-

No. 1 Hold	1,388	Drums
No. 1 'Tween Deck Space		
No. 2 Hold	2,892	Drums
No. 2 'Tween Deck Space	1,043	Drums
Deep Tank	1,196	Drums
No. 3 Hold	1,621	Drums
No. 3 'Tween Deck Space	1,007	Drums
No. 4 Hold	1,714	Drums
Nr. 4 'Tween Deck Space	755	Drums
Total:-	11,716	Drums

It was recommended that the vessel's metacentric height be ascertained by practical experiment and the necessary plumb bob and line were hung from the rigging. On December 26, weather conditions were favourable and whilst the vessel was at anchor in Falmouth Outer Harbour an inclining experiment was carried out. As the crew formed an effective mobile sourse of weight each member was weighed and the available men assembled in two parties equal in weight and equi-distant from the centre-line of the vessel. Particulars of the apparatus and the result of the experiment were as follows:-

Length of plumb line = 34'-4"
Weight moved across deck = 2.79 Metric Tons
Distance weight moved across deck = 38'-0"
Mean deviation to port and starboard = 8 7/8
Displacement in salt water = 5.29o Metric Tons

GM = 2.79 x 38.oo x 34.33 x 12 = .93' or .28 Metres.

The period of roll was also taken and found to be 24 seconds and from the equation $GM = \left(\frac{f\,B}{T}\right)^2$ the GM was also found to be .28 Metres (the coefficient f was taken as .9o).

At this period a scale of transverse metacentric heights was not available, but based on the estimated centres of gravity, it appeared that the cargo in the deep tank would require to be removed, the tank filled with water and a minimum of 8oo drums leftashore. In view of the loss of metacentric height due to the

removal of cargo from the ballast tank and free surface
whilst the tank was being filled it was considered
necessary to first remove a number of drums from the
'tween deck spaces which could be replaced after the
ballast tank was filled.

It was also considered that the metacentric
height could be increased by simply flooding the ballast
tank but, owing to the possibility of this causing damage
to some of the drums in the tank, the Owners decided
against this procedure and made arrangements for the cargo
in the ballast tank to be discharged.

Prior to discharging the 1,256 drums from the
ballast tank 1,731 drums were discharged from the 'tween
deck spaces. The ballast tank was filled and 1,430 drums
reloaded in the 'tween decks in which condition the vessel
was again inclined and the GM computed as follows:-

Length of plumb line	= 34'-3"
Weight moved across deck	= 2.2575 Metric Tons
Distance weight moved across deck	= 38'-02"
Mean deviation to port and starboard	= 3.446"
Displacement in salt water	= 5,655 Metric Tons

$$GM = \frac{2.2575 \times 38 \times 34.25 \times 12}{5655 \times 3.446} = 1.80' \text{ or } 55 \text{ Metres}$$

The GM obtained from the 16.5 second period
or roll in the inclining condition was found to be
58 Metres.

The Master decided to load a further 297 drums
which, was estimated to reduce the GM to .53 Metres which
figure he considered satisfactory.

The cause for the lack of sufficient metacentric
height was discussed with the Master and it was stated
that when loading at Antwerp was nearing completion it
was found that the free space or volume allowed in the
drums for expansion was abnormally large. They considered
that when the vessel listed under sail the spirit in the
drums remained level thereby setting up an excessive

heeling moment which increased the list to a dangerous
degree. At first sight this seemed a reasonable explana-
tion, but later, when the question had been full considered this was found not to be so.

The ullage in a number of drums throughout the
cargo spaces was taken and found to range between 1.5 and
19 cms. By calculating the internal capacity of the drums
relative to the weight of the cargo, the average free
space in the drums was computed to be 5.3 cms. Assuming a
list of 10° it was found that this would alter the ullage
at each side of a drum from 5.3 cms. to 2 and 10^4 mm.
respectively resulting in a movement of approximately
33.5 tons for the entire cargo The centre of gravity of
the cargo was computed to shift only 6 mm. and the undersigned is therefore of the opinion that the free space in
the drums although greater than required to expansion had
no material affect on stability.

The results of the inclining experiments
carried out suggest that the disposition of the compara-
tively light cargo and the failure to fill the ballast
tank at Antwerp with 750 tons of water instead of with
cargo was the cause of the lack of sufficient metacentric
height.

Arrangements were made for the "PASSAT", which
was leaving Germany in ballast for Montevideo during
February, to be diverted to Falmouth for the cargo left
ashore.

W J. Noble.

Vor ihrer sechsten (und letzten) Ausreise wurde
die "Pamir" am 18. Mai 1957 bei Blohm & Voss erneut ein-
gedockt. Boden, Ruder und Luken wurden in Ordnung befunden. Die Klasse wurde bestätigt. Die Maschine wurde
zuletzt am 29. Mai 1957 besichtigt und erprobt.

Folgende Funkgeräte befanden sich an Bord:

1.) Hauptsender Telefunken SM 519-16o Watt-,
   Frequenzen: 41o,425,454,468,48o,5oo und 512 kHz

2.) Notsender Telefunken SM 2o3-5o Watt-,
   Frequenz: 5oo kHz

3.) Kurzwellensender Lorenz S 54o -21o Watt-, je drei
   Frequenzen im 4-, 6-, 8-, 12- und 16-MHz-Bereich

4.) Hauptempfänger Siemens E 66a,
   Frequenzbereich 12o bis 27ooo kHz

5.) Notempfänger Debeg E 5oo,
   Frequenzbereich 23o bis 53o kHz

6.) Selbsttätiges Funkalarmgerät Lorenz Lo 572a,
   Empfangsfrequenz 5oo kHz

7.) Automatischer Alarmzeichengeber Debeg AT 51o

8.) Tragbares Funkgerät Elektromekano/Hagenuk
   SM 1o8 KD 2, Frequenzen 5oo und 8364 kHz

9.) Decca Navigator "Mark V"

1o.) Richtungssucher Telefunken E 388,
   Frequenzbereich 15o bis 6oo kHz.

Die Hauptfunkanlage (Hauptsender, Hauptempfänger) sowie
der Empfängerteil des selbsttätigen Funkalarmgeräts und
der Kurzwellensender wurden aus dem 22o V= Gleichstrom-
netz des Schiffes betrieben. Zum Betrieb des Notsenders
und des Notempfängers sowie der Funkalarmanlage stand
eine 24 V= Blei-Akkumulatorenbatterie zur Verfügung. Sie
war in einem Kasten auf dem Ruderhaus aufgestellt und
ermöglichte einen ununterbrochenen Betrieb der gesamten
Notfunkanlage von mindestens 7 Stunden, während nur
mindestens 6 Stunden vorgeschrieben sind. Der automatische Alarmzeichengeber wurde von einem Uhrwerk getrieben
und ermöglichte die Aussendung des Telegrafie-Alarm-
zeichens wahlweise über den Haupt- oder Notsender. Das
tragbare Funkgerät war schwimmfähig und enthielt einen
Sender geringer Leistung für die Frequenzen 5oo und

8364 kHz, einen entsprechenden Empfänger, eine Handtaste und
eine automatische Taste zur Aussendung des Alarmzeichens
und des Notzeichens SOS. Die Betriebsspannung für dieses
Gerät wurde durch einen eingebauten Handgenerator erzeugt.
Das Gerät wurde für einen schnellen Einsatz in jedem beliebigen Rettungsboot bereitgehalten. Die Sendeantenne
war zwischen dem Grossmast und Kreuzmast, die Empfangs-
antenne zwischen dem Kreuzmast und Besanmast verspannt.
Eine Notempfangsantenne war aufgebracht; eine Notsendean-
tenne nicht, weil sie zwischen den Rahen nicht hinreichend
hätte gesichert werden können, wurde aber bereitgehalten.
Der Funkraum befand sich mittschiffs auf dem Hauptdeck an
Steuerbord. Für die Verständigung zwischen Schiffsführung
und Funker wurde vor der Ausreise noch ein besonderes
Sprachrohr zwischen Brücke und Funkraum eingebaut
        Die gesamte Funkanlage wurde zuletzt am 24.Mai 1957
für die Ausstellung eines neuen Telegrafie-Funksicherheits-
zeugnisses überprüft. Sie war in allen Teilen betriebsfähig
und entsprach in vollem Umfange den Anforderungen der Funksicherheitsverordnung. Die Reichweite des Haupt- wie auch
des Notsenders übertraf -besonders wohl infolge der grossen
Höhe der Sendeantenne- die Mindestforderungen der Funksicherheitsverordnung ganz erheblich. Der Hauptsender
musste nach dieser Verordnung eine Reichweite von mindestens
150 sm, der Notsender eine solche von mindestens loo sm
haben. Tatsächlich ist einer der Notrufe der "Pamir" (21.9.
um 14.18 MGZ) auf der Frequenz 5oo kHz von der Seefunk-
stelle "Hornkap" in einer Entfernung von ca. 600 sm noch
mit lesbarer Lautstärke aufgenommen worden.

        Die "Pamir" hatte auf ihrer letzten Reise folgende
Rettungsboote an Bord:
    Nr.1: Motorrettungsboot Nr.2517 von 8,3 cbm
          Inhalt für 29 Personen,
    Nr.2: Ruderrettungsboot Nr. 2518 von 7,3 cbm
          Inhalt für 25 Personen,
    Nr 3: Ruderrettungsboot Nr. 2645 von 7,49 cbm
          Inhalt für 26 Personen,

Nr. 4: Ruderrettungsboot Nr. 2644 von 8,55 cbm
    Inhalt für 3o Personen,

Nr. 5: Ruderrettungsboot Nr. 2514 von lo,8 cbm
    Inhalt für 37 Personen,

Nr. 6: Ruderrettungsboot Nr. 2515 von lo,8 cbm
    Inhalt für 37 Personen.

Demnach war also Rettungsbootraum für 184 Personen vorhanden. Das kleinste Boot Nr. 2 war 6,47 m lang. Alle
Boote waren aus Eiche diagonalkarveel gebaut. Die Stär-
ken der Verbände entsprachen den Vorschriften der SBG
vom Dezember 1941. Die Boote sind von der SBG wiederholt
besichtigt worden.

"Pamir" konnte 4 ihrer Boote im Normalfall sofort
aussetzen, da diese Boote unter Davits standen. Zwei Boote
konnten mittels Rollschlittens unter die hinteren
Davitpaare gezogen werden. Diese Aussetzvorrichtungen
hatten sich bei den Bootsmanövern bewährt. Das letzte
Bootsmanöver unter Aufsicht der SBG ist am 27.5.1957
in Hamburg durchgeführt worden. Der Bericht des nautischen Aufsichtsbeamten der SBG darüber lautet:

"Bootsmanöver abgehalten. Besatzung mit angelegten
Schwimmwesten angetreten. Boot 5 und 3 wurden
ausgesetzt und Ruderübungen abgehalten. Die Boots-
aussetzung mit Rollschlitten arbeitete einwandfrei
und schnell. Das Manöver klappte sehr gut. Keine
Beanstandungen."

Ausser den Rettungsbooten hatte "Pamir" zusätzlich
3 Schlauchboote an Bord. Es handelte sich dabei um
2 Doppelschlauchboote der deutschen Schlauchbootfabrik
Scheibert in Eschershausen für je 12 Personen, wie sie
von der SBG für Fischereifahrzeuge zugelassen sind und
ein kleines 4-Mann-Schlauchboot.

Die Rettungsboote und Schlauchboote waren voll
ausgerüstet. Bei der letzten Kontrollbesichtigung am
24.11.1956 war die Ausrüstung wie folgt festgestellt
worden:

    1 Riemen für jede Ruderbank,
    2 Reserveriemen,
    1 Steuerriemen,
    1 1/2 Satz Rudergabeln,
    1 Bootshaken,

1 Oesfass,
2 Eimer,
1 Ruder mit Pinne,
2 Kapp-Beile,
1 Sturmlaterne mit Oel,
2 Schachteln Sturmstreichhölzer,
2 Fallschirmsignale,
2 Rauchsignale,
6 Handfackeln, rot,
1 elektrische Lampe zum Morsen,
2 Reservebatterien,
2 Reservebirnen,
1 Tagessignalspiegel,
1 Mundhorn,
1 Mast und Segel, orange,
1 Kompass,
1 Treibanker,
2 Fangleinen,
5 kg Wellenoel im Behälter,
9lo g Lebensmittel pro Person,
45o g kondensierte Milch pro Person,
3 l Wasser pro Person in Fässern,
1 Schöpfgefäss und 1 Trinkbecher je Fass,
1 Klappmesser mit Dosenöffner,
1 Arzneiausrüstung,
2 Wurfleinen,
1 Lenzpumpe.

Die Fallschirmsignale, deren Gültigkeitsdatum
damals abgelaufen war, waren lt. Schreiben der Reederei
vom 26.1.1957 erneuert worden.

14 Rettungsringe haben sich an Bord befunden, von
denen 6 mit Nachtlichtern versehen waren. Die Rettungsringe waren rot/weiss gestrichen.

An Schwimmwesten waren für jedes Besatzungsmitglied
eine und ausserdem mehr als lo2 Reservewesten vorhanden.
Es hat sich um Korkwesten gehandelt, die den Richtlinien
der SBG vom April 1941 entsprachen.

Kapitän Eggers, der die "Pamir" seit ihrer Wiederin-
dienststellung als Kapitän gefahren und vorher lange Zeit
als I.Offizier an Bord Dienst getan hatte, wollte für die
6.Reise einmal aussetzen, um einen lange fälligen Urlaub
anzutreten und dabei sein Rheuma zu kurieren. Im Einvernehmen mit dem Vorstand der "Stiftung Pamir und Passat"
trat deshalb Kapitän Dominik als Inspektor der Korrespon-
dentreederei Zerssen & Co an den Kapitän Johannes

Diebitsch, der seit 1955 beim Verein zur Förderung des
seemännischen Nachwuchses in Bremen eine Landstellung be-
kleidete, mit der Anfrage heran, ob er bereit wäre, für
eine Reise vertretungsweise die Führung der "Pamir" zu
übernehmen. Kapitän Diebitsch erklärte nach einer gewissen
Überlegungszeit, dass er diese Aufgabe mit Freude übernehmen würde.

Kapitän Dominik hat in der Seeamtsverhandlung als
Zeuge nähere Angaben darüber gemacht, was ihn dazu be-
wogen habe, gerade an Kapitän Diebitsch heranzutreten.
Er hat dazu ausgeführt, dass nur ein Kapitän habe in Betracht kommen können, der die Voraussetzungen und Eigenschaften eines bewährten Schiffsführers, Seemannes und
Nautikers, eines alterfahrenen Segelschiffsmannes und
ausserdem eines besonders qualifizierten Menschenführers
und Ausbilders in sich vereinigte. Kapitän Diebitsch habe
seiner Auffassung nach allen diesen Ansprüchen genügt, da
er nicht nur als guter Seemann und Nautiker bekannt gewesen sei, sondern auch über reiche Segelschiffs- und
Schulschiffserfahrung verfügt habe und auf Grund seiner
letzten Tätigkeit bei dem Bremer Verein auch mit allen
Ausbildungs- und Erziehungsfragen und all den Dingen, die
für die Segelschulschiffe "Pamir" und "Passat" von Wichtigkeit waren, bestens vertraut gewesen sei.

Nach der Einleitung des vorliegenden Verfahrens hat
das Seeamt von der Seeberufsgenossenschaft Auszüge aus
der Seemannskartei für den Kapitän, die Offiziere und die
gesamte Stammbesatzung der "Pamir" erbeten und erhalten.
Nach diesen Auszügen in Verbindung mit den Angaben, die
dem Seeamt von der Witwe des Kapitäns und ihrem Rechtsver-
treter zugegangen sind, konnten folgende Feststellungen
über den beruflichen Lebensweg von Johannes Diebitsch,
geb. am 12.6.1896 in Magdeburg, Befähigungszeugnis zum
Schiffer auf großer Fahrt vom Februar 1925 (am 26.1.1932
umgetauscht in ein Befähigungszeugnis zum Kapitän auf
großer Fahrt - A 6) getroffen werden:

Vom April 1911 als Schiffsjunge, Leichtmatrose und
(März 1913 bis Juni 1914) Matrose auf dem Vollschiff
"Riegel"; anschliessend bis März 1919 als Matrose auf der
"Pamir", die aber, wie schon bei der Schilderung der Geschichte des Schiffes mitgeteilt, vom Herbst 1914 an über
5 Jahre lang bei den Kanarischen Inseln aufgelegen hat.
Von Oktober 192o bis Mai 1922 III.Offizier auf den Viermastbarken "Seefahrer" und "Majotte"; vom Juni 1922 bis
Juli 1926 Offizier auf verschiedenen Dampfern, vom August
1926 bis August 1927 Kapitän auf den Dampfern "Leonore"
und "Oderstrom"; vom August 1927 bis Januar 1928 II.Offi-
zier auf einem Dampfer; vom März 1928 bis April 1929
II.Offizier und anschliessend bis März 1933 I.Offizier
auf dem Segelschulschiff "Deutschland"; von März 1933 bis
Oktober 194o II. und I.Offizier auf verschiedenen Dampfern
und Motorschiffen des Norddeutschen Lloyds, zwischendurch
(vertretungsweise) 2 Monate lang Kapitän des MS "Hansestadt
Danzig". Von Ende 194o bis M tte 1941 Offizier auf dem
Hilfskreuzer "Kormoran". Nach dem Untergang dieses Schiffes ist er im Jahre 1941 in australische Gefangenschaft
geraten, aus der er erst 1947 in die Heimat zurückgekehrt
ist. Anschliessend ist er eine Zeitlang auf einem schwedi-
schen Schiff und dann auf dem Dampfer "Eschenburg" als
Matrose gefahren. Vom März 1952 bis zum Juni 1953 war er
I Offizier auf dem MS "Michael"; vom Juni 1953 bis Ende
Juni 1954 hat er die Yacht "Xarifa" des Tiefseeforschers
Hass, einen Dreimast-Gaffelschoner mit starker Hilfsma-
schine, nach Westindien und bis zu den Galâpagosinseln
geführt; nach der Rückkehr von dieser Reise hat er die
schon erwähnte Landstellung als Sachbearbeiter beim Verein zur Förderung des seemännischen Nachwuchses in Bremen
angetreten, von der er Ende Mai 1957 beurlaubt worden ist,
um vertretungsweise die Führung der "Pamir" zu übernehmen.

Als planmässiger I.Offizier wurde für die sechste
Reise Rolf-Dieter K ö h l e r , geb. am 1o.4.1928 in
Dresden, Patent A 5 vom 7.7.1955, angemustert. Nach dem
Auszug aus der Seemannskartei ist er vom 18.1. bis 5.11.

1945 Schiffsjunge auf dem Schulschiff "Kommodore Johnsen"
gewesen. Seine Jungmann-, Leichtmatrosen- und Matrosenzeit hat Köhler auf Motorschiffen und Dampfern, vom Mai
1946 bis zum August 1954 verlebt. Vom Juli 1947 bis Anfang
April 1948 ist er auf einem Küstenmotorschiff
"Regina" aus Brake gewesen. Auch nachdem er das Patent
A 5 gemacht hatte, ist er weiter auf Motorschiffen als
IV. und III.Offizier gefahren, bis er am 14.5.1956 auf der
amir" als II.Offizier angemustert wurde. Am 11.5.1957
t er zum I.Offizier aufgerückt, nachdem der bisherige
Offizier Meier-Kaufmann zum Besuch der Kapitänsschule
m Erwerb des Patentes A 6 abgemustert hatte.

    Als ausserplanmässiger weiterer I.Offizier kam für
die sechste Reise der bekannte Seeschriftsteller Alfred
Schmidt, geb. 24.7.1901 in Neumittelwalde, A 6 vom 2.10.
1931, auf die "Pamir" Er hatte seine seemännische Ausbildung kurz nach dem Weltkrieg 24 Monate lang auf den
Schulschiffen "Prinzess Eitel Friedrich" und "Grossher-
zog Friedrich August" begonnen und war dann von 1920 bis
Ende 1923 als Matrose auf verschiedenen Dampfern gefahren.
Vom März 1924 bis November 1924 ist er als Matrose auf
dem Laeisz-Segler "Peking" gefahren. Anschliessend war
er IV., III. und II.Offizier auf verschiedenen Dampfern
der Hansa-Linie bis Ende 1928. Nach 6jähriger Unterbrechung ist er auf den Dampfern "New York" und "Njassa"
der Hapag insgesamt ein Jahr als IV.Offizier gefahren.
Ende 1948 ist er 3 Wochen lang als Kapitän eines KFK
"Gud Win" gemustert gewesen und von März bis August 1951
hat er als Kapitän das Motorschiff "Crowlin" gefahren.
Vom Januar bis Juni 1952 hat Kapitän Schmidt unter der
Führung von Kapitän Eggers an einer "Pamir"-Reise teilgenommen. Er war als Verwalter gemustert und hat
nur einen Film gedreht. Vom November 1955 bis zum April
1956 war er II.Offizier auf einem Dampfer und vom Mai
1956 bis Juni 1957 I.Offizier auf dem Motorschiff
"Schauenburg". Am 6.6.1957 ist er als ausserplanmässiger
I.Offizier auf der "Pamir" gemustert worden.

Planmässiger II.Offizier der "Pamir" war seit dem
1.3.1957 Gunther B u s c h m a n n , geboren am lo.12.
1931 in Hamburg, Patent A 5 vom 5.lo.1956. Er war nach
5-monatiger Decksjungenzeit auf Dampfern schon am 1.8.
1951 als Jungmann auf die "Pamir" gekommen, ist am
19.6.1952 zum Leichtmatrosen befördert worden und im
Januar 1953 auf die"Passat" übergestiegen, wo er bis
Anfang März 1953 als Vollmatrose gemustert war. Nachdem
er das Patent A 5 erworben hatte, ist er am 8.lo.1956
auf die "Pamir" als III.Offizier zurückgekehrt. Am 1.3.
1957 ist er zum II.Offizier befördert worden. Kapitän
Eggers hat ihm unter dem 23.2.1957 ein Zeugnis ausgestellt, in welchem es heisst:

> "Er ist ein umsichtiger Offizier, der die
> Gabe besitzt, die Jungen für ihren Beruf
> zu begeistern. Als Wachoffizier ist er sehr
> zuverlässig. Besonders beim Segeln ist er
> durch seinen Überblick und schnelles Er-
> fassen jeder Lage ausgezeichnet."

Als ausserplanmässiger ("überzähliger") II.Offizier
kam für die sechste Reise auch noch der Kapitänleutnant
Johannes Buscher, geb. am 2.8.1918 in Düsseldorf, auf die
"Pamir". Er hatte vom April bis September 1935 die See-
mannsschule Finkenwerder besucht, war dann als Junge,
Leichtmatrose und Matrose bis zum August 1938 auf dem
Schulschiff "Deutschland" gefahren. Während des Krieges
hatte er das Seeoffizier-Hauptexamen bestanden, war auf
verschiedenen Fahrzeugen, besonders Minensuchbooten, eingesetzt worden und zuletzt U-Boot-Kommandant gewesen.
Er war von der Kriegsmarine für diese Fahrt abkommandiert
worden, weil er als Wachoffizier für das im Bau befindliche Segelschulschiff der Kriegsmarine vorgesehen war.
Für seine Anmusterung als überzähliger II.Offizier lag
die erforderliche Ausnahmegenehmigung vor.

Als Schiffsarzt wurde Dr.Heinz Ruppert, geboren am
26.8.1919, angemustert. Auf seinen Werdegang braucht hier
ebensowenig eingegangen zu werden, wie auf den Werdegang
der zwei Ingenieure: I.Ingenieur Kurt Richter, Patent

C 3 vom 31.1o.1952, geboren am 3o.1.19o5, und II Ingenieur
Erich Halbig, geboren am 13.7.1913, Patent C 3 vom 13.3.
1951, sowie der beiden Ingenieur-Assistenten Günther
Schinnagel, geboren am 28.7.1934 und Günther Krohn, geboren am 1.9.1936.

Wilhelm S i e m e r s , geboren am 27.1.19o5 in
Glückstadt, hatte schon im Jahre 1924 das für die Aus-
übung des Funkdienstes vorgeschriebene Seefunkzeugnis II.
Klasse erworben und seitdem verschiedene Ergänzungs- und
Nachprüfungen mit Erfolg abgelegt. Sein letztes Patent
(Funker II.Klasse)datierte vom 25.11.1952. Er war von 1925
bis 1957 mit verhältnismässig unbedeutenden Unterbrechungen
ständig als Funker, vielfach auch als Verwalter, Zahlmeister
und Funker zur See gefahren, vom August 1951 bis zum
Januar 1957 auf Schiffen der Hamburg-Amerika-Linie. Auf die
"Pamir" ist er im Mai 1957 gekommen, und zwar als Funker und
Verwalter.

Der I Bootsmann Richard K ü h l war am 21.1o.1889
geboren, also schon fast 68 Jahre alt. Er ist 19o5 zur See
gegangen und im Jahre 19o6 einige Monate lang auf Rah-
schonern in der Ostsee gefahren. Später ist er immer nur
auf Dampfern und Motorschiffen, aber schon seit dem Jahre
1923 als Bootsmann gefahren. Kapitän Eggers hatte ihn als
solchen im Jahre 1928 auf der "Monte Cervantes" kennengelernt. Er hat ihn im Jahre 1951 auf die "Pamir" geholt.
Kühl ist dann ständig, auch während der Aufliegezeit, an
Bord geblieben.

Der zweite Bootsmann Helmut L ü t j e war erst 2o
Jahre alt. Er war seit März 1954 zur See gefahren und
-neben Fahrtzeiten auf anderen Schiffen- 1955 neun Monate
und im Jahre 1956/57 sechs Monate auf der "Pamir" gefahren.
Am 22.5.1957 war er wegen vorzüglicher Bewährung vom
Matrosen zum zweiten Bootsmann befördert worden.

Der Lebensweg der 5 Köche und Stewards kann unerörtert
bleiben.

Der Segelmacher Julius S t o b e r war am 18.6.1892
geboren, also 65 Jahre alt. Er war mit Unterbrechungen

schon seit 1911 als Segelmacher zur See gefahren, darunter schon im Jahre 192o/21 einige Monate lang auf der "Passat". Seit Juli 1951 ist er ständig auf der "Pamir" als Segelmacher gemustert gewesen.

Der zweite Segelmacher Gerd H o l z a p f e l , geboren am 2.2.1937, war seit November 1955 auf der "Pamir".

Der erste Zimmermann Hermann W a l t e r , geboren am 12.3.1936, war schon seit dem Februar 1955 auf der "Passat" und später "Pamir" als Zimmermann und Leichtmatrose gemustert gewesen. Seit Mai 1956 war er als Zimmermann gemustert.

Der Jungzimmermann Wilfried K e h r fuhr seit Juni 1956 zur See und war seit dem 2o.5.1957 als Jungzimmermann auf der "Pamir" gemustert.

Als Vollmatrosen waren bei der sechsten Ausreise gemustert:

Volkert A r f s t e n , geb. 5.1.1938 in Flensburg. Er war seit Juni 1955 auf der "Pamir" und im Mai 1956 zum Jungmann, am 1.9.1956 zum Leichtmatrosen und am 1.3.1957 zum Matrosen befördert worden.

Dieter K o o p m a n n , geb. 28.12.1935, war seit November 1955 auf der "Pamir". Er war am 1.1.1956 zum Jungmann, am 1.9.1956 zum Leichtmatrosen und am 1.5.1957 zum Matrosen befördert worden.

Rolf L ü h r i n g , geb. 15.4.1938, war seit Juni 1955 auf der "Pamir". Er war am 16.5.1956 zum Jungmann, am 1.9.1956 zum Leichtmatrosen und am 1.3.1957 zum Matrosen befördert worden.

Rolf D e l l i t t , geb. 1o.1o.1937, war noch Leichtmatrose, als "Pamir" zur sechsten Reise von Hamburg in See ging. Er war seit November 1955 auf der "Pamir" und war am 1.3.1956 zum Jungmann, 1.1o.1956 zum Leichtmatrosen befördert worden, und stieg während der Reise am 1.7.1957 zum Matrosen auf.

Auch Hartmut G u n d e r m a n n , geb. 9.5.1939, war bei Antritt der sechsten Ausreise noch Leichtmatrose.

Er war seit Juni 1955 an Bord, war im Mai 1956 zum Jungmann, am 1.9.1956 zum Leichtmatrosen befördert worden und
ist am 1o.8.1957, also knapp 6 Wochen vor dem Unglück zum
Matrosen befördert worden.

Zur Zeit des Untergangs des Schiffes waren 7 Leichtmatrosen gemustert:

Gerd H e i n , geb. 16.1o.1937. Er war seit dem
17.11.1955 auf der "Pamir", war am 1.4.1956 zum Jungmann
und am 1.12.1956 zum Leichtmatrosen aufgestiegen.

Helmut S c h l ü t e r , geb. 29.3.1937, seit dem
19.11.1955 an Bord der "Pamir", war am 1.6.1956 zum
Jungmann und am 1.2.1957 zum Leichtmatrosen ernannt worden.

Wolfram L e p p e r t , geb. 6.9.1938, seit dem
8.6.1956 an Bord der "Pamir", war am 8.12.1956 zum Jungmann und am 1o.8.1957, also 6 Wochen vor dem Unglück zum
Leichtmatrosen ernannt worden.

Die gleichen Daten gelten für Hermann G e l l e r ,
geb. 14.9.1937, und für Jürgen S c h m i t z , geb. 8.2.
1937. Günther H a s e l b a c h , geb. 25.2.1937, an Bord
der "Pamir" seit dem 28.5.1956, war am 1.12.1956 zum
Decksjungen, am 1.3.1957 zum Jungmann und am 1o.8.1957
zum Leichtmatrosen aufgestiegen. Er war früher schon als
Segelmacher und Leichtmatrose an Bord gewesen und deshalb
bevorzugt befördert worden.

Hans-Georg W i r t h , geb. 2.11.1937, war seit dem
8.6.1956 auf der "Pamir". Er war am 1.1o.1956 zum Jungmann und am 1.6.1957 zum Leichtmatrosen befördert worden.

Hinzu traten 3o Jungmänner und 22 Schiffsjungen.

Vor der neuen Ausreise wurden in Ermangelung einer
Ladung im Tieftank 76o t Wasser geflutet und 1ooo t
Ballast an Bord genommen. Da "Pamir" noch einen englischen Hafen anlaufen sollte, fuhr Kapitän Eggers als
"Superkargo" bis Spithead-Reede mit. Während der Reise
dorthin hat durchweg flaues Wetter geherrscht, so dass
nur mit Maschine gelaufen wurde. Als s chliesslich in

Höhe der Insel Wight doch noch Windstärke 4 aufkam, wurden
die Segel gesetzt, um diese einigen englischen Gästen zu
zeigen. Dabei bat Kapitän Diebitsch den Kapitän Eggers,
ihm ein Wendemanöver vorzuführen. Er wollte sehen, ob die
Besatzung gut eingearbeitet wäre. Der Wind flaute jedoch
auf Stärke 2 - 3 ab. Kapitän Eggers hat dann ein Halse-
Manöver gefahren. Nach Beendigung dieses Manövers hat Kapitän Diebitsch dem Sinne nach geäussert, er habe sich
davon überzeugt, dass die Stammbesatzung und die Jungen,
die die zweite Reise machten, ihre Plätze kennten. "Pamir"
ist dann am 4.6. auf Spithead-Reede zu Anker gegangen.
Kapitän Eggers ist nach Deutschland zurückgekehrt, und
"Pamir" ist am 9.6. wieder ankerauf gegangen, um die Reise
fortzusetzen.

Der Reisebericht, den Kapitän Diebitsch über die Reise
von Spithead-Reede bis zum La Plata von Buenos Aires unter
dem 27.7.1957 der Reederei übersandt hat, lautet folgender-
massen:

"Auslauftermin Spithead-Reede 9.6. 8.12 Uhr, schwache,
umlaufende Winde ermöglichten eine Weiterreise unter
Segel und Maschine. Am 1o.Juni 1957 um 1o.o3 war
Lizard querab. In den nun folgenden Tagen frischte
der Wind etwas auf und drehte langsam über Nord auf
NO, so dass am 2o.Juni auf 25,2°N und 2o,8°W die
ersten nördlichen Ausläufer des Nordost-Passates
erreicht wurden.

Entgegen den jahreszeitlichen Voraussetzungen
wehte ein frischer Passat mit Stärke 5 der Tages-
Etmale über 2oo sm ermöglichte. Auf 7,8°N und 23,3°W
setzten die Mallungen ein. Die Weiterreise wurde
unter Zuhilfenahme der Maschine durchgeführt.

Die nördlichen Ausläufer des Südost-Passates
waren auf 3,5°N und 23,o°W wahrnehmbar, wurden
jedoch zeitweilig von einem schwachen Westmonsun
verdrängt. Kurz vor dem Äquator setzte der Südost
jedoch mit einer Stärke 4-5 ein, so dass eine
schnelle Weiterreise ermöglicht wurde.

Am 1.Juli 1957 wurde der Äquator auf 24,3° W
passiert. Reisedauer 26,3 Tage.

Auf 21,5°S und 37,0°W drehte der Wind über O
nach N. Innerhalb der nächsten 14 Tage war diese
Windrichtung vorherrschend.

Erst am 17.Juli auf 38,0°S und 53,5°W ent-
wickelte er sich rasant zur Sturmstärke und sprang
plötzlich nach Westen um.

Die Resultierende, das Schiff war gezwungen beizudrehen, um in schwerer Sturmsee günstigere
Wetterverhältnisse abzuwarten. Aber schon am 21.
Juli flaute es merklich ab, so dass am 22.Juli 1957
die La Plata-Mündung erreicht wurde. Ende der
Reise: 22.Juli 1957, 1o.5o Uhr, Recalada Feuerschiff.

Schiff geht laut Lotsenanweisung 4 sm südlich
von Recalada Feuerschiff vor Anker, um 1ooo to
Ballastsand zu löschen."

Die Überlebenden sind in der Seeamtsverhandlung gefragt worden, welche Segel beim Beidrehen vor der La-
Plata - Mündung gestanden hätten. Ihre Darstellung war
nicht ganz einheitlich, ging aber doch im ganzen dahin,
dass Vor- und Kreuz-Untermars, Besan und vielleicht
auch noch einige Stagsegel gestanden hätten.

Nachdem in dreitägiger Arbeit der Sandballast über
Bord geschaufelt war, ist "Pamir" wieder ankerauf ge-
gangen und hat am 26.7 morgens 9 Uhr in Buenos Aires am
Kai festgemacht

Schon am nächsten Tage begannen die Beladungsarbei-
ten.

Die "Pamir", die unter Kapitän Eggers schon fünf
Heimreisen mit Getreide (drei mit Weizen, die beiden
letzten mit Gerste) gemacht hatte, sollte in Buenos Aires
erneut eine Ladung Gerste übernehmen.

Einrichtungen für den Einbau von Längsschotten für
die Verschiffung von Getreide waren auf "Pamir" schon 1951

bei Howaldt getroffen worden. Die Planken, mit denen die
Längsschotten errichtet werden konnten, waren im Januar
1952 aufs Schiff gekommen. Die Längsschotte sind bei
allen Getreide-Verschiffungen aufgebaut worden. Wenn die
Planken nicht gebraucht wurden, wurden sie im Zwischendeck
gestapelt.

Durch ein Schreiben des Bundesministers für Verkehr
vom 23.1o.1956 war die Seeberufsgenossenschaft davon unterrichtet worden, dass Verhandlungen eingeleitet seien,
um bis zur Herausgabe einer deutschen Durchführungsver-
ordnung zu Kap. VI des Schiffssicherheitsabkommens 1948
-betr. Getreideschotte- die Bestimmungen der Unfallverhütungsvorschriften für Kauffahrteischiffe ("UVV") §§
157-159 weiterhin als massgebend für Getreideverschiffun-
gen vom La Plata durch Argentinien anerkennen zu lassen.
Zugleich war die S.B.G beauftragt worden, auf Antrag der
Reeder nach entsprechender Überprüfung Bescheinigungen
auszustellen, dass die genannten UVV-Bestimmungen erfüllt
seien. Nachdem die Reeder durch ein Rundschreiben des Ree-
derverbandes im gleichen Sinne unterrichtet worden waren,
war für zahlreiche Schiffe die Ausstellung einer solchen
Bescheinigung beantragt worden. Mit Schreiben vom 31.1o.
1956 hatte auch die Firma Zerssen für die beiden Segelschulschiffe bei der S.B G. die Ausstellung entsprechender Bescheinigungen beantragt. Auf diesem Schreiben
(Bl.16o der Überholungsakte der S.B.G.) befindet sich ein
Vermerk von der Hand des Sachbearbeiters der S.B.G.,
wonach, "da Zeichnungen oder sonstige Unterlagen über Ge-
treideschotten nicht vorhanden sind", mit Kapitän Dominik
(Zerssen) vereinbart worden sei, dass dieser die S.B.G.
benachrichtigen würde, wenn "Pamir" in einem deutschen
Hafen eintreffen würde. Die Bescheinigung könnte dann nach
Überprüfung der Einrichtungen ausgestellt werden. Diese
Besichtigung hatte am 13.11.1956 in Hamburg an Bord der
"Pamir" stattgefunden. Der formularmässige Besichtigungs-
bericht befindet sich Bl. 161 der Überholungsakte der
S.B.G., und auf Bl. 16 der Korr.-Akte befindet sich ein

eingehender Aktenvermerk, in dem es u.a. heisst:

"1.) Im Bereich der Luken sind losnehmbare Mittellängsschotte mit nachstehenden Abmessungen vorhanden:

   a) In den Oberräumen bis zu 2.oo m Stützenabstand
vorh.: 5o mm dicke Planken (Soll: 45 mm)
   " : gebaute Stützen mit Profil (wird beschrieben)
"Diese Stützen sind um etwa 7o% überdimensioniert.

   b) In den Unterräumen bis zu 2,5o m Stützenabstand
(desgl. in den Oberräumen bei gleichem Stützenabstand)
vorh.: 65 mm dicke Planken (Soll: 53 mm)
   " : gebaute Stützen mit Profil (wird beschrieben)
Diese Stützen sind also im ungünstigsten Falle
(Luke 4) noch um etwa 25% überdimensioniert"

2.) Der Plankenbereich in den Oberräumen erstreckt
sich jeweils über die volle Deckshöhe, entspricht also
der UVV-Vorschrift. Auch in den Unterräumen waren die
stählernen Stützen in voller Raumtiefe mit Holzplanken belegt, obwohl die UVV nur eine Plankenhöhe von
2/3 Raumtiefe fordert.

3.) Ausser den offengehaltenen Zwischendecksluken
sind im Zwischendeck Trimmluken in ausreichender
Grösse und in den zulässigen Abständen nach UVV vorhanden.

4.) Die stählernen Mittellängsschotte ausserhalb des
Bereichs der Luken entsprachen in ihrer Plattendicke
und ihren Versteifungsprofilen der vorstehenden Zeichnung die vom G.L. genehmigt wurde."
"Es konnte auf Grund des vorstehenden Besichtigungs-
berichts also die Übereinstimmung der vorhandenen Ge-
treideschotteinrichtungen mit den UVV-Bestimmungen
festgestellt und die Ausstellung der beantragten Bescheinigung empfohlen werden."

Die S.B.G. hatte daraufhin unter dem 16.11.1956
folgende Bescheinigung ausgestellt:
"Das Segelschulschiff "Pamir" ist in allen vier
Laderäumen ausserhalb des Lukenbereichs mit stählernen Mittellängsschotten in den Unterräumen und im
Zwischendeck versehen. Im Zwischendeck befinden sich
seitlich der Luken Trimmöffnungen von ausreichender
Zahl und Grösse. Einrichtungen für das Aufstellen
von losnehmbaren Getreideschotten in den Unterräumen
und im Zwischendeck im Bereich der Luken sind vorhanden.

Es wird hiermit bescheinigt, dass diese Einrichtungen hinsichtlich ihrer Lage und ihren Abmessungen
in allen Teilen den Vorschriften der See-Berufsgenossenschaft entsprechen."

Diese Bescheinigung war über die Reederei Zerssen der
Schiffsleitung zugeleitet worden.

Gegen Vorlegung solcher Bescheinigungen sind die
deutschen Schiffe in Buenos Aires ohne weitere Kontrolle
durch argentinische Behörden mit Getreide beladen worden.
Diese Bescheinigungen sind als gültig im Sinne der Anl.2
zur "Ordinanza-Maritima" No. 21/955 angesehen worden.
Die deutschen Sicherheitsvorschriften für Getreideschütt-
ladungen sind also als Ersatz für die von Argentinien vorgeschriebenen Schutzschotten (shifting boards) für die
aus argentinischen Häfen mit Getreideladungen auslaufen-
den Schiffe anerkannt worden.

Die Segelschulschiffe wurden in Buenos Aires von
der Maklerfirma "Agencia Maritima Sudocean" betreut. Nachdem seitens der Schiffsleitung die Ladebereitschaft erklärt worden war, hat ein Inspektor des "Instituto National de Granos y Elevadores" die Laderäume auf gehörige
Sauberkeit überprüft und eine entsprechende Bescheinigung
erteilt. Sodann wurde unter gleichzeitigem Aufbau der
Getreideschotte mit der Beladung begonnen, für die charter-
gemäss der Ablader die Verantwortung übernahm. Eine be-
hördliche Aufsicht über die Stauung und Trimmung fand

nicht statt, war auch nicht vorgeschrieben. Die Aufsicht
führten die Offiziere, insbesondere der Ladungsoffizier
Buschmann, die dabei auch, den Berichten zufolge, in
den Laderäumen herumgestiegen sind. Die Beladung ging in
der Weise vor sich, dass jeweils ein grösserer Posten
Gerste durch Rohre in die Laderäume geschüttet wurde, der
dann mit Schaufeln, teilweise auch mit den Händen, nach
den Seiten zu verteilen und in alle Ecken und Winkel zu
schieben war. Auch der Tieftank wurde mit Gerste beladen.

    Nachstehend wird der Originalstauplan (Ladezeich-
nung) wiedergegeben. Er ist vom 9.8.1957 datiert, von
Kapitän Diebitsch und dem II.Offizier Buschmann abge-
zeichnet und der Reederei Zerssen mit Luftpost übersandt
worden.

Insgesamt sind also 378o to Gerste verladen worden,
davon der weitaus grösste Teil, 3525,5 to im Bulk, d.h.
lose und nur der Rest von 254,5 to in Säcken. Nach dieser
Zeichnung sind nur Luke 3 und 4 restlos bis unter die
Lukendeckel gefüllt worden; Luke 2 nur bis zum Süll,
und Luke 1 ist nur bis zu etwa 2/3 des Unterraums gefüllt worden. Die dadurch in Luke 1 vorhandene freie
Oberfläche ist mit mehreren Lagen Säcken abgedeckt worden
In den Luken 2, 3 und 4 s   um die Lukenöffnungen herum
mit Gerste gefüllte Säcke ungeordnet worden. In Luke 1
sind 335,86 to, in Luke 2 131o,oo to, in Luke 3
1327,14 to und in Luke 4 8o7,oo to Gerste gestaut worden.

Mit Datum vom 9.8.1957 hat Kapitän Diebitsch der
Firma Zerssen folgenden Ladebericht übersandt:

"Am Freitag, den 26.7.57 erreichte SS "Pamir" den Hafen
von Buenos Aires und war um o8,45 Uhr an der Getreide-
pier (Arsenal D) gut und sicher vertäut. -Tiefgang bei
Ankunft: v 12'o2" h 16'o1" -

Die Ladearbeiten sollten erst am Sonnabend, den 27.7.
beginnen. Im Laufe des Vormittages wurde noch die Luke
2 ladebereit gemacht. Damit waren alle Räume bis auf
die gefluteten Ballasttanks klar. Die Inspektion der
Getreideanlage stellte darüber ein Attest aus.

Am Sonnabend, den 27.7. wurde pünktlich mit der Beladung begonnen. Gearbeitet wurde wie folgt:

Sonnabend 27.7.57	von o7.3o - 11.3o in L.2,3 und 4 Es wurden 7oo To Gerste geladen.	Wetter: trocken, zeitweise bedeckt.
Sonntag 28.7.57	Keine Ladearbeiten. Die Ballast- tanks wurden gelenzt und von der Mannschaft gereinigt. Um 16.oo Uhr waren die Tanks ladeklar.	
Montag 29.7.57	Von o7.3o - 11.3o) und 13.3o - 17.3o) in L.2,3 und 4 Es wurden 8oo To Gerste geladen.	Wetter: trocken, heiter
Dienstag 3o.7.57	von o7,3o - 11.3o) und 13.3o - 17.3o) in L.2,3 und 4 Es wurden 52o To Gerste geladen.	Wetter: trocken, heiter

Mittwoch 31.7.57	Von o7.3o - 11.3o in L.2,3 und 4 Wetter: Es wurden 195 To Gerste geladen. trocken, Die Trimmgang arbeitete mit Un- heiter lust ("a desgano") auf Grund eines gewerkschaftlichen Beschlusses. Nachmittags erschienen die Arbeiter zwar, wurden aber von der Stauerei unter diesen Umständen nicht in die Luken gelassen.
Donnerstag 1.8.57	Von o7.3o - 11.3o) und 13.3o - 15.oo) in L.1 Wetter: trocken, Es wurden 275 To Gerste geladen. heiter Da die Arbeiter weiterhin "a desgano" arbeiten wollten, konnte nur die gewünschte Menge in Luke 1 geschüttet werden.
Freitag 2.8.57	Keine Ladearbeiten.
Sonnabend 3.8.57	Keine Ladearbeiten.
Sonntag 4.8.57	Keine Ladearbeiten.
Montag 5.8.57	Von 9.3o - 11.3o) und 13.3o- 17.3o) in L.2 und 3 Wetter: trocken, Es wurden 43o To Gerste geladen. heiter Die Regierung hatte den Streik für illegal erklärt und die Reedereien und Agenturen auf- gefordert, mit eigenen Mannschaften oder an- geforderten Soldaten den Ladebetrieb wieder aufzunehmen. Das Schiff stellte daraufhin 43 Mann der Besatzung zum Trimmen.
Dienstag 6.8.57	Von o7.3o - 11.3o) und 13.3o - 17.3o) in L.2 und 3 Wetter: trocken, Es wurden 28o To Gerste geladen. zeitweise Insgesamt wurden 43 Mann der bedeckt Besatzung zum Trimmen gestellt.
Mittwoch 7.8.57	Von o7.3o - 11.3o) und 13.3o - 17.3o) in L.2 und 3 Wetter: trocken, Es wurden 17o To Gerste geladen. zeitweise Der Hafenarbeiter-Streik hielt bewölkt weiter an. Es wurden von der Besatzung 43 Mann zum Trimmen gestellt.
Donnerstag 8.8.57	Von o8.oo - 11.3o) und 13.3o - 17.3o) in L.2,3 und 4 Wetter: trocken, Es wurden 165,5 To Gerste geladen. zeitweise Ein Gang Soldaten trimmte in bedeckt Luke 1 die Schüttladung eben und deckte anschliessend Luke 2 bis zum Lukenschacht mit Säcken ab. 44 Mann der eigenen Besatzung trimmten in den Luken 3 und 4.

Freitag   Von o7.3o - 11.3o)   Wetter:
9.8.57   und 13.3o - 17.3o) in L.1,3 und 4 trocken,
          und 18.oo - 19.3o)   heiter
          Es wurden 244,5 To Gerste geladen.
          In Luke 1 wurde die Schüttladung durch einen
          Gang Soldaten mit 3 - 4 Sacklagen abgedeckt.
          Luke 3 und 4 wurde von der eigenen Besatzung
          mit Säcken aufgefüllt. Es wurden dazu insge-
          samt 44 Mann eingesetzt.

          Gesamte Ladung: __3780,oo To Gerste__
          Tiefgang = v: 22'11" h: 23'1o"

          mittl.Tg = 23'o4,5"

Zu den Ladearbeiten ist noch zu bemerken:

Besatzung und Soldaten haben gut und schnell gearbeitet.

Die Sackladung zum Abdecken und Sichern der Schüttladung

wurde unter ständiger Aufsicht der Schiffsleitung seefest

gestaut. Getreideschotten wurden nach Vorschrift gesetzt.

Beiliegend ein Stauplan.

          gez.Diebitsch   gez.Buschmann

            Kapitän   Ladungsoffizier

Eine formularmässige "Belastungsmeldung", aus

welcher auch das Gewicht des Brennstoffs, des Trink-

wassers und der Ausrüstung zu ersehen gewesen wäre,

-Kapitän Dominik hatte solche Formulare nach dem Muster

der HAPAG eingeführt- ist von der Schiffsleitung der

"Pamir" vor Antritt der letzten Reise nicht erstattet

worden. Beim Eingang des Ladeberichts und des Stauplans

ist ihr Fehlen bemerkt worden. Von einer telegraphischen

Nachforderung hat Kapitän Dominik aus folgenden Über-

legungen Abstand genommen: Menge der Ladung und Tiefgang

waren aus Ladebericht und Stauplan zu ersehen; der Bunker-

bestand war bis auf etwa 1o to genau zu berechnen, weil

das Schiff in Hamburg vor der Ausreise voll (1o5 to)ge-

bunkert und 346 Maschinenstunden für die Ausreise ge-

meldet hatte, so dass der Bestand in Buenos Aires zwi-

schen 6o und 7o to betragen haben musste. Hätte das

Schiff weniger als 6o to im Bunker gehabt, so hätte es

in Buenos Aires nachbunkern müssen und dieses über die

Reederei veranlasst. Der Frischwasserbestand ab Buenos
Aires stand fest, weil die Schiffe stets am letzten Tage
alle Tanks auffüllten (131 to einschl. Waschwasser). Die
Ausrüstung war bis auf etwa lo to genau bekannt, weil sie
auf allen voraufgegangenen Reisen fast die gleiche gewesen
war.

Wie schon aus dem Ladebericht zu ersehen, haben die
argentinischen Hafenarbeiter (Trimmer) vom 31.7.1957 ab
aufgrund eines gewerkschaftlichen Beschlusses "mit Unlust" gearbeitet. Sie haben so wenig geschafft, dass man
sich schliesslich genötigt sah, auf ihre Mitwirkung ganz
zu verzichten und die Trimmarbeiten durch die eigene Besatzung ausführen zu lassen. Zeitweise sind dabei auch
argentinische Soldaten eingesetzt worden. Viele der
Jungen haben in den Briefen, die sie aus Buenos Aires
an ihre Angehörigen geschrieben haben und die dem Seeamt eingereicht worden sind, lebhafte Klage über diese
Arbeit geführt, die sie teilweise als "mörderisch" bezeichneten; sie hätten keine geeigneten Staubmasken gehabt und wären fast erstickt; ihre Lungen seien so voll
Staub gewesen, dass sie sich mit fiebrigem Husten abends
in die Hängematten gelegt hätten; viele seien arbeitsunfähig
gewesen; die Gerste habe so stark gestaubt, dass man die
Sonnenbrenner auf 2 m Entfernung nur als hellen Fleck
hätte erkennen können. Die mit Werg gefüllten Taschen-
tücher hätten nur einen ganz unzureichenden Schutz gegen
den Staub geboten. Andere Jungen dagegen haben sich in
ihren Briefen weniger durch diese Arbeiten beeindruckt
gezeigt; die in der Hauptverhandlung vernommenen Überlebenden gingen sogar soweit, zu behaupten, es wäre
eine"Arbeit wie jede andere" gewesen.

Am lo.8.1957 hat "Pamir" Buenos Aires mit dem Be-
stimmungshafen Hamburg verlassen. Ihr Reiseweg ergibt
sich aus den Telegrammen, die die Schiffsleitung der
Reederei Zerssen & Co gesandt hat.

Nachfolgend der vollständige Telegrammwechsel
zwischen "Pamir" und der Reederei vom 11.8. - 2o.9.1957

(alles über Norddeich-Radio):

11.8. von "Pamir" an Reederei: "15.15 Uhr Anfang
der Seereise".

16.8. von "Pamir" an Reederei: "Position $34,19^{\circ}$S,
$43,01^{\circ}$W".

19.8. von "Pamir" an Reederei:
"Pos. $31,28^{\circ}$S, $36,48^{\circ}$W"

19.8. Reederei an "Pamir":
"Ladungsüberstunden Jungen zahlen"

22.8. Reederei an "Pamir":
"Ziehschein Buscher rückwirkend überweisen".

23.8. von "Pamir" an Reederei:
"Pos. $23,16^{\circ}$S, $31,30^{\circ}$W".

26.8. von "Pamir" an Reederei:
"Pos. $15,27^{\circ}$S, $30,51^{\circ}$W".

30.8. von "Pamir" an Reederei:
"Pos. $3,33$ S, $27,20$ W".

2.9. von "Pamir" an Reederei:
"Pos. $3,08$ N, $27,09$ W".

6.9. von "Pamir" an Reederei:
"Pos. $10,37$ N, $24,12$ W".

9.9. von "Pamir" an Reederei:
"Pos. $14,26$ N, $27,30$ W"..

10.9. Reederei an "Pamir":
"Meldet Bedarf aller Grade".

11.9. von "Pamir" an Reederei:
"Bedarf absolut 5 Nautiker, 2 Ingenieure,
1 Assistent, 1 zweiter Bootsmann, 3 Matrosen,
2 Leichtmatrosen, 1 Messesteward, 27 neue
Jungen, bedingt 1 Koch, 1 Schlachter, 1 Bäcker,
Messesteward"

13.9. von "Pamir" an Reederei:
"Pos. $19,58$ N, $33,32$ W". Bitte Ziehscheine
Buscher, Scheer stoppen".

16.9. von "Pamir" an Reederei:
"Pos. $24,10$ N, $38,12$ W".

20.9. von "Pamir" an Reederei:
"Pos. $32,58$ N, $40,48$ W".

Die Reise durch den Südatlantik und die Meeresgebiete beiderseits des Äquators ist ohne besondere
Vorkommnisse verlaufen. Durch die Mallungen ist "Pamir"
vielfach mit Motor gelaufen. Den Nordost-Passat hat sie
bei etwa 1o°N erreicht. Das wird am 6.9. gewesen sein,
als sie, wie die Positionsmeldungen erkennen lassen,
etwa 27o sm südlich der Kap Verden stand und eine scharfe
Kursänderung in nordwestliche Richtung durchführte. Am
18.9. hat die "Pamir" die Zone des Nordost-Passats end-
gültig hinter sich gelassen. An diesem Tage sind auch die
letzten Passat-Segel gegen die Schlecht-Wetter-Segel aus-
gewechselt worden. Am 19.9. ist die "Pamir" von dem MS
"Brandenstein" gesichtet worden. Sie fuhr mit Maschinenkraft auf nördlichem Kurs, es standen nur einige Stagsegel[+)]
    Am 21.9. zwischen 15 und 16 Uhr MGZ ist "Pamir" auf
Position 35°57'N 4o°2o'W, etwa 6oo sm südwestlich der
Azoren im Sturmfeld eines tropischen Orkans gekentert und
gesunken.
    Über die Entstehung und den Weg dieses tropischen
Orkans "Carrie" und über die Wind-, Wetter- und Seegangsverhältnisse, die "Pamir" vom 6.9. bis zu ihrem Untergang
angetroffen hat, und die damit zusammenhängenden Fragen
hat der Regierungsrat (Oberregierungsrat a.D) Dr.Rodewald
vom Seewetteramt Hamburg für die seeamtliche Untersuchung
einen umfassenden meteorologischen Bericht mit 11 Anlagen
(bildlichen und graphischen Darstellungen) erstattet. Der
Bericht beruht auf den Wetterkarten des deutschen Seewetteramts, den Zentralwetterkarten des deutschen Wetter-
dienstes und Auswertung zahlreicher weiterer Quellen. Er
wird nachstehend mit allen Anlagen abgedruckt. In Anlage I
ist der Weg der "Pamir" aufgrund der Positionsmeldungen
und auch die Bahn des Hurrikans eingezeichnet.

[+)]Wie nach der Seeamtsverhandlung bekannt geworden ist,
ist die Pamir am 18.9. auf 1 1/2 sm Abstand von dem
Tanker "Esso Bolivar" gesichtet (und sogar fotografiert)
worden. Auf der Fotografie ist zu erkennen, dass die
Mannschaft mit dem Schiften der Segel beschäftigt war.
Die Pamir ist auch an diesem flauen Tage mit Maschinenkraft gelaufen.

Meteorologisches Gutachten

zum Untergang des Segelschulschiffes "Pamir"
am 21.September 1957.

Einleitung:

Bei dem Untergang der "Pamir" handelt es sich um einen
Totalverlust, dessen Auslösung in Zusammenhang steht mit
einem tropischen Wirbelsturm, dem Hurrikan CARRIE, wie
ihn der nordamerikanische Hurrikan-Warndienst als dritten
der diesjährigen Saison benannte.

Die Anlage 1 gibt zunächst einen Überblick über die
Bahn von CARRIE, wie sie sich nachträglich darstellt. Es
ist eine ausserordentlich lange Bahn von vielen tausend
Seemeilen, die zunächst westwärts von der Region südlich
der Kapverden bis in das Seegebiet bei Bermuda und dann
ostwärts über die Azoren bis an die Westküste Europas
führt - und zeitlich überdeckt sie den grössten Teil des
Monats September 1957.
Das Hurrikan-Stadium (Windstärke 12) der tropischen Zyklone begann nach Mitteilung des National Hurricane
Research Center in West Palm Beach (Florida) am 5.September
mittags (vermutlich Schätzung) westlich der Kapverden; es
endete - wenn man nicht die Existenz des "Orkan-Auges",
sondern Windstärke 12 als Maßstab nimmt - erst am 23.Sep-
tember westlich der Biskaya, denn an diesem Tage meldete
ein Schiff noch Orkan ausWNW bei dem sehr tiefen Druck von
977 mb. Vom 24.September an füllte sich das Sturmtief in
zunehmendem Masse auf, und am 26.abends erlosch der schwache
Restwirbel im Hochland der Auvergne.

In die Bahnkarte von CARRIE (Anl.1) ist auch der
Weg der "Pamir" eingetragen, wie er sich in etwa nach den
der Reederei gemeldeten Positionen und aus der Sichtung
der "Pamir" durch das deutsche Motorschiff "Brandenstein"
(19.9.) ergibt. Er bildet gewissermassen die Sehne des
eigentümlichen westlichen Bogens, den CARRIE beschreibt.

1. Die erste Frage, die sich für den Meteorologen ergibt, ist: Trug sich die Begegnung der "Pamir" mit
CARRIE in einer Jahreszeit und in einem Seegebiet zu,
die eine Gefährdung durch tropische Orkane "normalerweise", im klimatischen Sinne, d.h. im langjährigen
Durchschnitt, aufweisen ? Und musste die Schiffsführung
daher die Möglichkeit einer dortigen Hurrikan-Begegnung
irgendwie in Rechnung stellen?

Was zunächst die Jahreszeit betrifft, so ist die
Antwort positiv. Das "Pamir"-Unglück ereignete sich
am 21.September, und im langjährigen Durchschnitt erstreckt sich die eigentliche tropische Orkan-Saison
- die Vor- und Nachsaison ausgenommen- im Nordatlantik
von August bis Oktober, wobei der September der Kernmonat mit der durchschnittlich grössten Anzahl von Hurrikanen ist. Genauer genommen, liefert die erste September-
hälfte das Maximum des Vorkommens, und da der Hauptteil
der Lebensgeschichte von CARRIE in die 1.September-Hälfte
1957 fällt, so liegt im zeitlichen Auftreten dieses
Hurrikans nichts Ungewöhnliches; er ereignete sich in der
Zeit grösster mittlerer Orkanwahrscheinlichkeit.

Anders liegen die Dinge inbezug auf die Örtlichkeit
des Geschehens. Der Untergang der "Pamir" erfolgte auf
der Position $35^\circ57'N$, $4o^\circ2o'W$. Die Häufigkeit tropischer
Orkane, die dies Seegebiet in Mitleidenschaft ziehen,
ist sehr gering.Normalerweise verfolgen die Hurrikane
einen näher der amerikanischen Ostküste und Neufundland
gelegenen Kurs, falls sie nach N bis NO umbiegen und
nicht in den Golf von Mexiko oder in die Vereinigten
Staaten hineinziehen. Und normalerweise liegt etwa dort,
wo CARRIE und "Pamir" sich begegneten, der Kern des
Azorenhochs mit seinen schwachen veränderlichen Winden.

Jedoch kann das Seegebiet der Unglückstelle auch
nicht als völlig ausserhalb der Gefahrenzone liegend
bezeichnet werden. Nimmt man etwa als gängige Bord-
Unterlagen für die Schiffsführung die Monatskarten für

den Nordatlantischen Ozean, das Handbuch des Atlantischen
Ozeans und die Praktische Orkankunde von L.Schubart an,
so finden sich in allen drei Werken Hinweise darauf, dass
auch in der hier in Frage stehenden Seeregion Wachsamkeit
während der Hurrikan-Saison geboten ist.

So ist z.B. auf der Rückseite der Juni- bis August-
Monatskarten die als Anlage 2 beigefügte Darstellung ge-
geben. Die schraffierten Flächen bezeichnen die Hauptge-
biete des Hurrikan-Vorkommens, wozu es im Text heisst:
"Die Grenzen der schraffierten Flächen sind als Mittel
anzusehen und schliessen deshalb das Vorkommen tropischer
Orkane ausserhalb derselben n i c h t aus." Zur September-
Darstellung in Anl. 2 ist (als +) die Untergangsstelle der
"Pamir" hinzugefügt; es ist aus der Kartenfolge ersichtlich, dass die Ostgrenze des Hauptvorkommens in etwa
35°N gerade im September am weitesten östlich liegt und
dass diese - natürlich rohe - Grenzlinie fast den Unfall-
ort der "Pamir" berührt.

Im Kapitel "Die tropischen Wirbelstürme" des Atlantik-
Handbuches heisst es bezüglich Vorkommen:
"Das Karibische Meer, der Golf von Mexiko und der
angrenzende südwestliche Nordatlantik sind das haupt-
sächliche Wirkungsfeld der Hurrikane. Das besagt aber
nicht, dass man in den östlichen Seegebieten vor ihnen
ganz sicher ist; gelegentlich entsteht und kurvt auch
einer ostwärts des 5o. Meridians nach Norden und kommt
dann vielleicht in die Nachbarschaft der Azoren".

In Schubarts "Praktischer Orkankunde" finden sich in
den Bahnkarten verschiedene dieser azorennahen Bahnen.
Schubart sagt (S.48), dass "diese östlichen Bahnen unsere
besondere Aufmerksamkeit verdienen", und gibt (S.11o) als
Beispiel den ausführlichen Bericht von Kapt. Jürgens,
D."Feodosia", wieder, der auf 33°N, 39°W im Oktober 1932
in das Randgebiet eines schweren Wirbelsturms geriet
(auch veröffentlicht n DER SEEWART, Jahrg.1933).

Es fehlt also in der Bordliteratur nicht an Hinweisen darauf, dass in der Hurrikan-Saison das letzte
Fahrtgebiet der "Pamir" noch unter die mit einem
Vorsicht!-Zeichen zu versehenden Gebiete fällt. Die
Wahrscheinlichkeit, in dem Raume zwischen 30° und 40°N,
35° und 45°W in unmittelbare Nähe eines Hurrikans zu
geraten, ist allerdings gering: nach einer Auszählung
für den Zeitraum 1901-56 kommt es während eines halben
Jahrhunderts etwa 7mal vor, dass ein Hurrikanzentrum
das genannte Zehngradfeld überquert, in dessen Mitte
der Untergangsort der "Pamir" liegt. Wenn aber ein
Hurrikan in dies Gebiet zieht, dann gewöhnlich aus der
Seeregion östlich oder südöstlich der Bermudas und nicht
aus der Gegend nördlich der Bermudas, die CARRIE am
17.September schon erreicht hatte. Insoweit gehört der
"Fall CARRIE" zu den seltenen Ereignissen.

Da die seltenen Ereignisse sich ihrer Natur nach der
persönlichen Erfahrung weitgehend entziehen, so konnte
auch die Schiffsführung der "Pamir" aller Wahrscheinlichkeit nach nicht aus eigener Erfahrung heraus damit
rechnen, in dem fraglichen Gebiet einen Hurrikan anzutreffen, wohl aber musste sie an Hand der gebräuchlichen
Bordliteratur die grundsätzliche Möglichkeit einer
solchen Begegnung mit in Rechnung stellen.

2. Die zweite Frage, die sich für den Meteorologen stellt,
ergibt sich aus dem Schiffahrtsgrundsatz, den L Schubart
in seiner Praktischen Orkankunde als den wichtigsten bezeichnet: "Gehe jedem tropischen Orkan aus dem Wege, falls
es möglich ist". Erstes Erfordernis für dies Ausdemwegegehen ist das Vermuten oder besser Wissen um das Vorhandensein des Orkans, seine ungefähre Position und Bahn. Daher
die Frage: Was war den direkt zuständigen Warnzentralen
über den Hurrikan CARRIE bekannt, und welche Warnungen
wurden demzufolge für die Schiffahrt ausgestrahlt?

Das U.S Weather Bureau in Washington hat bereits
am 24.September 1957 einen gedruckten "Preliminary

Report" über den Hurrikan CARRIE zusammengestellt, auf
dem die als Anlage 3 beigegebene Bahnkarte fusst. Die
Wasningtoner Darstellung enthält die für CARRIE heraus-
gegebenen "advisories" vom 6. bis 21.September. Während
dieser Zeit wurden von den Hurrikan-Warnzentralen des
U.S. Weather Bureau insgesamt 62 Warnungen vor CARRIE
herausgegeben, was als die wahrscheinlich grösste, jemals für einen atlantischen Hurrikan gegebene Zahl von
Warnungen bezeichnet wird.

Die Warnungen Nr. 1 - 18 wurden von der südlich
$2o^{\circ}N$ zuständigen Warnzentrale San Juan, Puerto Rico gegeben, die Warnungen Nr. 19 - 43 von der für die Zone
$2o-35^{\circ}N$ zuständigen Warnzentrale Miami, Florida, die
Warnungen Nr. 44 - 62 für den nordlichsten Bahnabschnitt
von der Warnzentrale Washington, D.C.

Diese Zuständigkeit für Warnbereiche besagt im
übrigen nicht, dass nur die betreffenden Sendestellen
die Hurrikan-Berichte verbreitet haben. Natürlich hat
z.B. die bekannte Sendestelle Washington/NSS im Rahmen
ihrer übergeordneten, grossräumigen Wettersendungen für
die Schiffahrt Warnungen vor CARRIE von der Entdeckung
an regelmässig (4mal täglich) ausgestrahlt: Wiederholungen (z.T. auf Grund neuer Unterlagen etwas abgewan-
delt) der Berichte von San Juan bzw. Miami.

Anl. 4 gibt die Einteilung des Nordatlantik in die
offiziellen Zuständigkeitsbereiche wieder. Die Ostgrenze des von Washington betreuten Gebietes liegt bei
$35^{\circ}W$, so dass für die "Pamir" bei etwa $4o^{\circ}$Westlänge die
- bei allen Schiffsführern und Funkoffizieren wohlbekannten und geschätzten - NSS-Berichte in erster Linie
für die Aufnahme in Frage kamen. Dies auch deshalb,
weil nördlich $3o^{\circ}$Nordbreite die Wetterstörungen in der
Regel aus westlicher Richtung heranwandern, weil die
USA allen eine direkte Hurrikan-Erkundung betreiben,
weil ausserdem die Washingtoner Atlantik-Wetterberichte
am häufigsten (alle 6 Stunden) und auf mehreren Frequenzen mit guter Hörbarkeit verbreitet werden.

Mittels weitreichender Aufklärung durch Flugzeuge,
die immer wieder bis ins Zentrum des Hurrikans vordrangen,
ist die Intensität, Ausdehnung und Bahn von CARRIE vom
7.September an weitgehend unter Kontrolle des Orkan-Warn-
dienstes der USA gehalten worden. Die erste definitive
Fixierung des Zentrums durch die U.S. Air Force auf
17.3°N, 42.6°W (7.9.) wird als die wahrscheinlich weitest
östliche angegeben, die jemals von einem Hurrikan-Auf-
klärungsflugzeug im tropischen Atlantik erzielt wurde.
Der letzte Hurrikan-Anflug erfolgte am 21.September
abends auf 35.3°N, 35.8°W, als die "Pamir" schon gesunken war.

So wurde die eigenartig deformierte Bahn von CARRIE
2 Wochen lang über eine Seestrecke von etwa 4 ooo Meilen
verfolgt, und der Hurrikan kann wohl zu den von den USA
aus bestaufgeklärten gerechnet werden.

Anscheinend sind, während der sehr langen Bahn und
Lebensgeschichte von CARRIE, etwa 2 Wochen hindurch nur
recht wenige Schiffe in sein eigentliches Orkanfeld geraten. Dies kann, zumindest mittelbar, der Kette von
Warnungen zugeschrieben werden, die an Hand der Flugzeugaufklärung auf die jeweilige Schwere des Hurrikans
hinweisen konnten und der Schiffahrt entsprechende Vorsicht, zeitweise "äusserste Vorsicht" anempfahlen. Dem
Seewetteramt ist eine ganze Reihe deutscher Kapitänsberichte aus der Nordatlantikfahrt zugegangen, welche
den laufenden Empfang der Warnungen vor CARRIE, eine
sorgfältige Verfolgung der Wetterlage und der Bahn von
CARRIE und eine dementsprechend durchgeführte meteorologische Navigation mit erfolgreicher Umgehung des
Sturmfeldes erkennen lassen. Allerdings konnte die
"Anita", worauf noch zurückzukommen ist, sich dem Hinein-
geraten in zeitweiligen Orkan aus ONO bis NNO am 2o.Sep-
tember abends in etwa 35°N, 46°W nicht mehr entziehen.

Diese Räumung der Orkanbahn durch die Schiffe kann
geradezu dazu führen, dass kaum noch Schiffswetter-
meldungen eingehen, die den genaueren Standort und die

Intensität des Wirbelzentrums erkennen lassen. Umsomehr
wird dann der Rückgriff auf die Ergebnisse der Flugzeugaufklärung für jeden diese Gebiete betreuenden Seewetter-
dienst zum Gebot.

Trotz der fortschrittlichen Überwachung der Orkanbahn darf allerdings nicht übersehen werden, dass dem
Warndienst noch Unzulänglichkeiten anhaften, die ein
Schiff in die Gefahr des Hineingeratens in den Hurrikan
bringen können. Für den meteorologischen Dienst bestehen
noch zwei Hauptschwierigkeiten:

   (a) die Bildung oder bevorstehende Bildung eines
       Hurrikans rechtzeitig zu erfassen, besonders in
       Gebieten mit wenig Schiffahrt und wenig Schiffs-
       wettermeldungen

   (b) die Bahn des Wirbelsturms nach Richtung und Ge-
       schwindigkeit mit stets genügender Genauigkeit
       vorherzusagen, besonders für längere Zeit als
       12 oder 24 Stunden.

Die Gefahr für die Schiffahrt ergibt sich wegen (a) naturgemäss am Anfang der Orkanbahn, wegen (b) besonders
am Ende der Orkanbahn, da sich dann die Geschwindigkeit
des Fortschreitens oft erheblich steigert und ein relativ geringer Zugrichtungsfehler oder ein Geschwindig-
keitsfehler viel stärker ins Gewicht fällt als bei
langsamer Wanderung des Hurrikans.

   Bezeichnenderweise sind denn auch bei CARRIE besonders im Anfangs- und im Endstadium Schiffe hinein-
geraten: im Anfang das Schiff "African Star", gegen
Ende die "Pamir". Auf die Meldung der "African Star"
vom 6.September über einen schweren ONO-Orkan von 8o
Knoten, in den sie geriet, geht überhaupt die Entdeckung von CARRIE in etwa 16°N, 39°W zurück. Diese
Meldung löste die erste Hurrikan-Warnung von San Juan
am 6.September abends aus. Allerdings waren - nach
Angabe von Washington - die ersten Anzeichen der Entwicklung schon aus Flugzeugberichten der PANAIR do
BRAZIL vom 2.September zu erkennen, indem diese auf den

Beginn einer zyklonalen tropischen Störung südlich der
Kapverden hindeuteten.

Der Entstehungsherd des späteren Hurrikans CARRIE
liegt damit rund 5oo sm NNW des damaligen Standortes
der "Pamir". In dem verkehrsarmen Gebiet zwischen 13°N,
25°W und 15°N, 38°W muss sich dann vom 2. bis 6.September
die Umwandlung der zyklonalen Störung in einen voll-
entwickelten Hurrikan abgespielt haben, ohne dass irgendwelche Meldungen diesen Übergang belegten. So bildete sich -was an Bord der "Pamir" Anfang September
niemand ahnen konnte - (relativ) nahe ihrem Standort
jener Wirbel aus, der sich zunächst immer weiter von
ihr in allgemeiner Richtung WNW entfernte, um dann
2 1/2 Wochen später von Westen her auf das Schiff zuzu-
kommen und ihm zum Verhängnis zu werden.

Zweifellos ist die "African Star" von CARRIE, dem
damals noch unbekannten und namenlosen Hurrikan, über-
rascht worden, insofern als dies Schiff höchstens durch
eigene Bordbeobachtungen gewarnt war, die aber offenbar
zur Vermeidung des Hineingeratens in schweren Orkan
nicht ausgereicht hatten. Eine Überraschung dieser Art
konnte für die "Pamir" nicht mehr entstehen, da zumindest die Existenz des Wirbelsturms seit langem bekannt sein musste, falls die entsprechenden Funkberichte an Bord aufgenommen werden konnten und aufgenommen worden sind.

3. Daher die dritte Frage: Wie konnte es, meteorologisch
gesehen, zu der Begegnung zwischen CARRIE und "Pamir"
kommen? Was für Winde und welche Wetterlage traf die
"Pamir" auf ihrer Heimreise an, und welche meteorologischen Vorbedingungen für ihre Navigation waren damit gegeben?

Am 9.September stand die "Pamir" auf 14.5^{o}N, 27.5^{o}W,
WSW der Kapverden. Sie hat dann im ganzen den normalen
Weg für heimkehrende Segler verfolgt, der - den durchschnittlichen Windverhältnissen entsprechend - gegenüber
dem Ausreiseweg erheblich nach Westen ausholt (s.Anl.5).

Dabei wird sie, soweit die vorliegenden, hier nur dünn
mit Meldungen besetzten Wetterkarten einen Schluss zu-
lassen, vom 9. bis 17.September einen fast durchweg
flaueren und unbeständigeren NO-Passat angetroffen haben, als er in dem Fahrtgebiet im Durchschnitt herrscht.
Im Schnitt dürfte das Schiff nur Beaufortstärke 2-3
aus NO bis Ost (vorübergehend OSO) gehabt haben, gegenüber einer normalen Passat-Stärke von 4 oder 3-4 Beaufort.

Am 16.Sept. stand die "Pamir" auf $24°10'N$, $38°12'W$
(Positionsmeldung), am 19. stand sie bei $30°N$ etwas
westlich $41°W$ (Begegnung "Brandenstein"). Dass die
"Pamir" den Heimkehrerweg recht weit westlich nahm, insbesondere vom 16. bis 18.Sept. noch 3 Längengrade weiter
nach Westen holte, dürfte sich daraus erklären, dass die
schwachen Winde während dieser Zeit offenbar eine aus-
geprägtere nördliche Komponente hatten. Genauere Wind-
angaben sind aber nicht möglich, da der Heimkehrerweg
abseits der Hauptschiffahrtslinien liegt und die Wetterlage hier durch Schiffsmeldungen nur sehr sparsam belegt ist.

Jedenfalls wird in der Nacht vom 17. zum 18.Sept.
in ungefährer Position $27°N$, $40^1/2°W$, das Südende einer
nordatlantischen Kaltfront die "Pamir" passiert haben.
Hinter dieser, hier nur noch schwach ausgeprägten Kaltfront, verlagerte sich der Kern einer subtropischen Hoch-
druckzelle von Nordwesten her auf die "Pamir" zu. Damit
drehte am 18. - bei einem Barometerstand um 1018 bm -
der schwache passatische Nordost zeitweise auf Nord bis
NW.

Die allgemeine Wetterlage war am 18.September so,
dass ein kräftiges Tief von 995 mb in recht südlicher
Position, nämlich im Seegebiet nördlich der Azoren lag,
so dass bei den Azoren - bei relativ niedrigem Luftdruck um 1005 mb - lebhafte westliche Winde von Stärke
5-7 wehten. Ein weiteres Tief ostwärts Neufundland versprach, sich diesem Tief anzugliedern und die kräftigen

SW- bis NW-Winde im gesamten Seeraum um die Azoren auf
absehbare Zeit aufrechtzuerhalten. Es fehlte also das Azorenhoch in seiner Normal-
lage südwestlich der Inselgruppe, wo im Durchschnitt
der Hochdruckkern mit 1o22-23 mb im September liegt:
Der Druck bei den Azoren war gut 15 Millibar tiefer
als normal. Dem normalen Seglerweg, der das Azorenhoch
im Westen rundet, fehlte also in diesem Falle der An-
lassgeber.

Nach Lage der Dinge, d.h. bei Kenntnis der Wetterlage, konnte damit die eigentliche Passat-Periode
am 18.September als überwunden gelten. Die Zirkulation
um das relativ azorennahe Tief hätte eventuell dazu
einladen können, jetzt nordöstlichen Kurs auf die
südlichen Azoren abzusetzen, um möglichst bald in den
Genuss der stärkeren Westwinde zu kommen. Aber dazu
war die Position der "Pamir" nicht ganz nördlich und
östlich genug. Für die "Pamir" war der "Anschluss an
die Luftströmung um das azorennahe Tief noch nicht gegeben, da der Wind am 18. zwischen etwa NNW und NO
gespielt haben dürfte. Das Hoch hinter der erwähnten
Kaltfront, das sich auf die "Pamir" zu bewegte, liess
das Ende der Passat-Periode windmässig nicht deutlich
werden.

Der Hurrikan CARRIE, der am 17.9. seine west-
lichste Position (64.4^{o}W) erreicht hatte und dabei
etwa 135o sm WNW der "Pamir" gestanden hatte, begann
am 18.Sept. seinen Kurs entscheidend zu ändern und
hatte sich gegen 14 Uhr der "Pamir" auf rund 1ooo sm
Abstand genähert (CARRIE um diese Zeit etwa 36,2^{o}N,
58,3^{o}W, die "Pamir" 28,1^{o}N, 41,1^{o}W).

Von Washington/NSS wurden am 18.September in den
Warnungen von o6 Uhr, 12.35 und 18 Uhr MGZ folgende
Positionen und Verlagerungsgrognosen für CARRIE ge-
geben:

Pos. o4 Uhr MGZ 36.8^{o}N,62.o^{o}W Verlag. NO 8 Knoten
    1o "   "   36.5 ",59.o " progn. ONO 13 "
    16 "   "   36.o ",58.o "   Ost 11 "

Der Wirbelsturm begann also am 18. seinen zuletzt verfolgten NO-Kurs auf Ost bis Ost zu Süd zu ändern. Wenn
dieser östliche Kurs keine vorübergehende Bahnstörung
blieb, sondern sich fortsetzte, musste CARRIE der
"Pamir", die südlich 30°N und westlich 40°W stand,
ziemlich rasch näherkommen, sofern das Schiff seinen
nördlichen Kurs fortsetzte.

Es deutet sich also beim 1000 sm-Abstand CARRIE
"Pamir" zum ersten Mal die Gefahr einer Begegnung an.
Allerdings werden die Bahnprognosen von Washington nur
für 12 oder höchstens für 12 bis 24 Stunden gegeben,
und CARRIE hätte selbst bei 20 Knoten Durchschnitts-
marsch etwa mehr als 2 Tage für die 1000 sm Distanz bis
zur "Pamir" benötigt. Am 18. war es weder nach der
Wetterlage noch nach den in der Bordliteratur niedergelegten Erfahrungen wahrscheinlich, dass CARRIE den Ostkurs auf die längere Zeit von 2-3 Tagen beibehalten
würde. Wahrscheinlich war vielmehr ein erneutes Einschwenken auf Kurs ONO bis NO.

Am 19.September änderte sich das Bild in ungün-
stigem Sinne. Zunächst zog der erwähnte Hochdruckkern,
der am 18. mit mehr als 1020 mb zwischen der "Pamir"
und CARRIE gelegen hatte, morgens gegen 06 Uhr etwa
gerade über den Schiffsort der "Pamir" hinweg. Sie
dürfte damit einige Stunden lang praktisch windstilles
Wetter erhalten haben - in nachträglicher Sicht die
sprichwörtliche"Stille vor dem Sturm". Denn nun lag
kein trennendes Druckgebilde mehr zwischen der "Pamir"
und CARRIE, und die leichten Süd- bis SO-Winde, welche
die "Pamir" nach der Stille erhielt, leiteten unmittelbar in die Luftzirkulation um den Hurrikan über.

Die Position der "Pamir" am 19. sowie die Wetter-
und Seegangsentwicklung an diesem Tage lässt sich aus
den Beobachtungen des MS "Brandenstein" des Norddeutschen Lloyd ableiten. Die "Brandenstein" lag
wegen einer Reparatur am 19. etwa 15 Stunden lang fest,
und zwar auf einer Position, die zu 08^h MGZ auf

$29°55'N$, $41°19'W$ angegeben ist. Hierbei wurde die "Pamir" gesichtet.

Zur Frage der Begegnung mit der "Pamir" sagt der Bericht von Kapt.Walter Jäger von der "Brandenstein" folgendes: "Nach vorübergehenden Stoppzeiten am 12. und 16.Sept. wegen einer Maschinenreparatur musste am 19.Sept. zur Auswechslung eines gerissenen Kolbens auf der Position $29°55'N$ und $41°19'W$ wieder gestoppt werden. Der Wind war zu dieser Zeit SO 1. Gegen o8.oo Uhr morgens am 19.9.57 sichteten wir die "Pamir", die nur Stagsegel führte. "Pamir" passierte in einem Abstand von ca. 8 sm ostwärts von der Position "Brandenstein". Ihr Kurs war Nord."

Nach ergänzendem Bericht des Kommandos "Branden- stein" differierte die Bordzeit um 3 Stunden gegen MGZ, so dass die Sichtungszeit von o8 Uhr = 11 Uhr MGZ sein würde. Bei der Sichtung hat die "Pamir" vielleicht noch etwas südlicher als querab gestanden, doch ist darüber nichts gesagt. Mit hinreichender Genauigkeit hat hier- nach die "Pamir" am 19.9. um 12 Uhr MGZ auf 3o.o°N, 41.2°W gestanden. Da die Position am 2o. um 14.3o Uhr = $32°58'N$, $4o°48'W$ ist, hätte die "Pamir" die zwischen- liegende Distanz von 18o sm in $26^1/2$ Std., d.h. mit durchschnittlich 6.8 kn Fahrt in Richtung 5° zurückge- legt.

Bemerkenswert erscheint die Angabe, dass die "Pamir" zur Zeit der Sichtung nur Stagsegel führte. Da das Meteorol.Tagebuch der "Brandenstein" am 19. o6 Uhr MGZ Wind aus 13o° Stärke 1, mittags aus 19o° Stärke 2, abends aus 16o° Stärke 2 angibt, haben hier im ganzen leichte südöstliche bis südsüdwestliche, wahrscheinlich nicht besonders richtungsbeständige Winde geherrscht.

(Auch bei der Begegnung zwischen "Esso Bolivar" und "Pamir" am Vortage (18.9.) hatte die "Pamir" keine Rahsegel, sondern nur Vor-, Stag- und Besansegel geführt, wie auf Fotos, von der "Esso Bolivar" aus aufgenommen, erkenntlich. Diese Begegnung war (nach Angabe von

- 58 -

Kapt.Robrecht, Decksinspektor der Waried
Tankschiff Reederei vom 27.1.58) um 13.30
Uhr Bordzeit der "Esso Bolivar" (= Zonen-
zeit 30°W), also um 15.30 Uhr MGZ erfolgt,
als die Position der "Esso Bolivar"
28°11'N, 41°10'W war. Der Kurs der "Pamir"
wurde zu ungefähr 350° geschätzt. Mittlerer Kurs zwischen den Sichtungszeiten vom
18. und 19. wäre 360°, mittlere Fahrt etwa
5.3 kn gewesen.)

Da die mittlere Fahrtrichtung vom 16. - 18.9.
etwa 325° gewesen war, so kommt in dem späteren nördlichen Kurse eine deutliche Drehung zum Vorschein. Diese
Änderung entspricht ziemlich genau der des mittleren
(klimatischen) Seglerwegs (siehe Anl.5), so dass hieraus
nicht abzuleiten ist, ob man an Bord der "Pamir" Kenntnis von CARRIE hatte. Aus dem gesteuerten Kurs wäre eine
Reaktion auf CARRIE nur zu entnehmen, wenn es nicht der
Normalkurs wäre.

Nach hohem, etwa gleichbleibendem Barometerstand
von 1018-1019 mb während der ersten Tageshälfte des 19.
muss sich nachmittags und abends mit einem Barometerfall
von etwa 4 Millibar in 12 Stunden das erste schwache
Anzeichen einer von Westen kommenden "Störung" an Bord
bemerkbar gemacht haben, da dem Druckfall das Drehen des
Windes auf SO bis Süd entsprach.

Zugleich rückte an diesem 19.September CARRIE in
bedenklicher Weise näher: Nach den von Washington verbreiteten Positionen und Verlagerungen des Wirbelsturms
war seine Bahn nun deutlich auf das Fahrtgebiet der
"Pamir" zu gerichtet (siehe Anl.6). Bei Tagesende des
19. hatte sich der Abstand zwischen CARRIE und "Pamir"
auf etwa 540 sm verringert.

Vom 18. nachmittags bis zum 19. vormittags waren
zugleich die Hurrikanbahn-Prognosen von NSS immer ungünstiger für das künftige Fahrtgebiet der "Pamir"
(bei ihrem Nordkurse) geworden, indem folgende Vorhersagen (für 12 bis 24 Stunden) gegeben wurden:

18.9., 18 Uhr MGZ	Ost 11 kn
19.9., oo.35 "	Ost 14 kn
" , o6 Uhr "	Ost 15 kn
" , 12.35 "	OSO 17-18 kn.

Hierin ist eine laufende Erhöhung der Zuggeschwindigkeit
von CARRIE ausgesprochen, wie sie auf dem "polaren Ast"
einer Wirbelsturmbahn häufig vorkommt - aber kein erneutes Abdrehen auf nordöstlichen Kurs, wie es am 18.9.
noch vermutet werden konnte. Statt dessen taucht am
19. mittags erstmalig die Prognose "OSO" auf.

Ein Eintreffen der Hurrikan-Vorhersage vom 19.9.,
o6 Uhr MGZ "Zugrichtung Ost 15 kn" hätte, falls keine
Änderung eintrat, nach 2 Tagen einen Standort des Zentrums in etwa $35^1/2^o$N, $4o^1/2^o$W (für 21.9., o4 Uhr MGZ)
ergeben (tatsächlich erreichte CARRIE diesen Standort
wegen seines südlichen Ausholens, verbunden mit vorüber-
gehender Marschverzögerung, etwa 8 Stunden später).

Es ist anzumerken, dass unter allen NSS-Warnungen
die vom 19.Sept., o6 Uhr MGZ die (relativ) ungünstigste
Voraussicht für das Gebiet um 35-36°N, 4o-41°W ableiten
liess. Die späteren Berichte gaben OSO-Kurs und dabei
ab 19. abends Geschwindigkeits-Verminderung, die früheren Berichte gaben zwar Ostkurs, aber eine geringere
Verlagerung als der Bericht vom 19.morgens.

Leider ergab der NSS-Bericht vom 19.9., o6 Uhr MGZ,
wenn man mit der Prognose weiterkoppelte, für das Gebiet um 36°N, 4o°W nicht nur ungünstige Aussichten,
sondern der Hurrikan entsprach auch in etwa gerade
einer solchen Erwartung - und weniger den späteren
Prognosen. CARRIE war dabei gekennzeichnet worden durch
Maximalwinde von 75 Knoten nahe dem Zentrum, Orkanstärken bis 75 Meilen vom Zentrum, stürmische Winde bis
250 Meilen vom Zentrum, und Schiffen nahe der voraussichtlichen Bahn war Vorsicht empfohlen worden.

Hatte die "Pamir", als sie am 19. um 11 Uhr MGZ
ihren (von der "Brandenstein" beobachteten) Nordkurs
verfolgte, diese NSS-Warnung und Prognose vorliegen?

Was die Aufnahmemöglichkeit betrifft, so hat die
"Brandenstein", auch als sie in der Nähe der "Pamir"
stand, die Warnungen von Washington/NSS 3mal täglich
ohne Schwierigkeiten aufnehmen können und aufgenommen
(Bericht Kdo."Brandenstein"). So ist hier jedenfalls
keine Stütze für die etwaige Vermutung gegeben, dass
NSS in der Zeit 18.-2o.September seitens der "Pamir"
nicht hätte aufgenommen werden können, weil CARRIE
gerade zwischen dem Schiff und der Funkstelle Washington
lag (die "Brandenstein" befand sich vom 18. bis 2o.9.
praktisch in der gleichen Lage). Wenn aber wirklich der
NSS-Empfang an Bord der "Pamir" - wegen Stromausfall
oder einer technischen Störung - einmal nicht hätte
getätigt werden können, so würde natürlich die "Brandenstein" oder ein anderes Schiff auf Ansuchen der "Pamir"
den NSS-Bericht von Bord zu Bord geliefert haben (so
Kapt.Jäger). Eine Funkverbindung "Brandenstein" -
"Pamir" hat nicht bestanden.

Allerdings fiel der NSS-Bericht von o6 Uhr MGZ
nicht in eine der normalen Funkwachzeiten (für Schiffe
mit nur einem Funker), da diese Wachzeiten in jener
Zone zwischen oo-o2, 12-14, 16-18 und 2o-22 Uhr MGZ
liegen. Aus diesem Grunde hat wahrscheinlich auch die
"Brandenstein" nur die 3 NSS-Warnungen von oo.35 Uhr,
12.35 und 18 Uhr MGZ aufgenommen. Für die Aufnahme des
o6 Uhr-Berichts hätte es einer zusätzlichen Anordnung
der Schiffsführung bedurft.

Am 19.September abends besserten sich für die
"Pamir", wenn man mit der Bahnprognose von NSS weiterkoppelte, die Aussichten, auf dem verfolgten Nordkurse
von CARRIE freizukommen. Um 18 Uhr wurde nämlich als
Erwartung gegeben, dass CARRIE mit etwa 13 Knoten nach
OSO ziehen werde. Wenn eine solche Verlagerung - statt
12 bis 24 Stunden - 48 Stunden anhielt, hatte man die
Hurrikanbahn vorweg recht glatt nach Norden hin ge-
kreuzt.

Es kam der 2o.September, und mit ihm machte sich

eine allmählich zunehmende südliche Brise am Ort der
"Pamir" auf. Sie wird vormittags in Stärke 4 geweht haben,
um die Mittagszeit frisch geworden sein (Stärke 5) und
abends unter Drehung bis SSO Stärke 7 erreicht haben. Das
Barometer fiel dabei in 24 Stunden (während des 2o.) um
etwa 14 Millibar: ein für dieses Seegebiet beachtlicher,
aber nicht übermässig grosser Betrag.

Aber der Abstand zwischen CARRIE und der "Pamir"
hatte sich mittlerweile in erheblicher und bedrohlicher
Weise vermindert: Nach der von Washington für 16 Uhr MGZ
gemeldeten Position des Wirbelzentrums war die "Pamir"
um diese Zeit nur noch etwa 3lo sm von ihm entfernt. Das
Schiff stand fast genau ostwärts des angegebenen Zentrums
(siehe Anlage 6). Bei einer erwarteten Verlagerung des
Wirbelzentrums von 13 kn in östlicher Richtung würden in
24 Stunden 312 Seemeilen herauskommen, d.h. die "Pamir"
wäre bei gedachter Festhaltung ihrer 16 Uhr-Position vom
2o. September 24 Stunden später etwa im Zentrum des Orkans gewesen, wenn dieses reinen Ostkurs verfolgt hätte.

Die frische bis starke südliche bis südsüdöstliche
Brise, die um diese Zeit (2o.Sept. nachmittags) die
"Pamir" schob, wird vielleicht -wenn man in Kenntnis der
Warnungen von Washington/NSS war - den Entschluss unter-
stützt haben, den Generalkurs Nord, quer zur erwarteten
Bahn von CARRIE zu verfolgen, um auf diese Weise das
Orkanzentrum zu vermeiden und in das sog. "fahrbare
Viertel", auf die linke vordere Seite zu gelangen. Der
Versuch, die voraussichtliche Orkanbahn im Süden der
"Pamir" zu lassen, ist auch gelungen - aber der Abstand
hat nicht genügt. Man erreichte nur eine Distanz von
etwa 6o sm vom Zentrum zu der Zeit, da dies die "Pamir"
im Süden passierte.

Kapitän R.Braumüller (M.S."Griesheim") betont in
der Einleitung zu seinem Erfahrungsbericht über die
Umgehung des Hurrikans CARRIE, dass die Gefahr für die
Schiffahrt vor allem auch in der "niemals gewissen Zugrichtung und Zuggeschwindigkeit" besteht. Auf den Un-

sicherheitsfaktor bei der Bahnprognose wurde bereits oben
hingewiesen, und es mag angemerkt sein, dass auch bei
CARRIE die stärkeren Bahnänderungen - mit Ausnahme der
Schwenkung nach NO am 17.Sept. früh - erst nachträglich
vom Warndienst voll erfasst worden sind.

Im vorliegenden Falle konnte die Vorwegkreuzung der
Orkanbahn durch die "Pamir" - mochte sie auch die beste
gegebene oder gar einzige verbliebene Möglichkeit des
Segler-Manövrierens sein - nur dann guten Abstand von
CARRIE bringen, wenn die bis zum Nachmittag des 2o.Sept.
gegebenen Positionen von CARRIE nebst erwarteten Marsch-
richtungen und -geschwindigkeiten recht genau zutrafen -
oder sich jedenfalls nicht nach der Seite einer nörd-
licheren Bahn und einer grösseren Marschfahrt änderten.
Leider traf beides ein: CARRIE zog nördlicher und wurde
schneller.

Wie die "Normalbahnen" der Hurrikane (Anl.2) und
viele Einzelbahnen zeigen, ist in der Breite um 35°Nord
ein nordöstlicher Wirbelsturm-Kurs die Regel. Die nach
OSO gerichtete Bahn, die CARRIE am 18. - 19. September
verfolgte, ist ein Ausnahmefall. Auf beliebige Dauer
konnte dieser OSO-Kurs kaum beibehalten werden, da seine
gedachte Verlängerung schliesslich an die Westküste
Afrikas zwischen Dakar und Port Etienne geführt hätte.
Die grosse Frage war nur: Wann wird eine erneute Schwenkung eintreten, und wie stark wird sie sein? Der
Schiffsführer "in Front" der Orkanbahn stand hiermit
einer zwiespältigen Situation gegenüber.

Die Frage "Wird CARRIE den OSO-Kurs verlassen?"
findet in den von Washington am 2o.September gegebenen
Kurrikan-Warnungen folgende Antwort:

Prognose	oo.35	Uhr MGZ:	SO oder OSO	12 km	(für 12 Std.)
"	o6	" " :	OSO	12 "	(" " ")
"	12.35	" " : von OSO mehr nach Ost wendend		12 "	(" " ")
"	18	" " :	Ost	13 "	'für 12-24 Std.)

Hierin ist der Beginn einer Zugbahn-Wendung von
OSO auf östliche Richtung ausgesprochen, aber nicht mehr.

Dass sie inzwischen stärker geworden war, wurde erst
deutlich aus einer Flugzeugaufklärung am Abend dieses
Tages, wonach das Sturmzentrum um 22 Uhr MGZ plötzlich
auf 34.5°N (bei 45.0°W) angesetzt wurde, nachdem es
6 Stunden vorher noch auf 33.2°N (bei 47°W) geschätzt
worden war. Die neue Position lag also 1.3° oder 78
Seemeilen nördlicher als die vorherige, und zugleich
wurde als Erwartung um 22 Uhr gegeben "moving slightly
North of East" (etwas nördlicher als Ost ziehend).

Der u.a. von M.S. "Bischofstor" (Kpt. von Zatorski)
aufgenommene entsprechende Funkspruch von NSS gab dabei
CARRIE noch immer als "gefährlichen Sturm" an, mit Maxi-
malwinden von 7o kn nahe dem Zentrum.

Um oo.35 Uhr am 21.September, als diese Meldung von
der "Pamir" aufgefangen werden konnte - falls die Auf-
nahmebedingungen an Bord dies gestatteten-, hatte sich
ihr Abstand vom Zentrum auf etwa 18o sm verringert, aber
was schlimmer war: CARRIE stand nun etwas nördlicher als
das Schiff selbst. Das Wirbelzentrum musste zu oo Uhr auf
etwa 34.5 oder 34.6°Nord angenommen werden, die "Pamir"
nach nachträglicher Gissung auf etwa 34.3°Nord. Sie hatte
damit nicht nur keine nördlichere Breite gewonnen als die
zu erwartende Orkanbahn, sie hatte sogar (gegenüber der
Erwartung bei 3losm Abstand) etwas an geogr. Breite gegenüber CARRIE eingebüsst. Dazu konnte man sich eine Ab-
standsverminderung zu CARRIE von etwa 265 sm auf 185 sm
von 18 Uhr bis 11 Uhr, d.h. um 8o sm in 6 Stunden, aus-
rechnen. Bei schematischer Weiterrechnung wäre man auf
16o sm Distanzverringerung bis zum Mittag 12 Uhr am 21.
September gekommen - d.h. auf 3o sm Abstand vom Zentrum.

Jetzt konnte die Tendenz, gut vor dem gefährlichen
Zentrum vorbeizukommen und das "fahrbare Viertel" zu
gewinnen, nur noch ein Wettlauf sein - gestützt auf den
zunehmenden SSO-Wind auf der Vorderseite der Zyklone, der
dem Schiff sicherlich rasche Fahrt nach Norden verlieh.

Es ist bisher nicht bekannt, ob die Warnungen von
NSS auf der"Pamir" empfangen wurden. Wenn sie empfangen

wurden, wird man sich der Zuspitzung der Situation bewusst
gewesen sein. Nicht wissen konnte man allerdings an Bord,
was durch die nachträgliche Analyse von CARRIE wahrscheinlich gemacht wird: Dass in diesem Falle das sog. fahrbare
Viertel inbezug auf die Windstärken nicht das günstigere
Viertel war.

Es zeigt sich, dass CARRIE zu der Zeit der "Pamir"-
Begegnung und schon einige Zeit vorher keine ganz
symmetrische Kreis-Zyklone mehr war, sondern eine deutliche Asymmetrie in dem Sinne aufwies, dass bei den vorderen Vierteln der stärkste Wind offenbar im linken, dem
sog. "fahrbaren Viertel", wehte.

Ein Beispiel für diese Art von tropischen Orkanen er-
eignete sich gerade 5 Jahre vor CARRIE und ist im WETTER-
LOTSEN Nr. 46 unter dem Titel "Was lehrt der Neufundland-
Hurrikan vom 8.Sept.1952?" beschrieben worden. In diesen
Orkan geriet seiner Zeit die "Mai Rickmers" (Kapt.F.Ahl)
vor dem Ostausgang der Belle Isle-Strasse und trug in
etwa 2o Stunden lang während Windstärke 12 schwere
Schäden davon - fast alles im linken vorderen Viertel.

Der damals behandelte Fall weist eine Reihe von Ähn-
lichkeiten mit dem Endstadium von CARRIE auf - auch in der
Änderung der Zugrichtung gemäss der sog. "Kaltfront-Regel"
für die Hurrikane nördlicherer Breite.

In unserem Falle zielte, wie die Anl.7 mit der Wetterlage vom 2o.Sept., oo Uhr MGZ zeigt, eine Azoren-Kaltfront
in Richtung auf den Hurrikan. Ferner "fehlt" dem Wirbelsturm das steuernde Azorenhoch; statt dessen liegt ihm in
stärkerem Masse ein Neuschottland-Hoch an. Bei dieser Situation kann das rechte vordere Viertel, das sog. gefährliche, zum windschwächsten werden, während das linke vordere und noch mehr das linke hintere Viertel des Wirbels
die grösste Sturmenergie aufweist.

4. Damit kommen wir zur vierten Frage: Wie war die Entwicklung von Wind und Wetter am Unglückstage selbst, am
21.September ? Da von Verantwortlichen der "Pamir", die
eine genauere Schilderung hätten geben können, niemand

gerettet wurde, so erscheint hier ein Kapitänsbericht von
grossem Wert, der uns von der Reederei Ernst Russ freundlicherweise zur Verfügung gestellt wurde. Es ist der Bericht von Kapitän Karl Sewenig des M.S. "Anita" (4 138 BRT).
    Dieser Bericht ist deshalb so aufschlussreich, weil
Kapt.Sewenig, bestrebt, das Zentrum unbedingt zu vermeiden,
und in das fahrbare Viertel zu gelangen, auch von Süden
her die Orkanbahn kreuzte und hierbei praktisoh in die
gleiche Lage kam wie die "Pamir". Dies geschah am 2o.Sep-
tember nachmittags MGZ, etwa 2o Stunden vor der "Pamir"-
Katastrophe, in knapp 35°N, 45-46°W, wobei das Zentrum von
CARRIE - nach Sehätzung des Kapitäns - die "Anita" in
höchstens 5o-6o sm Abstand südlich passierte. Das würde
mit der End-Situation von "Pamir" zu CARRIE übereinstimmen,
- es mag nur hinzugesetzt werden, dass die "Anita" dem
Zentrum wahrscheinlich etwas näher kam (Abstand etwa 4o sm)
Auf jeden Fall lässt der Bericht einen Rückschluss auf die
Entwicklung für die "Pamir" zu; vielleicht hat der Sturm
die "Anita" - bei geringerem Abstand vom Zentrum - etwas
härter getroffen. Die wesentlichen Teile des Kapitänsberichtes mögen deshalb hier wörtlich zitiert sein:
    "Der Hurricane "Carrie" hatte sich zu Beginn des
Monats September, als M/S "Anita" noch in New Orleans
lag, im Atlantik bei ungefähr 19 Grad Nord und 45 Grad
West gebildet. Am 11.September, als M/S "Anita" New
Orleans mit Bestimmung Antwerpen verliess, stand "Carrie"
auf 2o,36 Nord und 52,36 West. Die Windstärke im Centrum,
das ca. 7o Seemeilen im Durchmesser war, betrug 75 sm/
Std. = Windstärke 13, die Zugrichtung der Sturmbahn war
nördlich mit 6 sm pro Stunde Geschwindigkeit. Nach
flottem Reiseverlauf hatten wir uns am 15.9. dem Orkan
bis auf etwa 5oo Seemeilen Abstand genähert. Der Orkan
hatte mittlerweile Zugrichtung nach Nordwest mit 1o
bis 12 Knoten aufgenommen, seine Kraft im Centrum war
auf 1oo bis 115 Knoten angewachsen.
    Um jedem Risiko aus dem Wege zu gehen, wurde am
15.9. um 2o Uhr der Schiffskurs nach **Südost** geändert.

Als der Orkan am 16.9. den Bahnscheitel bildete,
wurde wieder Ost gesteuert, und am 17.9. ONO, da der
Orkan programmgemäss nach Nordost zog. Die Situation
schien sich normal abzuwickeln. Jedoch dieser Schein
trog, denn wider Erwarten schwenkte "Carrie" am 18.9.
nach Südost, wieder in Richtung unserer Kursbahn. Nun
hatte er schon zeitweilig 15 Knoten Fahrt, an Weg-
laufen war nicht mehr zu denken, jetzt galt es, das
gefährliche Centrum unter allen Umständen zu vermeiden.

Am 19.9. entschloss ich mich, mit Nordostkurs
und voller Fahrt die Orkanbahn zu kreuzen, um in die
linke, vordere Hälfte der Orkanbahn zu gelangen, die
ja als die ungefährlichere, befahrbare Seite gilt.
Die Lage konnte jetzt schon als kritisch angesehen
werden, denn im Falle einer östlichen Änderung der
Orkanbahn musste "Anita" unweigerlich ins Centrum
geraten. Das Manöver glückte aber, und am 2o.9.
rauschte "Carrie" südlich an uns vorbei. Die Entfernung vom Centrum kann nicht mehr als 5o bis 6o
Seemeilen gewesen sein, denn wir bekamen die volle
Hurricanestärke zu spüren. Es wurde so lange mit
voller Fahrt gelaufen, wie es sich verantworten liess
in Anbetracht der gewaltigen See. Als der Wind nach
links zu drehen begann, um lo.45 Uhr, wurde halbe
Fahrt gegeben und von da ab der Wind immer quer ein
von Steuerbord gehalten, zuletzt steuerten wir West-
südwest. Von 11 Uhr bis 15.3o Uhr war einfach der
Teufel los. Der Sturm heulte in einer Stärke über
"Anita" hinweg, wie ich es in meiner ganzen Seefahrtzeit kaum einmal erlebt habe. Die Sicht war gleich
Null, die See gewaltig, das Deck stand ununterbrochen
unter Wasser.

Rechtzeitig waren alle möglichen Abwehrmass-
nahmen ergriffen worden, wie Drucklüfter auf der
Back und vor Luke 3 entfernt und alle elektrischen
Lüfter sowie die Ladepfostenlüfter gut bezogen worden.

Kummer machten nur die Persennige von Luke 3, die
weggerissen zu werden drohten. Im schwersten Sturm
wurde Luke 3 mit Netzbroken gesichert und so diese
Gefahr gebannt. Um der Besatzung bei dieser Arbeit
den grösstmöglichen Schutz zu geben, hatte ich das
Schiff mit dem Heck in den Wind gedreht und hielt
es so mit langsam rückwärts laufender Maschine.
"Anita" lag so bei weitem nicht so gut wie mit
Querwind, die Poop und das Mannschaftslogis waren
durch überkommende Brecher sehr gefährdet. Es koste-
te viel Mühe, das Schiff wieder in seine alte Beidrehlage zu bringen. Der Druck auf das Ruder war so
stark, dass die Rutschkuppelung slippte und das
Ruderblatt alleine mittschiffslief. Am Ende glückte
das Manöver doch, und in der bewährten Beidreh-
stellung wurde der Orkan abgeritten.

Gemessen an der haushohen See, lag "Anita" sehr
ordentlich, sie rollte und schlingerte natürlich
sehr, aber nicht mehr, als sie es schon bei weitaus
leichterem Wetter getan hat. Die Ursache zu diesem
vorbildlichen Seeverhalten ist in der diesmal
günstigen Ladungsverteilung zu sehen, 23 % der gesamten Ladung befanden sich im Zwischendeck, die
Decks waren bis unter die Luken gefüllt.

Gegen 16 Uhr war ein Abflauen des Sturmes wahrzunehmen, um 22 Uhr wehte es noch in Stärke 9/1o,
das Barometer ging schnell auf, "Carrie" entfernte
sich zusehends. Im Laufe der Nacht flaute es ganz
ab, an das Toben des Orkans erinnerte nur noch die
haushohe Dünung. Die höchsten Windstärken waren
nach der erweiterten Beaufort Skala 13/14, das
sind rund 8o Knoten. Dieser furchtbaren Gewalt
hielt M/S "Anita" in vorbildlicher Weise von 11
Uhr bis 15.3o Uhr stand, ohne dass nennenswerte
Schäden entstanden. Bemerkenswert ist, dass der Orkan mit seiner ungewöhnlich hohen See in einer
Beidrehlage abgewettert wurde, die vielen Fach-

leuten nicht sympathisch ist: See und Wind fast quer
ein, Maschine zwischen langsamer und halber Fahrt
voraus."

So weit der Bericht von Herrn Kapt.Sewenig. In Anl.8
ist dazu der Luftdruckverlauf und die Windentwicklung an
Bord wiedergegeben, basierend auf dem von den Schiffsoffi-
zieren Werner Müller und Johannes Sievers geführten Beteo-
rol.Tagebuch. Die Zeiten in der Darstellung sind MGZ
(3 Stunden Differenz von der Bordzeit des Kapitänsberichtes).
Es ist ersichtlich, dass die etwa 4 1/2 Stunden dauernde
schlimmste Periode während des südlichen Vorbeigangs des
Zentrums eintrat, bei einem Barometerstand unter 995 bzw.
996 mb.

Noch ein anderes wird deutlich: Der Orkan setzte
erst mit dem Krimpen des Windes von Südost (150°) auf Ost
(90°) ein und erreichte seinen Höhepunkt mit dem Rückdrehen von ONO auf NNO. Der Südost auf der Vorderseite des
Wirbels ist sogar schwächer als der vorher angetroffene
SSW bis Süd: Dieser wird zu Stärke 9 (44 Knoten) angegeben,
der Südost nur zu Stärke 8 (37 Knoten).

Vom Zeitpunkt, da die "Anita" NNO-Orkan hatte, am
2o.September, 18 Uhr MGZ, lässt sich das als Anlage 9 beigefügte Bild des Wirbelsturms entwerfen, da fast von der
gleichen Zeit (2o Uhr MGZ) die Position des Zentrums mit
dem Tiefstdruck (von 974 mb) bekannt ist. Dieses Bild wird
sich in seinen wesentlichen Zügen bis zur Mittagszeit des
21., als die "Pamir" in den inneren Wirbelbereich geriet,
erhalten haben.

In die Abbildung ist die gegisste Position der "Pamir"
zum Kartenzeitpunkt eingetragen, mit dem zu schätzenden
südlichen Wind von Stärke 6. Da die "Pamir" auf ihrer
Untergangsposition etwa 6o sm nördlich des Zentrums stand,
lässt sich - in ähnlicher Weise wie für die "Anita" geschehen - ihr ungefährer weiterer Relativ-Kurs zum Wirbel-
CARRIE eintragen: Das ist die gestrichelte Linie. Sie
führt auf die Isobare von 99o mb - was nach aufgefangenen
Zurufen durch einen der Überlebenden auch der tatsächlich

beobachtete tiefste Barometerstand an Bord gewesen zu
sein scheint. (Es wurde dem Vernehmen nach etwas wie "92o"
und "steigend" gehört, was bei der nicht unüblichen Fort-
lassung der ersten Ziffer als 992.o mb zu deuten wäre).
Aus diesem Relativkurs lässt sich die Windentwicklung,
welche die "Pamir" erfuhr, in den Grundzügen ableiten.

Es ist dabei allerdings zu berücksichtigen, dass bis
zum 21.September, 12 Uhr MGZ eine weitere Elongation des
Wirbelfeldes in west-östlicher Richtung eingetreten zu sein
scheint. Soweit man aus den spärlichen Schiffsmeldungen im
äusseren Bereich von CARRIE schliessen kann, bietet der
Wirbelsturm am 21.9., 12 Uhr das in Anl.lo dargestellte
Bild; auch hier ist der Relativ-Kurs der "Pamir" - mit
dem für 12 Uhr zu schätzenden Wind - eingetragen.

In beiden Abbildungen ist zunächst die Asymmetrie
des Windfeldes zu beachten, die mit dem "Hereinhängen"
der Azoren-Front in den Wirbel zusammenhängt. Diese Front
ist im Nordostsektor von CARRIE eine Warmfront, die näher
dem Zentrum zwar verwirbelt wird und als "Front" gänzlich
verlorengeht, die sich aber in weiterem Abstand vom Zentrum
hält, da von Süden her fortgesetzt Warmluft, von Nordosten
her Kaltluft - aus der Rückseite des Tiefs nördlich der
Azoren - in den Tiefdruckwirbel CARRIE einbezogen wird.

Der Isobarenknick an der Front ist zur Verdeutlichung
überbetont. Es kann nach Durchsicht der Wetterkarten aber
kaum ein Zweifel bestehen, dass im Prinzip im rechten vorderen Viertel, wo die Winde aus dem Südost-Quadranten
(Süd bis Ost) wehen, wesentlich handigere Verhältnisse
herrschen als auf der linken Seite, besonders im Sektor
mit Nordost - bis Nordwinden auf der Rückseite.

In der folgenden Tabelle sind einige Schiffsmeldungen
vom 19. bis 21.September einander gegenübergestellt, die
erkennen lassen, dass bei etwa gleichem Luftdruck die Vor-
derseiten-Winde aus OSO bis SSW meist wesentlich schwächer
sind als die Winde der Richtungen ONO bis NNW (bzw. auch
noch NW bis SW). Die (nach dem Meteorol.Tagebuch) für
"Anita" hinzugefügten Wind-Werte für gleiche Barometer-

stände ergeben eine Differenz von etwa 2 1/2 Beaufortstär-
ken, die der NNO- bis Nordwind stärker ist als der SSW
bis SO.

Tab. 1: Winde und gleichzeitige Drucke in der
Nachbarschaft von CARRIE

		Schwächere Seite			Stärkere Seite	
Datum	Zeit MGZ	Wind	Luftdruck	Zeit MGZ	Wind	Luftdruck
19.	00 Uhr	SSW 4	1o13.2	06 Uhr	NzO 7	1o12.5
	06 "	SSO 3	1oo4.4	06 "	WzS 9	1oo6.4
	18 "	OSO 6	1oo9.4	18 "	NNW 9	1o1o.2
2o.	00 Uhr	SzO 4	1oo7.8	00 Uhr	ONO 8	1oo7.1
	03 "	(SSW 8	1oo2)	06 "	ONO 1o	1oo1.8
	06 "	SSW 4	1o11.4	06 "	NNO 8	1o12.5
"Anita"						
19.-2o.		SSW 6-7	1oo7.o		N 9	1oo7.o
		SO 8	997.7		NNO 1o-11	997.7
2o.	12 Uhr	SSW 8	1oo7.5	12 Uhr	NNO 8	1oo7.1
	18 "	SSW 6	1oo6.8	18 "	N 9	1oo5.2
21.	00 Uhr	SW 6	1oo6.4	00 Uhr	NzO 9	1o1o.8
	00 "	SzW 8	1o1o.5	00 "	NNW 8	1o1o.6
	06 "	SW 6	1oo7.2	06 "	N 7	1o1o.9
	12	SO 8	996.0	12 "	SW 9	1oo1.o

Ähnlich wie für "Anita" , ergeben sich auch für die
"Pamir" auf dem die Orkanbahn kreuzenden Relativkurse
die südöstlichen Winde jedenfalls nicht als extrem stark.
Erst mit dem Umgehen des Windes auf Ost bis Nordost
dürfte die volle Gewalt des Sturmes eingesetzt haben -
jene Schwerstperiode, die Kapitän Sewenig zu 4 1/2 Stunden Dauer angegeben hat.

Den Aussagen der Überlebenden der "Pamir" ist zu
entnehmen, dass es etwa um o9.3o Uhr Bordzeit oder 12
Uhr MGZ "losgegangen" ist. 2 Stunden später wurde die
erste SOS-Meldung gegeben. Vergleicht man hiermit die
4 1/2 Stunden Dauer des Schwerstwetters auf "Anita", so

ist rund 2 Stunden nach Beginn die Kulminationszeit anzusetzen. Dieser Kulmination hat die "Pamir" nicht stand-
gehalten. Die Windgeschwindigkeit darf dabei für die
"Pamir" zu etwa 7o Knoten angesetzt werden, in Übereinstimmung mit den Schätzungen der amerikanischen Hurrikan-
Jäger, die am 2o. abends die höchsten Winde zu "8o miles
per hour over a small area" angaben, am 21. abends zu
"75 miles per hour over a small area".

Längs des Relativkurses der "Pamir" zu CARRIE ist -
ähnlich wie bei der "Anita" das Unterschreiten von 995 mb
- etwa das Erreichen von 991 mb als der Beginn der
Schwerstwetterzeit anzusetzen, sofern die Schätzung einer
leichten Auffüllung des Zentrums zutreffend ist.

Es ergibt sich für die "Pamir" am 2o. und 21.Sept.
19.7 in etwa der in Tabelle 2 dargestellte Verlauf von
Luftdruck und Wind.

Tab. 2: Gegisste Positionen, Winde und Barometerstände
der "Pamir", nebst Peilung CARRIE

Datum	MGZ	Position N-Br.	W-Lg.	Wind Richtung	Stärke	Luftdruck mb	Peilung CARRIE Grad	Abstand sm
2o. Sept.	12	32.7	4o.o	SzO	5	1o11	274°	355
	15	33.o	4o.8	SzO	5-6	1oo9	271°	315
	18	33.4	4o.7	SzO	6	1oo6	28o°	265
	21	33.8	4o.6	SSO	7	1oo3	28o°	230
21. Sept.	oo	34.3	4o.6	SOzS	7	999	275°	185
	o3	34.8	4o.6	SO	7	996	267°	14o
	o6	35.3	4o.5	SOzO	8	993	25o°	1o5
	o9	35.7	4o.3	OSO	9-1o	991	22o°	8o
	11	35.9	4o.3	OzN	11	991	195°	7o
	12	35.9	4o.3	ONO	12	99o	177°	6o
	14	35.9	4o.3	NOzN	12	992	145°	75
	14.2o	gemeldet		NNO	12			

Danach ist der südliche Wind am Abend des 2o. auf SSO 6-7
aufgebrist und hat in den frühen Morgenstunden des 21.,
unter langsamer Drehung auf Südost, in Stärke 7, später 8
geweht. Die Zunahme des Windes zu schwerem bis orkanartigem

Sturm dürfte gegen 11 Uhr MGZ mit dem schärferen Rückdrehen auf Ost erfolgt sein. Im Laufe der nächsten 3
Stunden ist dann, mit dem südlichen Vorbeizug des Wirbelzentrums, der Wind wahrscheinlich zu voller Orkanstärke
angeschwollen, dabei stetig weiter über ONO auf NO und
schliesslich NNO drehend. Eine Wettermeldung "Wind NNE
hurricane force 5" ist von der "Pamir" selbst um 14.2o
Uhr MGZ gefunkt worden, wobei die Zahl "5" in der Bedeutung unklar und als ein Übermittlungsfehler anzusehen
ist.

Das italienische Schiff "Marco" hat um 13.1o Uhr MGZ
von der Position $34^{o}24'N$, $38^{o}3o'W$ folgende 13^{h}-Meldung
gefunkt: "wind force 11-12, sea very rough, baro 744,
falling". Wenn bei dieser Meldung auch die Windrichtung
fehlt, so bestätigt doch.der Barometerstand von 992 mb
(umgerechnet) die in Anl.1o angesetzte Lage und Ausdehnung des Wirbels (die Meldung ist in der Anl. 2o sm nach
W gerückt, entsprechend der Verlagerung von CARRIE von
12 bis 13 Uhr).

Im übrigen begann in der 2.Tageshälfte des 21.Sept.
- mit der Weiterverlagerung von CARRIE nach Osten -
eine sichtliche Verstärkung der südlichen bis südwestlichen
Winde auf der Vorderseite des Wirbels, womit die weitere
Bahnumbiegung nach NO, auf die Azoren zu, eingeleitet
wurde. Das ausgesprochene Schlechtwetter, das CARRIE am
22.September auf den Azoren hervorrief, behinderte den
Einsatz von Suchflugzeugen von der Azoren-Basis aus.

Der Wirbelsturm CARRIE hatte - das mag ergänzt sein -
zur Zeit der Begegnung mit der "Pamir" seinen Höhepunkt
seit längerer Zeit überschritten. Das Windmaximum in ihm
war schon am 9. und 1o.September gewesen, etwa 1ooo Meilen
östlich Puerto Rico, mit 14o Knoten Windgeschwindigkeit
nahe dem Zentrum. Der tiefste Kerndruck wurde am 13. und
14.Sept. mit 951 mb festgestellt. Am 21.September wird
der Kerndruck schätzungsweise bei 978 mb gelegen haben.
Die amerikanischen Warnungen, die CARRIE zur Zeit der
Energie-Kulmination als "severe hurricane" angezeigt

hatten, kennzeichneten den Wirbel bis zuletzt als "still a dangerous storm".

Die Tabelle 3 enthält ausser den geschätzten Winden und Barometerständen auch die gegissten Positionen der "Pamir" und die zugehörigen Peilungen von CARRIE. Da bei dem Segelschiff die erreichten Positionen vom tatsächlichen Wind und der Segelführung abhängen, die nachträgliche Schätzung des angetroffenen Windes aber ihrerseits von der anzunehmenden Position abhängt, so handelt es sich bei den Bestimmungen um eine wechselseitige Approximation, bei der meteorologische und nautische Erfahrungen angewendet wurden. Als Festpunkte waren dabei die gemeldeten Positionen gegeben:

2o.9., 14.3o Uhr $32^{\circ}58'$N, $4o^{\circ}48'$W

21.9., 14.o1 Uhr $35^{\circ}57'$N, $4o^{\circ}2o'$W.

Das Ergebnis ist in Anl.11 fixiert. Für die Verlagerung des Zentrums von CARRIE wurde dabei eine allmähliche Beschleunigung von 15 Knoten bis auf 2o Knoten im Laufe der ersten Tageshälfte des 21.September angesetzt. Aus der Anlage 11 wie aus Tabelle 2 ist zu ersehen, wie die Peilungen von CARRIE vom 2o. mittags bis in die Morgenstunden des 21. praktisch "standen", bis dann die rasche Auswanderung des Zentrums eintrat.

Was das Wetter im eigentlichen Sinne betrifft, so dürfte die "Pamir" während der Südostwind-Periode in der zweiten Nachthälfte 2o./21. September nur einige Regenschauer erhalten haben. Anhaltender oder zeitweise stärkerer Regen wird vermutlich erst mit dem Rückdrehen des Windes über Ost auf NO eingetreten sein, also am späten Vormittag.

5. Die fünfte Frage ist die nach·der Entwicklung des Seegangs, denn um einen Anhalt für die letzte Ursache des Kenterns zu erhalten, müssen auch Windsee und Dünung in Betracht gezogen werden. Auf der letzten Strecke, als sich die "Pamir" bereits in 7o-8o sm Abstand vom Zentrum im NW-Quadranten des Hurrikans befand, hat langsam rück-

drehender NO-Orkan geweht, der vermutlich eine aussergewöhnlich hohe Windsee aufgeworfen hat. Zugleich sollte
entsprechend dem Schema in einem wandernden Hurrikan
eine Dünung aus SO gelaufen sein. Tatsächlich wurde vom
Wetterschiff E am 2o.9. o9^h MGZ, als sich dieses seiner-
seits 15o sm nördlich vom Hurrikanzentrum befand, bei
schwerem Sturm (52 kn) aus 7o^o gleichzeitig eine Dünung
aus 13o^o beobachtet. Nach der vorliegenden Abschrift
des Funktagebuches der "Penn Trader" hat der Bordfunker
nach 14.2o^h MGZ niedergeschrieben (in Übersetzung): "Die
See ist jetzt sehr schwer, und alles, was nicht fest
ist, bewegt sich in der Station umher, Befestige die
Schreibmaschine wieder und den Stuhl, auch die Batterien
- wir sind jetzt näher dem Hurrikanzentrum." Über die
möglichen Seegangs- und Dünungsverhältnisse auf dem
letzten Streckenabschnitt der "Pamir"-Fahrt wurden hier
Berechnungen angestellt, zu deren Ergebnis folgendes vorweg bemerkt sei:

Der Seegang zur Zeit und am Ort des Untergangs kann
nur in verhältnismässig roher Annäherung ermittelt werden, weil im Bereich eines tropischen Wirbels auf relativ
engem Raum Winde stark unterschiedlicher Stärke und
Richtung wehen und weil die Windänderungen an einem
festen Ort ziemlich schnell erfolgen, wenn der Wirbelsturm - wie CARRIE - rasch wandert. Auch ist über die
Dämpfung bzw. Auslöschung der Dünung durch den Wind noch
wenig bekannt.

Angewandt wurden rechnerisch-graphische Methoden
von B.W.Wilson, von W.J.Pierson, G.Neumann und R.W.James
sowie von H.Walden. Die Bearbeitung hat ergeben:
Die (Beaufort-) Skala der Windsee geht an sich nur bis
zur Ziffer 9 mit der Bedeutung "aussergewöhnlich schwere
See"; die Bezifferung "11" um 18^h ist wohl als Unter-
streichung gedacht. Die Dünungsstufe 9 der (Douglas)Skala
bedeutet dagegen "unregelmässig, durcheinanderlaufend".
Da an verschiedenen anderen Stellen des Tagebuches bei

Dünungsstufe 9 keine Richtung gesetzt ist, so bedeutet
im obigen Falle der Richtungszusatz (trotz "9") offenbar,
dass unter den verschiedenen durcheinandergehenden Dü-
nungen die angegebene am deutlichsten ausgeprägt war.

Im Falle der "Anita" war das demnach nördlich des
Zentrums die SW-Dünung (220°). Da die "Anita" dem Zentrum
nach Schätzung etwa 2o sm näher stand als die "Pamir" und
da das Zentrum von CARRIE hier gerade seine Schwenkung
gegen Nordost vollführte, so ist die SW-Dünung im Falle
der "Pamir" nicht mehr als dominierend angesetzt worden.

"Penn Trader" gab um 19.3o Uhr MGZ beim Eintreffen
auf der letzten "Pamir"-Position als Seegang an: "very
high northerly swell and very rough and confused seas"
und weiter "the swells were very high, steep and breaking
heavily".

"President Taylor" gab später (21.9., 21.44 Uhr MGZ)
von der Unglücksstelle als Seegang "very rough NE sea,
very heavy NE swell".

6. Als weitere, sechste Frage ist noch zu beantworten,
was die Wetterberichte für die Schiffahrt in den Tagen
vor der Begegnung der "Pamir" mit CARRIE avisierten.
Die Hurrikan-Warnungen von Washington, in dessen (bis
35°W gehendem) Zuständigkeitsbereich die "Pamir" fuhr,
wurden bereits besprochen. Alle vom 15. bis 22.September
von NSS ausgestrahlten Klartext-Warnungen vor CARRIE
sind (in Übersetzung) als Anhang beigefügt.[+)]

Im folgenden wird nur noch eine Übersicht gegeben
über die Angaben bzgl. CARRIE, die in verschlüsselter
Form in den von NSS - jeweils im Anschluss an die text-

+) Diese lagen dem schriftlichen Gutachten -abgesehen
   von den Warnungen vom 19., oó Uhr und vom 21., oo Uhr-
   nicht bei, waren aber bei der Seeamtsverhandlung,
   ebenso wie die Angaben der Tab. 3, in Händen des
   meteorologischen Sachverständigen, so dass sie zur
   Verhandlung herangezogen werden konnten.

lichen Warnungen und Vorhersagen - verbreiteten Analysen
enthalten waren. Diese Analysen von oo, o6, 12, 18 Uhr
MGZ werden als "Teil 3" mit den jeweils etwa 6 Stunden
später beginnenden NSS-Sendungen verbreitet, also die
Analyse von oo Uhr mit der Sendung von o6 Uhr usw.
(12.35, 18.oo, oo.35 Uhr MGZ).

Tab. 3: Angaben über CARRIE in NSS-Analysensendungen

			Position		Verlagerung	
Datum	MGZ	Luftdruck	N-Br.	W-Lg.	Richtung	Geschwindigkeit
18.9.	00	972 mb	36	62	5o°	lo Knoten
	06	972	37	62	4o	12
	12	-	35	59	loo	15
	18	-	36	58	9o	13
19.9.	00	-	36	55	8o	15
	06	-	35	54	9o	18
	12	-	34	53	llo	18
	18	985	34	52	llo	lo
2o.9.	00	985	33	5o	12o	12
	o6	-	33	49	12o	12
	12	-	33	48	3o ?	73 ?
	18	-	35	46	7o	15
21.9.	00	-	34	44	8o	15
	06	-	35	44	7o	15
	12	-	35	4o	7o	17
	18	-	35	39	8o	17
22.9.	00	-	36°	35°	8o°	25 Knoten

Es sei noch erwähnt, dass eine genauere Ausdehnung
der Orkanstärken in den Berichten zum letzten Male am
2o.Sept. mittags angegeben wurde mit "hurricane force
winds extending outward 5o miles from the center". Später
werden nur die geschätzten höchsten Windstärken angegeben "over a small area noar the center". Da bis zum
19.September abends eine Ausdehnung der Orkanstärken
bis 75 Meilen vom Zentrum angegeben war, dann 5o Meilen

und darauf keine Zahl mehr, so soll das "small area" der
höchsten Windstärken vermutlich einen beschränkteren
Bereich als bis 5o Meilen vom Zentrum andeuten.

Im Gebiet südwestlich der Azoren besteht eine ge- ·
wisse Überlappung der maritimen Zuständigkeitsbereiche;
von den europäischen Diensten reicht dabei der portugiesische (Azoren-) Wetterdienst am weitesten südwestwärts,
bis zum Eckpunkt 3o°N, 4o°W, während der britische Atlantik-Wetterdienst bis zum Eckpunkt 35°N, 4o°W geht. Der
französische Atlantik-Wetterdienst dehnt seine Vorhersagen nach Südwesten nur bis zum Punkt 35°N, 35°W
(Gebiet c) aus, während die Wetterlage-Übersicht quer
über den Nordatlantik bis 3o° Nord hinabgeht. Die letzte
Position der "Pamir" lag also noch eben ausserhalb der
Vorhersage-Bereiche von England und Portugal, stärker
ausserhalb des französischen Bereichs.

Die nachfolgenden Feststellungen beruhen auf den
freundlicherweise gemachten Mitteilungen der Herren
Direktoren der betreffenden Meteorologischen Dienste.

Der Servico Meteorológico Nacional betreut, mit dem
Sender Horta-Radio (CTH), folgende Gebiete:

Zone I	37 - 44°N,	2o - 3o°W
" II	37 - 44°N,	3o - 4o°W
" III	3o - 37°N,	2o - 3o°W
" IV	3o - 37°N,	3o - 4o°W.

Für die "Pamir" kam, mit ihrem Heraufkommen von Süden
über etwa 3o°N, 4o°W, zunächst die Zone IV als Vorher-
sagegebiet in Frage. Der Horta-Bericht vom 18.9., 12.3o
MGZ, erwähnte als wesentlich für die Lage von o6 GMT
"all zones are under the influence of a big low 998 mb
centered at about 47 N 28 W" und gab als 24stündige
Vorhersage für Zone IV: "As second zone, but moderate
northwest breeze in southern part" (für Zone II war
starker NW gegeben).

Der Horta-Bericht vom 18.9., 21.3o MGZ, gab für
die Lage von 12 GMT das Tief 996 mb auf 46°N, 27°W an

an und als 24stündige Vorhersage für Zone IV: "cloudy
sky, gentle or moderate northwest breeze, occasionally
chowers, good visibility, low northwest swell".

Im Horta-Bericht vom 19.9., 12.3o MGZ, wird zur
Lage von o6 GMT, ausser dem Tief von 992 mb in 36 N,
26 W /"36°N" muss "46°N" heissen_7 , zum ersten Mal auch
CARRIE erwähnt: "hurricane carrie 35.8 N, 54.8 W moving
toward the east at a forward speed about 17 miles per
hour". Als 24stündige Vorhersage für Zone IV ist gegeben:
"cloudy to overcast sky, fresh to moderate northwesterly
wind, rain and showers, good to moderate visibility, low
northwesterly swell".

Der folgende Horta-Bericht vom 19.9., 21.3o MGZ,
erwähnte zur Lage CARRIE nicht, da das "Low of 99o mb
at 49 N, 32 W" noch immer die Azoren-Wetterlage beherrscht,
Die 24stündige Vorhersage für Zone IV lautet: "cloudy sky,
moderate to fresh westerly breeze, occasionally showers,
good to moderate visibility, low westerly swell".

Im Horta-Bericht vom 2o.9., 12.3o MGZ, ist ebenfalls
nur das jetzt auf 49 N, 31 W mit 981 mb gelegene Tief erwähnt; die 24stündige Vorhersage für Zone IV gibt:
"overcast sky, fresh or strong westnorthwest breeze,
showers, good or moderate visibility, low to moderate
westerly swell".

Der am 2o. um 21.3o MGZ verbreitete Horta-Bericht
bringt dann die erste Sturmwarnung vor CARRIE für den
Westteil der Zone IV; Hurrikan CARRIE wird dabei für
16 Uhr MGZ"near 33.2 N 47.8 W" angegeben, "moving eastwards at 15 mph".
Die 24stündige Vorhersage für Zone IV lautet:
"western part: moderate to fresh southerly gale
increasing, overcast to cloudy sky, moderate to
heavy showers, moderate visibility, routh to very
rough sea, swell and waves great length and magnitude
in east direction" (folgt eastern part).

Der Mittagsbericht vom 21.9., der das Zentrum von
CARRIE für o6 MGZ "near 35 N 43 W" angibt, bringt dann

weitere Sturmwarnungen, ist aber im Zusammenhange mit der
"Pamir" nicht mehr von Bedeutung.

In den britischen Weather Bulletins for Shipping, wie
sie von Portishead verbreitet werden, ist es der Westteil
der Southern Section, der dem letzten Fahrtgebiet der
"Pamir" am nächsten liegt. Er umfasst den Seeraum 35-45°N,
27 1/2-4o°W. In der Wetterlage bzw. der Analysen-Sendung
ist natürlich dem umfangreichen Tief im Seeraum nördlich
der Azoren immer Beachtung geschenkt worden.

So gab Portishead z.B. am 18.September vormittags
das Tief mit dem Zentrum von 994 mb auf 43°N, 28°W an
-aufgenommen u.a. von M.S. "Bischofstor" (Kapt.von Zatorski) im Seegebiet zwischen Azoren und Neufundland um
11.3o Uhr MGZ. Auf der Rückseite der Monatskarten für
September ist für die Position 43°N, 28°W ein "Normal-
druck" von 1o18 mb zu entnehmen, so dass hier das Barometer etwa 24 mb unter dem Durchschnitt stand.

Der Hurrikan CARRIE, zunächst noch erheblich ausserhalb des bei 35°N, 4o°W endenden Vorhersagegebiets gelegen, ist von Portishead vom 7. bis 19.September nicht
erwähnt worden. Er wird zum ersten Mal in der Sendung
vom 2o.9., 21.3o MGZ zitiert, wo es heisst:
"hurricane CARRIE at 16oo z $/\bar{}z$ = GMT_$/$ in position
33 N, 47 W moving eastwards 12 knots, weakening slowly,
with gale force winds ap to 2oo miles from centre".
Als Vorhersage für die "West Southern Section" ist dabei
gegeben:
"wind mainly West force 5 to 7, gale force 8 in North,
but variable force 3 extreme Southwest where later Easterly
increasing to force 6 to gale force 8. Showers, good visibility".
Am 21.9., o9.3o Uhr MGZ wurde die erste storm warning mit
Bezug auf CARRIE von Portishead verbreitet:
"storm force 11 to 13 expected in Southwest of West
Southern Section tonight in advance of hurricane CARRIE".
In der Wetterlage heisst es dazu:
"Hurricane CARRIE was estimated at position 34 N 44 W at
midnight and was moving Eastnortheast 1o to 15 knots. It

is expected to move into West Southern Section tonight".
Die entsprechende Vorhersage für die West Southern
Section lautete:
"Wind will freshen from the Southeast in the Southwest of
the area later today and reach storm force 11 to 13
tonight. Fair at first, rain later, good visibility,
becoming poor in the South".
Bei der Abendsendung von Portishead am 21.9. war das
"Pamir"-Unglück schon geschehen; es mag aber erwähnt sein,
dass zur Lage von CARRIE um 12 Uhr MGZ folgendes gesagt
ist:
"hurricane CARRIE at 35 N 39.5 W moving slightly North of
East at 15 knots. Gale force winds to 250 miles from
centre with gales to storm 11 to 13 in small area near
centre".

Übrigens ist in den von Portishead ausgestrahlten
Analysen-Sendungen (täglich um 11.3o^h MGZ) vom 17. bis
19.9. der tropische Wirbelsturm (ohne Barometerstand,
ohne Zugrichtung) angegeben, und zwar

am 17.9., o6 Uhr MGZ auf 34 1/2°N, 64°W
" 18.9., " " " " 36 1/2°N, 6o 1/2°W
" 19.9., " " " " 35 1/2°N, 55 1/2°W.

Hier sind zwar keine Einzelheiten zu entnehmen, aber eine
Verfolgung des Zentrums an Hand einer Analysen-Aufzeich-
nung vom 17. bis 19.9. hätte gezeigt, dass der Wirbelsturm ohne besondere Änderung seiner geogr. Breitenlage
(34 1/2°, 36 1/2°, 35 1/2°N) vom 17. auf 18. 3 1/2 Längengrade, vom 18. auf 19. fünf Längengrade gutgemacht hat.
Das Weiterrechnen mit einer Beschleunigung um 1 Längengrad
in 24 Stunden hätte als Lage von CARRIE ergeben

2o.9., o6 Uhr MGZ etwa 35°N, 49 1/2°W
21.9., o6 " " " 35°N, 42 1/2°W.

Diese Position vom 21. morgens erreichte CARRIE fast
genau. Eine solche Auswertung der am 19.9. um 11.3o^h MGZ
gestrahlten Analyse hätte also ein ähnliches Ergebnis
gehabt wie die des NSS-Berichts vom 19.9. o6 Uhr.

Folgendes Bild ergibt sich für die französischen Aus-
strahlungen des "Meteo Atlantique Est" durch Radio
Saint Lys (FFL):

Die Sendungen, die um o8.5o bzw. 21.5o Uhr MGZ gegeben
werden und sich auf die Lage von 00 Uhr MGZ bzw. 12 Uhr MGZ
beziehen (o8.5o^h Lage von 00^h), lassen erkennen, dass schon
vom 18.9., morgens an - frühere Berichte wurden nicht von
Paris angefordert - Sturmwarnungen vor CARRIE gegeben wurden. Sie hatten folgenden Wortlaut (TU = Temps Universal
= MGZ):

18.9., 00 Uhr: "Avis de tempête en cours le mercredi 18 à 0h TU
  n° 32. Cyclone tropical - 35 N - 62 W environ à 0h TU
  - NNE 5 à lo noeuds - Rayon 2oo miles du centre,
  tempête 4o à 6o noeuds."

" , 12 Uhr: "Avis de tempête néant. Pas de renseignements sur cyclone tropical Nord-Est Bermudes."

19.9., 00 Uhr: "Avis de Cyclone tropical en cours jeudi 19
  Septembre 0H TU, n° 35. Centre et pression
  présumés:
  98o mb 35 N et 56 W à 0h TU - Est lo à 15 noeuds -
  tempête ou ouragan dans un rayon de 15o milles.
  Coups de vent dans un rayon de 3oo milles. Peu de
  renseignements."

" , 12 Uhr: "Avis de cyclone tropical en cours le jeudi
  19 Septembre 12h TU, n° 38. de l'ordre de 985 mb
  et vers 35 N 53 W à 12h TU - Est lo à 15 noeuds -
  données très incertaines. Ouragan ou tempête dans
  rayon de 25o milles. Coups de vent dans rayon
  5oo milles."

2o.9., 00 Uhr: "Avis de tempête en cours le vendredi 2o à 00h
  TU, n° 41 - Cyclone tropical 985 mb - 33 N - 5o W
  à 00 TU - ESE 12 noeuds. Tempête 4o/6o noeuds
  rayon 2oo milles du centre."

" , 12 Uhr: "Avis de tempête en cours le vendredi 2o à 12h
  TU, n° 43. Cyclone tropical 33 N 47 W à 12h TU. Est
  8 noeuds se comblant. Rayon 2oo milles du centre,
  tempête 4o/6o noeuds, mollissant."

<u>21</u>.9., 00 Uhr:"Avis de tempête en cours le Samedi 21 Sep-
tembre 0h TU, n° 45. Cyclone vers 33 N 43 W.
Pression présomée 980 mb à 0h TU - entre E et
NE 15 à 2o noeuds. Tempête dans rayon 2oo à 3oo
milles se calmant lentement puis forts coups de
vent en fin période. Zone C menacée."
" , 12 Uhr: "Avis de tempête en cours le samedi 21
Septembre 12h TU, n° 48. Cyclone tropical vers
35 N 4o W à 12h TU pas d'observations. ENE 25 à
3o noeuds semblerait se combler. Rayon présumé
dangereux 3oo milles en moitié NE, 45o milles
ailleurs. Zones C. D. menacées."

Die Zugrichtung <u>Ost</u> (mit 1o-15 Knoten), womit, bei einer
Position des Zentrums von $35°N$, $56°W$, eine Gefahr für den
Reiseweg der "Pamir" erkennbar wurde, ist also zum ersten
Mal am <u>19</u>. um o8.5o Uhr (Lage von 00 Uhr) gegeben worden.
Dieser Bericht könnte der Schiffsleitung der "Pamir" am
19.Sept. vormittags (Begegnungszeit "Brandenstein" - "Pamir")
vorgelegen haben.

Er ist in der Kennzeichnung von CARRIE ("tempête ou
ouragan") und mit der Zugrichtung Ost 1o-15 Knoten nur etwas
weniger warnend als der NSS-Bericht vom 19. vormittags.

Am <u>2o</u>. um o8.5o Uhr (Lage 00 Uhr) ist die Zugrichtung
auf <u>OSO</u> (12 Knoten) geändert, das Zentrum $2°$ südlicher
(auf $33°N$) angegeben, das Wort "ouragan" entfallen. Allerdings ist in der anschliessenden "Situation générale" zugleich darauf hingewiesen "Cyclone mal repéré Est Bermudes".

Am <u>2o</u>. um 21.5o Uhr (Lage 12 Uhr) ist das Zentrum
weiterhin auf $33°N$ ($47°W$) angegeben, Zugrichtung Ost 8 Knoten, sich auffüllend. Vom Sturm 4o/6o Knoten heisst es
"nachlassend" (mollissant). In der "Situation générale"
ist dazu gesagt "Cyclone Sud navire stationnaire E descend
lentement ESE en se comblant" : "die Zyklone südlich
Wetterschiff E wandert langsam OSO und füllt sich dabei
auf."

Falls dieser Bericht von der "Pamir", die am 2o. um
14.3o Uhr bereits auf <u>32°58' N</u> ($4o°$ 48' W) stand, aufge-

nommen und verwertet sein sollte, hätte er im ganzen Tenor
und in der langsamen Verlagerung des Zentrum nach Ost
(bis OSO) ein zu günstiges, besonders zum Nordkurs ermu-
tigendes Bild gegeben.

Der Bericht vom 21. um o8.5o Uhr (Lage OO Uhr) nimmt
mit 33°N (43°W) noch immer eine recht südliche Lage des
Zentrums an - allerdings jetzt eine Verlagerung nach Ost
bis NO mit 15-2o Knoten. Vom tempête (Bedeutung lo-11
Beaufort) sagt er "langsam nachlassend" bis auf "forts
coups de vent" (Stärke 9). Die "Situation générale" gibt
nun "Cyclone tropical se dirigeant vers les Acores".

Der französische Atlantik-Bericht gibt zweifellos
- nächst dem Bericht von Washington - für die kritischen
Tage vom 18. bis 21. September die meisten Einzelheiten zu
dem tropischen Wirbelsturm an, so immer die Ausdehnung des
Sturmfeldes (mit der Kennzeichnung tempête, bzw. 4o-6o
Knoten, also bis zu orkanartigem Sturm) nach Möglichkeit
den Druck im Zentrum u.a. Aber die etwas nördlichere und
zugleich beschleinigte Wanderung, die CARRIE vom 2o. nachmittags an ausführte, wurde nicht avisiert.

Zu vermerken ist noch, dass für die Zone C, die
- mit dem südwestlichen Eckpunkt in 35°N, 35°W - als
spätere Fahrtgebiet für die von Süden kommende "Pamir"
in Betracht kam, folgende Windvorhersagen gegeben wurden:

18.9., o8.5o Uhr: West bis NW 2o-3o Knoten
    " , 21.5o " : West bis NW 2o-3o Knoten

19.9., o8.5o Uhr: Winde aus W-Sektor 2o-25 Kn
    " , 21.5o " : Winde aus W-Sektor 15-25 kn

2o.9., o8.5o Uhr: NW unregelmässig 25-4o kn
    " , 21.5o " : NW 35-5o kn

21.9., o8.5o Uhr: SW, auf Süd drehend, zunehmend von
                15-2o auf 25-35 kn, schliesslich
                auf 3o-4o kn.

Von deutscher Seite aus wird, ohne dass für sie ein
offizieller Zuständigkeitsbereich im Nordatlantik gegeben

wäre, seit August 1956 wieder ein Ozeanwetterbericht über
Norddeich-Radio verbreitet. Dieser auf Wunsch deutscher
Schiffahrtskreise wieder eingeführte "Ozeanfunk" kann
allerdings zunächst nur einmal täglich (um 17.5o MGZ)
gegeben werden, während die Dienste mit atlantischen
Zuteilungsbereichen mehrmals (mindestens 2mal) täglich Über-
sichten und Vorhersagen geben. Auch ist dieser kurzgefasste
Bericht, der eine Ergänzung zu den Norddeich-Berichten für
die Nordsee und die nordischen Fischereigebiete darstellt,
als Generalüberblick über den Nordatlantik ohne bestimmte
Begrenzung gehalten und versucht dabei, das Wesentliche
insbesondere der nördlichen Breiten darzustellen.

In dem Ozeanfunk vom 18.9. war die südlichste, das
Azorengebiet betreffende Angabe in der Weise enthalten,
dass ein "Tief 993 in 45 N 25 W festliegend" angegeben
wurde, mit "Kaltfrontausläufer 1o15 32 N, 2oW etwas ost-
schwenkend" und "Azoren starker West bis Nordwest anhal-
tend".

CARRIE wurde erst im Ozeanfunk vom 19.9. erwähnt,
und zwar als "Wirbelsturm unter looo 34 N 52 W ONO
ziehend, morgen etwa 35 N 45 W /¯die Angaben beziehen
sich auf 12 Uhr MGZ _7. In seinem Bereich Windstärken 9
gemeldet."

Im Ozeanwetterbericht vom 2o.9., 17.5o MGZ heisst
es dann darüber: "Tropischer Wirbelsturm 99o 34 N, 48 W
langsam abschwächend, morgen 34 N, 43 W."

Zusammenfassend ergibt sich aus der Betrachtung der
Funkwetterberichte für die Schiffahrt, dass die beste Verfolgung von CARRIE mittels der von Washington/NSS ausge-
gebenen Berichte möglich war, in dessen atlantischem Zuständigkeitsbereich nicht nur der Wirbelsturm bis zum
21.September abends war, sondern auch die "Pamir" während
ihrer letzten Reisetage. Die europäischen Berichte, deren
Grenzbereich (von 4o°W) das Zentrum von CARRIE gegen
Mittag des 21.9. überschritt, bezogen - mit Ausnahme von
St.Lys - den Hurrikan erst relativ spät in ihre Übersich-

ten bzw. Vorhersagen für die Schiffahrt ein. Die Verlagerung von CARRIE im Stadium vor der Begegnung mit der
"Pamir" ist auch in den europäischen Berichten etwas zu
gering vorausgeschätzt worden; ein ONO-Kurs (vor dem
21.9.) ist zwar im Norddeich-Bericht vom 19.9. angezeigt,
am 2o.9. aber wieder fallen gelassen worden. Eine Extrapolation der Funkwetterberichte hätte am 19.Sept. zwischen
etwa o7 und 13 Uhr MGZ die deutlichste Gefährdung des
künftigen Fahrtgebietes der "Pamir" (um 35^ON, $4o^O$W) durch
den Hurrikan CARRIE angezeigt. Ein Gefahrenhinweis liegt
in den drei Sendungen:

NSS-Warnung,	Ausstrahlung o6 Uhr MGZ	
St.Lys-Bericht,	" o8.5o " "	
Portishead-Analyse,	" 11.3o " "	

Hinzu kommt, dass auch der
    Wetterbericht von Horta, Ausstrahlung 12.3o^h MGZ
an diesem Tage den Hurrikan CARRIE bringt mit "35.8^{O}N,
54.8^{O}W moving toward the East at a forward speed about
17 miles per hour", und dass der
    Ozeanfunk Norddeich, Ausstrahlung 17.5o^h MGZ
den Wirbelsturm zu 12^h auf 34^ON, 52^OW angibt, "ONO ziehend,
morgen etwa 35^ON, 45^OW".
Vom Abend des 19.9. an und insbesondere am 2o.9. änderte
sich das Bild, indem die Vorhersagen mehr
    OSO-Kurse des Wirbelsturms
        eine geringere Verlagerung
      und eine gewisse Abschwächung
enthielten und die "Pamir" ihrerseits eine nördlichere
Position erreicht hatte. Hierdurch musste sich das Bild
der Wetterlage-Entwicklung für die "Pamir" im Hinblick
auf ihren Nordkurs nunmehr günstiger darstellen (wenn
auch mit der weiteren Annäherung des Hurrikans die Hand-
lungsfreiheit eine Einengung erfahren hatte): Wenn sich
die relativ langsame Verlagerung des Orkans in allgemeiner Richtung OSO fortgesetzt hätte, würde die "Pamir" bei
den auffrischenden Winden aus Süd bis SO ausreichenden

Abstand von der Orkanbahn gewonnen haben.

Von der Prognose her gesehen, war die Gefährdung des Gebiets um $35°N$, $40°W$ (späterer Kollisionsort "Pamir"-CARRIE) demnach ausgesprochener am 19.9. vormittags und nachmittags als vom 19. bis 20.9. abends. Der Hurrikan entsprach, indem er vom 20. mittags an seine südliche Bahn-Ausbiegung wieder "korrigierte", im ganzen der ersten gefahrvollen Erwartung und erfüllte nicht die zweite, gefahrärmere Voraussage.

7. Schliesslich wäre noch die siebente Frage zu beantworten, ob am Ort und an Bord der "Pamir" Vorzeichen des Hurrikans beobachtet worden sind oder vermutlich zu beobachten waren, die - zusätzlich zum Empfang der Funkwarnungen oder auch im Falle des Nichtempfangs von Funkberichten - als Warnungen hätten dienen können. Aus den Aussagen der Überlebenden ist nichts in dieser Richtung Liegendes zu entnehmen, was aber nicht besagt, dass nicht die Schiffsführung entsprechende Wahrnehmungen gemacht hätte.

Aus vorliegenden deutschen Kapitänsberichten zu CARRIE geht inbezug auf "Anzeichen des Orkans" folgendes hervor:

(a) Kapt. R. Braumüller (MS."Griesheim") berichtet, dass die "ersten typischen Anzeichen" am 16.9. früh, etwa 600 sm vom Zentrum entfernt, beobachtet wurden. Er beschreibt als solche: aussergewöhnlich gute Sicht, streifige zerzauste Cirrus-Wolken, langsam fallendes Barometer, Herumgehen des Windes von Nord nach Südost und Süd (nachmittags dann: Einsetzen von Regenschauern und Böen, drohend strahlende Sonne).

Um die Zeit der ersten Anzeichen befand sich die "Griesheim" ziemlich genau auf der bevorstehenden Bahn von CARRIE und auf einer Position, die der Hurrikan 2 Tage später erreichte, etwas nördlicher bleibend. In einer ähnlichen Position zu CARRIE befand sich die "Pamir" am 19.9. nachmittags, ebenfalls etwa 600 sm

OSO von CARRIE, und sie hat als ähnliche Erscheinungen
dabei wenigstens auch den "Windumgang nach Süd und langsam fallendes Barometer" gehabt - wahrscheinlich auch die
sehr gute Sicht im Luftabsinkgebiet des Hochs und das
Auftauchen erster Cirrus-Wolken.

Man hat allerdings zu berücksichtigen, das Kapt.
Braumüller im Besitze der Funkwarnungen vor CARRIE war.
Dadurch gewinnen solche Beobachtungen - wenn deren Wert
als solcher auch nicht zu unterschätzen ist - natürlich
ein erhöhtes Gewicht. Ohne Hurrikanwarnung wären sie immerhin die Warnung vor einer "Störung" gewesen. Von einer Vorwarnung durch Dünung ist in dem Bericht nichts erwähnt;
sie wird also wohl zumindest nicht deutlich gewesen sein.

(b) Von einer starken Dünung in der Nachbarschaft von
CARRIE berichtet Kapt. Günther Koop (D. "Castorp", indem
er schreibt: "Trotz der grossen Entfernung pflanzte sich
die Dünung bis zu unseren Positionen fort, so dass das
Schiff starken Rollbewegungen ausgesetzt war". Es war dies
in der Zeit des Orkan-Maximums östlich Puerto Rico um den
11.Sept.; die Entfernungen des Schiffes vom Zentrum betru-
gen dabei etwa 330 sm.

(c) Dagegen schreibt Kapt. G.Stolzenburg (MS. "Reinhart
Lorenz Russ"), der den nordwärts ziehenden Hurrikan am
13.-14.9. im Westen des Schiffes passieren liess: "Es
wurde in der ganzen Zeit kein noch so geringes Anzeichen
eines in der Nähe befindlichen Hurrikans wahrgenommen"
(als solche werden drückende Luft, Himmelsverfärbung,
Barometer, Dünung erwähnt). Der geringste Abstand zum
Zentrum (am 14.9.) betrug dabei nur etwa 300 sm, der Luftdruck im Zentrum hatte am 13.-14.9. seinen tiefsten gemessenen Stand, und der Maximalwind lag bei 95-100 Knoten.

(d) Auf der anderen Seite berichtete Kapt. Walter Krome
(MS. "Burg Sparrenberg"), der den Hurrikan am 15.-16.9.
auf der Ostseite des Schiffes im Abstand von etwa 300 sm
passieren liess: "Seine hohe und lange Dünung machte uns
gerade genug zu schaffen".

Nach (c) und (d) ist offenbar, während CARRIE eine nördliche bis nordwestliche Zugrichtung verfolgte, mehr Dünung
nach __Westen__ als nach Osten aus dem Hurrikan herausgelau-
fen. Dies ist in Übereinstimmung damit, dass der amerikanische Hurrikan-Warndienst während dieser Zeit den Nord-
sektor des Sturmfeldes (also den mit östlichen Winden)
immer als erheblich ausgedehnter angab als den Südsektor
(mit westlichen Winden). Hiernach ist es unwahrscheinlich,
dass die "Pamir" - wesentlich weiter östlich stehend als
"Reinhart Lorenz Russ" - in der Zeit vom 13.-17.September
noch Dünung von CARRIE bekommen hat.

(e) Kapt. L.Vellguth (MS. "Kurt Bastian"), der zur Vermeidung des Zusammentreffens mit CARRIE zweimal die Bermudas anlief, erwähnt, dass die Wolkenbildungen im Zusammenhang mit dem Hurrikan, der die Inseln in etwa 100 sm
Distanz im ONO passierte, "gar nicht so typisch waren, wie
in Handbüchern und in der Orkankunde beschrieben. Vor
allem trat die eigentliche Hurrikanwolke überhaupt nicht
sichtbar in Erscheinung."

(f) Von Bedeutung erscheinen die Dünungsbeobachtungen der
"Anita", wie sie das bereits angezogene Meteorol.Tagebuch
enthält. Dies Schiff befand sich nicht nur in einer ähnlichen Endsituation zu CARRIE wie die "Pamir", sondern auch
in einer ähnlichen Ausgangslage. Das Tagebuch verzeichnet
vom 18.9. mittags bis zum 19.9. mittags (MGZ) eine lange,
niedrige Dünung aus 290° (WNW), die langsam über 280° auf
270° (am 19.9., 12h) dreht. Der Wind beim Schiff kommt
dabei vorherrschend aus 190°-200° und nimmt langsam von
Stärke 2 auf Stärke 5 zu. Mit dem Auffrischen auf SSW 7
geht die Dünung verloren und wird anschliessend "durcheinanderlaufend", vorherrschend 230°.

Das Zentrum von CARRIE stand am
18.9., 12^h MGZ etwa 370 sm NNW der "Anita"
19.9., " " " 220 sm NW " "

mit allgemeiner Zugrichtung OSO. Die WNW-Dünung am Schiffsort "Anita" kam also von der Südseite des Wirbels und entsprach etwa seiner Zugrichtung, sie war aber trotz der relativen Nähe von CARRIE nur niedrig und wurde offenbar am 19. abends mit dem steif aufbrisenden SSW bis zur Unkenntlichkeit vernichtet.

(g) Machten es schon die Dünungsbeobachtungen der "Anita" unwahrscheinlich, dass für die "Pamir" eine zeitige Dünungsvorwarnung vor CARRIE gegeben war, so wird das Nichtvorhandensein einer solchen bestätigt durch die Dünungsbeobachtungen des MS."Brandenstein" (Kapt.W.Jäger), das am 19.Sept. von der "Pamir" in geringem Abstand passiert wurde.

Nach dem Meteorol. Tagebuch der "Brandenstein" (Beobachter: die Schiffsoffiziere) und zusätzlichen schriftlichen Angaben der Schiffsführung ergibt sich folgendes:

Bis zum Abend des 18.9. herrscht eine Dünung aus Ost (90°) der Stufe 4 (mittellang, mittelhoch). Am 19.9., 00 Uhr MGZ ist in Position 29.3°N, 42.7°W zum ersten Mal eine Dünung aus $\underline{20}^{\circ}$ (NNO) der Stufe 5 (lang, mittelhoch) angegeben, ab 12 Uhr eine solche aus 360° (Nord), ab 20.9., 00 Uhr in Position 30.3°N, 40.6°W eine Dünung aus $\underline{330}^{\circ}$ (NWzN) gleicher Art. Eine lange mittelhohe Dünung aus $\underline{340}^{\circ}$(NNW) bis $\underline{360}^{\circ}$(Nord) bleibt dann bis zum 21.9., 06 Uhr MGZ, wo die Position von 34.1°N, 32.9°W erreicht ist. Wind und Windsee sind hierbei immer aus $\underline{\text{Süd}}$ ($\underline{180}^{\circ}$) in Stärke 4 für Wind, Stärke 3 für Windsee. Erst mit dem Auffrischen des Windes auf $\underline{\text{SSW 6}}$ am 21. mittags (in 35°N, 31°W) geht die nördliche Dünung verloren; sie wird nun durcheinanderlaufend, hoch und lang, so dass das Schiff heftig rollt. Damit hat im Fahrtgebiet der "Brandenstein" über eine Strecke von etwa $\underline{580 \text{ sm}}$ (zwischen etwa 29°N, 43°W und 34°N, 33°W), auf der Vorderseite von CARRIE, bei südöstlichen, später südlichen Winden, eine im ganzen $\underline{\text{nördliche Dünung}}$ (20° bis 330°) gestanden.

Diese Dünung hat nun zweifellos nichts mit CARRIE zu
tun: es kann sich nur um die Dünung von der Rückseite des
starken mittelatlantischen Tiefs handeln. Sie ist wahrscheinlich bereits am 16. und 17.Sept. aus der Gegend
um das Wetterschiff D (44°N, 41°W) gestartet, das hier
mehrfach Wellenhöhen von 4 1/2 m (aus NW) angibt. Es wird
im Grunde das Wellensystem hinter jener Kaltfront sein,
deren schwach ausgeprägtes Südende die "Pamir" vermutlich
in der Nacht vom 17.-18.September passierte.

Da die "Pamir" zunächst etwas öst.icher, später
nördlicher stand als die "Brandenstein" und die Dünung aus
nördlicher Richtung kam, so kann die "Pamir" nur eine
mindestens ebenso ausgeprägte Dünung der Richtung von durchschnittlich 34o-35o^{o}(NNW) gehabt haben. Dies würde für den
gesamten 19. Sept. und für die erste Tageshälfte des 2o.
September gelten, bis die auf Stärke 6 auffrischende südliche Brise am Nachmittag des 2o. die Dünung weitgehend
zerstörte - ähnlich wie für die östlicher stehende "Brandenstein" einen Tag später.

So erscheint es nunmehr gesichert, dass eine Hurri-
kan-Dünung, die aus westlicher Richtung hätte kommen
müssen, nicht vorhanden war. Wenn die erste Dünung von
CARRIE (aus etwa 25o^{o}) am Nachmittag des 2o.9. eintraf,
so hatte sich um diese Zeit ein Durcheinanderlaufen der
stärkeren Windsee aus 17o^{o} mit der Dünung aus der Gegenrichtung 34o-35o^{o} ergeben, die sicherlich dies "neue"
Wellen-System undeutlich machte.

Es wird zu erwägen gegeben, ob die am Ort der
"Pamir" am 19.-2o.9. mit ziemlicher Sicherheit vorhanden
gewesene Dünung aus etwa 34o-35o^{o} nicht auch auf die
Kurswahl von Einfluss gewesen sein kann, besonders in
Anbetracht der zunächst nur schwachen und nicht sehr
richtungsbeständigen Winde. Da dies Dünungssystem am Ort
der "Brandenstein" (29.3^{o}N, 42.7^{o}W) - hier zunächst aus
2o^{o} - am 19.9., 00 Uhr MGZ zum ersten Mal angegeben
wurde (die vorhergehende Beobachtung mit Ostdünung ist

von 18 Uhr), so kann die etwas weiter östlich stehende
"Pamir" schätzungsweise am 18.9. gegen 18 Uhr MGZ nördliche Dünung erhalten haben. Es wäre wohl zu folgern,
dass eine Schiffslage "Kopf auf Dünung" die Rollbewegungen am geringsten gehalten hätte, womit ein gewählter
Kurs in allgemeiner Richtung Nord vom 18. abends bis
2o.Mittags eine seegangsmässige Erklärung fände. Vielleicht
hat man, zur Verminderung der Stampfbewegungen, die Dünung
im spitzen Winkel, 1-2 Strich nach Backbord von vorn,
genommen (etwa Kurs 5° bei Dünung aus 345°).

Die fernmündliche Unterredung des Berichterstatters
mit Herrn Kapitän Jäger (3.Dez.1957) bestätigte das Vorhandensein der erwähnten Dünung. Diese Dünung habe zwar
dem MS. "Brandenstein" nicht weiter zu schaffen gemacht,
jedoch würde sie - nach seiner Segelschiffserfahrung -
im Verein mit den schwachen Winden am 19.Sept. für ein
Segelschiff zu einem "Schlackern" der Segel und einem
Mangel an Kursbeständigkeit geführt haben, sofern nicht
durch Einsatz des Hilfsmotors eine bessere Lage erzielt
werden konnte.

Im übrigen war das Vorhandensein der nördlichen
Dünung geeignet, an Bord der "Pamir" die Aufmerksamkeit
hinsichtlich der Wetterlage in eine "falsche Richtung"
zu lenken: wies diese Dünung doch auf das atlantische
Tief im Nordosten der "Pamir" hin, nicht aber auf einen
von Westen kommenden Sturm. Sollte - infolge dieses Ab-
lenkungsmanövers der Natur - an Bord der "Pamir" nur
das Weather Bulletin for Shipping von Portishead aufgenommen worden sein, in dessen bei 35^oN, $4o^oW$ beginnenden
Vorhersagebereich man bald einzutreten hoffte, so hätte
man daraus am 19.September nichts über CARRIE entnehmen
können, am 2o.Sept. erst abends um 21.3o Uhr, dass der
Hurrikan sich (mit 12 Knoten Fahrt, in langsamer Abschwächung) auf dem 33.Breitenkreis näherte.

Schlussbemerkung:

Abschliessend sei bemerkt, dass CARRIE der schwer-

ste Hurrikan der diesjährigen Saison im Nordatlantik war,
die im ganzen arm an stärkeren tropischen Wirbelsturm-
Entwicklungen blieb. Jedoch liegt im Durchschnitt der letzten 25 Jahre, seit Beginn der 30er Jahre dieses Jahrhunderts, die jährliche Anzahl der tropischen Wirbelstürme im Nordatlantik (einschliesslich Mexiko-Golf) höher als
in den vorhergehenden 3-4 Jahrzehnten (Verhältnis etwa
1o:7). Diese Erscheinung ist offenbar reell und nicht etwa
durch bessere Erfassung der tropischen Wirbelstürme infolge zunehmender Verkehrsdichte und wachsender Beobachtungen
vorgetäuscht. Es hat nämlich - ebenfalls seit Beginn der
30er Jahre - die allgemeine Luftzirkulation über dem Nordatlantik eine Änderung erfahren durch Abschwächung bzw.
Nordwärtsverlagerung des subtropischen Hochdrucks. Hiermit hat übrigens auch die Gefahr der Abweichungen von den
"Normalbahnen" der tropischen Wirbelstürme wahrscheinlich
zugenommen (dies allerdings besonders im Sinne einer
stärkeren Gefährdung der Region zwischen New York und
Neufundland).

Zum vorstehenden Bericht darf angemerkt werden, dass
die zugrundeliegende meteorologische Untersuchung den
Charakter der Vorläufigkeit trägt. Etwaige, noch nicht zur
Verfügung gewesene Aufzeichnungen in den Meteorol. Tage-
büchern von Schiffen verschiedener Nationen, zusätzliche
Kapitänsberichte oder die Einzelergebnisse der Hurrikan-
Aufklärung u.a. mögen die gegebene Darstellung modifi-
zieren. Manche Zahlenangaben sind Wahrscheinlichkeits-
Werte, ein Anhalt, um damit zu rechnen. Es kann aber z.B.
nicht gesagt werden, ob nicht das Wirbelzentrum von
CARRIE um seine am 21.Sept. "gestreckt" gezeichnete Bahn
gewisse Pendelungen vollführt hat, womit sein Abstand von
der "Pamir" ein Stück grösser oder kleiner gewesen sein
könnte. Immerhin fügten sich einige Beobachtungsnachträge
dem bis dahin bereits gewonnenen Bilde zwanglos ein, und
es wird nicht erwartet, dass sich in wesentlichen Punkten
noch einschneidende Korrekturen ergeben.

So weit der meteorologische Bericht des Dr.Rodewald.

Es folgt noch ein Auszug aus den dem Seeamt vorliegenden Funkwarnungen vor "Carrie", die Washington
NSS vom 14. - 22.9. ausgestrahlt hat.(für den 14.9.
unvollständig):

Datum	Uhrzeit	vorausgesagte maximale Windgeschw.	Zugrichtung	Marschgeschwin-digkeit des Zentrums
14.9.	0.36	95 kn	N	7 kn
	12.35	95	N	9
15.9.	0.35	1oo	WNW	8
	6.oo	1oo	"	8
	12.35	1oo	NW	12
	18.oo	fast 1oo	WNW	11
16.9.	0.35	1oo	"	11
	6.oo	1oo	"	11
	12.35	1oo	"	1o
	18.oo	nahe 1oo	"	11
17.9.	0.35	1oo	NW	8
	6.oo	85	" (dann N)	1o
	12.oo	8o	N (dann NO)	14
	18.oo	75	NO	1o
18.9.	0.35	74	"	1o (schneller werdend)
	6.oo	75	"	8 "
	12.35	75	ONO	13 "
	18.oo	75	O	11
19.9.	0.35	75	O	14
	6.oo	75	O	15
	12.35	75	OSO	17-18
	18.oo	74	"	13
2o.9.	0.35	7o	SO-OSO	12
	6.oo	7o,nachlassend	OSO	12
	12.35	7o,zunehmend	OSO,dann O	12
	18.oo	65,nachlassend	O	13
21.9.	0.35	7o	etwas nördl. als O	13

	6.oo	7o kn	etwas nördl.	13 kn
	12.35	7o	als 0	13
	18.oo	7o	"	15
22.9.	o.35	65	"	2o
	6.oo	65	0	2o

Am 21.9. um 13.36 Uhr MGZ fängt "Penn Trader"
folgenden Funkspruch auf: "Fourmastbark Pamir drifting
in heavy hurricane without sails in position 35,57 N,
4o,2o W. Please ships in vicinity give position. Answer
48o kHz. zu deutsch:"Viermastbark "Pamir", treibend in
schwerem Hurrikan, ohne Segel auf Pos. ... Schiffe in
der Nähe bitte Position geben. Antworten auf 48o kHz."
Dieser Meldung war das Dringlichkeitszeichen XXX voraus-
gegangen. Es besagt, dass eine Meldung des Inhalts folgt,
dass ein Menschenleben oder ein Schiff in Gefahr ist und
weniger wichtiger Funkverkehr unterbleiben muss. Eine
XXX-Meldung ist aber schwächer als eine echte Seenotmeldung SOS, bei welcher jeder andere Funkverkehr sofort
zu schweigen hat. Die XXX-Meldung fiel in die Zeit, in
welcher in der Wachzeitzone F (zu deren Bereich die
Position der "Pamir" gehörte) die Funker Wache gehen
mussten (o.oo - 2.oo Uhr, 12.oo - 14.oo Uhr, 16.oo -
18.oo Uhr, 20.oo - 22.oo Uhr MGZ). Diese XXX-Meldung ist
nicht auf der internationalen Notfrequenz 5oo kHz,
sondern auf der Frequenz 48o kHz verbreitet worden,
offenbar, um störungsfrei durchzukommen, weil auf 5oo kHz
ein meist sehr intensiver Verkehr herrscht. Der Funker
der "Penn Trader" hat die XXX-Meldung empfangen, dazu
aber in seinem Tagebuch vermerkt: "Ich habe die Frequenz
48o nicht und kann auf dieser nicht antworten".

Um 13,45 Uhr "Penn Trader" an "Pamir" (auf 5oo kHz):
"Penn Trader" auf 36,2o N, 38,55 W, kann Ihre Position
am 22. um 1.oo Uhr erreichen".

Um 13.54 Uhr antwortet "Pamir", worauf "Penn Trader"
noch einmal ihre Position durchgibt. "Pamir" bestätigt
diesen Funkspruch mit "o.k.".

Um 14.oo Uhr empfängt "Penn Trader", und zwar diesmal eingeleitet mit dem Notzeichen SOS, also als echte
Notmeldung i.S. der Vollzugsordnung für den Funkdienst,
von "Pamir" folgendes: "here german fourmastbark Pamir
at position 35.57 N, 4o,2o W, all sails lost, lopside
35 degrees, still gaining, ships in vicinity please

communicate, master." ("Deutsche Viermastbark P. auf
Pos. ..., alle Segel verloren, Schlagseite 35 Grad,
noch zunehmend, Schiffe in der Nähe bitte Verbindung
aufnehmen. Kapitän") Um 14.o1 Uhr notiert der Funker der
"President Taylor" -vermutlich denselben- SOS Ruf der
"Pamir" mit folgendem(etwas abweichendem) Wortlaut:"here
broken fourmastbarque "Pamir" in heavy seas at pos. ..."
(sonst unverändert) .

Um 14.o2 Uhr ruft "Penn Trader" die "Pamir",
worauf diese antwortet:"Please take course and proceed
to us, master ("bitte nehmen Sie Kurs auf uns und
kommen Sie zu uns, Kapitän".

Um 14.o4 Uhr wiederholt "Pamir" ihren SOS-Ruf von
14.oo Uhr.

Um 14.12 Uhr meldet sich die "Tank Duke", bestätigt
den Empfang des SOS-Rufs und gibt ihre Position. (Vermerk des Funkers in seinem Tagebuch: "Stand by after
order from DKEF".(Halte mich bereit nach Order von der
"Pamir").

Um 14.15 Uhr treten weitere Schiffe in den Notverkehr ein. "President Taylor" teilt mit, dass sie
sich mit 11 Knoten Geschwindigkeit auf dem Wege zur
"Pamir" befinde; die Entfernung betrage 119 sm. Die
anderen Schiffe warten noch und halten sich bereit.

Um 14.18 Uhr "Penn Trader" an "Pamir": "Wir sind
jetzt auf dem Wege zu Ihnen. Geben Sie uns die Windrichtung und -stärke; wir sind etwa 7o sm von Ihnen
entfernt". "Pamir" wiederholt ihren SOS-Ruf. Um 14.2o
Uhr antwortet sie der "Penn Trader": "Hier Wind NNO
Hurrikan Stärke 5". (5 wahrscheinlich eine Verstümme-
lung).

14.25 Uhr funkt "President Taylor" an "Pamir":
"SOS erhalten".

14.26 Uhr meldet sich wieder ein neues Schiff,
und zwar die "Crystal Bell". Sie gibt ihre Position:
39,54 N, 44,17 W, Geschwindigkeit 12 Knoten, und teilt
mit, dass sie am nächsten Tage um 17 Uhr an der Unfall-

stelle eintreffen könnte. Wünschen Sie weitere Hilfe?
Darauf "Pamir" an "Crystal Bell" um 14.27 Uhr:
"Sie können Ihre Reise fortsetzen, brauche Ihre Hilfe
nicht. Danke."

14.3o Uhr "President Taylor" an "Pamir": "SOS erhalten, bitte wiederholen Sie Ihren Standort".

14.32 Uhr "Pamir" an "President Taylor":"Standort
35,57 N, 4o,2o W."

14.35 Uhr vermerkt der Funker der "Tank Duke" im
Tagebuch: "Halten uns noch in Bereitschaft".

14.42 Uhr "Pamir" an "President Taylor": "Erhalten.
Bitte bereithalten. Warten."

14.5o Uhr "Tank Duke" gibt der "Pamir" ihren berichtigten Standort. "Pamir" antwortet mit der Bitte,
auf 5oo kHz bereit zu bleiben.

14.52 Uhr "Pamir" an "President Taylor":"please
proceed to us immediatly - master"; zu deutsch: "Bitte
kommen Sie sofort zu uns, Kapitän".

14.54 von "Pamir" an alle: "SOS, SOS, SOS de DKEF
rush rush to us, german fourmast broken pamir danger of
sinking. master". zu deutsch: "SOS, SOS, SOS von "Pamir".
Jagt auf uns zu. Deutsche Viermastbark Pamir in Gefahr
zu sinken. Kapitän."

14.55 Uhr "President Taylor" antwortet an "Pamir":
"SOS erhalten".

14.57 Uhr "Pamir" an alle   : "now speed ship is
making water danger of sinking". zu deutsch: "Jetzt eilt.
Schiff macht Wasser. Gefahr des Sinkens". In der gleichen
Minute bestätigt "President Taylor" den Empfang dieses
Funkspruchs.

15.o3 Uhr "President Taylor" empfängt noch einen
letzten Funkanruf der "Pamir". Der Verkehr konnte aber
infolge Fremdstörungen nicht aufgenommen werden.

Nach dem Ausscheiden der "Pamir" ist der Notverkehr
zunächst von "President Taylor" geleitet worden.

Um 15.24 Uhr hat "President Taylor" noch einmal
-blind- (d.h. ohne Erwartung einer Antwort) folgendes
an "Pamir" gefunkt: "Ich laufe mit Höchstgeschwindigkeit auf Sie zu. Voraussichtliche Ankunft 19 Uhr MGZ.
Kapitän". Diese Meldung ist um 15.37 Uhr noch einmal
wiederholt worden. "President Taylor" hat in der Folgezeit den SOS-Ruf der "Pamir" in geringen zeitlichen Abständen immer wieder ausgestrahlt. Um 16.52 Uhr hat
"Tank Duke" auf Bitten von "President Taylor" die
Leitung des Notverkehrs vorübergehend übernommen. "Tank
Duke" hat die Positionen vieler Schiffe aufgenommen und
diese Schiffe gebeten, zu warten, bis "President Taylor"
wieder die Leitung des Verkehrs übernehmen würde. Um
17.17 Uhr hat "President Taylor" den "Commander Air
Sea Rescue" unterrichtet, und mitgeteilt, dass sie die
Verbindung mit "Pamir" verloren habe und um Suche durch
Flugzeuge gebeten.

Um 18.oo Uhr hat "Penn Trader" den Notverkehr übernommen. Um 18.18 Uhr hat "Penn Trader" die "Jaguar", die
einen Abstand von 16o sm und eine Geschwindigkeit von
9 Knoten gemeldet hatte, noch aufgefordert, ihre Reise
fortzusetzen, desgl. die "Anita", welche 36o sm entfernt
war, diese ist aber doch gekommen und hat sich an der
Suche beteiligt.

Um 18.39 Uhr meldet sich die "Absecon" (USA coast
guard) mit der Anfrage, wie viele Schiffe zur Unfallstelle unterwegs wären. Antwort von "Penn Trader":
" 2 soviel ich weiss" (nämlich "Penn Trader" und
"President Taylor").

19.18 Uhr "Penn Trader" an alle: "Alle Schiffe im
Umkreis von 2oo Meilen von der "Pamir"-Position ...
müssen zu Hilfe kommen und nach Überlebenden suchen."

2o.1o Uhr: "President Taylor" meldet, dass sie an
der Unfallstelle angekommen sei und Ausschau halte
(diese Meldung hat "President Taylor" dann später

korrigiert. Sie beruhte wohl auf einer falschen Positions-
berechnung).

2o.26 Uhr hat "President Taylor" an "Pamir" (blind,
d.h. in der Hoffnung, dass die Empfänger der "Pamir"
noch arbeiteten) gefunkt: "Schiffe suchen jetzt in
ihrem Seegebiet". "See- und Luftrettungsdienst unterrichtet". Einige Schiffe, darunter "Absecon", kündigen
ihr Erscheinen an der Unfallstelle für die Nachtstunden
an.

21.25 Uhr meldet "Penn Trader", dass sie die Suche
im Unfallgebiet aufgenommen habe. "President Taylor"
antwortet: "Wir werden uns in einer halben Stunde beteiligen".

21.44 Uhr "TTT President Taylor" an alle: über das
Wetter im Unfallgebiet:" Barometer 29,73 stetiger NO-Wind
Stärke 7-8 wolkig, gute Sicht, sehr rauhe NO-See, sehr
schwere Nordostdünung, Luft 7o/63 See 74".

22.1o Uhr "Penn Trader" an "President Taylor":
"Flackerndes Licht von Pos. 35,53 N, 4o,17 W, Peilung
25o rw gesichtet".

22.36 Uhr "Penn Trader" an "President Taylor":
"Noch ein flackerndes Licht gesichtet". Peilung 272 von
Pos. 35,53 N, 4o,22 W."

22.45 Uhr. Das Kanadische Kriegsschiff "Crusader"
kündigt Eintreffen für 2.3o Uhr an.

23.1o Uhr "Penn Trader" auf eine Anfrage von
"President Taylor": "Die Lichter kommen aus 2 Punkten.
Wir fahren jetzt auf das zuletzt berichtete zu."

22.9. morgens 4.19 Uhr "Penn Trader" XXX an alle:
"Alle Schiffe in einem Umkreis von 2oo Meilen von der
"Pamir"-Position ... müssen zur Hilfeleistung und Suche
nach Überlebenden fahren. Kapitän".

Der weitere Funkverkehr bezieht sich ausschliesslich
auf die allmählich einsetzende planmässige Suchaktion,
die in der Nacht vom 21. zum 22.9. begann und zunächst
für kurze Zeit von dem kanadischen Zerstörer "Crusader"
und danach von dem US coast-guard-cutter "Absecon"

geleitet worden ist,

Die ersten Schiffe, die aufgrund der Notrufe der
"Pamir" Kurs auf die Unfallstelle genommen haben, waren,
wie aus dem Funkverkehr ersichtlich, "Penn Trader" und
"President Taylor". Um 16.2o Uhr folgte "Absecon"
(US.Coastgard), die aber 35o sm weit entfernt stand und
erst in den Mittagstunden des nächsten Tages eintreffen
konnte und die kanadische Fregatte "Crusader". Nachdem
"Penn Trader" um 19.18 Uhr alle Schiffe im Umkreis von
2oo sm aufgefordert hatte, zu Hilfe zu kommen und nach
Überlebenden zu suchen, haben viele weitere Schiffe
Kurs auf die Unfallstelle genommen. Um 22.1o und 22.36
Uhr ist (siehe Funksprüche) von "Penn Trader" flackerndes Licht gesichtet worden. "Penn Trader" ist in Richtung
auf diese Lichter gefahren, hat aber nichts gefunden.
    "Crusader", der in den frühen Morgenstunden er-
schien, konnte um 7.3o Uhr vier Handelsschiffe in Suchgebiete einweisen.
    Der Einsatz von Flugzeugen war in den ersten 24
Stunden durch den über die Azoren hinwegziehenden Hurrikan stark behindert, so dass nur ein Flugzeug Such-
flüge unternehmen konnte. Vom 22.9. mittags an sind
aber in steigendem Masse portugiesische und vor allem
amerikanische Flugzeuge eingesetzt worden, und zwar im
Durchschnitt 11 Flugzeuge am Tage. Sie sind insgesamt
nicht weniger als 55o Flugstunden unterwegs gewesen.
    Am 22.9. gegen mittag fand ein Schiff das (wie aus
den nachstehend wiederzugebenden Berichten der Überlebenden zu ersehen sein wird, schon einige Zeit vor
dem Kentern weggespülte) hölzerne Rettungsboot Nr.6.
Wenn der Fundort auch 2o sm weiter südlich lag, so war
doch dies die erste Bestätigung dafür, dass die von
der "Pamir" angegebene Position ungefähr zutraf.

Das Bundesverkehrsministerium in Hamburg, welches
noch am 21.9., sofort nach dem Eintreffen der ersten
Meldungen, einen 24-Stunden-Dienst der beiden nautischen Referate eingerichtet und dabei laufende Verbindung u.a. mit Norddeich-Radio, der Stiftung "Pamir"
und "Passat", der Reederei Zerssen & Co, dem Verband
Deutscher Reeder, Presseagenturen und der Rettungs-
zentrale der amerikanischen Luftwaffe in Wiesbaden
aufgenommen hatte, liess über das Auswärtige Amt und
die Deutsche Bootschaft in Washington und das Deutsche
Konsulat auf den Azoren die Bitte übermitteln, die Suchaktion so intensiv und so lange wie möglich durchzu-
führen. Über den Verband Deutscher Reeder liess es
einen Funkspruch an alle im mittleren Nordatlantik anwesenden Deutschen Schiffe ausstrahlen, in welchem
diese unter Hinweis auf das gefundene Rettungsboot aufgefordert wurden, das Unfallgebiet anzusteuern
    Am 22.9. in den Mittagsstunden übernahm "Absecon"
von der "Crusader" die Leitung der Suchaktion.
    Am 23.9. um 8.38 Uhr MGZ fand der New Yorker
Dampfer "Saxon", welcher schon am 21.9. nachmittags
nach dem Empfang der Notrufe aus einem weit entfernten
Seegebiet Kurs auf die Unfallstelle genommen hatte und
erst kurz vorher an dieser eingetroffen war, auf der
Position 35,34 N, 4o,21 W das hölzerne Rettungsboot
Nr.5 der "Pamir" mit fünf Überlebenden. Es waren der
am 8.12.32 geborene Kochsmaat Karl-Otto D u m m e r
aus Geesthacht, der am 2.11.37 geborene Leichtmatrose
Hans-Georg W i r t h aus Leer, der am 19.12.38 geborene Schiffsjunge Folkert A n d e r s aus Bremen,
der am 8.9.39 geborene Leichtmatrose Klaus F r e d -
r i c h s aus Bad Kissingen und der am 26.6.4o geborene Schiffsjunge Karl-Heinz K r a a z aus Hamburg-
Harburg. Sie sind am nächsten Tage von der "Geiger"
(Transportschiff der US Navy) übernommen und von dieser
nach Casablanca gebracht worden. Von Casablanca sind
sie am 28.9. mit einem Sonderflugzeug in die Heimat ge-

flogen worden.

Am 24.9. nachmittags fand der Dampfer "Nordsee" auf
der Position 37,15 N, 4o,7 W ein unbemanntes Schlauchboot der "Pamir". Am gleichen Tage um 16.41 MGZ sichtete "
"Absecon" das hölzerne Rettungsboot Nr.2 mit dem am
25.2.1937 geborenen Leichtmatrosen Günther H a s e l -
b a c h aus Kiel als letztem Überlebenden. Haselbach
sass rittlings auf der Reeling des völlig überfluteten
Bootes, welches unten am Boden verschiedene grosse Löcher
aufwies. Er ebenso wie die anderen Überlebenden hatten
sich nur dank der hohen Temperatur des Wassers (etwa
28 Grad) so lange halten können. Haselbach ist später dem
französischen Schiff "Antilles" übergeben worden, um von
dem an Bord dieses Schiffes befindlichen Arzt behandelt
zu werden. Die"Antilles" hat Haselbach in Puerto Rico an
Land gesetzt, von wo er ebenfalls auf dem Luftwege in
die Heimat gebracht worden ist.

Am 25.9. wurde von Flugzeugen und Suchschiffen auf
$35^{o}35'N$ $4o^{o}16'W$ eine sich über 5 sm im Quadrat erstrecken-
de Trümmerfläche mit Holzteilen und vielen zusammenge-
bundenen Schwimmwesten gefunden, in denen sich anscheinend
menschliche Körper befunden hatten. In zwei Schwimmwesten
sind auch Spuren von menschlichen Körpern gefunden worden.
Viele Haie wurden gesichtet.

Als bekannt wurde, dass der amerikanische Einsatz-
leiter beabsichtigte, die systematische Suchaktion am
25.9. mit Tagesende als aussichtslos einzustellen, bat
das Bundesverkehrsministerium die zuständige USA-Dienst-
stelle in Wiesbaden, die Suche nach Möglichkeit noch
fortzusetzen und die weitere Einsatzleitung bei "Absecon"
zu belassen. Die deutschen Schiffe erhielten durch Funk-
telegramme eine entsprechende Aufforderung. Die systematische Suche ist daraufhin bis zum Tagesende des 28.9.
fortgesetzt worden. Trotz sehr guter Wetterverhältnisse
sind aber nur noch einzelne Trümmerteile gefunden worden.
Die deutschen Schiffe wurden durch Funkspruch vom 28.9.
angewiesen, bei Berührung des Unfallgebiets weiterhin

verstärkten Ausguck zu halten. Über Norddeich-Radio wurde
ab 22.3o Uhr folgendes Danktelegramm in deutscher und
englischer Sprache ausgestrahlt:
"An alle Schiffe und Flugzeuge. Allen Be-
satzungen der Seeschiffe und Luftfahrzeuge,
die anlässlich des Verlustes des Segelschulschiffes "Pamir" an den Such- und Rettungsaktionen beteiligt waren, spreche ich für
ihren aufopferungsvollen Einsatz im Namen
der Regierung der Bundesrepublik Deutschland
herzlichsten Dank und besondere Anerkennung
aus.
Der Bundesminister für Verkehr.
Dr.Ing.Seebohm. "

Die deutschen Vertretungen in Washington, London und auf
den Azoren wurden gebeten, den beteiligten Flieger-
kommandos das Danktelegramm in geeigneter Weise zuzu-
leiten.
Die geborgenen Rettungsboote, Wrackteile, Schwimmwesten usw. sind im Hamburger Freihafen im Schuppen 72
der Hamburg-Amerika-Linie gesammelt und eingelagert worden. Sie sind dort vom Seeamt besichtigt worden.
Der Kommandant der "Absecon" hat einen zusammenfassenden Tätigkeitsbericht und ausserdem einen Bericht
über die Erfahrungen erstattet, die auf "Absecon" als
Leitstelle bei der Suche nach den Überlebenden der
"Pamir" gewonnen wurden. In dem Tätigkeitsbericht wird
u.a. erwähnt, dass die überfluteten Rettungsboote "wie
Seetang" an der Oberfläche geschwommen hätten, so dass
sie schwer auszumachen waren. Während der ersten zwei
Tage sei die See noch rauh gewesen, was die Suche nach
tiefliegenden Objekten erschwert habe. Während der
sieben Tage dauernden Suche hätten insgesamt 6o Schiffe
von 13 Nationen an der eigentlichen Suchaktion teilgenommen. Die Suchgebiete für die Flugzeuge seien von der
"Comusforaz" zugeteilt worden, welche in der Regel unmittelbar mit der "Absecon" zusammengearbeitet habe.

In dem allgemeinen Erfahrungsbericht heisst es u.a.:
"Das Verfahren wurde an Ort und Stelle unter
Zeitdruck entwickelt; es könnte wahrscheinlich
noch beträchtlich verbessert werden. Der Zweck
dieser Ausführungen ist es deshalb nicht, ein
Schema für Suchaktionen zu geben, sondern es
soll das Problem gezeigt und von einer Lösung
berichtet werden, in der Hoffnung, dass ein
noch besseres Verfahren ausgearbeitet werden
wird.

Alle Handelsschiffe innerhalb 2oo sm Umkreis
wurden aufgefordert, sich bei "Absecon" für die
Suchaktion anzumelden. Im Durchschnitt setzte
sich jedes Schiff für ein oder zwei Tage bei
der Suche ein. Einige Schiffe blieben mehr als
3 Tage dabei. "Absecon" war der Auffassung,
dass es keine Ermächtigung hätte, ein Schiff
festzuhalten oder zu weiterem Verbleib aufzu-
fordern, wenn dieses aus irgend einem Grunde
seine Fahrt fortzusetzen wünschte. Während der
7 Suchtage nahmen 6o Schiffe von 13 Nationen an
den Operationen teil. Im Schnitt waren es
lo - 15 Schiffe täglich; aber An- und Abmeldungen
erfolgten auch zu allen Tageszeiten. Das Problem
war daher, wie man den grössten Wirkungsgrad
während der zeitlich begrenzten Teilnahme der
einzelnen Schiffe erzielen konnte. Es wurde
nun bei der Suche nach Überlebenden der "Pamir"
folgendes System angewandt: Das Suchgebiet
wurde in 3 sm breite und 3o-4o sm lange Streifen
eingeteilt; jedes Schiff wurde einem Streifen
zugeordnet und gebeten, den Streifen in beiden
Richtungen mehrfach abzulaufen, sofern nichts
anderes mitgeteilt würde. Wenn sich ein Schiff
abmeldete, wurde das danach ankommende in dem
Streifen entsprechend eingesetzt. Wenn ein bestimmter Teil des Suchgebietes grössere Aus-

sichten versprach, wurden 2 Schiffe in derartige
Streifen eingewiesen. Das Gebiet wurde je nach
den Erfordernissen an den einzelnen Tagen nach
Norden oder Süden verschoben, indem die Grenzen
der Breite nach geändert wurden. Das Gebiet
wurde auch nach Osten oder Westen verschoben,
indem zusätzliche Streifen in entsprechender
Richtung angefügt wurden.
Das Leitschiff selbst übernahm keinen bestimmten
Suchstreifen, sondern blieb frei, um im Mittel-
punkt des Gebietes suchend auf und abzufahren und
um den Einzelheiten nachzugehen, die von der
Luftaufklärung berichtet wurden.
Nach zweitägiger Anwendung dieses Systems wurden
Streifen in Ostwestost-Richtung abgefahren und
die allgemeine Suche nach den aufgefundenen
Trümmern, beschädigten Booten und Schwimmwesten
ausgerichtet.
Bei der Anwendung eines solchen Verfahrens können
den Schiffen Stunden vor der eigentlichen Ankunft
im Gebiet Mitteilungen über die Suche und über
das jeweils vorgesehene Suchgebiet gegeben werden.
Somit können die Schiffe gleich bei Ankunft mit der
Suche beginnen, ohne auf andere Schiffe oder auf
Tageslicht warten zu müssen.
Jeden Abend wurden die Suchstreifen für den
nächsten Tag in einem einzigen Funktelegramm
zusammengefasst, so dass jedes einzelne Schiff
über seine beiden Nachbarn unterrichtet war und
daran auch seine Navigation überprüfen konnte.
Es wurde angenommen, dass jedes Schiff seinen
Suchstreifen etwa dreimal während der Tagessicht
abfahren konnte. Das System hat sich am besten
bewährt, wenn alle Schiffe bei der Morgendämme-
rung am gleichen Ende des Suchgebietes begannen.
Jede Gleichmässigkeit der Suche ging jedoch dann
verloren, wenn Schiffe stoppten, Suchkreise ab-

fuhren oder gesichtete Gegenstände näher untersuchten. Da die Schiffe jedoch die Koordinaten
ihres Suchstreifens kannten, wurde angenommen,
dass sie schliesslich die Suche in ihrem richtigen Streifen fortsetzen würden. Das Suchen auf
Koordinaten hängt jedoch von genauer Navigation
ab. Loran-Schiffsorte waren in dem Seeraum nur
schlecht zu bekommen, aber ein klarer Himmel er-
laubte vom zweiten Tag der Suche an eine ständige astronomische Navigation.
Als die Suche begann, pflegten die Schiffe auch
nachts ihren Suchstreifen abzufahren; später
jedoch, als die Wahrscheinlichkeit des Überle-
bens sehr viel geringer geworden war, wurde
-auf Wunsch- erlaubt, nachts gestoppt zu liegen,
um Brennstoff zu sparen. Alle Schiffe berichteten
unverzüglich an "Absecon" alles was gesehen, aufgenommen und identifiziert wurde.
Eines der Erkenntnisse, die die Suche ergeben
hat, ist, dass wir nicht so weit sehen konnten,
wie wir es geglaubt hatten. Der Überlebende, der
in einem vollgeschlagenen dunkelfarbigen Rettungsboot von der "Absecon" gesichtet wurde, war kaum
auf 25o Yards Entfernung zu sehen. Daher erscheint
bei wechselnder Sicht ein Schiffsabstand von
höchstens 15oo Yards richtig zu sein; nachts bei
Ausguck nach Signalfeuern oder tags bei völlig
ruhiger See dürfte ein Abstand von höchstens 3 sm
noch zulässig sein, sofern grössere Gebiete erfasst werden müssen.
    Der Gedanke, dass alle Schiffe bei der Abend-
dämmerung am gleichen Ende ihres Suchstreifens
ankommen, hat vieles für sich. Dadurch wird den
Schiffen nicht nur eine Navigationskontrolle ermöglicht, sondern auch für das Leitschiff ein
guter Überblick über die Suchgruppe, um die Frage
des Zwischenraumes zu überprüfen und die Teilnehmer

zu zählen. Es erlaubt auch Flugzeugen, vor der
Gruppe herzufliegen und gesichtete Gegenstände
mit Rauchsignalen oder Farbkörpern zu bezeichnen."

Die Kapitäne einiger an der Suchaktion beteiligt ge-
wesenen deutschen Schiffe haben Berichte geliefert. Sie
bezeichnen die Organisation übereinstimmend als sehr gut
und stellen nur zur Erwägung, ob in künftigen Fällen
nicht alle beteiligten Schiffe in Staffelung fahren
sollten, wobei der Abstand je nach Seegang und Sichtweite vergrössert oder verringert werden müsste. Alle
Fahrzeuge sollten sich möglichst nach einem Leitschiff aus-
richten, wobei das Radargerät zur Kontrollierung des Abstandes verwendet werden sollte. Übereinstimmend gingen
alle Erfahrungsberichte dahin, dass treibende Rettungsringe
mit ihrem weiss-roten Anstrich über grosse Entfernung
deutlich sichtbar gewesen seien. Die naturlackierten hölzernen Rettungsboote und das graue Schlauchboot sowie
überhaupt alle sonstigen Trümmer seien nur auf sehr geringe
Entfernung zu erkennen gewesen.

Dummer, Wirth, Fredrichs, Anders und Kraaz sind am
Morgen nach ihrem Eintreffen in Hamburg, am 29.9., in
Anwesenheit von Vertretern des Bundesverkehrsministeriums,
des Vorsitzenden der Stiftung "Pamir und Passat", des
Seewetteramts Hamburg, der Reederei Zerssen & Co und der
Kapitäne Eggers und Piening seeamtlich vernommen worden.
    D u m m e r , der schon durch sein höheres Lebens-
alter eine natürliche Autorität gegenüber den anderen
Insassen des Rettungsbootes gehabt hat und auch von ihnen
zu ihrem Führer erkoren worden war, hatte schon in Casablanca das Wort für seine Kameraden ergriffen und ist auch
am 29.9. als erster gehört worden.
    Nachdem er einige Fragen über den Verlauf der Reise
beantwortet hatte, hat er berichtet, dass am 18. und 19.9.
ganz schwache, flaue Winde geherrscht hätten und "Pamir"

mit Maschinenkraft gelaufen sei. Am 2o.9. sei dann guter
Wind gekommen. Tagsüber sei volle Besegelung gefahren
worden. Abends seien Reuels und Oberbrams weggenommen
worden. Am 21.9. morgens zwischen 8.oo und 8.3o Uhr sei
der Schlachter, der mit dem Funker befreundet gewesen sei
und sich für den Funkbetrieb interessiert habe, in die
Kombüse gekommen und habe bekannt gegeben: "Also der Funker sagt, wir sollen alles bestens feststauen und Schlinger-
leisten anlegen, denn ein Hurrikan ist gemeldet und wir
werden wahrscheinlich in diesen Hurrikan hineinkommen."
Das sei ungefähr 1 1/2 Stunden gewesen, bevor es "losging".
Zu dieser Zeit seien die Rahen nach Backbord hart angebrasst gewesen, und es hätten sämtliche Unter- und Obermarssegel, die Fock, ein Klüver, Vorstängestag, Groß-
stängestag, Kreuzstängestag und Besanstagsegel gestanden.
1 1/2 - 2 Stunden, nachdem der Schlachter die Meldung von
dem herannahenden Hurrikan überbracht hatte, habe es sehr
heftig zu stürmen begonnen. Das Schiff habe stark überge-
holt.

Nachfolgend soll die am 29.9. von Dummer gegebene
Darstellung, die bei aller Sprunghaftigkeit und manchen
Wiederholungen doch ein lebendiges und anschauliches Bild
von den Vorgängen vermittelt, auszugsweise so wiedergegeben werden, wie sie Dummer ins Dimafon gesprochen hat:

"Dann ging es Schlag auf Schlag. Es wurden Kommandos
gegeben. Klar bei Obermars fallen. ... Obermars
konnten sie schon nicht mehr wegfieren. Also der
Wind setzte ganz, ganz plötzlich ein. Wir standen
in der Kombüse. Es kam etwas Gischt rüber; aber
wir hatten die Bullaugen noch alle offen. Auch die
Luvseiten-Bullaugen waren noch nicht geschlossen.
... Der Wind kam von Steuerbord ein. Es war hart
angebrasst. Wir liefen ganz hart am Wind. Es ging
dann ganz plötzlich. Das Schiff legte sich ganz
schnell auf die Seite. Darin haben wir noch gar
nichts besonderes gesehen. Bloss, dass es etwas
stärker war als sonst. Ein Topf sprang aus der

Schlingerleiste raus. Den haben wir dann eben
festgebunden. Dann ging es eben los, dass die ersten
Segel wegflogen. Die Reihenfolge kann ich nicht sagen, weil ich ja beim Wegnehmen nicht dabeigewesen
bin. Ich war bis dahin immer noch in der Kombüse.
Wir hörten es nur knallen. Was wir von der Kombüse
aus sehen konnten, da flog die Obermars weg, da flog
Gross-Stänge-Stag weg, Vor-Stänge-Stag und Klüver
flog weg. Sie haben versucht, alles wegzunehmen. Und
auch die Fock beim Wegnehmen. Sie haben ein Stück
hochgekriegt und dann sind sie mitsamt den Gordings
hochgegangen. Sie haben sie nicht runtergezogen. ...
Als das erste Segel wegflog, da kam gleich all-hands-
Manöver. ... Die Alarmglocke für all-hands. Da haben
wir die Töpfe noch so gut wie möglich festgemacht,
und dann bin ich an Deck gegangen. Zu helfen war für
mich da garnichts. Also sie haben sich vergeblich
abgemüht, und weil sich die Obermars nicht mehr wegfieren liessen, liess der Kapitän die Schoten los-
schmeissen, und dann flog eben alles nach und nach
weg. Da war es dann so, dass das Schiff schon so
hart überlag, dass die Töpfe - also die Schlinger-
leisten, die brachen vom Herd und die Töpfe die
rauschten dann auf Bb-Seite rüber und der Inhalt
der Töpfe lag im Bb-Kombüsengang. Da haben wir dann
eben alles getan mit dem Feuer, damit da keine
Explosion passiert. ... Und dann sind wir alle aus
der Kombüse rausgegangen. Ich bin raufgegangen zum
Kapitän und habe die Meldung gemacht, dass mit dem
Essen wohl nichts werden wird. Dann bin ich oben an
Deck geblieben. ... Ich bin aufs Hochdeck gegangen.
Der Schlachter war in der Funkbude beim Funker, und
der Koch liess sich vom Doktor einen Verband machen.
Der hatte sich den Fuss verbrüht. Dann liess der
Kapitän den Stamm -aber nur den Stamm, keine Ka-
detten- in den Vortopp, glaube ich, zuerst -die
Reihenfolge habe ich mir nicht genau eingeprägt-

raufgehen und die flappenden Segel abschneiden. Herr
Buschmann war mit im Topp. ... Dann haben sie noch
versucht, die Bootspersenning am Besanwant auszubringen und den Besan auszufahren, um das Schiff noch
&n den Wind zu kriegen, aber das ist nichts mehr geworden. Als nun eben alles weg war, da wartete alles
auf dem Hochdeck darauf, was nun passiert. Dann wurde vom Kapitän angeordnet, alle Schwimmwesten anlegen. In der Zwischenzeit hatte Boot 6 sich schon
losgerissen. Es war schon rausgespült, weil es ja
schon im Wasser lag. Als alle Schwimmwesten anhatten,
-bis auf den Kapitän- liess er Befehl geben, die
Schlauchboote flottzumachen. Das Schlauchboot auf
dem Hochdeck wurde heruntergeholt vom Kartenhaus. Es
lag auf dem Hochdeck. Ein Schlauchboot vom Juden-
tempel -also vom Vorschiff-Judentempel- das haben
sie auch noch runtergekriegt. Ich glaube, es war das
kleine, was oben drin lag. Das haben sie noch über
die Laufbrücke gekriegt, und als sie halb auf der
Laufbrücke waren, ist es ihnen vom Sturm aus den
Händen gerissen worden. Es trieb jetzt an Bb-Seite
im Wasser, ist aber nicht vom Schiff weggegangen.
Nachher, als die "Pamir" kenterte, sind noch welche
reingesprungen. Wo es aber abgeblieben ist, weiss
ich nicht. Zwischendurch da gingen kleinere Sachen
flöten. Dann ging das Bb-Seite Lampenspind unter
der Back, da riss das Schott raus. Der Niedergang
Bb-Seite zur Back rauf wurde weggerissen und lag
dann im Wasser. ... Da war dann auch durch die
Lüfter auf der Bb-Seite Hochdeck Wasser in die
Mittschiffsgänge eingedrungen. Ich weiss nicht,
welche Lüfter das sind, ich hörte nur, dass durch
die Lüfter Wasser eindringt. Und dann wurde noch
eine Eimerkette gebildet und zwar durchs Kartenhaus runter in den Mittschiffsgang zum Wasser aus-
schöpfen. Aber der Wassereindrang war so stark,
dass das gar keinen Zweck hatte,und innerhalb von
ganz kurzer Zeit standen sämtliche Bb-Kammern im

Mittschiff unter Wasser. Da war nicht mehr reinzu-
kommen, nichts mehr rauszuholen. Es lag alles im
Wasser. Soviel ich weiss, war das achtern in den
Stammkammern genau dasselbe. Im Kadettenraum soll
nicht soviel Wasser gewesen sein oder gar kein
Wasser, also da kann ich mich nicht festlegen.
Jedenfalls weiss ich, dass in den Bb-Kadettenraum
noch Jungs reingegangen sind und sich Kleidungs-
stücke herausgeholt haben. ... Die Stammkammern
sind voll gewesen. Der Kadettenraum soll noch be-
tretbar gewesen sein. Vielleicht mag er noch nicht
ganz voll gewesen sein. ... Aber die Mittschiffs-
kammern der Offiziere waren alle voll unter Wasser.
... Von der Luvseite her haben wir von dem Augenblick an, wo mehr als die gewöhnliche Schlagseite
war, keine Brecher als solche mehr rüberbekommen.
Es war nur noch so Gischt und Schaum. Also dass
da direkt Brecher rübergekommen sind, kann man nicht
sagen. Nur eben, dass die ganze Bb-Seite, d.h. der
Kombüsenniedergang Bb-Seite im Wasser war, und die
Segellastluke war auch vollkommen unter Wasser, und
die schlug sich los durch irgendeinen Gegenstand.
(Die Segellastluke befand sich auf dem Hochdeck an
Bb-Seite am Kartenhaus.) Die Segellastluke lag vollkommen im Wasser und da ist irgendwie ein Gegenstand
gegengeschlagen. Jedenfalls schlugen sich die Keile
raus, und plötzlich war die Persenning weg. Aber
der Deckel war noch drauf. Der Zimmermann und noch
einer von den neuen Kadetten ... haben noch bis
zum Hals im Wasser gestanden und haben fertigge-
kriegt, die Persenning wieder einzuschalken. Ob
sich die später wieder losgeschlagen hat, das weiss
ich nicht. Ich weiss nur, dass der Kapitän dann
anordnete, dass sie damit aufhören sollten, weil
sie eben zweimal weggerissen wurden, und gingen
dann ins Want. Da sagte der Kapitän "Zurück". Das
war zu gefährlich. Genauso, wie er auch beim Segel-

losschneiden dann die Matrosen, wenn sie zu weit
in die Nocken kamen, wo die schlagenden Schoten
hingen, abpfiff und die Leute runterbeordert hat
von der Rah.

Dann ging das Kentern wahnsinnig schnell.
Dieses ganze Letzte, in welchem Zeitpunkt sich das
zugetragen hat, kann ich nicht sagen. ...
Es war alles heil, es ist nichts von oben gekommen.
Das einzige, was kaputt war, das waren die Schoten,
die sich kaputtgeschlagen haben, dann sind eben
Gordings gerissen und Geitaue; aber sonst, dass
irgendetwas heruntergekommen ist oder gebrochen,
nein. ... Dann legte sie sich ganz auf die Seite.
Die meisten rutschten gleich mit einem Schwung
alle ins Wasser oder blieben noch in den Wanten
hängen oder sassen noch auf den Lüftern oder auf
dem Kartenhaus. Die meisten aber fielen alle mit
einem Schwung ins Wasser; also alle einer auf den
anderen rauf. Dabei sind wahrscheinlich sehr viele
kaputtgeschlagen worden, wenn einer auf den anderen
raufschlug. Ungefähr 4 Minuten, bevor das Schiff
ganz kenterte, haben der Zimmermann und ich dem
Kapitän noch die Schwimmweste angebunden. Also er
war der letzte, der die Schwimmweste angebunden
hat. Ich hing neben dem Kapitän am Gording. Er
war am Aussen- und ich am Innen-Obermars-Gording.
Er schrie mich noch an, ich sollte mich fallen-
lassen. Ich habe noch einen Augenblick gewartet,
weil unten noch so eine fürchterliche Wuhling war.
Die ganzen Leute waren ja auf diesem Platz um den
Kapitän konzentriert. Dann habe ich mich ganz langsam rutschen lassen, aber immer noch den Gording
festhaltend, und bin dann ins Wasser gegangen. Als
ich eben im Wasser war, rauschte neben mir der
Kapitän ins Wasser. Von da ab habe ich ihn auch
nicht wiedergesehen. ...

Das Schlauchboot war immer noch hart am Schiff,

da war ein ganzer Schwung drin. Aber ich glaube
nicht, dass es freigekommen ist, denn die hatten
zuviel Schwierigkeiten, aus dem ganzen Wirrwarr
herauszukommen. ... Wir versuchten erstmal, vom
Schiff wegzukommen, aber das Schiff trieb hinter-
her. Als es dann kieloben schwamm, das ging ganz
schnell. ... ...

Der Funker kam zur Kombüse und sass auf der
Kombüsen-Backskiste mit dem Chief zusammen, und
ich kam runter, um mir einen Pullover anzuziehen.
Da sass der Funker. Ich sagte:"Na, wie sieht es
aus?" Er antwortete: "Ich warte jetzt auf Order.
Der Neigungsmesser hat 4o Grad erreicht, und
weiter können wir nicht messen".

(Frage:Wissen Sie, wann SOS gefunkt worden
ist?)

Nein, ich weiss nur, dass der Funker sagte, er
hätte sich mit 4 Schiffen in Verbindung gesetzt,
ihren Standort sich geben lassen und auch unseren
Standort angegeben. Im Falle, dass SOS gegeben
würde, könnte das erste Schiff in 5 - 6 Stunden
da sein. ...

Als ich dann wieder raufkam, kam auch gleich die
Order. Der Kapitän stand neben mir an der Nagelbank, und ein Kadett lief immer zum Ruderhaus, wo
der Schlauch zum Durchpusten ist. Unten am
Schlauch stand der Schlachter und gab es weiter
an den Funker. Aber was da nun gesagt worden ist,
weiss ich nicht. Ich weiss nur, dass dieser Kadett immer hinging, es durchrief, und unten
wurde es dann durch den Schlachter an den Funker
weitergegeben.

... Kapitän Schmidt war am Besanstopp. Aber was
er dort tat -er war dabei, als man versuchte, die
Bootspersenning ins Want zu bringen und den Besan
auszufahren. ... Also von Verwirrung oder Aufregung
oder Angst war überhaupt keine Rede. Es waren noch

Kadetten da, die ihre Fotoapparate rausholten und
Aufnahmen machten. Der Doktor, der ja den Film
"Schiff von gestern, Kapitäne von morgen" -also
einen ganz zusammenhängenden Film- gedreht hatte,
sass noch oben auf dem Lüfter auf dem Kartenhaus
und machte Aufnahmen. Er hatte noch eine Persenning über die Kamera gelegt, damit sie nicht
naßspritzte. Also ich glaube, da ist nicht einer
dabei gewesen, der mit der Möglichkeit gerechnet
hat, dass das Schiff kentern würde. ... Aber das
ging so wahnsinnig schnell. Im ersten Augenblick
sah man hier 5, da 4, da lo, hier einzelne schwim-
men. Vielleicht eine halbe Stunde später sah man
nur noch vereinzelt hier 2 und da einen, nach einer
Stunde sah man einzelne überhaupt nicht mehr. "

Soweit die wörtlichen Zitate aus der Vernehmung vom
29.9. Die von der Entstehung der starken Schlagseite bis
zum Sinken vergangene Zeit hat Dummer bei dieser ersten
Vernehmung auf etwa 2 1/2 Stunden geschätzt.
Dummer hat es, ebenso wie seine Kameraden, begrüsst, als
ihm in der Seeamtsverhandlung seine bei der ersten Vernehmung gemachten Angaben vorgehalten wurden. Sie alle
waren der Auffassung, dass ihre Erinnerung damals noch
frischer gewesen sei.
    Von seinen sonstigen am 29.9. gemachten Aussagen
sei noch folgendes wiedergegeben:
    Der Schlachter soll, als er von dem Hurrikan sprach,
hinzugefügt haben:
        "Wenn wir so weiterlaufen, kommen wir wahr-
        scheinlich direkt ins Zentrum."
Der Funker habe in der Funkbude nicht mehr auf seinem
Stuhl sitzen können, sondern sich "irgendwo zwischen-
geklemmt". Er, Dummer, habe geholfen, auf dem Hochdeck
Strecktaue zu ziehen. Auch bei der Ausgabe von Schwimmwesten habe er geholfen. Später sei er auf Befehl des
Kapitäns zusammen mit dem Steward hinuntergegangen und
habe Zigaretten und verschiedene Flaschen Spirituosen

geholt, die verteilt wurden. Kurze Zeit (höchstens eine
halbe Stunde) vor dem Kentern sei er nochmals nach unten
gegangen, um ein paar Brote zu holen. Diese seien verteilt
worden, weil einige der Jungen geäussert hätten, dass sie
starken Hunger hätten.

Das Boot 5, aus dem Dummer und seine 4 Kameraden gerettet worden sind, sei stark beschädigt gewesen. Das
Heck habe ganz gefehlt, und vorn am Steven sei die Stb-
Seite vorn am Schanzkleid herausgedrückt gewesen, desgl.
die Eisenverstrebung. Sie hätten es leer treiben gesehen und seien dorthin geschwommen. Sie seien zunächst
zehn Personen in dem Boot gewesen, welches keinen Freibord gehabt habe. Die Lufttanks seien eingedrückt gewesen und hätten im Seegang hin und her geschlagen. Sie
hätten sie deshalb über Bord geworfen, damit das Eisen
aus dem Boot herauskam. Ein Frischwasserfass sei zwar
vorhanden gewesen, aber der Pfropfen sei herausgerissen,
und deshalb sei es voll Salzwasser gewesen. Sie hätten
es ebenfalls fortgeworfen. Das Boot sei in der ersten
Nacht mindestens 4 - 5 Mal gekentert. Sie hätten es
aber immer wieder aufrichten und dann hineinklettern
können. Signalmittel seien überhaupt nicht im Boot gewesen. Da die Boote erst 3 Tage vorher restlos überholt
worden seien, müsse dies Inventar wohl herausgerissen
oder -gewaschen worden sein. Nachts sei ein Schiff in
so geringer Entfernung vorbeigefahren, dass man, wenn
es genügend hell gewesen wäre, den Namen hätte lesen
können. Auch am Tage seien Schiffe ziemlich nahe vorbei-
gekommen. Er und seine Kameraden hätten oft versucht,
durch Rufen auf sich aufmerksam zu machen, hätten aber
dann die Zwecklosigkeit einsehen müssen.

In dem Boot sei an Bb-Seite noch ein Sack mit
Seenotproviantdosen festgelascht gewesen. Sehr nachteilig habe es sich ausgewirkt, dass keine Öffner für
diese Dosen vorhanden gewesen seien; sie hätten sie
aber schliesslich mit einem Messer öffnen können. Der
Durchmesser der Dosen sei so klein gewesen, dass es

in Ermangelung von entsprechenden Gerätschaften schwierig gewesen sei, den Inhalt herauszuholen. Die Dosen-
milch sei zu dick und zu süss gewesen und habe starken
Durst erzeugt. Am besten habe sich das "Dextro-Energen"
bewährt.

Bald nach dem Untergang der "Pamir" hätten er und
seine Kameraden in einer Entfernung von etwa 15o - 2oo m
ein hölzernes Rettungsboot gesehen, in welchem mindestens 2o Mann gesessen hätten. Das Boot sei dem Anschein
nach ziemlich unversehrt gewesen. Die Insassen hätten
sogar Riemen gehabt und damit gepullt. Als er und seine
Kameraden in der Nacht ein rotes Flackerlicht gesehen
hätten, seien sie überzeugt gewesen, dass dieses von
dem Rettungsboot mit den 2o Mann ausgegangen sei. Sie
hätten angenommen, dass jene dank vorhandener Signalmittel Aussicht gehabt hätten, bald gerettet zu werden,
und seien sehr betroffen gewesen, als sie auf der
"Saxon" erfuhren, dass sie die ersten waren, die geborgen wurden.

Am 29.9. hat Dummer auch noch Einzelheiten über
das Ende der Kameraden berichtet, die sich in demselben
Rettungsboot befunden haben; der letzte von ihnen war
erst etwa 2 Stunden vor dem Eintreffen der "Saxon" ums
Leben gekommen. Einzelschicksale sind aber in der Seeamtsverhandlung bewusst nicht erörtert worden und bleiben auch hier unerörtert.

In dem nachfolgenden Bericht über die Bekundungen
von Wirth, Anders, Fredrichs und Kraaz werden die Bekundungen vom 29.9. mit den in der Hauptverhandlung gemachten zusammengefasst.

W i r t h hat am 2o.9. abends von 2o - 24 Uhr
Wache gehabt. Der Himmel ist nach seiner Erinnerung
völlig grau überzogen gewesen, bei mittlerer Sicht
und einzelnen kleineren Regenschauern. Die Windstärke
hat er auf 7 geschätzt. Nachdem schon die 16 - 2o Uhr=
Wache die Oberbramsegel geborgen hatte, seien im Laufe
seiner Wache die Unterbramsegel weggenommen worden. Er

meint, dass auf seiner Wache von vierkant auf den zweiten Knoten bb gebrasst worden sei, (was mit den Bekundungen der übrigen Überlebenden im Widerspruch steht).
Die am Morgen des 21.9. durchgeführte Umstellung vom
3-Wachen-System auf das 2-Wachen-System sei schon vorher angekündigt gewesen und sei routinemässig erfolgt,
weil man die Passat-Region verlassen hatte und sich den
Schlecht-Wetter-Gebieten näherte.

Wirth ist dann erst morgens um 8 Uhr wieder herausgekommen. Zu dieser Zeit waren die Rahen schon B b
hart angebrasst. Seiner Erinnerung nach haben nicht
nur sämtliche Marssegel, die Fock, das Vorstängestag-,
Großstängestagsegel und der Innenklüver gestanden,
sondern auch noch das Besanstagsegel. Er meint, dass es
gegen 9 Uhr gewesen sei, als der Innenklüver wegflog.
Bald darauf will er gehört haben, dass die "Pamir" "in
einen Hurrikan reinlief". Das habe sich herumgesprochen.
Es sei sogar davon die Rede gewesen, dass die "Pamir"
in das Zentrum kommen würde. Der Funker sollte eine
entsprechende Meldung erhalten haben. Als der Befehl
gekommen sei, die Obermars-Segel wegzunehmen, sei das
nicht mehr geschafft worden; die Fallwinschen seien
nicht mehr gelaufen, deshalb seien die Schoten losgeworfen worden. Innenklüver und Vorstänge-Stag-Segel
seien weggeflogen, und auch die Fock habe sich selbst
zerschlagen. Die Segel hätten wie wild geschlagen, alles
sei zerfetzt gewesen, und der Kapitän habe Leute von
der Stammbesatzung in den Topp geschickt, um die Segel
abzuschneiden. Er selber sei eingeteilt worden, um bei
dem Versuch zu helfen, den Besan so weit wie möglich
auszuholen und damit das Schiff an den Wind zu bekommen.
Sie hätten den Fuss noch fast ganz herausgeholt, der
Kopf sei festgeblieben, den hätten sie nicht mehr heraus-
bekommen. Er habe geholfen, zwei Bootspersenninge an den
Besanwanten auszubringen; das habe jedoch nichts ge-
nützt. Die ganze Leeverschanzung habe zu dieser Zeit
sich schon unter Wasser befunden. Grosse Brecher hätten

das Bb-Schott (= Holztür) zur Poop eingeschlagen. Wirth
meint, dass beide Eisen-Schutz-Türen noch garnicht eingesetzt gewesen seien. Erst nachdem die Bb-Holztür eingeschlagen worden war, habe man die Eisenschotten vorge-
bracht. Aber in dieser Zeit seien schon die ganzen Kammern
an Bb-Seite vollgelaufen, desgleichen das Waschhaus und
die Toiletten. Ungefähr bis zur halben Höhe seien diese
Räume alle voll Wasser gewesen. Er sei dann mit anderen
Kameraden durch das Schiff geschickt worden, um die
Bulleyblenden dichtzuschrauben. Er wisse genau, dass
dies erst um diese Zeit herum geschehen sei. Das Wasser
habe ungefähr bis über die zweite Schublade gestanden,
als sie sich daran machten, die Blenden dichtzuschrauben.
Als -Wirth meint, es sei gegen 11 Uhr gewesen- alle Mann
aufs Hochdeck beordert wurden, wären auch die Mittschiffsgänge alle voll Wasser gewesen. Er habe gesehen, dass
der I.Offz. Köhler sich an dem Seenotalarmgerät -dem
gelben Kasten- zu schaffen machte. Als das Schiff sich
ganz auf die Seite gelegt hatte, sei es zunächst noch
ab und zu wieder hochgekommen, so dass die Nocken von den
Unterrahen noch aus dem Wasser auftauchten. Später sei es
überhaupt nicht mehr hochgekommen. Auch nach Wirth's
Beobachtungen ist alles heil geblieben. Dass Wasser unter
der Poop in den Maschinenraum gelaufen sei, halte er für
ausgeschlossen, weil das Schott des Maschinenraums sich
auf Stb-Seite befand. Ob die mit Gummieinlagen versehe-
nen Klappen, mit denen die Entlüfter wasser- und luft-
dicht abgedreht werden konnten, verschlossen waren,
wisse er nicht. Kurz vor dem Kentern seien noch Zigaretten und Schnaps ausgegeben worden. Er selbst habe aber
nicht geraucht. Der Wind sei ohne merkbare Böen stetig
von Stb gekommen. Als das Wasser ihm bis zur Brust gestiegen war, sei er mit anderen Kameraden losgeschwom-
men. Dabei habe er noch einen Rettungsring mitgenommen.
Als das Schiff kieloben trieb, sei die Luft mit einem
laut pfeifenden Geräusch, das trotz des Sturmes deutlich zu vernehmen gewesen sei, aus irgendwelchen Rohr-

leitungen entwichen.

Der Schiffsjunge Folkert A n d e r s hatte sich
am Vorabend am Festmachen der Oberbramsegel, Unterbramsegel und Reuels beteiligt. Am 21.9. ist er mit der
8-Uhr-Wache aufgezogen und hat den Auftrag bekommen,
in der Uffz.-Messe Backschaft zu machen. Dort ist er
geblieben bis zum Signal für das Alle-Mann-Manöver.
Die Zeit, die zwischen dem Aufzug der 8-Uhr-Wache und
dem Einsetzen des vollen Sturmes und dem Fortfliegen
verschiedener Segel vergangen war, schätzt er auf
1 - 2 Stunden. Nach dem Alle-Mann-Alarm hat Folkert
Anders sich an den erfolglos gebliebenen Versuchen beteiligt, die Fock zu bergen. Schliesslich sei "mit
Messern nachgeholfen worden". Er und die Kameraden,
die beim Loswerfen   der Fock schon völlig durch-
nässt waren, hätten sich anschliessend mit Erlaubnis
eines Offiziers über Deck ("hangelnd") in ihre Messe begeben und sich dort umgezogen. Ihr Logis sei zu diesem
Zeitpunkt noch trocken gewesen. Anders ist auch noch
mit auf der Poop gewesen und hat sich an dem Ausbringen
der Persenninge im Besan-Want beteiligt. Auf dem Hochdeck, nach dem Anlegen der Schwimmwesten, hat auch er
noch eine der verteilten Zigaretten geraucht. Die
"Pamir" hat sich nach seiner Beobachtung ganz langsam
immer weiter auf die Seite gelegt. An der Schwimmweste,
die er bei der Verteilung bekommen hat, fehlte ein
Bändsel. Dieser Übelstand hat ihm später zu schaffen
gemacht, weil die Korkweste ihm durch den Seegang
häufig unters Kinn schlug.

Der Leichtmatrose F r e d r i c h s hat zu der
Wache gehört, die von 2o - 24 Uhr Wachdienst hatte
und dann um 4 Uhr morgens schon wieder aufziehen
musste. Er hat bekundet, dass die "Pamir" in den Abend-
stunden des 2o.9. eine Stunde lang 13 Knoten gelaufen
sei. Das sei die Höchstgeschwindigkeit der ganzen
Reise gewesen. Auch danach habe die Geschwindigkeit
noch 1o - 12 Knoten betragen, und zwar ohne die Ober-

segel, nur mit Marssegeln und Fock und einigen Stag-
segeln. Als er morgens um 4 Uhr wieder herauskam, sei
der Himmel grau gewesen. Die Windstärke habe er auf
7 - 8 geschätzt. Er wisse, dass zu dieser Zeit 12 Segel (Ober- und Untermars, Vorstängestag, Großstänge-
stag, Kreuzstängestag, Besanstag, Fock und Innenklüver)
gestanden hätten. Auch er ist an dem Versuch, die Fock
aufzugeien, beteiligt gewesen. Den Befehl, noch einmal
wieder raufzugehen und die Segel loszuschneiden, habe
Kapitän Diebitsch persönlich gegeben. Zum Schluss
seien von der Fock und den anderen Segeln nur noch
die Lieken und Schoten "durch die Gegend geflogen".
Als nichts mehr aufzugeien möglich war, habe der
Kapitän die Schoten loswerfen lassen. Fredrichs hat
sich auch an der Eimerkette beteiligt, welche den bald
als nutzlos erkannten Versuch unternommen hat, das in
die Bb-Gänge eingedrungene Wasser wieder auszuschöpfen.
Als der Neigungsmesser bei 40° auf Anschlag gekommen
sei, hätten keine Segel mehr gestanden. Auch Fredrichs
hat beobachtet, dass der I.Offz.Köhler sich um den Hilfs-
sender bemüht hat. Er hat gesehen, dass Köhler sich dabei die Hände blutig geschnitten hatte. Die Antenne der
Hauptfunkanlage sei s.W. bis zuletzt intakt gewesen.

Fredrichs und auch alle anderen Überlebenden ver-
traten in der Seeamtsverhandlung mit Entschiedenheit
die Auffassung, dass der Seegang nur aus einer Richtung,
und zwar querein von Stb, gekommen sei. Haselbach und
Fredrichs haben hervorgehoben, dass sie die Seen sehr
gut hätten erkennen können, besonders auch Fredrichs
von seinem zeitweiligen Standort an der Luvbrückennock.
Sie alle haben den Eindruck gehabt, dass die See nur
aus einer Richtung, und zwar quer von Stb, gekommen
sei, und dass der Sturm auch konstant, also ohne spür-
bare Stärken- oder Richtungsunterschiede, von Stb
eingekommen sei. Nur Haselbach meinte, dass das Schiff
auch leicht stampfende Bewegungen gemacht habe.

Der Schiffsjunge Heinz K r a a z , der seine erste
Reise machte, hatte in der Woche vor dem Untergang der
"Pamir" Dienst in der Matrosenmesse. Am 21.9. ist er
morgens 6.45 Uhr geweckt worden. Beim Backschaftmachen
hat er Schwierigkeiten gehabt, weil die Teller und
Tassen über Stag gingen. Geschirrwaschen sei unmöglich
gewesen. Zum Schluss sei das ganze Geschirr entzwei gegangen. Auf Bb-Seite habe man nachtsüber die Bullaugen
offen gelassen. In der Zimmermannskammer und in den
achteren Kammern auf Bb-Seite sei Wasser durch die Bullaugen eingedrungen. Darum hätten sie sofort alles fest
verschliessen und die Blenden runtermachen müssen. Dabei habe er mitgeholfen. Als zwischen 9 und 9.30 Uhr
zum Alle-Mann-Manöver geklingelt worden sei, habe er
sich auf seinen Posten am Vortopp begeben. Als es sich
als unmöglich erwies, die Segel zu bergen, sei die
Stamm-Mannschaft in die Toppen geschickt worden, um
die Segel abzuschneiden. Er selbst habe geholfen, auf
Luvseite Strecktaue zu spannen. Es sei nicht mehr möglich gewesen, sich an Deck ohne Festhalten zu bewegen.
Schliesslich habe er sich an der Luvbrücke eingeklemmt
und von dort aus gesehen, wie die Schoten losgeworfen
wurden, so dass die ganzen Segel frei umherschlugen und
von selbst durch den Sturm zerrissen. Er wisse, dass die
eisernen Schutz-Türen vorher nicht eingesetzt gewesen
waren. Ob sie zuletzt noch wieder eingefügt worden seien,
sei ihm nicht bekannt. Auch als das Schiff sich immer
mehr auf die Seite legte, hätten noch einige Jungen
eifrig fotografiert. Die Stimmung sei nicht schlecht
gewesen. Keiner sei offenbar auf den Gedanken gekommen,
dass das Schiff sinken könne. Auch er habe, unter dem
Schanzkleid sitzend, noch geraucht. Von einem Hurrikan
habe er nichts vernommen. Bei seiner ersten Vernehmung
am 29.9. hatte Kraaz noch folgendes zu Protokoll gegeben:

> "Ich ging noch runter mittschiffs, und half dem
> alten Bootsmann. Er wollte sich was überziehen.

Dem habe ich noch in seine Kammer geholfen. Er
konnte ziemlich schlecht laufen. Er war schon
alt und war sehr krank, Bootsmann Kühl. Er hat
noch die Aufsicht gehabt. Arbeiten konnte er
nicht. Das Schiff lag sehr schräg, und Bootsmann
Kühl konnte allein nicht mehr gehen. Ich habe ihn
festgehalten. Er ging den Niedergang runter. Dann
gingen wir durch die Uffz.-Messe. Ich habe dem
Bootsmann Kühl noch seinen Pullover gebracht und
den hat er angezogen."

In der Hauptverhandlung bestritt Kraaz befremdlicherweise,
bei seiner früheren Vernehmung diese Aussagen, die durch
das Dimafon festgehalten worden waren, getan zu haben.

H a s e l b a c h hat an Bord der "Antilles" auf
der Fahrt nach Puerto Rico einer deutschsprechenden
Reisenden einen ersten Bericht in die Schreibmaschine
diktiert, der dem Seeamt im Original vorliegt. Dieser Bericht erscheint besonders wichtig, weil er ohne Beeinflussung von dritter Seite zustande gekommen ist, während
Dummer, Wirth, Fredrichs, Anders und Kraaz immerhin vor
ihrer seeamtlichen Vernehmung schon ausgiebig von der
Presse und anderen Personen befragt worden waren und vor
allem selbstverständlich untereinander die Vorgänge
schon erörtert hatten. Der Haselbach'sche Bericht wird
deshalb nachstehend in vollem Wortlaut wiedergegeben:

"Es war am Sonnabend, dem 21.9.1957. Wir lagen mit
Stb-Hals und Stb.[+)]4.Knoten angebrassten Rahen. Es
standen alle Mars-Segel, die Fock, Vorstänge-Stag-
Segel und der Innenklüver. Das Schiff machte etwa
8 Meilen Fahrt. Gegen 11 Uhr etwa flogen das Vorstänge-Stag-Segel und der Innen-Klüver weg. Der
Wind nahm langsam zu. Es wurde versucht, die Obermars-Segel dichtzugeien. Dies erwies sich jedoch
als nicht durchführbar, da die Segel wie wild schlugen und die Gefahr bestand, dass die Leute von den
Rahen geschlagen werden konnten. Es enterten dann
6 Mann von der Stammbesatzung auf und schnitten mit

+) sollte wohl heissen: Bb.4.Knoten

ihren Messern das Rahliek ab. Dadurch wurde der
Druck von dem Schiff etwas genommen und das Schiff
richtete sich etwas wieder auf. Das Wasser ging
jetzt bis zur Leekimming der Luken. Dann wurden auf
Bb-Seite die Niedergänge von Poop, Bb-Achterkante-
Hochdeck weggeschlagen. Auch wurde die Tür des Bb-
Lampenspindes unter der Back eingeschlagen und weg-
geschwemmt. Das Boot Nr.6 wurde durch den Seeschlag
aus den Halterungen gerissen und fortgerissen. Dann
liessen wir die Fock fliegen: Da sie jedoch aus
neuem Tuch war, zerriss sie nicht, sondern musste
auch abgeschnitten werden. Es wurde dann versucht,
den Unterbesan zu setzen. Es gelang jedoch nur, ihn
bis auf $^1/3$ auszuholen. Dann wurden, so gut es ging,
die Untermars-Segel aufgegeit. Auch diese Segel
mussten abgeschnitten werden. Während des Aufgeiens
stand man auf dem Hochdeck an Bb-Seite zeitweise bis
zum Hals im Wasser. Es war sehr schwierig, sich über
Deck fortzubewegen. Mannschaft und Offiziere ver-
hielten sich äusserst diszipliniert und furchtlos.
Das Ruder lag hart nach Luv über, jedoch war es nicht
möglich, das Schiff beizudrehen. Etwa lo Min. vor dem
Kentern, gab der Kapitän den Befehl, Schwimmwesten
anzulegen. Dann wurden die Laschings der Schlauchboote und der leeren Schwimmwestenkisten durchge-
schnitten. Das Ausbringen der hölzernen Rettungsboote
erwies sich als unmöglich, da das Schiff bereits eine
zu starke Schräglage hatte. Es blies ein sehr starker,
stetiger Sturm. Die Seen waren grünlich-weisse Berge.
Es muss etwa gegen 13 Uhr gewesen sein, als das Schiff
über Bb-Bug kenterte. Es überholte etwa 2,3 Mal sehr
stark, so dass die Nocken der Unterrahen etwa 3 Fuss
tief ins Wasser tauchten. Dann lag das Schiff etwa
1/2 Minute auf Bb-Seite. Während dieser Zeit stürzten
viele der Besatzung nach Lee-Seite, wahrscheinlich
sind sie beim völligen Umschlagen nicht unter dem
Schiff herausgekommen.

Zu dieser Zeit klammerte ich mich an das
Jackstag in der Luv-Brückennock. Ich zog meine
Gummistiefel aus. Als das Schiff dann völlig
umschlug, befand ich mich 3 Meter neben der Bordwand, Von einem Jungen wurde ich auf ein treibendes
Holzboot gezogen. Da immer mehr Leute zu dem Boot
hindrängten, wurde es, da es vier grosse Lecks
hatte, überladen und kenterte.

Wie wir beim späteren Aufrichten des Bootes
feststellten, hat sich hierbei ein Junge im Boot
verklemmt und ist ertrunken.

Die "Pamir" schwamm jetzt kieloben und sackte
langsam über den Bug nach unten ab. Die Zeit vom
Kentern bis zum völligen Verschwinden hat ca. 2o
Min. gedauert. Auf unserem, kieloben treibenden
Boot befanden sich jetzt etwa 2o Mann.

Nachdem wir etwa 2 Stunden getrieben waren,
richteten wir das Boot auf und setzten uns hinein.
Es stand immer noch eine ziemlich schwere See. Das
Boot kenterte noch wiederholt, ohne dass jemand
verlorenging.

Wir erreichten nachher eine gewisse Übung im
Ausgleichen der Wellenbewegung. Es war etwa gegen
22 Uhr, als wir die ersten Dampferlichter sahen.

Wir waren alle recht hoffnungsvoll, und glaub-
ten sicher, dass wir spätestens am nächsten Morgen
aufgepickt werden. Dann stellten wir fest, dass
die beiden Wasserfässer nicht im Boot waren. Der
Seenotproviant war jedoch noch vorhanden.

In dieser ersten Nacht starben drei Kameraden.
Offenbar hatten sie viel Wasser geschluckt.

Wir untersuchten die Kiste mit den Notsignalen.
Wir waren sehr betroffen, als wir feststellten,
dass ausser der Orange-Rauchboje nichts mehr zu·
verwenden war. Es war alles komplett nass und eine
Möglichkeit, die Feuerwerkskörper zu trocknen, bestand nicht.

Am Sonntag morgen versuchten wir mit Hilfe des
Bootssegels die 4 grossen Löcher abzudichten.
Der grösste Teil von uns war aber schon derartig
geschwächt, dass es nicht möglich war, die Löcher
abzudichten. Zu diesem Zeitpunkt bemerkten wir erstmalig ein Flugzeug. Es war jedoch so weit entfernt,
dass es uns nicht bemerkte. Etwa eine Stunde später
sahen wir in 5 Meilen Abstand einen Tanker. Wir öff-
neten das Rauchsignal, es funktionierte jedoch nicht.

Wir richteten einen Bootshaken und einen Riemen
mit einem roten Stück Segeltuch im Boot auf. Das
war unsere letzte Hoffnung. Nach und nach starben die
Jungen dahin. Still und ruhig, ohne grosses Geschrei.

Am Dienstag Morgen waren wir noch 8 Mann im
Boot. In der vergangenen Nacht hatten wir noch zahlreiche Schiffe gesehen.

Um das Trinkwasser zu ersetzen, kauten wir die
Spitzen des Golfkrautes. Es war jedoch keine merkliche Linderung zu spüren.

Im Laufe des Tages ging dann einer nach dem
anderen über die Seite.

Nachdem ich allein ca. 2 Stunden im Boot gesessen habe, sah ich in der Ferne ein weisses Fahr-
zeug auf mich zukommen. Wie ich später feststellen
konnte, handelte es sich um den USA-Coast Guard
Cutter "Absecon".

Der Offizier Elmer B.Watson von Portsmouth
Virginia USA hatte mich genau unter der Sonne mit
seinem Glas entdeckt. Nach etwa 72 Stunden wurde
ich mit einem Rettungsboot an Bord des Kutters gebracht.

Nachdem ich fast alle Hoffnung aufgegeben
hatte und dann die erste ärztliche Hilfe bekam,
kam mir das Ungeheuerliche der vergangenen Stunden
erst zum Bewusstsein.
Der Untergang des Schiffes, die sterbenden Kameraden,
die Haifische, die das Boot ständig umlauerten, der

Mangel an Trinkwasser angesichts der grossen
Wassermenge usw.

Wegen einer bedrohlich aussehenden Fleisch-
wunde wurde ich am Donnerstag, dem 26.9., im
Hospital der "Antilles", eines französischen Passa-
gierdampfers, aufgenommen.

Mein Befinden bessert sich von Tag zu Tag und
ich hoffe, vom nächsten Hafen, Puerto Rico, nach
Hause fliegen zu können.

Aufgeschrieben an Bord der "Antilles" am
27.September 1957."

Ergänzend hat Haselbach am 6.1o. und in der Seeamtsverhandlung noch folgendes bekundet:

Er sei um 4 Uhr morgens auf Wache gekommen; da habe die
"Pamir" 12 Meilen gelaufen, und die Rahen seien vierkant
gebrasst gewesen. Die Stagsegel seien nicht geschiftet
worden, sie hätten immer an Bb gestanden. Der gesteuerte
Kurs sei ihm nicht bekannt, jedoch wisse er, dass am Vorabend die Sonne an Bb untergegangen sei.

Kapitän Schmidt, der die 4 - 8-Wache führte, habe
noch weitere Segel setzen wollen. Dann sei Kapitän
Diebitsch an Deck gekommen, und nach Rücksprache mit diesem sei das Setzen weiterer Segel unterblieben. Die Windstärke habe er, Haselbach, zu dieser Zeit auf 6 - 8 geschätzt. Die Rahen seien zwischen 6 und 8 Uhr auf den
zweiten, dann auf den dritten und schliesslich auf den
vierten Knoten angebrasst worden. Alle Marssegel und die
Fock seien aufgegeit und dann abgeschnitten worden.

Dass es sich um einen Hurrikan handelte, habe er
erst etwa um 1/2 11 oder 11 Uhr Bordzeit -und zwar von dem
zweiten Bootsmann-erfahren, als schon einzelne Segel fort-
geflogen waren. Dies hatte Haselbach schon am 6.1o. bekundet. In der Seeamtsverhandlung hat er noch hinzugesetzt, der 2. Bootsmann Lütje habe gesagt, gegen Mittag
werde das Auge dieses Hurrikans erwartet. Lütje soll das
von Buschmann erfahren haben. Als man versucht habe, die
Obermarssegel festzumachen, habe das Wasser schon an den

Luken gestanden. Auch er wisse, dass von den eisernen
Schutztüren hinten nur noch die untere Hälfte eingesetzt werden konnte. Der Zimmermann und der 2.Boots-
mann hätten vergebens versucht, auch noch die obere
eiserne Schutztür einzusetzen.

In den Maschinenraum könne seiner Auffassung
nach kein Wasser eingedrungen sein; das Süll sei dafür
zu hoch gewesen. Die Strecktaue seien erst nach dem Einsetzen der schweren Schlagseite gezogen worden. Sehr
viel Wasser sei durch das Skylight beim Niedergang eingedrungen. Er sei noch einmal gegen Mittag heruntergegangen und habe sich etwas zu essen geholt. Dabei hätten die Leekammern Bb achtern und mittschiffs bis
Bullaugenhöhe unter Wasser gestanden.

Befragt, ob er etwas über Barometerstand sagen
könne, hat Haselbach bekundet, gehört zu haben, wie
Kapitän Diebitsch um 12 Uhr herum den I.Offz. Köhler
fragte: "Was sagt das Barometer?" Die Antwort soll ge-
lautet haben: "Barometer steigt noch". Nach Haselbachs
Meinung hat die "Pamir" ohne alle Segel noch etwa
1/2 Stunde gelegen. Die Seen seien weisslich-grün gewesen. Auch die Luken hätten unter Wasser gestanden,
jedoch sei dort alles heil geblieben. Er, Haselbach,
sei noch in der letzten halben Stunde mit mehreren
Kameraden im Vortopp gewesen, um die Unterbramsegel
und Obermarssegel, die sich losgeschlagen hatten, wieder
festzumachen. Das sei ihnen aber nicht gelungen. Von
Kameraden habe er erfahren, dass der II.Offz. Buscner
schon um 9 Uhr den Kapitän gefragt haben soll, ob er
"eine Meldung absetzen" sollte. Der Kapitän habe abgewinkt. In den letzten Minuten vor dem Untergang seien
die Laschings von dem Rettungsboot losgeworfen worden,
in dem er später Zuflucht gefunden hat. Das Boot habe
in den Klampen gestossen, und dadurch seien die 4 Löcher
in dem Boden entstanden. Den Notsendeapparat (gelben
Kasten) habe er zuletzt auf der kleinen Nagelbank stehen
gesehen. In den letzten Minuten seien noch Zigaretten

ausgegeben und auch geraucht worden, und Cognacflaschen
seien herumgereicht worden. Haselbach meint, dass viele
seiner Kameraden schon ums Leben gekommen seien, als
die Masten eintauchten und dann einige Zeit später das
Schiff kenterte.

Das Rettungsboot 2 sei bald, nachdem er es erreicht hatte, gekentert. Es sei ihm und seinen Kameraden aber gelungen, es wieder aufzurichten.
21 Mann seien zunächst in diesem Boot gewesen, darunter der II.Offz. Buscher und der I.Ingenieur. Das Boot
habe nahe an der gekenterten "Pamir" getrieben, und
sie hätten Schwierigkeiten gehabt, von der "Pamir" freizukommen. Das Boot sei aber damals noch vollständig
ausgerüstet gewesen, insbesondere hätten sie noch
Riemen gehabt, mit denen sie auch gerudert hätten. Mit
Hilfe dieser Riemen sei es ihnen dann auch gelungen,
von der "Pamir" freizukommen. Die beiden Wasserfässer
seien beim mehrfachen Kentern des Bootes schon am
ersten Nachmittag verlorengegangen. Die Holzschrauben,
mit denen die Lufttanks befestigt waren, hätten sich
allmählich gelockert; schliesslich seien auch die Lufttanks herausgeschlagen worden. Den Treibanker hätten
sie nach vorn ausgebracht; er habe aber seinen Zweck,
den Bug gegen die See zu halten, nicht erfüllt. Dagegen hätten sie mit Hilfe der Riemen das Boot etwas
gegen die See halten können. Er, Haselbach, und Jürgen
Schmitz seien von dem II.Offizier Buscher als Boots-
führer eingesetzt worden. Als in der ersten Nacht
Dampferlichter gesichtet wurden, hätten sie den Kasten
mit den Notsignalen unter der Ducht herausgenommen
und versucht, die Fallschirmsignale und die Rotfeuer
in Gang zu setzen, es sei jedoch unmöglich gewesen,
sie zu entzünden, da sie vom Wasser durchweicht waren.
Am nächsten Tag hätten sie, als sie ein Schiff sahen,
eine Rauchboje geöffnet. Sie habe aber ebenfalls nicht
funktioniert. Auch er halte es für möglich, dass zunächst noch ein drittes bemanntes Boot vorhanden ge-

wesen sei.

Während die seeamtlichen Ermittlungen über den
Untergang der "Pamir" in vollem Gange waren, geriet
auch ihr Schwesterschiff, die Viermastbark "Passat",in
Seenot. Ebenfalls mit einer -sogar aus derselben
"Partie" stammenden- Gersteladung auf der Heimreise von
Buenos Aires nach Hamburg, bekam sie Anfang November in
einem schweren Sturm im Nordatlantik eine so starke
Schlagseite, dass Kapitän Grubbe eine ernste Gefahr für
das Schiff für gegeben ansah und Hilfeleistung durch andere Schiffe anforderte. Nach Fluten des -ebenso wie
auch auf "Pamir" mit Gerste beladenen- Tieftanks richtete sich das Schiff aber soweit wieder auf, dass der
Kapitän seinen Notruf zurückziehen und Kurs auf Lissabon als Nothafen nehmen konnte.

Ein Vergleich der Hauptabmessungen -BRT Länge,
Breite- beider Schiffe, zeigt derartig weitgehende Übereinstimmung (BRT 3103 gegen 3181, Länge 96,03 gegen
98,11, Breite 14,04 gegen 14,40), dass das Seeamt auf
Antrag der hinzugezogenen Stabilitätsfachleute ohnehin
schon beschlossen hatte, die Seeamtsverhandlung "Pamir"
bis nach dem Eintreffen der "Passat" in Hamburg zu ver-
schieben, damit noch mit der "Passat" Krängungsver-
suche unternommen werden konnten, die auch für die
Stabilitätsverhältnisse der "Pamir" von Interesse sein
mussten. Im Falle "Pamir" sprachen ohnehin viele Umstände für ein Übergehen der Getreideladung; als durch
die einlaufenden Berichte bekannt wurde, dass auf der
"Passat" die Getreideladung übergegangen war, schaltete
sich das Seeamt in die Ermittlungen ein, die ohnehin in
Lissabon an Bord der "Passat" durchgeführt werden sollten.
Ausser Kapitän Eggers (der im Auftrage der Reederei sich
auf den Weg machte) und Kapitän Groeschel (der sich im
Auftrage der SBG dorthin begab) flog auch noch Dipl.Ing.
Seefisch vom Germanischen Lloyd mit nach Lissabon. Er
hatte es übernommen, auch im Auftrage des Seeamts Fest-

stellungen an Bord der "Passat" zu treffen, die für die
Stabilitätsfrage von besonderem Interesse sein mussten.

Nachfolgend ein Auszug aus dem Schiffstagebuch der
"Passat" (Verklarungsverhandlung vor der deutschen Bot-
schaft in Lissabon am 13.11.1957) .

"Belastung bei Abfahrt:

Gerste	3950 to
Brennstoff	7o to
Trinkwasser	123 to
Ausrüstung	72 to
Waschwasser	lo to
total	4225 to.

Tiefgang bei Abfahrt: v. 23'oo", h. 24'o6", m. 23'o9". ...

16.lo.57: Die Ladung wurde auf Trimmlage untersucht,
gesetzte Ladung nachgetrimmt. Zum Auffüllen
wurden 144 Sack aus Unterraum 1, und zwar

47 Säcke in Raum 2
33 Säcke in Raum 3
64 Säcke in Raum 4

umgestaut und die Luken wieder kalfatert, mit
dreifachen Persenningen belegt und nach See-
mannsbrauch geschalkt. ...

S.74 (4.11.)

o.oo - 4.oo Uhr Schiff rollt schwer in westlicher See und Dünung und schöpft Seen über
Deck und Luken. ... Wind WNW -WzN 7 - 9.

4.oo - 8.oo Uhr.Schiff arbeitet schwer. Seen
über Deck und Luken. ... Wind WNW 8 - lo. ...

12.oo - 16.oo.Uhr.Schiff arbeitet schwer, Seen
über Deck und Luken. Schwere sehr hoch gehende steile See mit Brechern. ...
Wind NWzN 9 - lo.

16.oo - 2o.oo Uhr. 16.oo Uhr drehen bei auf
Stb-Hals. Schiff nimmt schwere Seen über.
17.oo Uhr in Böen Schlagseiten bis zu
32 Grad. Wind NWzN lo - 12.

2o.oo - 24.oo Uhr. Schiff rollt schwer in steiler
brechender See, Schlagseite von 2o Grad bis
31 Grad Bb gemessen. Wind NWzN 9 - lo.
Später NNW 9.
S.75 (5.11.):
o.oo - 4.oo Uhr. Schiff rollt schwer in steiler
See und nimmt Wasser über Deck und Luken.
Wind NNW 9 - 11.
4.oo - 8.oo Uhr. Schiff rollt und stampft in
schwerer nordnordwestlicher See und nimmt
Brecher über Deck und Luken. Wind NzW 9 - 11.
8.oo - 12.oo Uhr. 9.45 Uhr Schlagseite von
4o Grad Bb gemessen. Schiff rollt heftig in
steiler See und schöpft grüne Seen über sämtliche Decks und Luken. Wind NzW 8 - 11.
12.oo - 16.oo Uhr. Schlagseite bis 4o Grad Bb
gemessen. Schwere Seen über Deck und Luken.
Schiff schöpft mit Hochdeck Wasser. Wind
NzW 8 - 11.
16.oo - 2o.oo Uhr. Schiff holt bis 5o Grad über.
Vermuten Übergehen eines Teiles der Ladung.
17.3o - 19.45 Uhr Trimmen etwa 4o to Ladung
und Ausrüstung in Raum 1 nach Stb. Mehr
Trimmen unmöglich, da Restladung sonst lose
kommt.
2o.oo Uhr. Schiffsrat. Beschliessen Fluten Laderaum Tank. Wind NzW 8 - lo, 8 - 12, 8 - 11.
2o.oo - 24.oo Uhr. Abwarten bis 24.oo Uhr. Informieren über Lage die Reederei. 22.3o Uhr
Schiff holt bis etwa 6o Grad über. Wird Wasser an Deck nicht mehr los. See steht von
Bb Oberkante über Hochdeck bis Poop oberhalb
Seestander. 22.3o Uhr - 23.lo Uhr. Fluten
etwa loo to. Schiff richtet sich langsam
auf und luvt wieder an. Fordere Schiffe zum
"stand by" auf. Ausführlicher Bericht als
Anhang.

S. 76 (6.11.):

o.oo - 4.oo Uhr. See über Deck und Luken. 2.oo Uhr.
Informieren Schiffe, dass Schiff wieder unter
Kontrolle. Schiff holt zeitweise noch bis 4o
Grad über, richtet sich aber schnell wieder auf.
Decks kommen frei von Wasser. Wind NzW 8 - lo,
8 - 9, 6 - 8, 6 - lo.

4.oo - 8.oo Uhr.Schiff liegt mit etwa 15 - 25 Grad.
Beschliesse, nach Südosten abzulaufen, um Not-
hafen aufzusuchen, da Laderäume nicht zugäng-
lich, um Schiff wieder gerade zu trimmen. Wind
NzW 5 - 7. 11.3o Uhr gehen vor den Wind. Wind
NzW 5 - 7. ...

S.78: Belastung bei Ankunft.

Ladung	395o to
Brennstoff	13,5 to
Trinkwasser	31,5 to
Ausrüstung	5o,5 to
Waschwasser	4,o to
Ballastwasser	134,o to

Tiefgang: v. 22'2", h. 24'3", m. 23'3". "

Die Anlage zum Schiffstagebuch lautet folgender-
massen:

"Am Montag, den 4.11.57 um 16.oo Uhr wurde das
Schiff auf Stb-Hals beigedreht, weil das im nordwesten unseres Standortes liegende Tief nach Südosten in Bewegung geraten war und ich vermeiden
wollte, in das vordere rechte Viertel dieses Tiefs
zu laufen. Nachdem die Fock und die Obermarssegel
weggenommen worden waren, wurde der Besan gesetzt.
Das Schiff kam gut an den Wind. Während des Bei-
drehens holte das Schiff in schweren Böen bis zu
32 Grad über. Um das Anluven des Schiffes zu unter-
stützen, lief die Maschine voll voraus. Das Manöver
verlief reibungslos. Das Schiff lag etwa 6 - 7
Strich gegen die See und holte in der schweren und

stellen See von 2o Grad Stb bis 31 Grad Bb über.
Nachdem die Bb-Kreuz-Untermars-Schot brach, wurde
das Kreuz-Untermars-Segel aufgegeit und schnell geborgen und festgemacht. Da das Schiff dadurch zu
leegierig wurde, wurde auch das Vor-Untermars-Segel
heil aufgegeit und festgemacht. Um das Schiff weiter
anluven zu lassen, waren in der Zwischenzeit das
Besan-Stag-Segel sowie das Kreuz-Stänge-Stag-Segel
gesetzt worden. Das Schiff arbeitete sehr schwer
und nahm schwere Seen über sämtliche Decks und
Luken. Da das Schiff zwischen den Böen sehr stark
anluvte, wobei das Gross-Untermars-Segel lose und
zum Teil back kam, wurde auch dieses aufgegeit und
heil geborgen.

Am Dienstag, den 5.11., wurden die Böen und die
See immer schwerer, und um 9.45 Uhr wurde ein Überholen von 4o Grad das erste Mal beobachtet. Für das
um 7.15 Uhr desselben Tages weggeflogene Besan-
Stag-Segel wurde ein neues Besan-Stag-Segel unter-
geschlagen und dieses um 13 Uhr gesetzt. Das Schiff
begann, mit dem Hochdeck Wasser überzunehmen. Um
16 Uhr holte das Schiff so weit über, dass das
Klinometer auf Anschlag kam. Das Schiff kam auch
nicht mehr aufrecht, und ich vermutete Übergehen
eines Teiles der Ladung. Um das Schiff aufzurichten,
wurde angeordnet, Ladung und Ausrüstung in Unterraum I nach Stb überzutrimmen,´soweit es möglich war.
Gleichzeitig wurde angeordnet, sämtliches Bunkeröl
in den Stb-Tank überzupumpen.

Um 2o Uhr wurde -nach einer Besprechung mit den
Offizieren- beschlossen, den Stb-Ballast-Tank
(gleichzeitig Laderaum) um 24.oo Uhr zu fluten,
falls die Neigung grösser werden würde. Gegen
22.3o Uhr holte das Schiff soweit über, dass -gegen
den Horizont beobachtet- etwa 6o Grad Schlagseite
angenommen wurden. Das Schiff lag von der Backs-
oberkante bis zur Poop sowie bis über Schanzkleid

des Hochdecks in grüner See und richtete sich bis
höchstens 2o Grad auf. Darauf befahl ich um 22.3o Uhr
das Fluten des Tanks. Das Schiff kam langsam wieder
hoch. Um 23.1o Uhr, nachdem das Schiff wieder bis
auf ebenen Kiel ausschwang, wurde das Fluten gestoppt. In der Zwischenzeit wurde die Reederei tele-
grafisch über die Lage informiert und Schiffe zur
Sicherung der Besatzung um "stand by" gebeten.

Am Mittwoch, den 6.11., um 2 Uhr hatte ich das
Schiff wieder soweit unter meiner Kontrolle, dass
ich auf das "stand by" verzichten konnte. Das
Schiff holte zwar zeitweise noch bis 4o Grad über,
richtete sich aber schnell wieder auf. Die Decks
kamen frei von Wasser. Ich beschloss dann, nach
weiterem Abflauen nach Südosten abzulaufen, um
einen Nothafen aufzusuchen, da ich erstens, um
schweren Schaden an Schiff und Ladung zu verhüten,
schnellstens die unter Seewasser stehende Ladung im
Ballasttank löschen musste, zweitens die in den anderen Räumen übergegangene Ladung zur Sicherung der
Seefähigkeit und damit zum Schutz von Schiff und
Ladung wieder feststauen musste, was bei der Unzu-
gänglichkeit der Räume auf See unmöglich war."

Kapitän Grubbe hat dem Seeamt glaubwürdig dargelegt,
dass auf seinem Schiff in Buenos Aires mit grosser Sorgfalt gestaut worden sei und dass die Luken 2, 3 und 4 und
auch die Tanks bis oben hin gefüllt gewesen seien. Die
Ladeöffnungen der Tieftanks blieben offen (während sie
bei der "Pamir" verschlossen gewesen sind).

Kapitän Grubbe hat in der Seeamtsverhandlung noch
näher geschildert, wie er zu der Überzeugung gelangt
ist, dass die Ladung übergegangen sein musste: "

"Am ... (5.11. mittags) wurden die Bewegungen des
Schiffes -das fühlte ich- irgendwie träger. Je
weiter wir nach Bb überholten, desto weniger kamen
wir nach Stb zurück. Ich habe das sorgfältig beobachtet, weil ich sowieso die ganzen 3 Tage an

Deck war. ... Am Nachmittag war es soweit. Ich habe
den Offizieren gesagt: Wir müssen uns darüber klar
sein, dass Ladung übergegangen sein muss. ... Ich
habe dann Leute in den Raum I gesteckt. Dort hatten
wir Sackgut liegen. Das war das einzige, das wir
trimmen konnten. Alle anderen Luken standen unter
Wasser und ausserdem waren die Luken bis oben voll.
Wir hatten gar keine Möglichkeit, etwas umzutrimmen.
... Die Jungen sind mit hinuntergegangen und haben
das, was sie umtrimmen konnten, bis auf eine Lage
umgetrimmt. Wir haben dann noch Ausrüstung, die wir
an Bb hatten, nach Stb rübergeschleppt. Die Ladung
in Raum I hatte sich nicht um einen Deut verschoben.
    Inzwischen holte das Schiff immer weiter über.
Wir hatten mittschiffs abends alles dicht machen
lassen. Sämtliche Türen waren dicht. Wir schoben Holz
vor und alles wurde dicht kalfatert mit Lappen. Wir
bekamen Wasser ins Hochdeck und ich liess die Jungen
dort pützen, bis wir nachher feststellten, dass
dieses Wasser durch einen Schwanenhals auf dem Hochdeck kam. Wir konnten jedenfalls der Sache Herr werden. ... Inzwischen nahm die Neigung immer mehr zu.
Wir haben sie immer geschätzt. Wir nahmen 45 - 5o
Grad an. Die grösste Neigung die wir geschätzt haben,
war etwa 6o Grad. Das Schiff lag nicht so, das möchte
ich klarstellen, es holte nur soweit über. ...
Auch das Hochdeck stand ständig unter Wasser.
Die Brücke lag unter See. Das Wasser ging zeitweise
bis an die Kappen. Die Luken waren ständig unter
Wasser. Ich hatte mir inzwischen schon den Kopf
zerbrochen, was ich tun könnte, wenn es eine Panne
gäbe. Nachmittags habe ich mit den Offizieren zusammen im Kartenhaus gesessen, und wir haben über-
legt. Nachdem das Trimmen nichts brachte, habe ich
gesagt, die Tanks an Stb fluten, um das Schanzkleid
wenigstens aus dem Wasser zu kriegen. Wir hatten

auch soviel Wasser auf Deck -auch das Hochdeck stand
unter Wasser-, dass irgendetwas geschehen musste. Ich
habe eine Skizze gemacht, wie gross die Oberfläche
wurde, wenn ich anfinge zu pumpen. Das ist ja der
kritische Moment. Ich habe dann dem Maschinisten gesagt, er solle klarmachen, in den Maschinen alles
anstellen, damit er nur auf den Knopf zu drücken
brauche, wenn wir pumpen wollten. ... Nach dem Abend-
brot ... war es offensichtlich, dass das Schiff immer
weiter überholte. Gegen 22.3o Uhr sah ich, dass das
Schiff sich so weit wegbog, dass unsere Boote .. von
der See angelüftet wurden. Die Strecktaue und Netze
-2.4o m über Deck- waren nicht mehr zu sehen. ..
Der Wind blieb gleich, und daraufhin habe ich k.H.
die Anweisung gegeben, zu pumpen. Wir haben gepumpt,
und nach etwa 4o Minuten kam das Schanzkleid aus dem
Wasser. Ich habe das Pumpen dann sofort unterbrochen.
Die Reederei war inzwischen informiert worden, und
die hatte sofort 2 Schlepper geschickt, die sich von
Nordspanien aus auf uns zubewegen sollten. Wir
hatten noch leichte Schlagseite; ... es pendelte um
3o Grad herum. ... "

Es folgt jetzt eine(auszugsweise) Abschrift des Berichts,
den Dipl.Ing.Seefisch unter dem 18.12.57 über die
in Lissabon getroffenen Feststellungen erstattet hat.

Das Schiff hatte etwa 7° Schlagseite. Irgendwelche
auffallenden Seeschäden waren nicht vorhanden. Erst
bei späterer eingehender Besichtigung wurde festgestellt, dass eine Wasserpforte im Schanzkleid
durch Seeschlag beschädigt und der Türrahmen der
Bb-Tür im Poopfrontschott lose und behelfsmässig
abgestützt war.
Das Schiff hatte keinen Wassereinbruch gehabt. Das
gilt auch für die stabilitätsmässig ausserordentlich wichtigen Aufbauten. Nach Angabe des Kapitäns war nur durch Schwanenhals-Kammerlüfter

geringfügig Wasser in die in der Brücke liegenden
Wohnkammern eingedrungen, das jedoch leicht mit
Pützen entfernt werden konnte. Die an den Abflussleitungen vorhandenen Absperrungen und Rückschlag-
klappen hatten sich voll bewährt.

Der Tiefgang wurde von mir gemeinsam mit dem
Kapitän von einem Schlauchboot aus mittels Meter-
stock abgelesen. Aus 4 Abmessungen ergab sich ein
Mittelwert von Tgm = 7,07 m.

Die Krängung wurde aus der Austauchung der
Freibordmarke ermittelt. Dieses Mass betrug
o,86 m, so dass

$$tg \, \varphi = \frac{86}{716} = 0,12o2$$

$$\varphi = 6^{o},86$$

Das spezifische Gewicht war nach der beim
Versuch entnommenen Wasserprobe

$$\gamma = 1,o217$$

Mit Tg = 7,o7 m und γ = 1,o21 ist P = γ V =
6640 t.

Auf Grund der Angaben der Schiffsleitung ergibt sich folgende Gewichtsübersicht:

Ladung	3950 t
Brennstoff	1o,7
Schmieröl	2,8
Trinkwasser	31,5
Waschwasser	4
Ballastwasser Stb.Tieftank	1oo
" " Achterpiek	3o
Ausrüstung + Vorräte	5o
	4179 t
Wasserverbrauch v. 9-11/11.	12 t
Zuladung	4167 t

Zuladung	4167 t
Verdrängung	6640
	2473
Besatzung lt.Stab.Blatt	14
Schiff leer	2459 t

D.h. das Schiff ist $\sim$ 2o t schwerer als im Stabilitätsblatt gerechnet.

Die Rollzeit für eine Doppelschwingung wurde aus 2 x 6 Schwingungen zu t = 16,66 sec. ermittelt.

Nach der Weiß'schen Schlingerformel wird mit c = 0,87 - 0,9   MG = 0,56 - 0,60 m.

Dieser Wert entspricht genau dem in den Stabilitätsblättern aufgegebenen Fall für homogene Ladung mit Ballast.

Zum Krängungsausgleich waren laut Schiffstagebuch an Stb. folgende Gewichte gestaut bzw. Ballastwasser geflutet worden:

Dieselöl	lo,7 t
Frischwasser	23,5 t
Ballastwasser Tieftank	loo t
Sackladung in Raum I	
Schiffsausrüstung in Raum I	4o t

Diese einseitigen Gewichte ergeben zusammen mit dem Stabilitätsmoment für 7°Krängung ein Ausgleichsmoment von $\sim$ 9oo mt. Ein krängendes Moment annähernd gleicher Grösse wurde bei Berechnung der Freiräume in den Laderäumen gefunden.

Zustand der Ladung

Nach Öffnen der Luken II, III und IV zeigte sich, dass die Ladung erheblich nachgesackt war. Das Maß war am kleinsten in Raum II und am grössten in Raum IV. Die in der Anlage beigefügten Bilder, die von dem 2.Offizier, Herrn Braun, im Beisein des Unterzeichneten aufgenommen wurden, veranschaulichen die Lage.

Hierbei ist zu berücksichtigen, dass 29 Tage nach
der Ausreise 47 Säcke in Raum II, 33 Säcke in Raum
III, 64 Säcke in Raum IV, insgesamt also 144 Säcke
aus Raum I in die Lukenschächte nachgestaut worden
waren, womit nach Angabe des Kapitäns die Luken
wieder bis Unterkante der hölzernen Längsbalken
wie bei der Ausreise aufgefüllt waren. Somit befanden sich lt. Stauskizze folgende Ladungsgewichte in den Räumen:

Unterraum I	lose	215 t
	in Säcken	61,97 t
Zwischendeck I	leer	
Raum II	lose	1397,6
	in Säcken	52,62
Tieftanks	lose	5oo
Raum II	"	8oo
	in Säcken	99,84
Raum IV	lose	789,4
	in Säcken	33,57
Gesamt		3950 t

Bei der weiteren Entladung wurde der Verlauf der
Getreideoberflächen in den einzelnen Räumen aufgenommen. In der beigefügten Anlage 2 sind die
Leerräume, die durch das Nachsacken der Ladung
und das Verrutschen infolge der Schlagseite entstanden sind, erläutert.

Für die Berechnung ist angenommen worden,
dass die Leerräume im Querschnitt dreieckig,
rechteckig oder trapezförmig sind. Tatsächlich befanden sich in der Ladungsoberfläche Unebenheiten,
die jedoch nicht genau aufgemessen werden konnten,
da hierfür beim Fortgang der Ladungsarbeiten nicht
genügend Zeit zur Verfügung stand. Das ermittelte
Ergebnis veranschaulicht aber gut die Grössenordnung.

Hervorzuheben ist, dass die Ladung in den
Räumen vollkommen trocken war. Es zeigten sich
auch keine Anzeichen für Durchfeuchtung infolge
von Schwitzwasser. Die Tieftankluken waren offen.
Das zum Krängungsausgleich eingepumpte Wasser
hat am Schiff keine Schäden verursacht. Ein durch
Quellen der Ladung etwa aufgetretener Quelldruck
konnte sich durch die geöffneten Tankluken ausgleichen. Die Ladung im Tieftank war bis etwa
1,2o m bis 1,5o m über der auf den Bodenwrangen
angebrachten Bodenwegerung nass.

Beim Entladen wurde das Verhalten der Gerstenladung beobachtet. Sie rieselte leicht durch
kleinste Ritzen und Löcher hindurch. Selbst auf
die Entfernung einer Sacklänge kam die Gerste infolge des Ladungsdruckes noch durch den zwischen
3 Säcken befindlichen Hohlraum hindurchgelaufen.
Die Körner waren sehr glatt und hatten keine oder
wenig Grannen.

Der Böschungswinkel wurde mit einem Winkel-
messer zu knapp 3o° in Ruhe beim Absaugen am Fuss
der Böschung ermittelt. Lagen auf der Getreideoberfläche Säcke, so begannen sie bei einem kleineren Winkel abzurutschen. Der Reibungswinkel in der
Bewegung ist wie bekannt erheblich kleiner als der
in Ruhe.

Eine Anzahl von Säcken war beschädigt. Die
Säcke lagen unmittelbar auf dem Getreide. Mehrere
Säcke waren in der losen Ladung versunken.

Aus der Schiffsräume ergibt sich für die lose
eingeschüttete Gerste ein spezifisches Gewicht von
= o,65. Der Versuch, das spezifische Gewicht
der Ladung an Land feststellen zu lassen, misslang.

Der Wert für das Nachsacken in den Räumen II,
III und IV einschliesslich der Ballasttanks und

Lukenschächte ist aus den berechneten Freiräumen
zu 6,6 % ermittelt worden.

Der Wert für das Verrutschungsmoment errechnet
sich zu 88o mt. Er wird durch das auf Seite 4 angegebene Ausgleichsmoment bestätigt.

Durch das Nachsacken wäre unter der Voraussetzung, dass die Räume beim Beladen restlos aufgefüllt wurden, die Getreideoberfläche um ~53 cm
parallel tiefer gesackt. Hieraus würde sich bei
vollkommen dichten Getreideschotten infolge einseitiger Schräglage ein Verschiebungsmoment von
~ 3oo mt ergeben. (s.Anlage 2 Seite 8 u. 9).

Da dieser Wert erheblich kleiner als das vorhandene Ausgleichsmoment von 9oo mt ist, muss ge-
folgert werden, dass eine beträchtliche Menge von
Getreide durch Undichtigkeiten in den Schotten
hindurchgelaufen ist.

Beim Löschen der Ladung aus den Zwischendecks
konnten die Getreideschotte in den Zwischendecks-
räumen besichtigt werden. Es wurden keine Beschädigungen daran festgestellt. Die Stützen standen
einwandfrei in ihren Lagerungen. Auch waren keine
Planken aus den Stützen herausgedrückt worden oder
zerbrochen. Beim einseitigen Absaugen konnte eine
teilweise unterschiedliche Durchbiegung der Planken von lo - 15 mm festgestellt werden. Weiterhin
wurde deutlich, wie die Gerstenkörner durch Undichtigkeiten hindurchrieselten (s.Anlage 1,
Bild Nr.9).

Solche Undichtigkeiten waren schiffbaulich
bedingt an folgenden Stellen vorhanden:
Decksbalkendurchführungen durch die stählernen
Mittellängsschotte, Querschnitt 24o x 9o.

Schlitze zwischen den stählernen Mittellängsschotten und Masten in Raum II und III, Schlitz-

breite 2o - 35 mm.

Schlitze zwischen den oberen Abschlussplanken der
unteren Getreideschotte und den hölzernen Luken-
längsbalken der Zwischendecksluken, 5o mm bis zu
1/2 Plankenbreite.

Ausserdem können die Schotte durch normale Unebenheiten in den stumpf aufeinander sitzenden Schottplanken und nicht immer saubere Passung undicht
gewesen sein. Auch scheint eine unterschiedliche
Durchbiegung der Planken von Einfluss zu sein.
Diese wird bei Planken sonst gleicher Dicke und
Länge wesentlich durch den Elastizitätsmodul beeinflusst, der sich je nach Holzart und Holzbe-
schaffenheit ändert. Es werden also immer in gewissen Grenzen Abweichungen auftreten.

Die Feststellungen beim Entladen führten zu
folgenden Massnahmen und Empfehlungen für das Umstauen der Ladung, um ein erneutes Übergehen aus-
zuschliessen.

1.) Zunächst musste die nasse Ladung aus dem
    Ballasttank entfernt und der Tank wieder neu
    mit loser Ladung aufgefüllt werden. Dann war
    es notwendig, die im Unterraum auf Stb-Seite
    festgestellten Leerräume und den teilweise
    entladenen Unterraum III nachzufüllen und ein-
    wandfrei vollzutrimmen. Diese Arbeit war von
    geübten Stauern zu leisten.

2.) Der Bau von Füllschächten in den Luken wurde
    nach den Feststellungen an Bord als unzweck-
    mässig angesehen. Die Füllschächte wirken bei
    grösserer Schräglage nicht in dem gewünschten
    Sinne. Das konnte aus den beträchtlichen Leer-
    räumen unterhalb des Zwischendecks auf der
    Stb-Seite geschlossen werden, wo nicht einmal
    durch die günstiger gelegenen Trimmluken der

gewünschte Zweck erzielt worden war. Aus einem
Füllschacht mit begrenzter Grundfläche wird
immer nur die tiefer gelegene Seite des darunter liegenden Raumes gefüllt werden können.

3.) Die Feststellung zu 2.) führte zu der Entscheidung, dass im Zwischendeck nur Sackladung gefahren werden sollte.

4.) Um den durch die ungünstiger stauenden Säcke
zu erwartenden Stauverlust und eine dadurch
möglicherweise bedingte Stabilitätsverminderung
zu vermeiden, wurde empfohlen, sämtliche Unterräume voll zu laden und den Rest der Ladung auf
die Zwischendecksräume so zu verteilen, dass
sich ein günstiger Trimm ergab."

Von den Erläuterungen, die Dipl.Ing.Seefisch vor
dem Seeamt zu dem vorstehenden schriftlichen Bericht
gemacht hat, sei folgendes noch hervorgehoben:

Er sei gemeinsam mit Kpt.Groeschel im Laderaum unter Deck umhergekrochen. Sie hätten durch Ausmessen an
den Bordkanten und am Mittellängsschott versucht, die
Getreideoberfläche festzustellen. Dabei habe er festgestellt, dass im Zwischendeck die Ladung auf beiden Seiten der Längsschotte schräggerutscht war, und zwar sei
sie auf der Bb-Seite bis an die Decksverplankung hin
gerutscht, etwa 2 - 3 m ausserhalb des Lukenlängssülls.
Am Längsschott habe sie sich mindestens Unterkante der
Kniebleche, das sind etwa 650 mm, befunden. Auf der
Stb-Seite habe sich die Getreideoberfläche so eingestellt, dass sie auch an der Aussenhaut das grössere
Mass, etwa Unterkante Kniebleche, hatte. Dies sei in den
einzelnen Räumen verschieden gewesen, etwa 850 mm,
wohingegen an der Mittellängsschottseite es genau bis
Unterkante der Öffnung stand, da die 240 mm grossen
U-Eisen durch die Decksbalken durchgesteckt seien. Bei
grösserer Schräglage des Schiffes habe sich natürlich

die Getreideoberfläche mehr neigen müssen, und diese
Löcher, durch die die Decksbalken hindurchgesteckt waren,
hätten fraglos bei längerer Schräglage dazu geführt,
dass die Körner wie bei einer Sanduhr langsam auf die
andere Seite hinüberliefen. Ein ähnlicher Ausgleich habe
schiffbaulich bedingt an den erwähnten Schlitzen zwischen den Masten und Längsschotten auftreten müssen. Die
Gesamtaufrechnung dieser Freiräume bei Berücksichtigung
der Auffüllung unterhalb des Zwischendecks im Bereich
der Trimmöffnungen habe einen Leerraum von 32o auf Stb
von 73 minus 25 auf Bb-Seite ergeben. Hieraus berechne
sich -nur für die Räume II, III und IV, der Raum I bleibe
aus der Betrachtung heraus-, wenn man jetzt das Ladungs-
gewicht der Räume II, III und IV nähme, für die lose eingeschüttete Gerste ein spezifisches Gewicht von o,65 ,
wohingegen sich für die zusammengesackte Gerste ein spezifisches Gewicht von o,696 ergäbe. Er möchte annehmen,
dass mit diesem Wert von o,65 bewiesen sei, dass die
Ladung tatsächlich beim Abgang in Buenos Aires sehr gut
getrimmt worden sei.

Das Gewicht des von der Stb-Seite nach der Bb-Seite
des Schiffes hinübergeflossenen Getreides schätze er
auf 72 Tonnen. Durch die Öffnungen bei den Decksbalken
und durch die Mastschlitze sei bestimmt ein ganz beachtlicher Teil durchgelaufen. Er möchte darauf verweisen,
dass es sich um 84 Decksbalken handelt und der Querschnitt jeweils o,24 x o,o9 m betrage. Das sei bei 84
solcher Öffnungen ein ganz beachtliches Loch.

Er habe auch sich die Frage vorgelegt, wieviel Getreide bei völlig dichtem Mittellängsschott innerhalb der
beiden Schiffshälften von Stb nach Bb sich verschoben
haben möge. Nehme man an, dass die Schräglage so gross
sei, wie sie am Ende bei der "Passat" gewesen sei, dann
ergebe sich immerhin schon ein Verschiebungsmoment von
3oo Metertonnen. Wenn man für diese Getreideoberfläche
eine Neigung von 17 Grad annehme, dann bekomme man etwa
ein Krängungsmoment von 45o Metertonnen bei völlig

dichtem Mittellängsschott.

Auszug aus dem Bericht v.Kpt.Groeschel:
"Nachdem wir in Lissabon die Luken geöffnet hatten,
mussten wir feststellen, dass die Ladung nochmals,
(d.h. obwohl sie bereits auf See in den Luken 2,3
und 4 nachgefüllt worden war!) um 12o cm im Mittel
gesackt war. Es wurde nicht eine einzige gebrochene
Schottenplanke gefunden. ... Die Schotten waren zwar
unbeschädigt, sie waren aber leicht durchgebogen,
so dass tatsächlich kleinere Zwischenräume - ich
schätze sie im Höchstfalle auf die Stärke meines
kleinen Fingers - zwischen den Schotten entstanden
waren, wodurch das Getreide von der Stb-Seite nach
der Bb-Seite hinüberwechseln konnte. Es ist mir
vom Ladeoffizier, vom I.Offizier und vom Kapitän
berichtet worden, dass diese Schotten in Buenos
Aires auch kalfatert worden seien. ... Wir mussten
weiter feststellen, dass im Zwischendeck, wo die
Eisenschotten an den Mast stossen, auch etwa 30-5o
cm Luft waren, so dass das lose Getreide auch hier
durchrieseln konnte. ... Man konnte also durchaus
damit rechnen, dass nicht nur das Getreide sich
an der Leeseite in Richtung Bb-Wand bewegt hatte,
sondern dass auch Getreide von der Luvseite des
Schiffes zur Leeseite gerieselt war. Wir haben versucht, die dadurch entstandenen Freiräume aufzu-
messen. ... Wenn ich mich recht erinnere, haben
wir als Mindestfreiraum 357 cbm gemessen. Das war
in den Räumen, die wir begehen konnten, deshalb
sagte ich Mindestfreiraum. Das bedeutet, dass,
nachdem auf See bereits nachgefüllt war, ein
derartiger Mindestfreiraum entstanden war. ...
Ich darf dann noch auf die Massnahmen zu sprechen
kommen, die mir notwendig erschienen, bevor das
Schiff die Weiterreise antrat. ... Ich hielt es
für notwendig, dass wenigstens im Zwischendeck

Sackladung gefahren wurde. ... Ich habe weiter die
etwas verbogenen Schotten in Unterraum 3 durch Spannschrauben und Drähte wieder nachtrimmen lassen. Als
Vorsichtsmassnahme habe ich auch noch das kalfaterte
Schott mit Persenning abdecken und benageln lassen.
...

(Auf eine Frage von Prof.Wendel):
Das Schott im Unterraum reichte bis Oberkante Schiebeplanke. Im Zwischendeck reichte es bis zur Unterkante Schiebeplanke. Im Zwischendeck lag Sackgut. ..."

In einem früheren Bericht hatte sich Kapitän Groeschel
noch etwas ausführlicher geäussert:

"Wir sind durch die Luken gekrochen. Man konnte
jetzt ohne Schwierigkeiten unter dem Lukensüll
hindurch in das Zwischendeck reinkommen. Soviel
waren die Säcke gesackt. Natürlich nicht alle
einheitlich. An den Längsschotten, die errichtet
waren, die auch innerhalb der Lukenschächte errichtet waren, waren die Säcke etwa an der Bb-Seite
im Durchschnitt 5o - 6o cm tiefer als an der
Stb-Seite der Schotten. ... Also die Bb-Seite
hatte einen grossen Abstand von etwa 6o cm, während
an der Stb-Seite die Säcke etwa 6o cm höher lagen.
Nun sind wir unter die Lukenkummings in das
Zwischendeck gekrochen, und da zeigte sich dasselbe
Bild wie an den Längsschotten. Auch an den eisernen
Längsschotten, die also Vorkante und Achterkante der
Lukenschächte aufgestellt sind, d.h., wir haben jetzt
also eine schräge Fläche gehabt, an der Stb-Seite des
Schotts aufgelaufen und an der Bb-Seite des Schotts
in einem Abstand von etwa 5o - 6o cm. Ich glaube
das Bild ist verständlich. Dasselbe war auch in den
Luken 2 und 4. An der Stb-Seite an den Längsschotten
lagen diese Säcke ganz fest an, so dass diese hölzernen Längsschotten eine leichte Durchbiegung
hatten, die wir erkennen konnten. Es war aber keine
Schottplanke aus den Stützen herausgefallen oder

herausgedrückt worden und es war nicht eine
einzige Schottplanke ... durchgebrochen, und alle
Stützen standen. ... Im Raum 3 fiel uns nachher
noch besonders auf, und zwar als wir in den Unterraum kamen, dass auf der Stb-Seite vorn, und zwar
etwa im Bereich des Tieftanks, ein besonders
grosses Loch war. Ein auffälliges Loch, das einem
Krater ähnelte und etwa schätzungsweise 1 m bis
1.2o m tief war. ... Ich glaube, dass dieses Nachtrimmen auf See etwa 2 Wochen vor dem Unfall der
"Passat" wesentlich dazu beigetragen hat, dass
die "Passat" aus ihrer Notlage später wieder
herauskommen konnte. ... Ich habe gemeinsam mit
Herrn Seefisch die freien Räume in den Luken 2, 3
und 4 aufgemessen. Diese Messung ist natürlich
nur sehr grob. Sie ist nach meiner Meinung als
ein Mindestmass anzusehen, denn es sind sicher
noch kleinere Freiräume im Schiff gewesen, die
wir zunächst nicht gesehen ... haben. Diese Auf-
messungen ergaben 35o cbm. ... Wir waren im Unterraum 3 ziemlich tief heruntergekommen, da wir auf
den Tank mussten und da wir entdeckt hatten, dass
zum Teil das hölzerne Längsschott leckte, d.h.,
dass bei der Wegnahme der Ladung während der
Schlagseite von der Stb-Seite nach der Bb-Seite
Getreide durchlief, habe ich in diesem Fall das
hölzerne Längsschott im Raum 3 auch noch mit
Rappeltuch auskleiden lassen und an den Enden
benageln lassen. Ausserdem habe ich das Längsschott zur Sicherung, weil es leicht durchgebogen war, noch mit Drahtstandern versteifen lassen."

    Es folgen jetzt die Anlagen zu dem auf Seite
136 - 143 abgedruckten Bericht des Dipl.Ing.Seefisch.

Anlage 1
(Seefisch)

1
Luke II
nach vorn gesehen

2
Luke II
nach vorn gesehen

3
Luke III
BB. hinten

4
Luke IV
BB.vorn

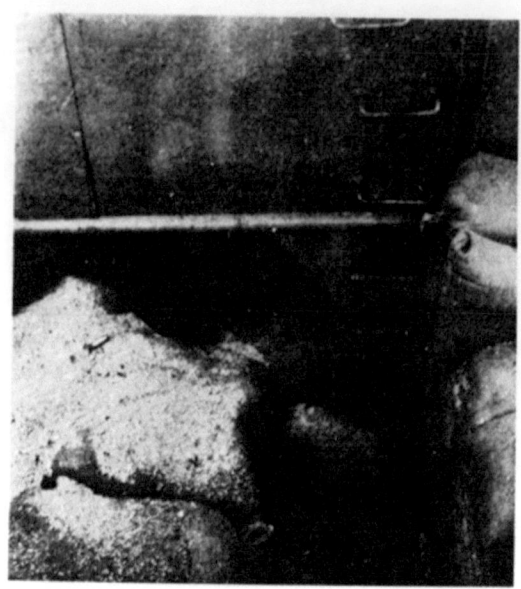

5
Luke IV
BB.vorn

6
Luke IV
BB.vorn

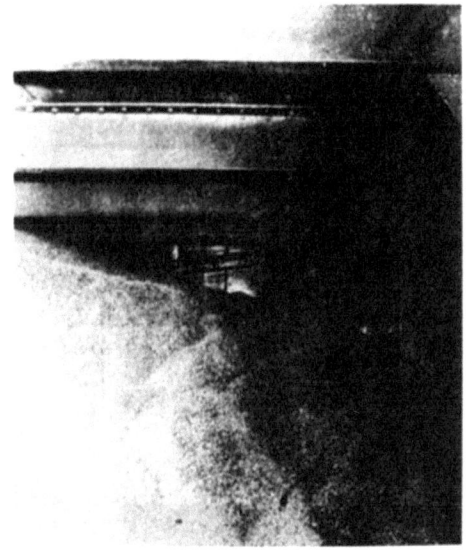

7

BB.-Zwischendeck
Raum III bzw. IV

8

StB.-Zwischendeck
Raum III

9
Luke III
Zwischendeck
Vorderkante

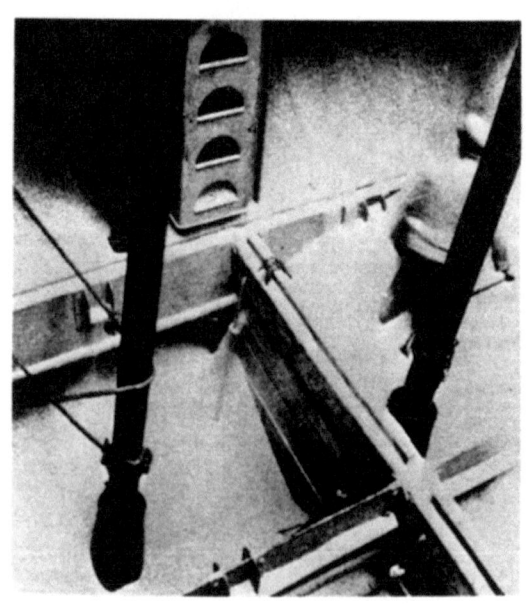

S. Passat - 1 -

Aufmessung der Ladung in den Räumen

1) Bei Öffnung der Luken

Luke II   s. Bild   Höhenmaß gilt von
UK Längsbolken bis UK Süll

7720 × 4268 × 1000

Raum ohne Heraus-
nehmen der Säcke
nicht zugänglich.

Luke III

5515 × 4268 × 1000

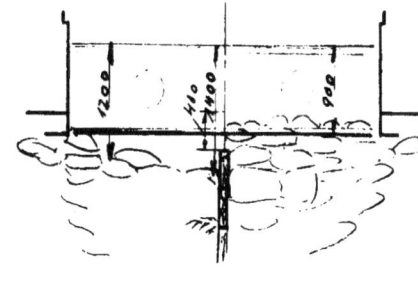

Raum an Bb neben
dem Mittellängsschott
vorn zugänglich

Getreideoberfläche
berührt ~ 2000 außer-
halb Längssüll Oberdeck,
liegt am Längsschott
gut 600 unter
Oberdeck

Luke IV

5080 × 4268 × 1000

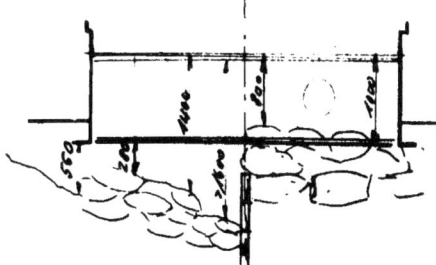

Wie in Luke

Getreideoberfläche
berührt ~ 3000 außer-
halb Längssüll Oberdeck

2) Beim bezw. nach teilweiser Herausnahme
der Säcke

Luke II

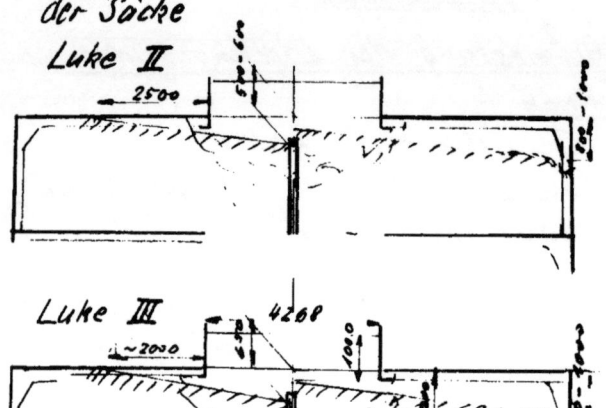

Luke III

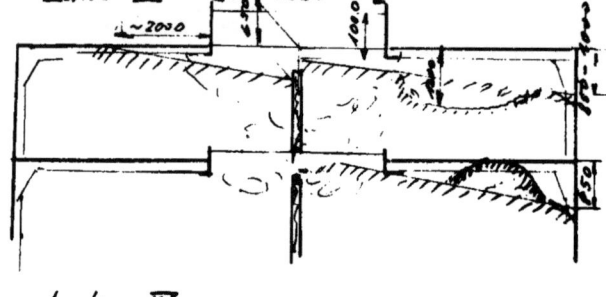

Luke IV

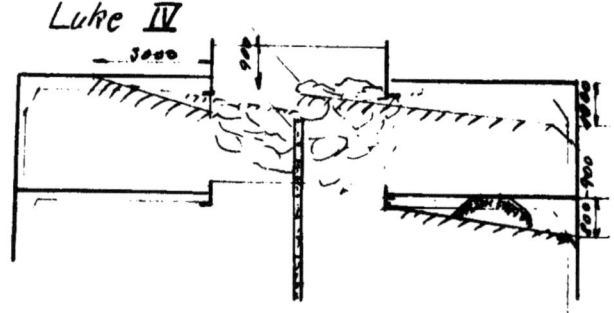

Anmerkung:

Im Bereich der Mastschlitze und der
Tieftankluken liegt die Oberfläche Stb-
Zwischendecke niedriger unter den
Trimmluken im Stb Unterraum höher

Berechnung der Leerräume

Wegen der Unterschiedlichkeit des Bildes der Getreideoberfläche wird mit Durchschnitts-werten gerechnet

__B6-Zwischendeck__ Bereich vor und hinter den Luken

$$f_1 = 5 \cdot 0,6 \cdot \tfrac{1}{2} = 1,5 \text{ m}^2$$

$$v_1 = (14 + 7 + 10 + 3) \cdot 1,5 = 34 \cdot 1,5 = 51 \text{ m}^3$$

neben den Luken

$$f_2 = 3 \cdot 0,24 \cdot \tfrac{1}{2} = 0,36 \text{ m}^2$$

$$v_2 = (7,72 + 5,51 + 5,08) \cdot 0,36 = 18,3 \cdot 0,36 = 6,6 \text{ m}^3$$

Lukenschacht

$$f_3 = 2,13 \cdot 0,4 = 0,85 \text{ m}^2$$

$$v_3 = 18,3 \cdot 0,85 = 15,5 \text{ m}^3 \qquad\qquad 15,5 \text{ m}^3$$

__B6 - Unterraum__ ist voll

__Stb - Zwischendeck__ vor und hinter den Luken

$$f_1' = 7,1 (0,24 + 0,95) \cdot \tfrac{1}{2} = 4,22 \text{ m}^2$$

$$v_1' = 34 \cdot 4,22 = 144 \text{ m}^3 \qquad\qquad 144 \text{ m}^3$$

neben den Luken

$$f_2' = 5 (0,3 + 0,95) \cdot \tfrac{1}{2} = 3,12 \text{ m}^2$$

$$v_2' = 18,3 \cdot 3,12 = 57,1 \text{ m}^3 \qquad\qquad 57,1 \text{ m}^3$$

Lukenschacht bis 0,4 m voll

__Stb - Unterraum__

vor und hinter den Luken

$$f_3' = 6 \cdot 0,8 \tfrac{1}{2} = 2,4 \text{ m}^2$$

$$v_3' = 34 \cdot 2,4 = 81,5 \text{ m}^3 \qquad\qquad 81,5 \text{ m}^3$$

nebenden Luken

$$f_4' = 5 \cdot 0{,}8 \, \tfrac{1}{2} = 2{,}0 \, m^2$$

$$v_4' = 18{,}3 \cdot 2{,}0 = 36{,}6 \, m^3 \qquad\qquad \underline{36{,}6}$$

$$v + v'$$

Berichtigungen für Unebenheiten
s. Anmerkung S. 2
9 Trimmluken

$$v_5' = 9 \cdot \pi \cdot 15^2 \cdot 0{,}6 \cdot \tfrac{2}{3} = 25{,}4 \, m^3$$

1 Trimmluke liegt noch im Bereich von
1/4 Ladelukenbreite

$$v_6' = 2{,}0^2 \cdot 0{,}1 = \qquad\qquad 0{,}4 \, m^3$$

Mastschlitze in Raum II und III
4 Spanten

$$f_7' = \tfrac{2}{3} \cdot 0{,}3 \cdot 2{,}5 \cdot 2 = 1{,}0 \, m^2$$

$$v_7' = 1{,}0 \cdot 3 \cdot \tfrac{1}{3} = 1{,}0 \, m^3$$

Krater über Tieftank Stb Zwischendeck wird
nicht gerechnet, da fehlende Menge im
Unterraum liegen muß.

Berechnung der seitlichen
Verschiebung des Ladungsschwerpunktes

Stb Leerraum $\frown$ M'

v_1' $144\left(\dfrac{2,1}{3}\dfrac{0,24+1,9}{1,19}\right)$ $\cdot$ $144 \cdot 4,26$ $=$ $615\ m^4$

v_2' $57,1\left(2,1+\dfrac{5}{3}\dfrac{0,3+1,9}{1,25}\right)$ $=$ $57,1(2,1+2,94)$ $\cdot$ 288 $\cdot$

v_3' $81,5 \cdot 5,0$ $\cdot$ $\cdot$ 407 $\cdot$

v_4' $36,6(2,1+3,33)$ $\cdot$ $36,6 \cdot 5,43$ $=$ 199 $\cdot$

v_7' $\underline{10 \cdot 1,0}$ $=$ $\cdot$ $\underline{1}$ $\cdot$

$320,2$ $\qquad$ $\Sigma M'\ 1510$ $\cdot$

Bb Leerraum + Stb. Trimmluken $\frown$ M

v_1 $51 \cdot 1,6^3$ $\cdot$ 85 m^4

v_2 $6,6 \cdot 3,1$ $\cdot$ $20,5$

v_3 $\underline{15,5 \cdot 1,0}$ $\cdot$ $\underline{15,5}$

$73,1$ $\qquad$ 121 m^4

v_5' $25,4 \cdot 4,0$ $\cdot$ 104 m^4

v_6' $\underline{0,4 \cdot 2,0}$ $\cdot \sim \underline{1}$ $\cdot$

$25,8$ $\qquad$ 105 $\cdot$

Schiffsräumte $R\ II, III, IV$ + Tiefťanis

Gesamträumte nach Ladeplan $6729\ m^3$

Raum I u. R + Zw D $\underline{1164}$ $\cdot$

$5565\ m^3$

Lukenschöchte $18,3 \cdot 4,26\ 0,75$ $\underline{58}$

$5623\ m^3$

Räumte für % Nachsacken, da $\underline{-20}$

Luken nachgefüllt $5603\ m^3$

Schwerpunkt der Ladung in II, III, IV, T-tk

Gesamt $II + III + IV + Ttk$ $\underline{56.23 \times 0 =}$ 0 m⁴

$\quad\quad \Sigma M'$ $\quad\quad\quad$ 320 $\quad\quad$ $- 1510$

$\quad\quad \Sigma M$ $\quad\quad\quad$ $\underline{73}$ $\quad\quad$ $\underline{+ 121}$

$\quad\quad\quad\quad\quad\quad\quad$ 393 $\quad\quad$ $- 1389$

Gefüllter Raum $\quad\quad$ 5230 $\quad\quad$ $- 1389$

Korrektur mit $v_5' + v_6'$ $\quad$ $\underline{26}$ $\quad\quad$ $\underline{+ 105}$

$\quad\quad\quad\quad\quad\quad$ 5256 ^{3} $- 1284$ m⁴

$\quad\quad \odot \rightarrow B6 = - \dfrac{1284}{5256} = - 0{,}244$ m

Gewicht der Ladung in diesen Räumen
laut Schiffstagebuch

$R\ II$ $\quad$ lose $\quad\quad$ $1397{,}6$ t $\quad\quad$ Sackgewichte

$\quad$ In Säcken $\quad$ 50 $\quad\quad\quad$ $I\ \dfrac{70}{1255} \cdot 55{,}8$ kg
$+ 47. 55{,}8$ $\quad\quad$ $2{,}62$

Ttk $\quad$ lose $\quad\quad$ 500 $\quad\quad\quad$ $II\ \dfrac{52}{841} \cdot 59{,}4$ ·

III In Säcken $\quad$ $\begin{matrix}800\\98\end{matrix}$ $\quad\quad$ $III\ \dfrac{98}{1628} \cdot 60{,}2$ ·
$\quad + 33. 55{,}8$ $\quad\quad$ $1{,}84$

IV $\quad$ lose $\quad\quad$ $789{,}4$ $\quad\quad$ $IV\ \dfrac{30}{510} \cdot 58{,}8$ ·

$\quad$ In Säcken $\quad$ 30 $\quad\quad$ gerechnet mit I
$\quad + 64. 55{,}8$ $\quad\quad$ $\underline{3{,}57}$

$\quad\quad\quad\quad$ $3673{,}03$ t

krängendes Moment

$M_{kr} = 0{,}24 . 3673 = 880$ mt

Errechneter Freiraum $393 - 26 = 367$ m³
entspricht $\sim 6{,}6\%$ von 5603 m³
ursprünglich gefülltem Raum.

Gegenmomente im Schiff zum Ausgleich der Schlagseite

Nach Angabe des Kapitäns, laut Tagebuch
und nach Aufmessung
Ankunft Lissabon

Dieselöl	Stb.-Tank 20-25	10,7 t
Frischwasser	· 117-121	23,5 ·
Ballastwasser	60-84	~ 100 ·
Sackladung + Ausrüstung R I		~ 40 ·

Die Ballastwassermenge ist aus der Pumpzeit
bestimmt worden

Inhalt der Tankbilge ~ 40 m³
Nasse Ladung 1,20 - 1,50 m über Bodenwrange.
Gesamtinhalt 36,6 m³
Trocken 1,7 · 7, 1. 14,64 · $\underline{177}$
189 ·

Flutbarkeit ~ 40% · ~ 76 m³
Also mindestens 40 + 70 · ~ 110 m³
Wert von 100 t demnach nicht zu hoch.

In Raum I wurde ein Höhenunterschied
der Sackladung von 1,6 - 1,7 m von Spt. 117-133
festgestellt.
Umgestaute Ladung
$\left(\frac{6,5 + 5,5}{2} . 10 - 2,44^2 \right) . 0,8$ · ~ 20 m³ = ~ 13 t

Ausrüstung wird zu 10 t geschätzt. Der
Wert von 40 t bezieht sich offenbar auf die

gesamten an Stb in Raum I befindlichen
Gewichte.

Ballastwasser	100 . 3	•	300
Gewichte Raum I	40 . 3	•	120
Frischwasser	23,5 . 1,2	•	28
Dieselöl	11 . 3,3	•	36
			484

Stabilitätsmoment bei 7°

$$6640 . 0,56 . 0,12 \qquad \underline{445}$$

$$929 \ mt$$

D.h. das Verrutschungsmoment der
Ladung liegt bei mindestens 900 mt

Verrutschungsmoment bei dichten
Getreideschotten.

Deckflächen unter Oberdeck

Raum II $\frac{1}{2}(13,9 + 13,3) . 33 . 0,61 = 332 . \frac{1}{2}$

III $\frac{1}{2}(13,6 + 13,9) . 30 . 0,61 = 503 . \frac{1}{2}$

IV $\frac{1}{2}(12,4 + 13,6) . 21 . 0,61 = \underline{546 . \frac{1}{2}}$

$$1381 : 2 = 691 \ m^2$$

Freiraum durch Nachsacken (S.6)   367 m³

Höhe des Freiraumes $\frac{367}{691} = 0,53 \ m$

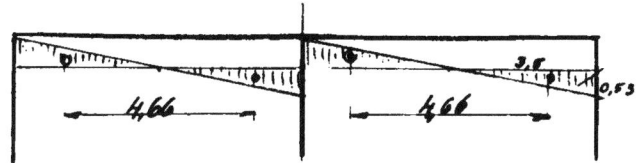

Vol. der Keilstücke $0,53 \cdot 3,5 \cdot \frac{1}{2} \cdot 84 \cdot 0,61 = 47,5\ m^3$

$P = 0,66 \cdot 47,5 = 31,4\ t$

$M_{kr} = 2 \cdot 31,4 \cdot 4,66 = 293\ mt$

Beanspruchung der Stabilität durch
diese Verrutschung.

$P \cdot MG \cdot \sin\varphi = 293\ mt$

$\sin\varphi = \dfrac{293}{6640 \cdot 0,56} = 0,079$

$\varphi = \sim 4,5$

$h = 0,042\ m$

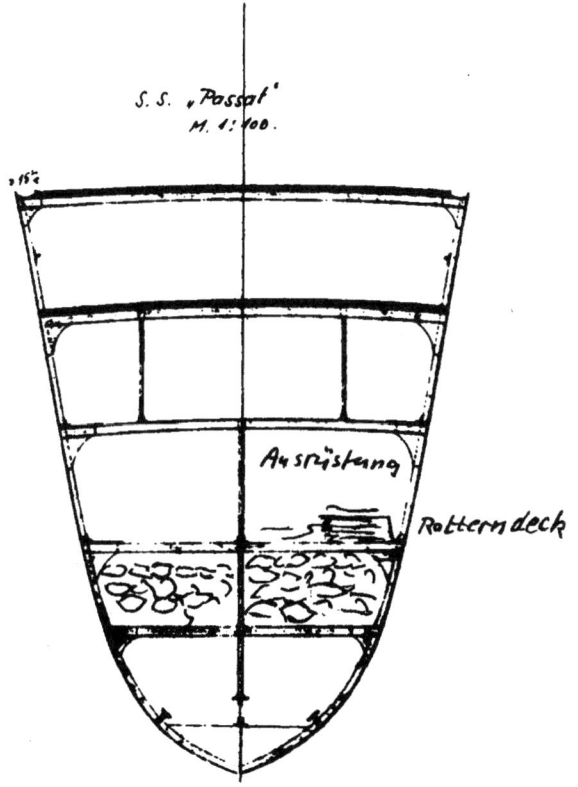

S. S. „Passat"
M. 1: 100.

Ausrüstung

Rotterndeck

Querschnitt Raum T Spt. 138.

S.S. „Passat
M. 1 : 100.

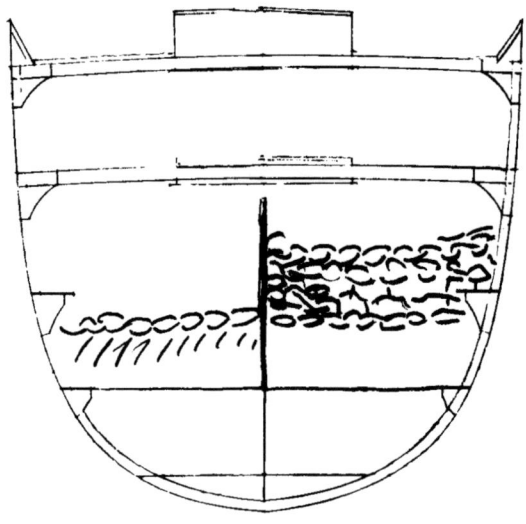

Querschnitt Raum I. Spt. 128.

S.S. „Passat"

M. 1:100.

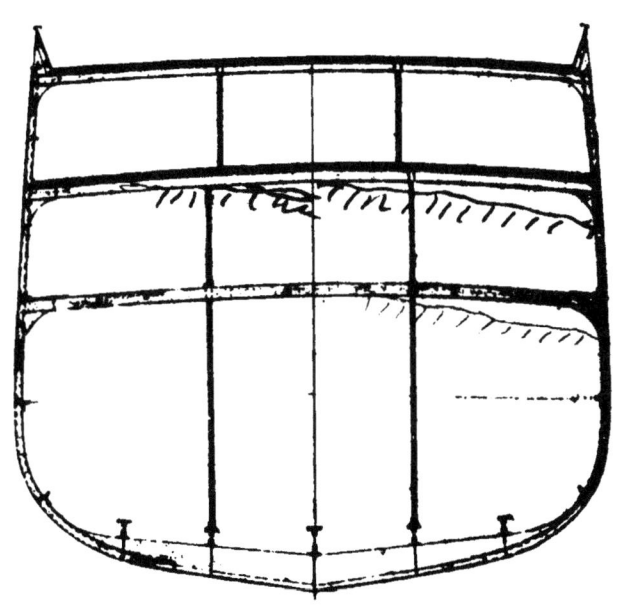

Querschnitt Raum II

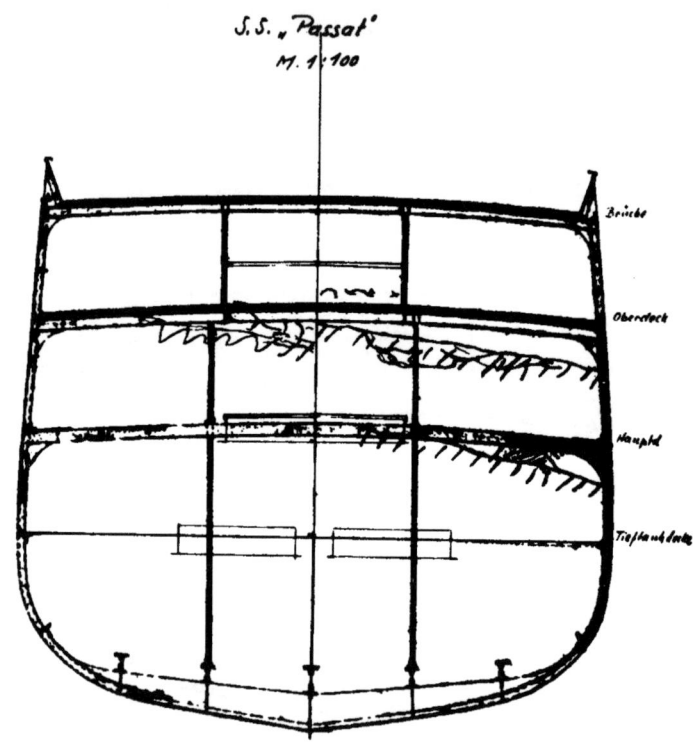

S.S. „Passat"
M. 1:100

Brücke

Oberdeck

Hauptd

Tiefladedeck

Querschnitt Raum III.

S.S. „Passat"

M. 1:100.

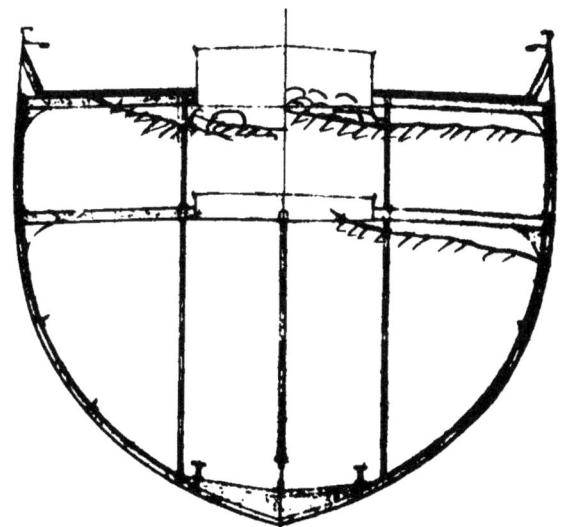

Querschnitt Raum IV. Spt. 30.

- 148 -

Die vom Seeamt hinzugezogenen Sachverständigen für
Stabilitätsfragen, Prof.Dr.W e n d e l und Kapitän
P l a t z o e d e r, haben unter Mitwirkung zweier von
Prof. Wendel an den grundlegenden Untersuchungen beteiligter Assistenten - Schiffbau-Ing. R o d e n und
cand.ing. H e p t n e r - vier Einzelgutachten und ein
zusammenfassendes Hauptgutachten erstattet, die nachstehend in vollem Wortlaut und mit sämtlichen Anlagen
wiedergegeben werden.

Gutachten **Prof. Dr.** Wendel / Kapt. Platzoeder.

Der Untergang des Segelschulschiffes
" P a m i r "
Gutachten für das Seeamt Lübeck

1) Stabilität der "Pamir" in glattem Wasser zur Zeit
   des Unfalls.
2) Hebelarme des Winddruckmoments.
3) Vergleich von Stabilitätsmomenten und krängenden
   Momenten. Kentersicherer Bereich des sog. Stabili-
   tätsumfangs.
4) Beanspruchung durch übergegangene Ladung.
5) Das Kentern des Schiffes.
6) Einbusse an Stabilität durch Seegang.
7) Kentern bei Wind, Übergehen von Ladung und Stabilitätseinbusse durch Seegang.
8) Vermutliches Verhalten des Schiffes, wenn eine
   grössere Stabilität vorhanden gewesen wäre.
9) Vergleich mit Daten von anderen Segelschiffen.
   Rollperioden.
lo) Ursachen des Unfalls und Empfehlungen.

1.) Stabilität der "Pamir" in glattem Wasser zur Zeit
    des Unfalls.

Um das Kentern des Schiffes zu erklären, ist es notwendig, zunächst die Hebelarme =

aufrichtendes Stabilitätsmoment
V e r d r ä n g u n g

für den gesamten Neigungsbereich zu ermitteln. Der Verlauf dieser Hebelarmkurve, vor allem ihre Höhe und ihre
Steigung im Nullpunkt (aufrechte Lage), sind entscheidende Zahlenwerte, ohne die eine Stabilitätsbeurteilung
nicht möglich ist. Aus Unterlagen der Bauwerften wurde
von Kapitän Platzoeder (Anlage 1) und cand.ing.Heptner
(Anlage 2) unabhängig voneinander in sehr sorgfältiger
Arbeit die Glattwasserhebelarmkurve errechnet. Die Ergebnisse der Besichtigungen auf der "Passat" über das
Setzen der Gerstenladung und eigene Versuche mit Gerste
wurden berücksichtigt. Auch die Veränderungen durch den
Umbau des Schiffes zum Schulschiff wurden eingehend geprüft. Das Ergebnis ist in Bild 1 als Kurvenstreifen
wiedergegeben. Der obere Streifen ergab sich bei Berücksichtigung der Aufbauten und ist nur zutreffend,
solange die Aufbauten als wasserdicht angenommen werden
können. Der untere Streifen gilt für den Rumpf ohne Aufbau.
Über die Rechnungen berichtet Kapt.Platzoeder eingehend
in einer dem Seeamt gleichfalls heute übergebenen Schrift.

Es sei bemerkt, dass verschiedene Rechner bei derartigen
Rekonstruktionen gewöhnlich auch etwas unterschiedliche
Kurven errechnen. Das ist unvermeidlich, da nicht die
Grösse und Lage jedes Gewichts auf dem Schiff genau bekannt ist und manche Annahme gemacht werden muss. Der
gezeichnete Streifen bringt das zum Ausdruck; es wird
bei allen folgenden Betrachtungen von der Vorstellung
ausgegangen, dass die tatsächliche Kurve und insbesondere die Steigung ihrer Tangente im Nullpunkt (das ist
die metazentrische Höhe MG) innerhalb dieses Streifens
liegt.
Wenn den weiteren Rechnungen der Einfachheit halber eine
Kurve oder ein bestimmter Zahlenwert zugrundegelegt wird,
so ist immer der mittlere Wert zwischen den Grenzkurven
gewählt.

Eine Differenz mit den Angaben der Umbauwerft schien
nicht ohne Bedeutung zu sein, wie sich während der Verhandlungen herausstellte. Diese Differenz konnte zum Teil
geklärt werden, ein Rest blieb unaufgeklärt. Wie man diese übrigbleibende Unstimmigkeit aber auch ansetzt, die
Kurve bleibt innerhalb des Streifens.

2.) Hebelarme des Winddruckmoments.

Für einige Windstärken und Segelstellungen wurden die
Hebelarme des Winddruckmoments = $\dfrac{\text{Winddruckmoment}}{\text{Verdrängung}}$ er-
rechnet (Bild 2,3 u. 4). Eine wichtige Unterlage hier-
für waren Messungen, die von Dipl.Ing. Arndt und
Schiffbauing. Roden auf der "Passat" angestellt wurden.
Die Anlage 4 gibt Näheres über die Rechnungen und die
Kontrollmessungen auf der "Passat". Die Segelstellungen
wurden gemäss den Aussagen der Geretteten angenommen,
die Windstärken und -richtungen nach dem Gutachten
Dr.Rodewalds.

3.) Vergleich von Stabilitätsmomenten und krängenden Momenten. Kentersicherer Bereich des sog.Stabilitäts-
umfangs.

Der Vergleich der aufrichtenden Stabilitätsmomente und
der neigenden (krängenden) Momente aus Winddruck oder
anderen Ursachen wird geführt, indem alle Arten von
Momenten durch die Verdrängung dividiert werden. Man
erhält so Hebelarme, die einfach übereinandergezeichnet
werden können. Die Schnittpunkte der durch Addition der
einzelnen krängenden Momente entstandenen Hebelarmkurven mit den Hebelarmen des aufrichtenden Stabilitäts-
moments geben jeweils die sich einstellenden Neigungswinkel. Nur die Schnittpunkte, an denen die Kurve der
Hebelarme der krängenden Momente von aussen in die
Hebelarmkurve einschneidet, geben stabile Lagen.

Auf Bild 5 ist die Glattwasserhebelarmkurve mit Kurven
der Hebelarme des Winddruckmoments zum Schnitt gebracht.

Für das Schiff mit allen Marssegeln, Fock und vier Stag-
segeln und 33 m/s Windgeschwindigkeit querein ergibt
sich so eine Neigung von ca. 37°. Für die gleiche Windgeschwindigkeit aber Schiff ohne Segel nur etwa 18°.

An dieser Stelle möchte ich einen Vergleich der Drehbe-
wegung des Schiffes mit der Bewegung eines Wagens auf
einen Hang hinauf einschieben. Auf Bild 6 ist oben ein
kleiner Wagen vor einem Hang gezeichnet. Den Hebelarmen
der Stabilität entspricht die Steigung des Hanges. Die
Steigungen sind darunter aufgetragen, sie öhneln offenbar den Hebelarmkurven, die als drittes Kurvenbild darunter gezeichnet sind. Den krängenden Momenten entsprechen in unserem Gedankenmodell Kräfte, die den Wagen schieben. Je grösser die Kraft ist, mit der der
Wagen geschoben wird, um so höher fährt er auf den Hang
hinauf oder eine um so grössere Steigung kann er überwinden.

Ich möchte nun zwei Dinge an diesem Gedankenmodell anschaulich machen:

1) Der Anstieg des Hanges am Fusse sagt offenbar nichts
über die grösste Steigung im mittleren Bereich aus.
Der Steigung am Fuss entspricht MG, Rollperiode und
Gefühl bei der Stabilität. Die Sicherheit gegen
Kentern wird aber vor allem durch die Höhe des Maxi-
mums, also beim Modell durch den grössten Anstieg
und seine Lage gegeben. Beim Schiff ist das Maximum
der Hebelarmkurve sehr vom Freibord abhängig, je
grösser dieser, je höher auch das Maximum. Auch die
Anfangsstabilität hat einen Einfluss darauf, jedoch
sind Schlüsse auf die Sicherheit gegen Kentern nur
von der metazentrischen Höhe her im allgemeinen
nicht möglich. Nur für ein und dasselbe Schiff bei
gleichem Tiefgang oder sehr ähnlichen Schiffen bei
gleicher Breite, Tiefgang und Freibord stellt schon

die Anfangsstabilität ein geeignetes Vergleichsmass
dar. Siehe hierzu die Kurven von "Captain" und
"Monarch" (3.Skizze von oben), das klassische Beispiel eines Kenterfalls. Beide Schiffe hatten nahezu gleiche Anfangsstabilität, aber sehr verschieden
grosse Hebelarme bei mittelgrossen Neigungen. "Monarch" hatte Aufbauten und einen grossen Freibord.
"Captain" weder das eine noch das andere. Beide
Schiffe segelten 1870 hintereinander in der Biskaya.
In einer Bö kenterte die "Captain", die "Monarch"
überstand das schwere Wetter ohne Gefährdung.

2) Der Umfang des positiven Bereichs der Hebelarmkurve
gibt keinen Aufschluss über den grössten Winkel,
bis zu dem ein Schiff sich überneigen kann ohne zu
kentern. Wenn die Kraft, mit der der Wagen geschoben
wird, gross genug ist, um über die grösste Steigung
zu kommen, ist sie auch gross genug, um den flacheren
Teil des Hangs dahinter zu überwinden. Zurückrollen
würde der Wagen nur dann, wenn die Kraft ganz plötzlich - nachdem das Steigungsmaximum überschritten ist -
ganz oder annähernd auf Null zurückginge. Der Kraft
entsprechen beim Schiff die Momente, z.B. aus Winddruck oder einer Gewichtsverschiebung. Der Wind hört
nicht plötzlich auf zu blasen und verrutschte Gewichte gehen nicht plötzlich in ihre Ausgangslage
zurück. Daraus folgt, dass beim Kentern, das im Endstadium immer relativ langsam, also statisch erfolgt,
bereits etwa der Winkel zwischen Beginn und Maximum
der Hebelarmkurve den Stabilitätsumfang angibt. Eine
genauere Untersuchung zeigt, dass der Kenterpunkt
etwas hinter dem Maximum liegt. Es hat dies seinen
Grund darin, dass auch die krängenden Momente mit
Grösserwerden der Neigung abnehmen. Trotzdem kann
aber als grobe Faustregel gelten: nur etwa der halbe
Stabilitätsumfang bietet Sicherheit gegen Kentern.
Das gilt sowohl für die Glattwasserkurve wie auch für
die sichelförmigen Reste, die nach Subtraktion der

Kurve der krängenden Momente übrigbleiben, und bei
Schlagseite, die Fortbestehen dieser Momente voraus-
setzt, die verbleibende Reststabilität wiedergeben.

4) Beanspruchung durch übergegangene Ladung.

Auf der Fahrt vom Ausgangshafen bis zur Unfallstelle hat
sich zweifellos die Ladung "gesetzt". Ein solches Zusammensacken von Getreideladungen ist unvermeidlich.
Durch das Setzen tritt unmittelbar keine Gefährdung des
Schiffes auf, im Gegenteil, der Ladungsschwerpunkt verschiebt sich dadurch nach unten und die Stabilität wird
grösser. Mittelbar können jedoch durch das Setzen Gefahren entstehen. Es vergrössern sich die Freiräume über
der Ladung und damit entsteht die Möglichkeit, dass beträchtliche Mengen der Ladung seitlich verrutschen
können. Das wird eintreten, wenn ein Schiff längere Zeit
mit grösserer bleibender Schlagseite fährt und die Natur
der Ladung ein solches Verrutschen zulässt. Wird also
nicht durch enge Unterteilung des Schiffsraums in Quer-
schiffsrichtung (Längsschotte, Getreideschotte) oder
durch andere Massnahmen dafür gesorgt, dass ein Übergehen
beträchtlicher Ladungsmengen auf jeden Fall vermieden wird,
so können erhebliche krängende Momente entstehen.

Auf der "Pamir" war ein Mittellängsschott vorhanden, das
im Bereich der Luken aus Holzplanken bestand (sogenanntes
Getreideschott) und im Hafen vor dem Beladen aufgebaut
wurde. Auch die "Passat" hatte ein solches Schott. Die
Inspektion auf der "Passat" zeigte offene Schlitze zwischen den Planken, zwischen oberster Planke und Scher-
stock und vertikal an Grenzstellen mit Stahlbauteilen,
durch die Gerste hindurchfloss, wenn der Raum an der
anderen Seite des Schottes leer war. Solange die Getreideschotte von beiden Seiten mit Getreide bedeckt sind,
ist kaum anzunehmen, dass nennenswerte Mengen durch diese
Schlitze hindurchtreten, auch dann nicht, wenn die Druck-

höhe an den beiden Seiten verschieden ist. Das bestätigen auch Experimente mit der Gerste. In einem Kasten
wurde eine durchlöcherte Trennwand aufgestellt. An beiden Seiten der Trennwand wurde dann Getreide eingeschüt-
tet. Auch wenn die Schütthöhen sehr verschieden waren
und sogar, wenn auf die eine Seite beträchtliche Gewichte aufgelegt wurden, trat dort, wo beiderseits
Gerste lag, nichts durch die Löcher hindurch.

Anders liegen die Verhältnisse, wenn etwa durch Setzen
und nachfolgendes Verrutschen zunächst nur innerhalb der
beiden durch das Längsschott getrennten Schiffshälften
das Getreide an den beiden Seiten des Schottes verschieden hoch zu liegen kommt. Dann "fliessen" durch die
Schlitze, soweit sie an einer Seite frei sind, recht
beträchtliche Mengen hindurch. Noch schwerwiegender hat
sich aber vermutlich die freie, ca. 1.2o m hohe Fläche
über dem Holzschott, das nur bis Unterkante Lukenkranz
reichte, ausgewirkt. Hier kann über den ganzen Bereich
der Lukenlänge die Ladung übergehen, d.h. über das
Schott gehen. Hierfür ist allerdings auch Voraussetzung,
dass sich das Getreide zunächst innerhalb der seitlichen
Räume verschiebt. Die Photographien von der "Passat" (z.
B. das Foto Bild 7) zeigen auch tatsächlich, dass eine
solche Verschiebung auf diesem Schiff stattgefunden hat.
Der Vorgang wird anschaulich durch die Skizzen auf Bild
8 wiedergegeben.
Auf der letzten Skizze ist zu erkennen, wie durchaus
nennenswerte Mengen losen Getreides so über das Längsschott hinüber auf die andere Schiffsseite fallen können
und vermutlich - wie die Erfahrungen mit der gleichen
Gerste auf der "Passat" nahelegen - auch gefallen sind.
Auf der "Passat" wurde nämlich in Lissabon festgestellt
(Dipl.Ing.Seefisch und Kapt.Gröschel), dass sich beträchtliche Mengen von einer Seite zur anderen Seite
- also durch oder über das Längsschott hinweg - ver-
lagert hatten.

Nur so ist die Schlagseite von 7° nach Backbord zu erklären, die die "Passat" trotz des Gegenflutens des
Steuerbordballasttanks in Lissabon noch aufwies und die
weit grössere, die sie auf See laut Schiffstagebuch angenommen hatte. Nach Rechnungen, die auf Grund des Be-
fundes in Lissabon angestellt wurden, ist mit einem
krängenden Moment infolge übergegangener Ladung von etwa
8oo - 9oo mt zu rechnen. Im Durchschnitt mögen sich die
übergegangenen Teile der Ladung um e ine halbe Schiffsbreite
(ca. 7 m) verschoben haben, was bedeuten würde, dass immerhin etwa loo t Gerste bei der grossen Schlagseite übergegangen sind. Auch die recht verschieden grossen Freiräume
über der Gersteladung bestätigen dies; an der Backbordseite, die im Sturm die Leeseite war, war der Freiraum
viel geringer als an der Steuerbordseite. Sowohl der
Niveauunterschied am Längsschott wie auch das schliessliche Übergehen über dieses setzen voraus, dass für längere Zeit oder für kürzere Zeit, dann aber wiederholt, der
Neigungswinkel des Schiffes in einer Richtung den Schüttwinkel der Gersteladung übertrifft. Das bedeutet also:
Das Schiff muss mit einer grösseren Schlagseite fahren
oder es muss um eine unter Umständen nur mässige Schlagseite grössere Rollschwingungen ausführen. Gerade diese
Fälle treten aber beim Segelschiff gelegentlich auf. Die
"Pamir" und ebenso die "Passat" haben, bevor die bleiben-
de und sehr beträchtliche Schlagseite auftrag, längere
Zeit mit St.B.Halsen, also mit B.B.Schlagseite gesegelt.

Aus den Zeugenaussagen ergab sich für die "Pamir", dass
das Schiff unter einem sehr plötzlich einfallenden Sturm,
als es mit St.B. Halsen segelte, weit überholte, vermutlich erheblich über $3o^o$ hinaus. Der Schüttwinkel für
Gerste liegt zwischen 25° und $3o^o$. Die untere Grenze ist
anzusetzen, wenn gerüttelt wird, also auch wenn das Gefäss, hier das Schiff, bewegungen macht. Es kann also
nach dem überaus aufschlussreichen Befund auf der "Passat"
mit sehr grosser Wahrscheinlichkeit geschlossen werden,

dass auch auf der "Pamir" das Getreide übergegangen ist.

Die Geretteten haben von dieser Ladungsbewegung nichts
bemerkt; das ist nicht überraschend, denn geschüttete
trockene Gerste geht allmählich über. Auch auf der
"Passat" hat man ja nichts vom übergehen der Gerste
bemerkt.

Für die Erklärung des Kenterns der "Pamir" wird im
folgenden ein krängendes Moment infolge übergegangener
Ladung von 8oo mt angesetzt. Der Hebelarm dieses krängenden Moments beträgt etwa 13 cm. Der Hebel wurde konstant
über den ganzen Neigungsbereich angesetzt, weil sich
neben dem krängenden Moment gleichzeitig der MG-Wert verringert. Eine Multiplikation mit dem Kosinus des Neigungswinkels ist deshalb hier nicht berechtigt.

Die Annahme von 8oo mt entsprechend den bei der "Passat"
gemessenen Werten ist eher zu gering als etwa zu gross
zu betrachten. Sicher hat die Schlagseite bei der "Pamir"
grössere Werte angenommen als auf der "Passat".

5) Das Kentern des Schiffes.

Für die beim plötzlichen Einsetzen des Sturmes vorhandene Segelfläche und Windstärke lo ergibt sich eine
Neigung von ca. 27 bis 29°, bei Windstärke 12 etwa
34 bis 36°. Die Aussagen der Geretteten bestätigen eine
grosse Neigung. Nach dem Wegnehmen der Segel hätte sich
das Schiff bis etwa zu einem Winkel von etwa 12° bei
Windstärke lo und etwa 17° bei Windstärke 12 aufrichten
müssen. Das Schiff hat sich jedoch nicht oder nur wenig
aufgerichtet, was nur mit dem Übergehen der Ladung
erklärt werden kann. Die beiden Voraussetzungen: genügend
grosse Sohlagseite und eine gewisse Zeit, während der sie
bestehen bleibt und während der die Gerste sich ver-
schieben kann, waren vorhanden. Der Wind nahm eher noch
zu als ab, es wird deshalb im weiteren nur noch mit Wind-

stärke 12 gerechnet. Addiert man den Hebelarm des
krängenden Moments aus Ladungsverschiebung zu den Hebeln
des Winddruckmoments "ohne Segel", so ergibt sich die
Kurve "ohne Segel + übergegangene Ladung" (Bild 9). Sie
ergibt eine Neigung von ca. 24 bis 26°. Um diesen Winkel
wird sich das Schiff eine Zeit bewegt haben.

Im glatten Wasser würden eintauchen:

Bulleys Kadettenraum	bei	14°
Bulleys Brücke	"	28°
Poopbulleys	"	35°
Türsüll Brückentür	"	35°
Türsüll Pooptür	"	43°

Durch Speigatten könnte, wenn sie nicht geschlossen
sind, Wasser eindringen, sobald die obere Mündung in
Deckhöhe unter den Spiegel des Aussenwassers gerät.
Sämtliche Zeugen stimmen darin überein, dass Wasser auf
der Leeseite in die Aufbauten eingedrungen ist. Wann,
wo und wieviel eingedrungen ist, ist aus den Zeugenaussagen zwar nicht sicher zu rekonstruieren, jedoch hat
es sich zweifellos um beträchtliche Mengen gehandelt,
sowohl in der Poop wie im Mittschiffsaufbau. Allmählich
werden so die Aufbauten - obwohl eingetaucht - keinen
Auftrieb mehr erbracht haben, was für die physikalische
Erklärung in der Weise erfasst werden kann, dass man die
Stabilitätshebelarmkurve "mit Aufbauten" schrittweise in
die weit ungünstigere Kurve "ohne Aufbauten" übergehen
lässt. Die krängenden Momente hingegen bleiben in voller
Grösse bestehen. Das Kurvenbild zeigt, dass schon die
Kurve "ohne Segel + übergegangene Ladung" keine Schnittpunkte mit der Stabilitätshebelarmkurve "ohne Aufbauten"
mehr aufweist. Das Schiff muss also kentern, sobald der
Auftrieb der Aufbauten durch eingedrungenes Wasser aufge-
hoben wird. Dann muss der Wasserspiegel innen und aussen
übereinstimmen, was, da die Gegenmassnahmen nicht wirkungs-
voll waren, schliesslich eingetreten sein muss.

Eine genauere Betrachtung zeigt, dass tatsächlich die
Verhältnisse wohl noch ungünstiger lagen. Das Schiff war
bei der grossen Schlagseite sehr rank, seine Eigenroll-
periode also sehr gross, und die Rollschwingungen sehr
gering. Man kann deshalb annehmen, dass die Wellenschrägen der Windsee, die querschiffs einkam, sich zu der
Neigung des Schiffes addierten bzw. subtrahierten. So
entstehen periodisch um etwa 15° grössere Winkel gegen
das für die Bewegung der Gerste entscheidende Scheinlot.
Das Übergehen erfolgt also noch schneller als aus dem
Winkel gegen den Horizont zu schliessen. Die gleichfalls
periodisch erfolgende Verringerung des Winkels gegen das
Scheinlot bringt wohl u.U. das Übergehen des Getreides
zeitweilig zum Stillstand, hat jedoch keine Bewegung in
der entgegengesetzten Richtung, also nach Luv, zur Folge.

Dass dann das Schiff eine Weile mit den Masten auf dem
Wasser gelegen hat, ist nicht überraschend. In den Hebelarmkurven für das aufrichtende Moment wird das Moment
und die Verdrängung der Masten, Stengen und Rahen nicht
berücksichtigt, verständlicherweise, da der Fall einer
Neigung um 9o$^{\circ}$ im allgemeinen nicht interessiert. An
den Kurven des Bildes ist dieses Verweilen in der 9o$^{\circ}$
Lage also nicht zu erklären. Es leuchtet jedoch ein, dass
dieses Moment wegen des grossen Abstandes der Toppen vom
Schiffsrumpf beträchtlich sein muss. In dieser 9o$^{\circ}$ Lage
werden vermutlich die Luken undicht; auf jeden Fall sind
ein Teil der Raumlüfter, sowie Türen und Niedergänge zu
den Aufbauten jetzt völlig unter Wasser, ein etwa ebenso
grosser Teil über Wasser, so dass Wasser in das Schiff
eindringen und Luft entweichen kann. In dieser Lage
laufen die unter Wasser befindlichen Teile der Aufbauten schnell ganz voll und auch in dem zuunterst liegenden Teil des Schiffsrumpfs dringt Wasser ein.

In der jetzt oben befindlichen Seite des Rumpfs sammelt
sich Luft, die Gerstenladung fällt auf die untenliegende

Bordseite, zumindest im Bereich der Getreideschotte,
die der jetzt von oben drückenden Last kaum noch stand-
gehalten haben.

Beim weiteren Eindringen von Wasser vom Deck her wird
die Auftriebsresultierende zum Schiffsboden hin wan-
dern. Es entsteht ein Kräftepaar, das das Schiff weiter
dreht. Nach dem Eintauchen der Masten geht das Schiff
sehr schnell in die gewichtsstabile Kielobenlage über.
Dass es in dieser Lage nicht lange schwamm, sondern
sank, hat seine Ursache wohl darin, dass für das kieloben von Luftblasen getragene Schiff die Längsstabili-
tät geringer wird als die Querstabilität: Die Verhältnisse sind also gerade umgekehrt wie für das intakte
aufrecht schwimmende Schiff. Eine in Längsrichtung geneigte Lage begünstigt dann wiederum das Eindringen
weiteren Wassers. Gekenterte Schiffe sinken meist über
Bug oder Heck.
Zum schnellen Sinken werden auch Öffnungen im Schiffsboden beigetragen haben. Einer der Geretteten, Hochs-
maat Dummer, sagte aus, dass ein Wasser-Luft-Gemisch
fontänenartig aus einer derartigen Öffnung aufgestiegen sei.

6) Einbusse an Stabilität durch Seegang.

Das Gutachten des Sachverständigen über die Wetterverhältnisse, Dr.Rodewald, macht es wahrscheinlich, dass
zur Zeit des Kenterns nicht allein querschiffs einkommende Windseen das Schiff trafen. Es stand danach
ausserdem eine langwellige Dünung, die das Schiff
schräg von hinten traf. Die Windsee hatte eine Höhe von
etwa lo m und eine Wellenlänge von im Mittel loo m und
kam aus ONO. Die Dünung kam aus SO, hatte eine Höhe von
6 bis 7 m und eine Wellenlänge von im Mittel etwa 8 m.

Im folgenden werden die Berechnungen unter Ausnahme
einer solchen zusätzlich schräg von hinten das Schiff

treffenden Dünung nochmals durchgeführt. Eine solche
Dünung wurde durch die Aussagen der Geretteten nicht
bestätigt.

Neuer Forschungen versetzen uns in die Lage, die den
Seeleuten seit langem bekannten Stabilitätseinbussen,
die ein Schiff erfährt, das von achterlichem Seegang
überholt wird, auch näherungsweise quantitativ zu erfassen.

An dieser Stelle soll nur eine physikalische Erklärung
dieser Stabilitätseinbusse gegeben werden. Dafür sei das
zu behandelnde Problem der Anschauung nähergebracht. Wir
stellen uns dazu das Schiff der Länge nach aufgeteilt,
also in Spantensektionen zerlegt, vor. In Bild 10 werden
drei charakteristische Fälle betrachtet:

a) Schiff in glattem Wasser, zum Vergleich
b) Schiffsmitte auf Wellenberg, Wellen schreiten
   in Kursrichtung fort, Wellenlänge (Tal bis Tal)
   etwa gleich Schiffslänge,
c) Schiffsmitte in Wellental, sonst wie b).

Für jeden Fall sind die Umrisse je einer Vor-, Mittel-
und Achterschiffssektion in 30 Grad Neigung zum Horizont
gezeichnet. Man erkennt ohne Mühe, dass im Wellental die
(maßstäblich richtig eingezeichneten) Hebelarme für die
einzelnen Sektionen grösser, auf dem Wellenberg dagegen
kleiner werden als für glattes Wasser. Für das Wellental
z.B. ergeben die Auftriebskräfte der Schiffsenden noch
positive Momente, für den Wellenberg dagegen negative
von beträchtlicher Grösse. Grundsätzlich das gleiche
findet man für schräg einkommende See. Bereits diesen
einfachen Skizzen ist zu entnehmen, dass in der Lage
Schiff auf Wellenberg die Stabilität kleiner sein wird
als in glattem Wasser.

Es sei hinzugefügt, dass diese Einbussen durch Versuche
an einem Modell, das in Wellen geschleppt wurde, einwandfrei nachgewiesen wurden. Das Modell war der "Pamir"
recht ähnlich. Aus den Versuchen ergab sich auch ein
Mittelwert für die Stabilität im achterlichen Seegang,
der beträchtlich unter dem Glattwasserwert lag. Eine
Erklärung hierfür mag folgende Betrachtung geben: Man
stelle sich einen zur Hälfte eingetauchten Quader vor.
Der Quader sei gekrängt, so dass sowohl Deckkante wie
Kimmkante gerade in der Wasseroberfläche liegen. Nun
sei der Quader in viele Sektionen aufgeteilt. Es ist
nun gleichgültig, ob die Welle - die so lang wie der
Quader sein soll - einem Berg in der Mitte des Quaders
oder zwei Berge an den Enden und ein Tal in der Mitte
aufweist; auf jeden Fall haben nur zwei der Sektionen
die gleiche Schwimmebene. Für diese Schwimmebene -
sie ist die breitest mögliche - nimmt die Stabilität
einen Maximalwert an, der dem Glattwasserwert gleich
ist. Für alle anderen Sektionen muss sie geringer
werden. Die Hebelarme für den ganzen Quader müssen also
unter der Glattwasserkurve liegen, ganz gleichgültig
welche Lage die Welle am Schiff hat. Für wirkliche
Schiffe liegen die Verhältnisse günstiger, jedoch macht
das Beispiel plausibel, warum der Mittelwert unter dem
für glattes Wasser geltenden Wert liegen kann. Bei den
bisher gerechneten Beispielen, wie auch beim erwähnten
Versuch war es der Fall.

Der achterliche Seegang bewirkt im Mittel eine Abminde-
rung der Hebelarme auf die in den Bildern 11 und 12
gezeichneten Kurven.

Mit "im Mittel" soll gesagt werden, dass die tatsächliche in jedem Augenblick wirksame bzw. vorhandene
Stabilität um die durch die Kurve gegebenen Werte
schwankt. Für eine summarische Betrachtung, eine Betrachtung also, die darauf verzichten muss, die Vor-

gänge im einzelnen Wellentälern und Wellenbergen zu
rekonstruieren, ist es sinnvoll, mit einer mittleren
Einbusse, d.h. also mit einer mittleren reduzierten
Hebelarmkurve zu rechnen. Andererseits ist es jedoch
nicht zulässig, diese Einbusse an Stabilität zu igno-
rieren, da sie grössenordnungsmässig mit den Verringe-
rungen der wirksamen Hebelarmkurve durch Windkrängung
und übergegangene Ladung durchaus vergleichbar ist,
ja sie in manchen Fällen übertrifft.

Über eine mehr ins einzelne gehende Erklärung dieser
Einbussen sowie über ihre Ermittlung für den vorliegenden
Fall unterrichtet eine von Schiffbauing. Roden verfass-
te Anlage.

7) Kentern bei Wind, Übergehen von Ladung und Stabilitätseinbusse durch Seegang.

Bild 13 zeigt, wie die Verhältnisse sich ändern, wenn
die Einbusse durch Seegang berücksichtigt wird. Das
Bild ist mit Bild 6 zu vergleichen. Krängend wirkt hier
nur das Winddruckmoment. Die Schnittpunkte bei wesentlich grösseren Neigungswinkeln und die sichelförmigen
Reststücke sind viel kleiner. Für eine Windgeschwindigkeit von 33 m/s und vollgelaufene Aufbauten würde bereits das vor Topp und Takel liegende Schiff in Gefahr
kommen zu kentern.

Bild 14 gibt die Verhältnisse wieder, wenn zu dem Winddruck die Ladungsverschiebung hinzutritt. Jetzt kentert
das Schiff auch, wenn die Aufbauten intakt bleiben. Das
Bild ist zu vergleichen mit Bild 9, das ohne Seegangseinfluss gerechnet ist.

8) Vermutliches Verhalten des Schiffes, wenn eine grössere
Stabilität vorhanden gewesen wäre.

Die Hebelarme der Stabilität für diesen auf Wunsch des

Seeamts eingehend untersuchten Fall sind auf Bild 15
aufgetragen, auch wieder "mit" und "ohne Aufbauten".
Kein Seegangseinfluss.

Die sich ergebenden Neigungen sind den aus Bild 9 zu
entnehmenden für Getreide im Tieftank gegenübergestellt:

Für Wasserballast im Tieftank ca.   Für Getreide im Tieftank ca.
Wind 33 m/s + Ladungsverschiebung
Marssegel, Aufbauten dicht
                        34 Grad   5o Grad (kritisch)
desgl. ohne Segel, Aufbauten dicht
                        19 Grad   25 Grad
desgl. ohne Segel, Aufbauten undicht
                        2o Grad   kentert

Das Schiff wäre nicht gekentert sondern mit einer Schlagseite von etwa 2o$^\circ$ liegen geblieben. Möglicherweise hätte
sich sogar eine beträchtlich kleinere Schlagseite eingestellt, weil auch unter Segel die anfängliche Neigung,
die das Übergehen der Ladung einleitete, viel geringer
ausgefallen wäre.

Im Seegang würde bei geflutetem Tank das Schiff gleichfalls nicht kentern, vermutlich auch dann nicht, wenn
die Aufbauten für die Stabilität ausfielen (Bild 16).
Dagegen zeigte Bild 14, dass mit Ladung im Tieftank das
Schiff mit Wasser in den Aufbauten auf jeden Fall kentern
würde, nur mit dichten Aufbauten und ohne Segel würde
es etwa bei 3o bis 35° liegen bleiben.

9) Vergleich mit Daten von anderen Segelschiffe.
   Rollperioden.

Oben wurde bereits der klassische Kenterfall "Captain"
erwähnt. Auf Bild 17 sind die Glattwasserkurven für
"Pamir" mit und ohne Aufbauten nochmals aufgetragen.
Zum Vergleich die unzureichende für "Captain" und die
voll genügende von "Monarch". Die Kurve der "Pamir"

ohne Aufbauten - der Zustand, der ja tatsächlich vor dem
Kentern bestand - ist kaum günstiger als die der
"Captain". Dagegen liegt die Kurve "mit Aufbauten" der
der "Monarch" näher und die im Bild nicht gezeichnete
"Mit Aufbauten und geflutetem Tieftank" würde ihr
gleichkommen (Bild 15).

Handbücher für den Schiffbau geben Werte für die erforderliche Stabilität an, die von der "Pamir" zur Zeit
des Unfalls nur mit wirksamen Aufbauten erreicht werden.
(z.B.Johow-Foerster, 5.Aufl. MG = o,7 m, grösster
Hebel 39 cm bei 35° Neigung).

Für das gleiche oder auch sehr ähnliche Schiff bildet
die Anfangsstabilität, das MG, und die davon abhängige
Rollperiode eine Vergleichsmöglichkeit zur Beurteilung
der Stabilität.

In dem Buch "Die letzten Segelschiffe. Einhundertzehn
Tage auf der "Pamir" " von Heinrich Hauser wird auf
Seite 119 gesagt, dass die Schlingerperiode mit 11 sec.
gemessen wurde, wobei der Kapitän allerdings bemerkte,
dass das Schiff zu steif sei und eine Periode von
14 sec. besser wäre.

Die sich für die Hebelarme ohne Aufbauten ergebende
Vergrösserung bei höherer Anfangsstabilität zeigt
Bild 18. Das MG für den Unfallzustand wurde zu 0.56 m
errechnet, die Periode wird etwa 17 sec. betragen
haben. (Siehe oben und Schrift von Kapt.Platzoeder).
Die für die "Pamir" vor dem Umbau gültige Kurve für
T = 14 sec. ist beträchtlich günstiger als die für den
Unfallzustand gültige Kurve. Unter Einrechnung der
Aufbauten ergibt sich allerdings eine günstigere Kurve
für die "Pamir" im Unfallzustand (hier nicht gezeichnet,
siehe Bild 1).

10) Ursachen des Unfalls und Empfehlungen.

Sturm und Seegang von der Stärke und Höhe wie sie am
Unfallort herrschten, muss ein Seeschiff überstehen
können; auch ein grosses Segelschiff.

Das Übergehen der Ladung ist die primäre Ursache des
eigentlichen Unfalls. Dadurch wurde erst das Schiff
in eine Lage gebracht, in der es wehrlos Sturm und
Seegang ausgesetzt war. Das Schiff richtete sich nicht
wieder auf, was nur in einer Ladungsverschiebung
seine Ursache haben konnte. In die Aufbauten begann
in dieser ersten Phase des Unfalls das Wasser einzu-
dringen. Auch das war eine Folge der sich plötzlich
einstellenden Schlagseite, wenn auch keine notwendige.
Es ist anzunehmen, dass die Aufbauten nicht wasserdicht waren. Wie, wo und wann zuerst Wasser in die
Aufbauten eindrang, ging aus den Aussagen der Geretteten nicht einwandfrei hervor.

Unter Einrechnung der Aufbauten war die Stabilität
ausreichend. In die Aufbauten brach jedoch Wasser
ein. Die Stabilität, die sich für das Schiff ohne
Aufbauten ergab, kann nur als unzureichend bezeichnet
werden.

Auf Segelschiffen sollte Getreideladung so gesichert
werden, dass ein Verrutschen beträchtlicher Mengen
unmöglich ist.

Es wäre wohl zu empfehlen, im Zwischendeck nur
Getreide in Säcken zu fahren. Getreideschotte sollten trotzdem aufgestellt werden und sie müssten
getreidedicht sein. Sie sollten zwischen den Schiebebalken bis ans Lukendach heraufgeführt werden, wie es
der Schiffssicherheitsvertrag und auch die UVV der
Seeberufsgenossenschaft vorschreiben.(UVV §§ 157,158
und 159, Siehe auch Handb.d.Werften 1952,S.161, worauf

in den UVV hingewiesen wird. Es heisst dort:"Getreide-
schottplanken bis Unterkante Schiebebalken, bei
Schiebebalken von über 5o cm Höhe auch zwischen diesen".
Diese Vorschriften gelten auch für Schulschiffe).

Obwohl sich aus den Zeugenaussagen keine baulichen
Mängel an den Vorkehrungen zum wasserdichten Verschliessen der Aufbauten ergaben, wäre doch zu erwägen,
ob die schärferen Bestimmungen für Niedergänge, Sülle
usw. die für alle Schiffe auf 25 % der Länge von vorn
gelten, bei Segelschiffen nicht auf die ganze Länge aus-
zudehnen wären. Bei einem Segelschiff sind die mittleren
und achteren Aufbauten und freiliegenden Decks nicht
weniger durch Seeschlag gefährdet als das Vordeck und
die Back.

Für Segelschiffe von der Art der "Pamir" erscheint es
ferner empfehlenswert, bei Beladungsfällen mit relativ
geringer Stabilität den Tieftank mit Wasser zu füllen
oder auf andere Art die Stabilität zu vergrössern. Es
würde eine zusätzliche Sicherheit bedeuten, wenn in die
Aufbauten Wasser eindringt und sie zur Stabilität
nichts mehr beizutragen vermögen.

Da die Aufbauten eng bewohnt sind, mit vielen Öffnungen
und einem schwer zu unterbindenden Verkehr der Besatzung, erscheint es hier besonders leicht möglich,
dass Bullaugen, Türen oder Lüfter nicht immer rechtzeitig geschlossen werden.

Mit solchen und eventuell weiteren Massnahmen und Vorkehrungen können Segelschiffe als ebenso sicher gegen
Kentern gelten wie Dampfer und Motorschiffe.

14. Januar 1958

gez.W.Platzoeder   gez. Wendel

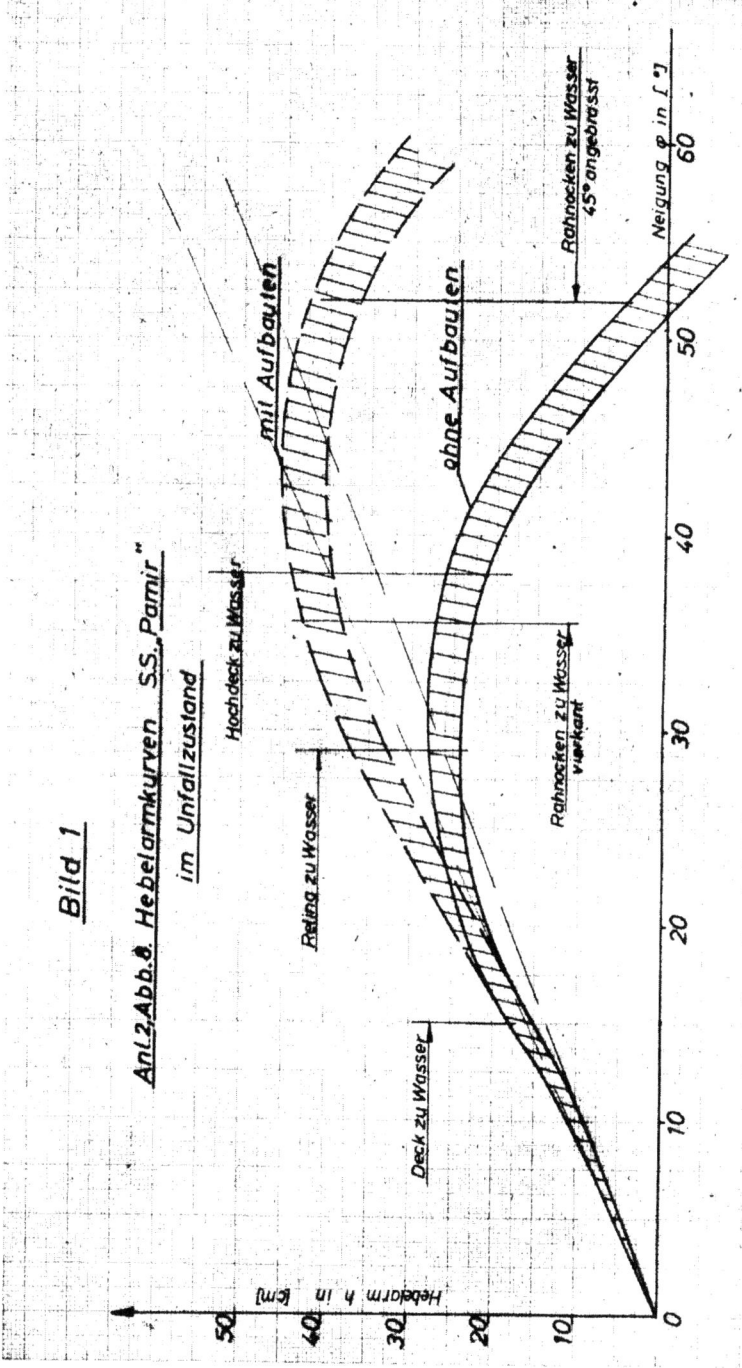

Bild 1

Anl.2,Abb.8. Hebelarmkurven S.S. „Pamir"
im Unfallzustand

mit Aufbauten

ohne Aufbauten

Hochdeck zu Wasser

Reling zu Wasser

Deck zu Wasser

Rahnocken zu Wasser
45° angebrasst

Rahnocken zu Wasser
vierkant

Neigung φ in [°]

Hebelarm h in [cm]

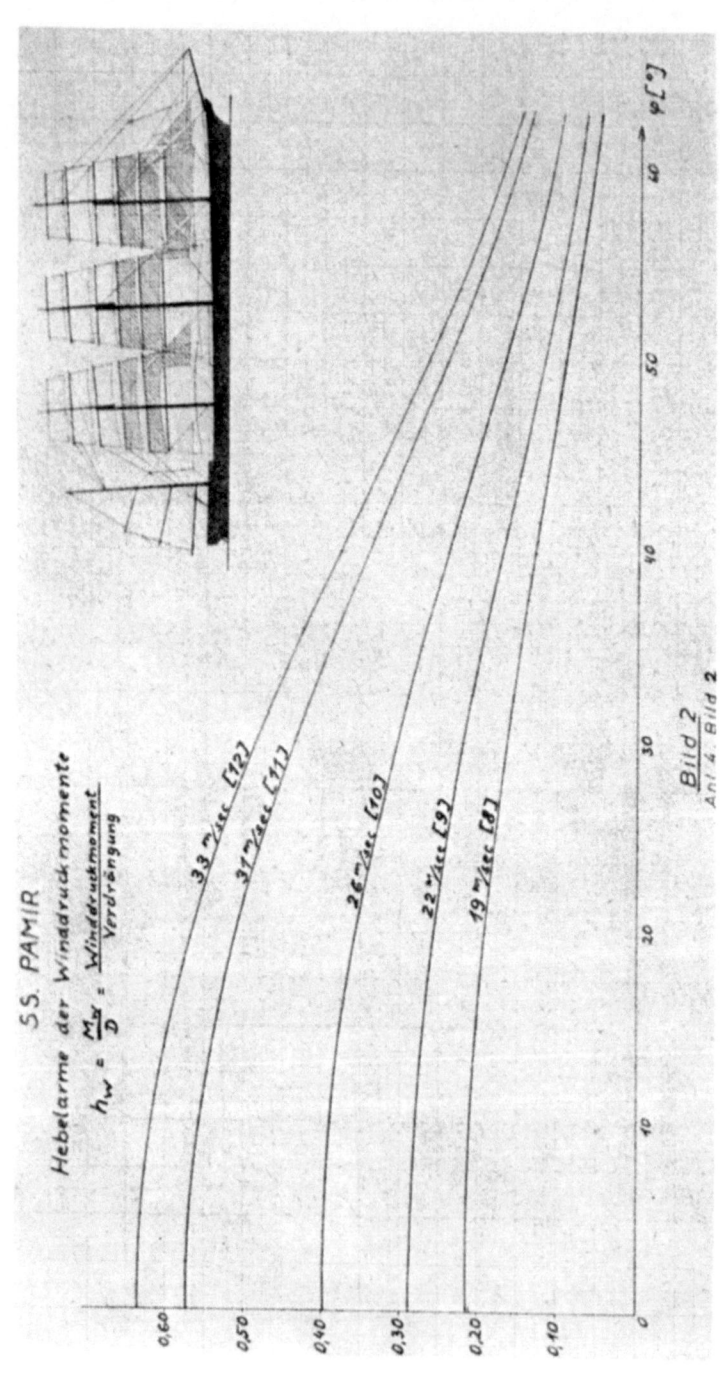

S.S. PAMIR

Hebelarme der Winddruckmomente

$h_w = \dfrac{M_w}{D} = \dfrac{Windruckmoment}{Verdrängung}$

33 m/sec [12]
31 m/sec [11]
26 m/sec [10]
22 m/sec [9]
19 m/sec [8]

[°]

Bild 2
Anl. 4, Bild 2

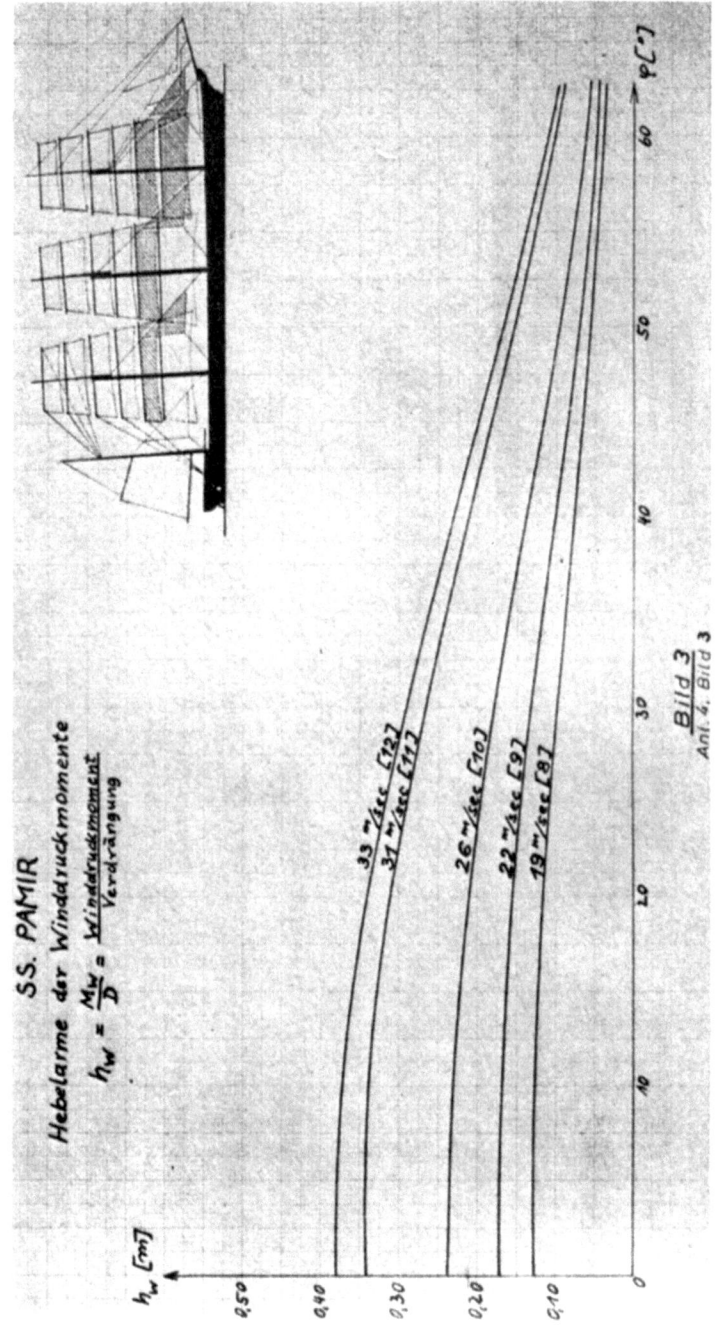

S.S. PAMIR

Hebelarme der Winddruckmomente

$h_w = \dfrac{M_w}{D} = \dfrac{\text{Winddruckmoment}}{\text{Verdrängung}}$

h_w [m]

0,50

0,40

0,30

0,20

0,10

33 m/sec [12]
31 m/sec [11]

26 m/sec [10]

22 m/sec [9]

19 m/sec [8]

10   20   30   40   50   60 φ [°]

Bild 3
Anl. 4, Bild 3

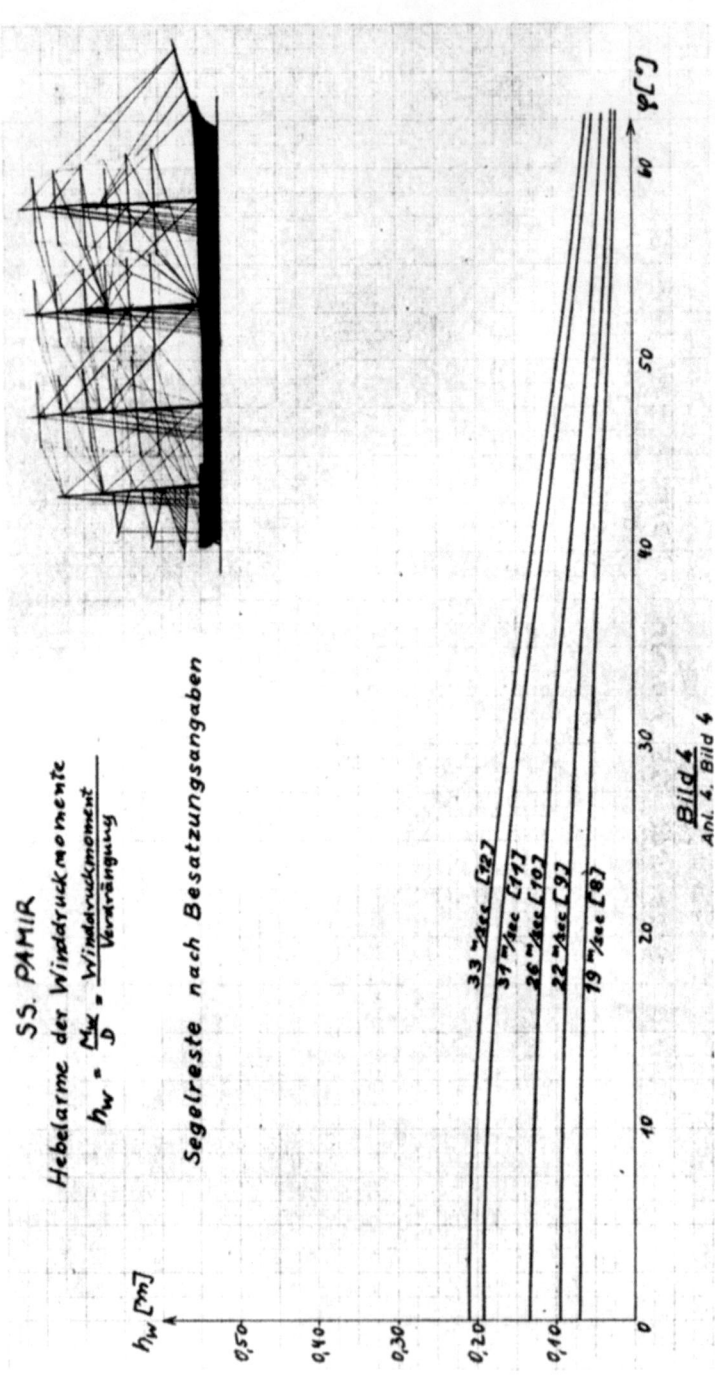

SS. PAMIR

Hebelarme der Winddruckmomente

$$h_w = \frac{M_w}{D} = \frac{Windruckmoment}{Verdrängung}$$

Segelreste nach Besatzungsangaben

h_w [m]

33 "/sec [12]
31 "/sec [11]
26 "/sec [10]
22 "/sec [9]
19 "/sec [8]

0,50
0,40
0,30
0,20
0,10

10 20 30 40 50 60

φ [°]

Bild 4
Anl. 4. Bild 4

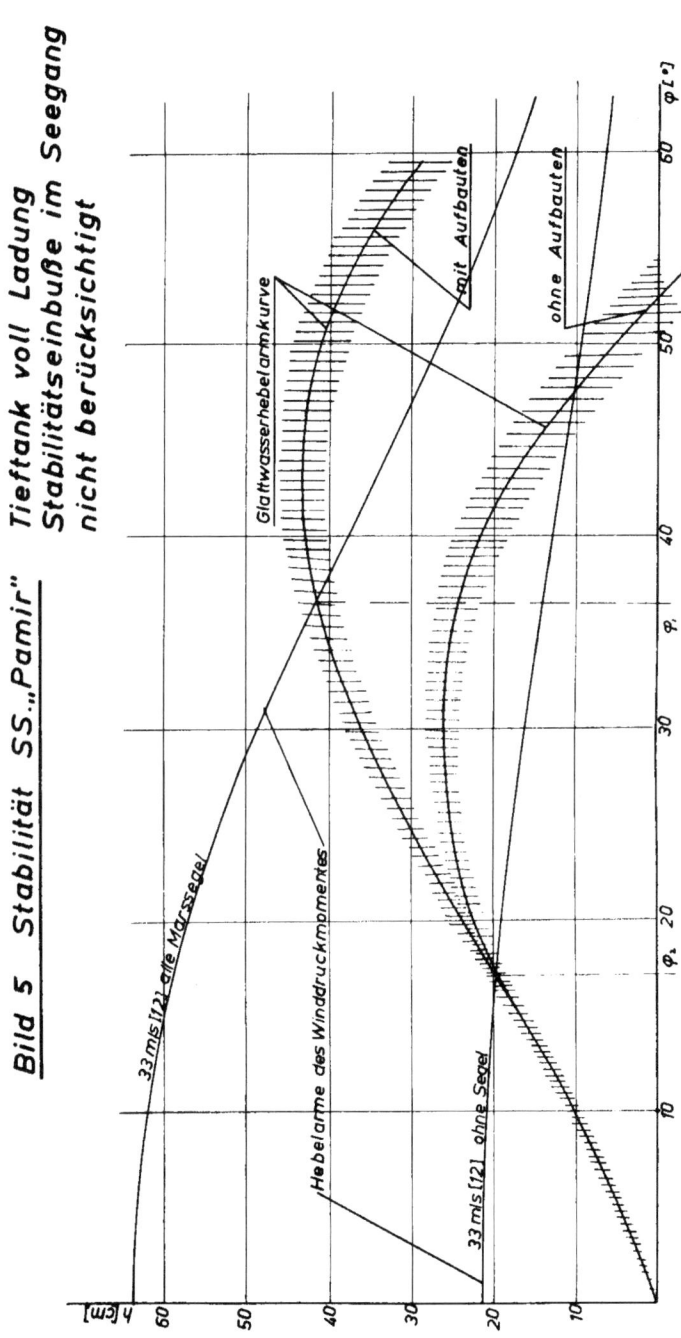

Bild 5 Stabilität SS „Pamir"
Tieftank voll Ladung
Stabilitätseinbuße im Seegang
nicht berücksichtigt

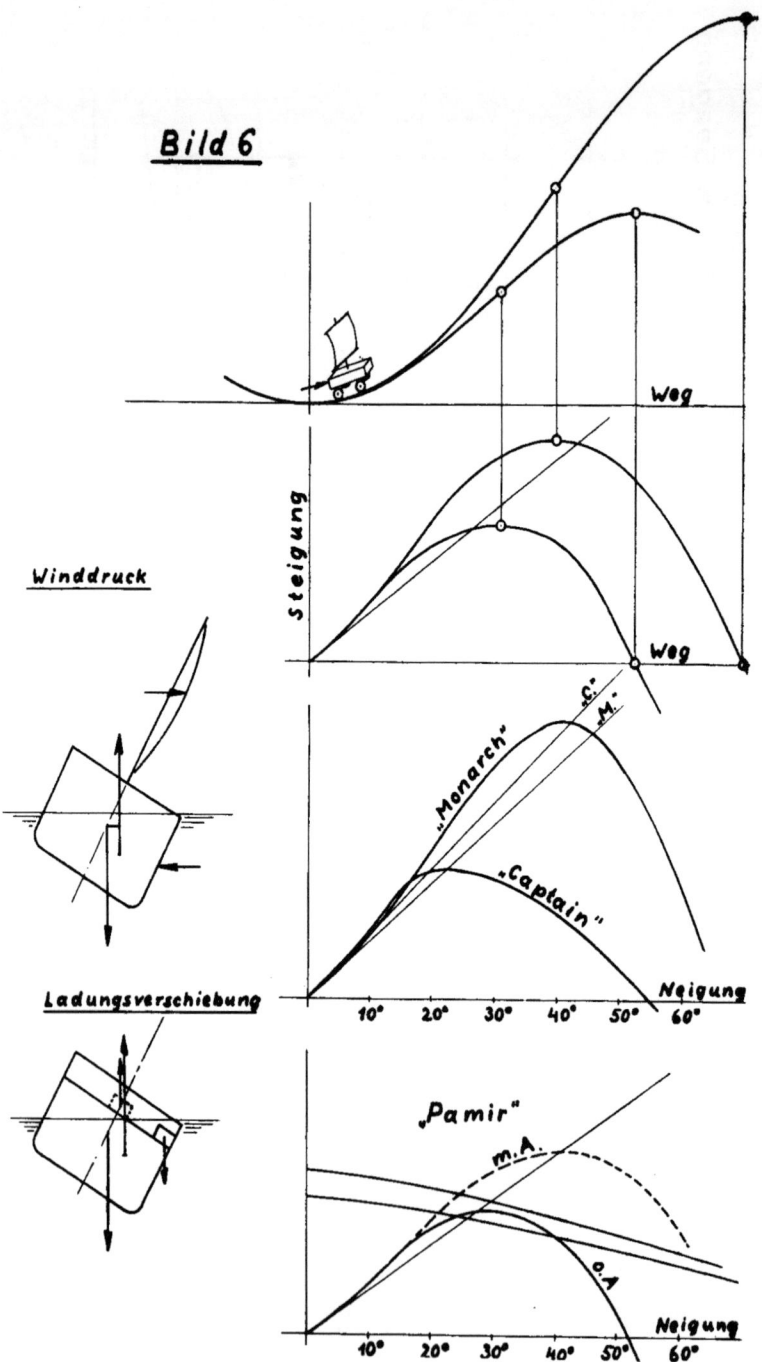

Bild 6

Winddruck

Ladungsverschiebung

Weg

Steigung

Weg

"Monarch" "C." "M." "Captain"

10° 20° 30° 40° 50° 60° Neigung

"Pamir" m.A. o.A.

10° 20° 30° 40° 50° 60° Neigung

Bild 7

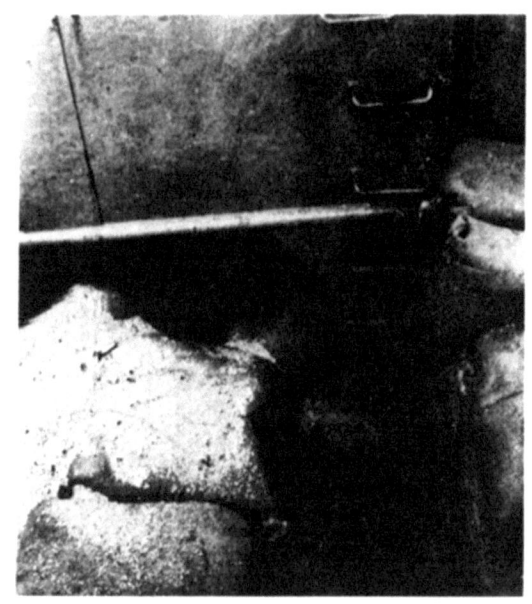

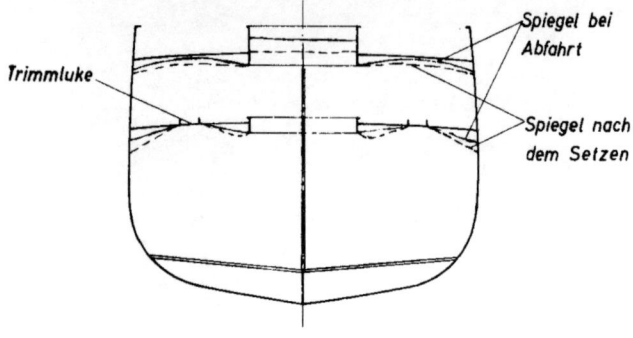

Trimmluke

Spiegel bei
Abfahrt

Spiegel nach
dem Setzen

Übergehen von Ladung bei einer Schlagseite,
die größer ist als der Schüttwinkel
(ca 28°, bei Bewegung geringer)

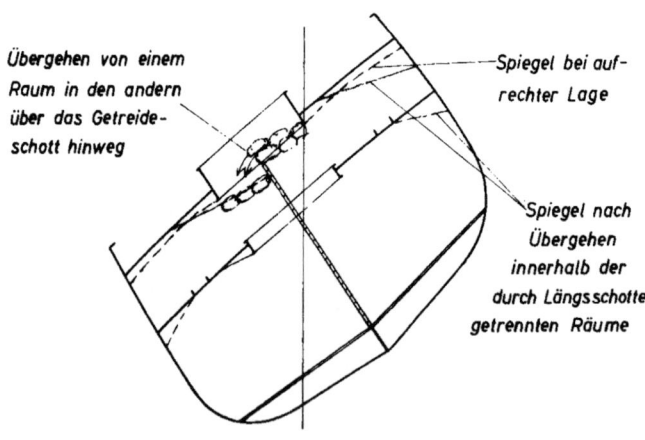

Übergehen von einem
Raum in den andern
über das Getreide-
schott hinweg

Spiegel bei auf-
rechter Lage

Spiegel nach
Übergehen
innerhalb der
durch Längsschotte
getrennten Räume

Bild 8

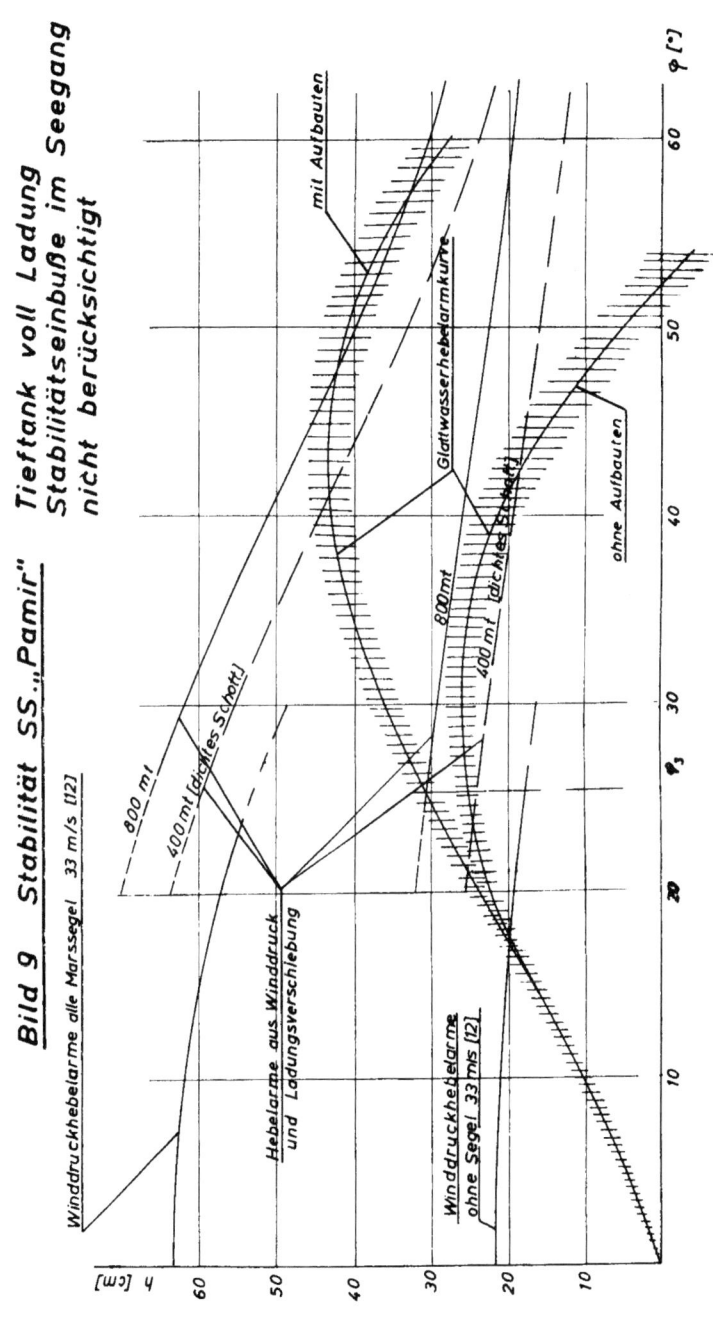

Bild 9   Stabilität SS „Pamir"   Tieftank voll Ladung
Stabilitätseinbuße im Seegang
nicht berücksichtigt

Bild 10

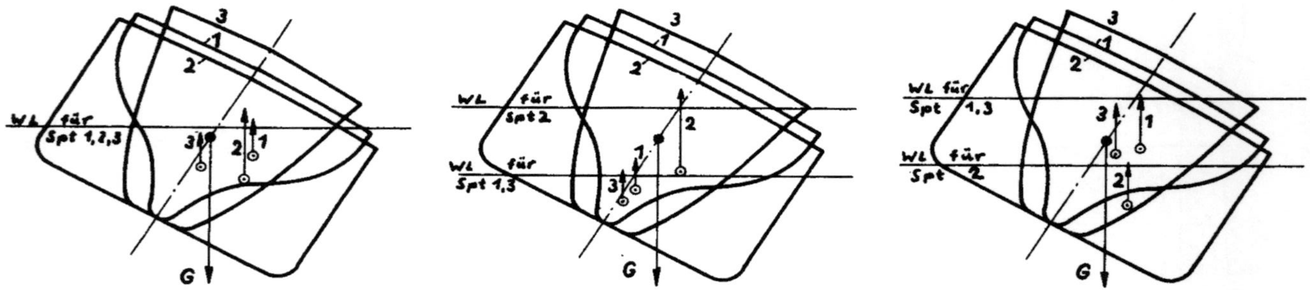

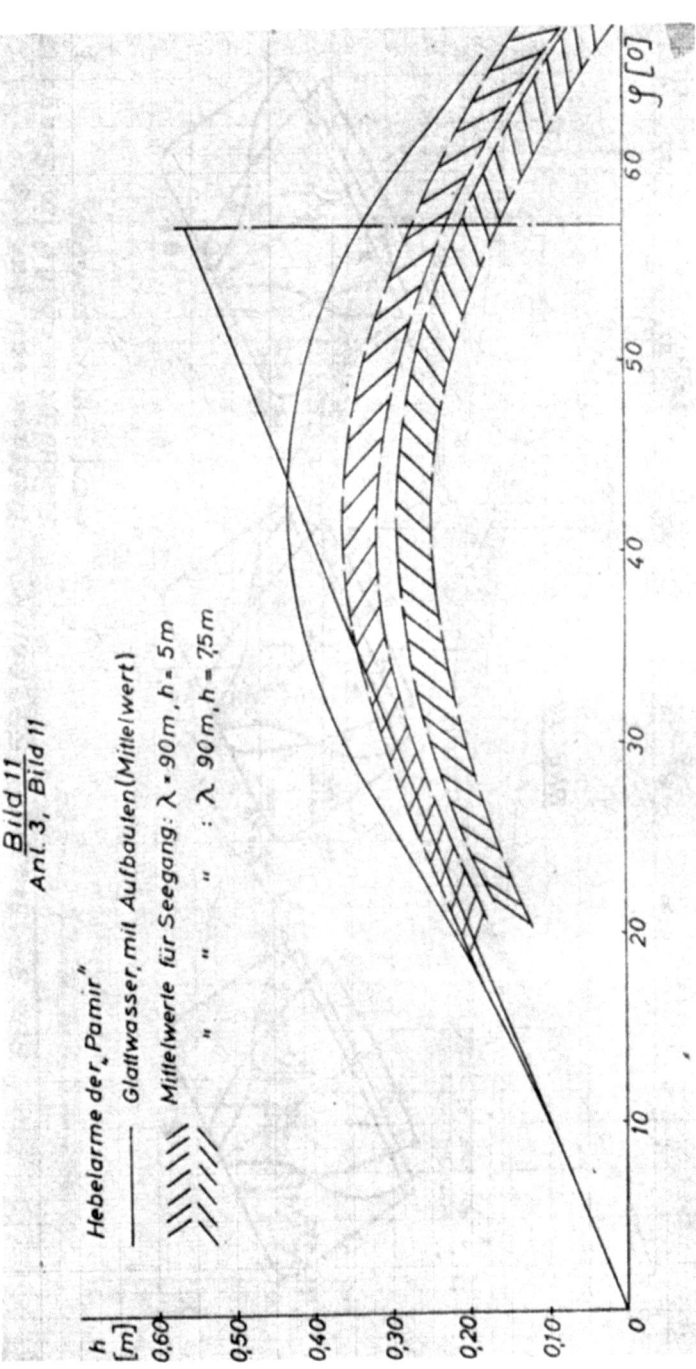

Bild 11
Anl. 3, Bild 11

Hebelarme der „Pamir"

—— Glattwasser, mit Aufbauten (Mittelwert)
▨ Mittelwerte für Seegang: λ = 90m, h = 5m
▨ „ „ „ : λ 90m, h = 7,5m

h [m]
0,60
0,50
0,40
0,30
0,20
0,10
0

10   20   30   40   50   60   φ [°]

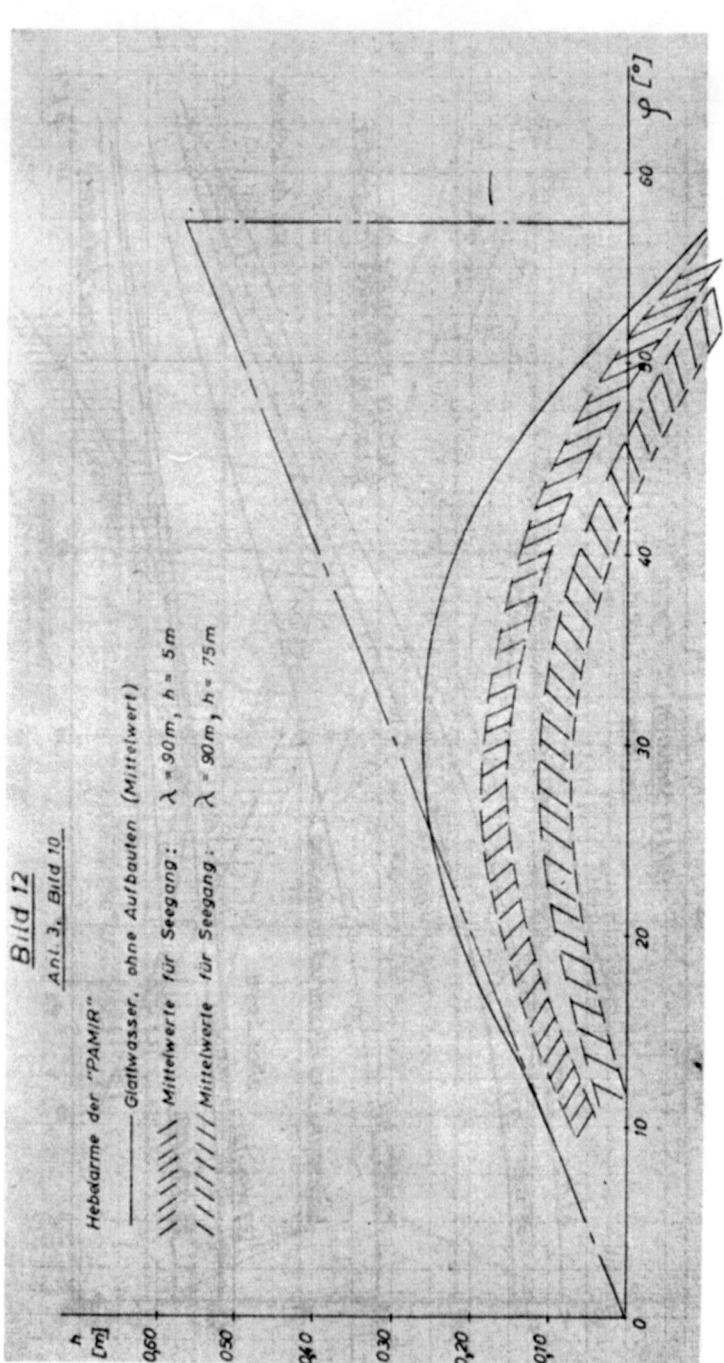

Bild 12

Anl. 3, Bild 10

Hebelarme der "PAMIR"

——— Glattwasser, ohne Aufbauten (Mittelwert)

\\\\\\ Mittelwerte für Seegang: $\lambda = 90\,m,\ h = 5\,m$

//////// Mittelwerte für Seegang: $\lambda = 90\,m,\ h = 75\,m$

Bild 13 Stabilität S.S. „Pamir."
Tieftank voll Ladung

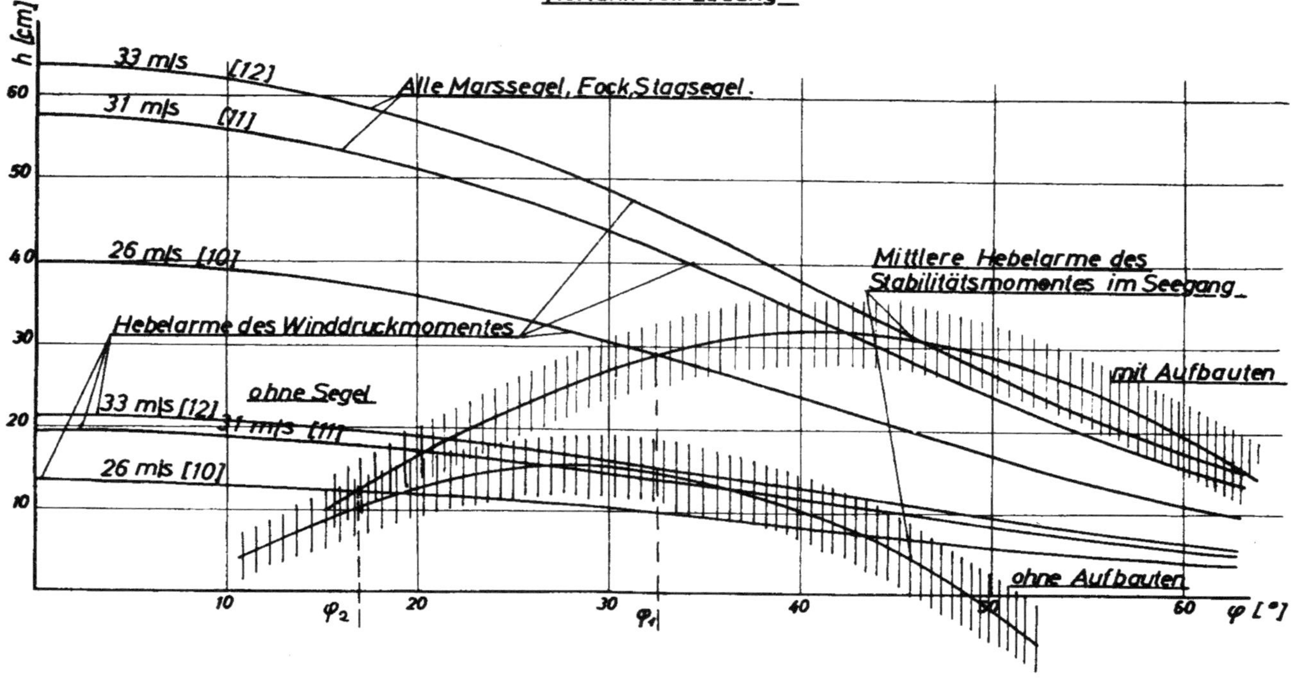

h [cm]
60
50
40
30
20
10
10
20
30
40
50
60
φ [°]
$φ_2$
$φ_1$
33 m/s [12]
31 m/s [11]
26 m/s [10]
Alle Marssegel, Fock, Stagsegel.
Hebelarme des Winddruckmomentes
ohne Segel
33 m/s [12]
31 m/s [11]
26 m/s [10]
Mittlere Hebelarme des Stabilitätsmomentes im Seegang
mit Aufbauten
ohne Aufbauten

Bild 14 Stabilität SS „Pamir“
Tieftank voll Ladung

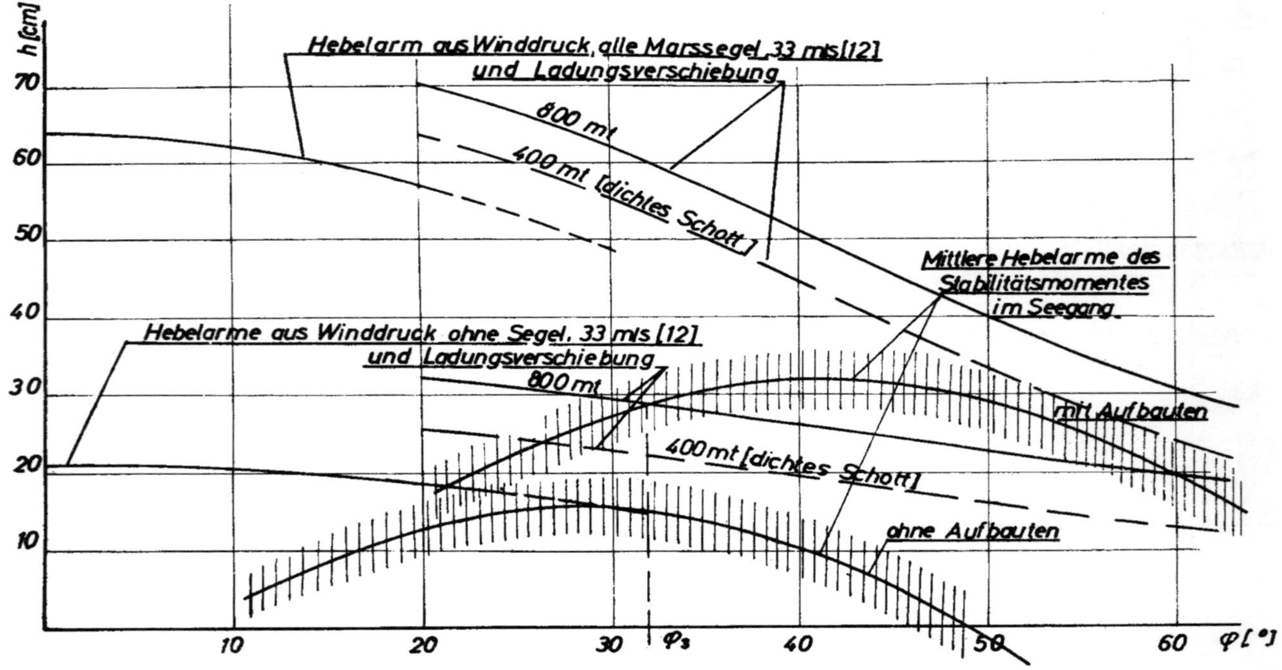

h [cm]
70
60
50
40
30
20
10
10
20
30
40
50
60
φ [°]
φs
Hebelarm aus Winddruck, alle Marssegel, 33 m/s [12]
und Ladungsverschiebung
800 mt
400 mt [dichtes Schott]
Hebelarme aus Winddruck ohne Segel, 33 m/s [12]
und Ladungsverschiebung
800 mt
400 mt [dichtes Schott]
Mittlere Hebelarme des
Stabilitätsmomentes
im Seegang
mit Aufbauten
ohne Aufbauten

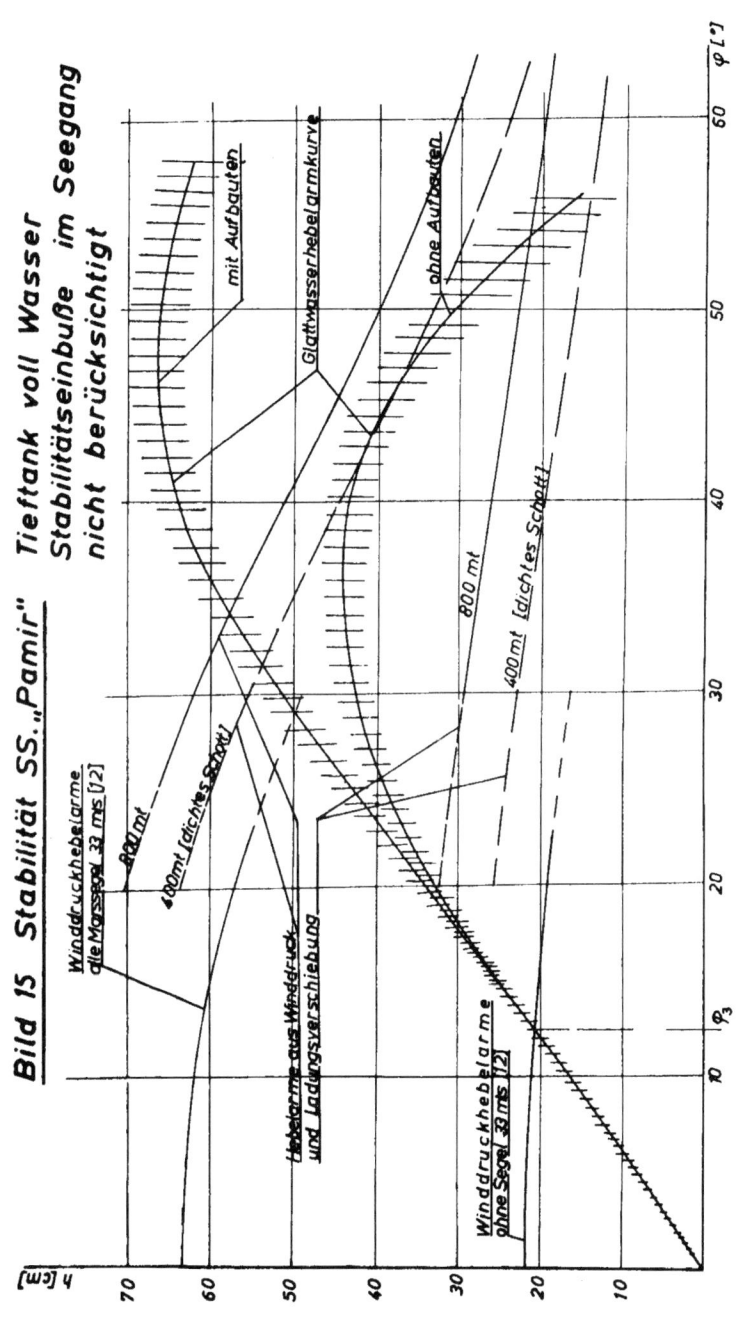

Bild 15 Stabilität SS „Pamir" Tieftank voll Wasser
Stabilitätseinbuße im Seegang
nicht berücksichtigt

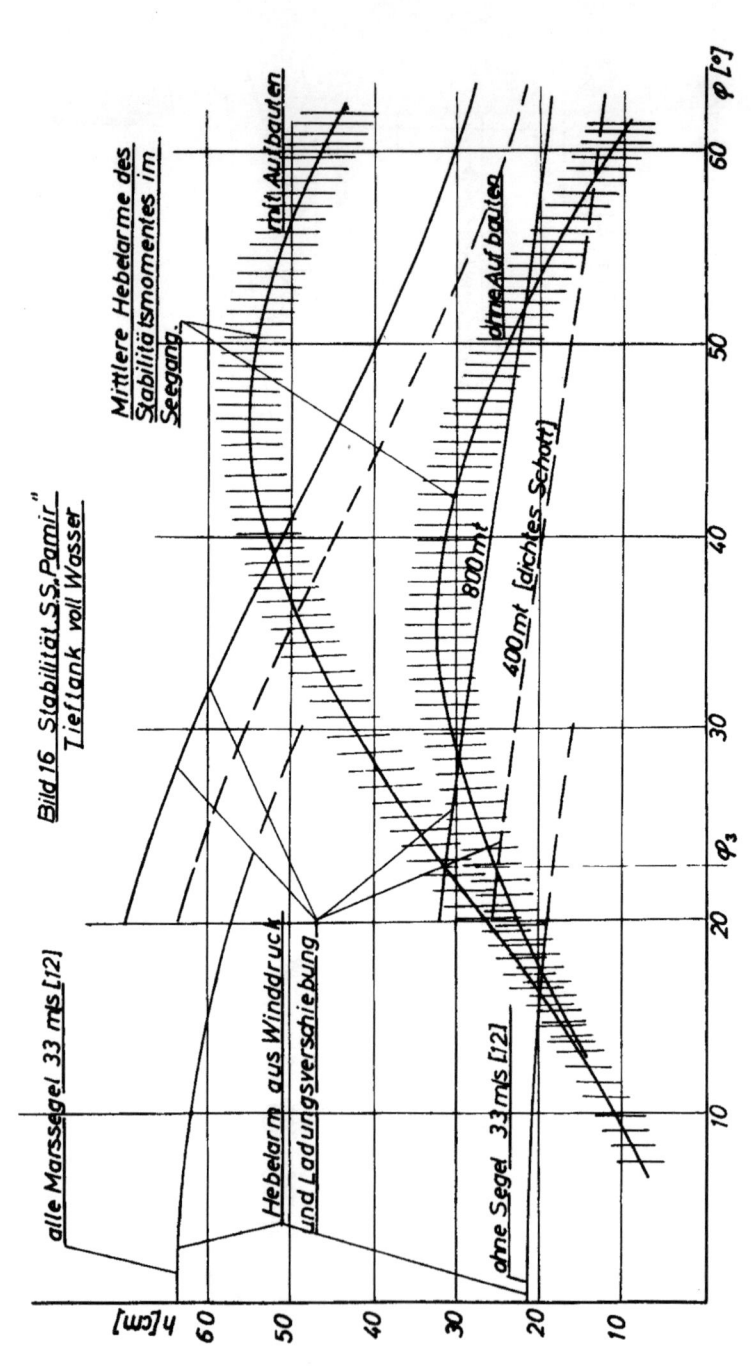

Bild 16 Stabilität S.S. Pamir "
Tieftank voll Wasser

Mittlere Hebelarme des
Stabilitätsmomentes im
Seegang

mit Aufbauten

ohne Aufbauten

800 mt

400 mt (dichtes Schott)

alle Marssegel 33 m/s [12]

Hebelarm aus Winddruck
und Ladungsverschiebung

ohne Segel 33 m/s [12]

h [cm]

60

50

40

30

20

10

φ [°]

10   20   φ₃   30   40   50   60

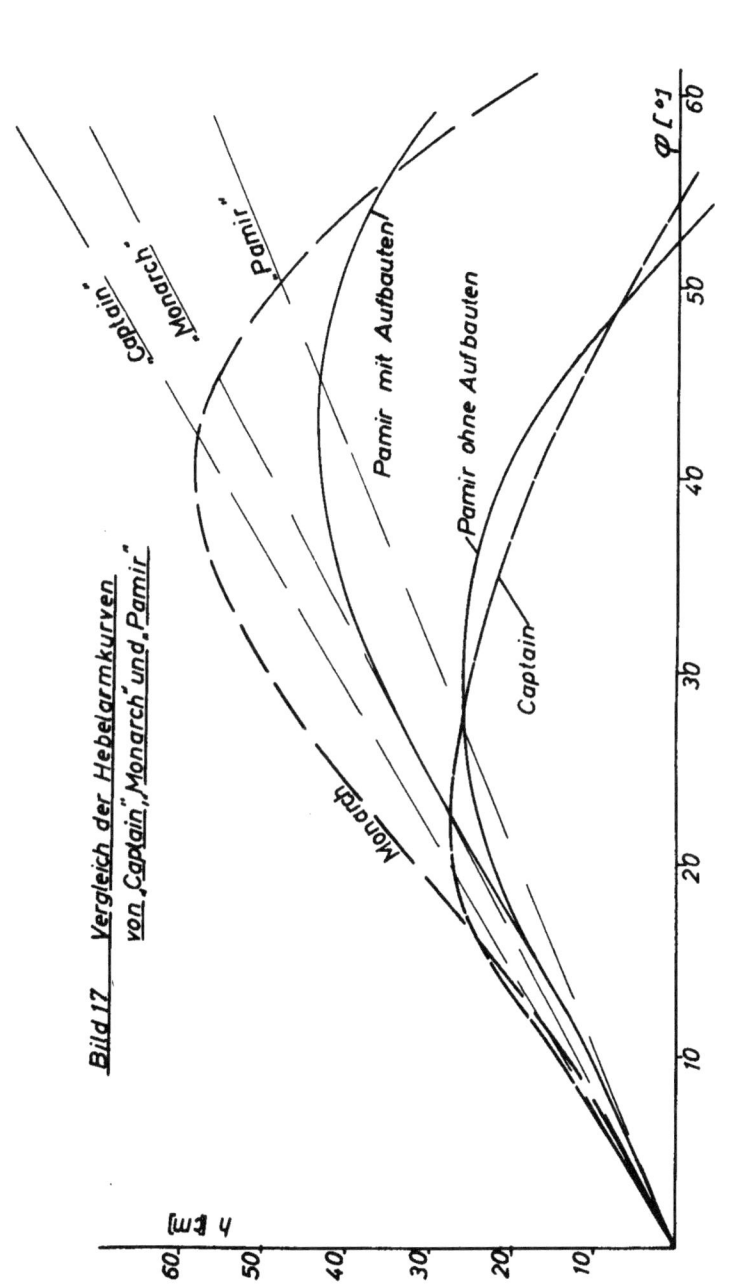

Bild 17   Vergleich der Hebelarmkurven
von „Captain", „Monarch" und „Pamir"

„Captain"

„Monarch"

„Pamir"

Pamir mit Aufbauten

Pamir ohne Aufbauten

Captain

Monarch

h [m]

φ [°]

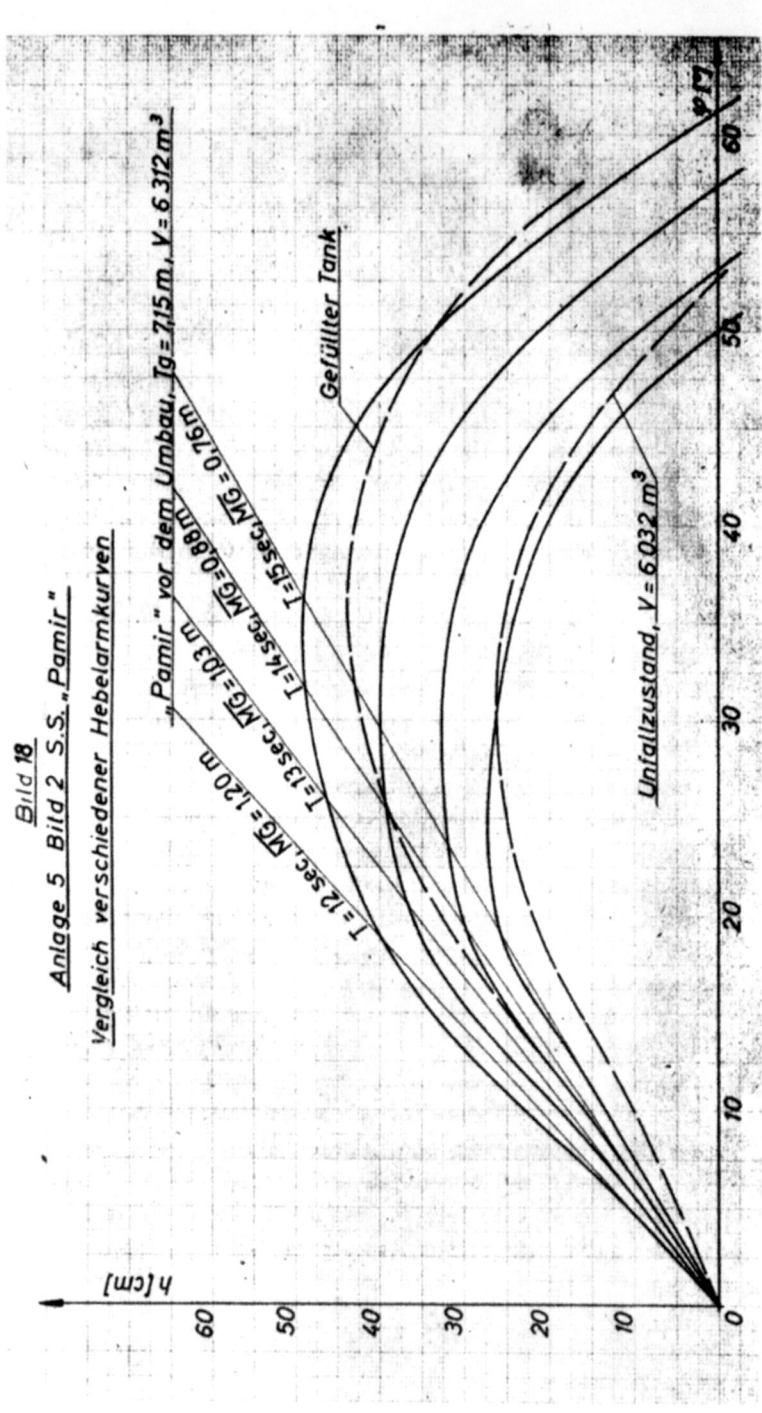

Bild 18

Anlage 5 Bild 2 S.S. „Pamir"

Vergleich verschiedener Hebelarmkurven

„Pamir" vor dem Umbau, $T_g = 7{,}15\,m$, $V = 6\,312\,m^3$

Gefüllter Tank

$[T = 15\,sec, MG = 0{,}76\,m]$

$[T = 14\,sec, MG = 0{,}88\,m]$

$[T = 13\,sec, MG = 1{,}03\,m]$

$[T = 12\,sec, MG = 1{,}20\,m]$

Unfallzustand, $V = 6\,032\,m^3$

$\varphi\,[^\circ]$

$h\,[cm]$

Anlage 1

zum Stabilitätsgutachten S.S. "PAMIR"

Die metazentrische Anfangshöhe

des Segelschulschiffes "PAMIR"

beim Untergang am 21.9.1957.

Kapt.W.Platzoeder

In einem Falle wie dem vorliegenden ist die metazentrische
Anfangshöhe die Grundlage für alle weiteren Betrachtungen,
soweit sie die Stabilität des Schiffes betreffen, und daher
erfahrungsgemäss Gegenstand heftiger Kritik. Im Bewusstsein
dieser Tatsache sind alle nachstehenden Berechnungen mit
grösstmöglicher Sorgfalt und Vorsicht durchgeführt, d.h.
unter Vermeidung jeglicher Tendenz nach der ungünstigen
Seite hin.

A. Die Gewichte.

Da "Pamir" mit den lt. Stauplan und Konnossementen angegebenen Ladungsgewichten nicht auf den angegebenen Tiefgang
bzw. das entspr. Deplacement kommt, mussten Schiffs- und
Ausrüstungsgewichte überprüft werden.
Das Gewicht des leeren seeklaren Schiffes ergibt sich aus
dem Werftkrängungsversuch unter Berücksichtigung des
Trimms mit 2.3oo t. Das Gewicht der Ladung betrug lt. Stauplan
netto 3.78o t. Da hiervon 255 t (= 6,7 %) in Säcken verschifft worden sind, muss mit einem Mehrgewicht von 2 - 4 t
gerechnet werden. Die Frischwassertanks sind bei Abfahrt als
voll anzusetzen; ob sie während der Reise mit Seewasser
wieder aufgefüllt worden sind, ist unbekannt. Zur Ermittlung der Ausrüstungsgewichte bot sich ein Vergleich mit der
vorhergehenden Ausreise an, auf der im Nothafen Falmouth
das Deplacement durch Lloyd's Surveyor mit 5.29o t festgestellt worden ist. Das Gewicht der Ladung betrug in diesem
Falle 2.5oo t, wozu nach Angaben der Reederei speziell für
diese Ladung beschafftes Stauholz von 1oo m^3 = ca 9o-1oo t
kam.

		Falmouth		Buenos Aires
Bekanntes Deplacement		5.29o t		6.42o t
Bruttogewicht der Ladung		2.59o		3.783
Schiff mit Bes. + Ausrüstung		2.7oo t		2.637 t
Besatzung + Effekten		8		8
Schiff mit Gesamtausrüstung		2.692 t		2.629 t
Schiff leer mit 2 Stell Segeln		2.3oo		2.3oo
Gesamtausrüstung		392 t		329 t
Frischwasser einschl.Piektank	-	127 t	-	13o t
Treiböl	ca	1oo t	ca	7o t
Maschinenöl	ca	6 t	ca	4 t
Koks		3 t	ca	2 t
zusätzl.Segel + Segeltuch	ca	5 t	ca	5 t
Proviant + sonstige Ausrüstung	ca	151 t	ca	118 t

lt.Angabe der Reederei wird das Schiff in Hamburg grundsätzlich für 5 Monate ausgerüstet. Lt. Speiserolle ist für
9o Mann Besatzung pro Woche eine Proviantausrüstung von
2,o8 t erforderlich; das ergibt
für 5 Monate (Beginn der Ausreise ab Hbg.) ca   45 t
für 12 Wochen (Beginn der Heimreise ab B.A.) ca 25 t
für 5 - 6 Wochen (beim Untergang)   ca 1o t.
Da ein Teil der Proviantausrüstung in Buenos Aires ergänzt
wird, ist die tatsächliche Proviantausrüstung bei Beginn
der Ausreise u.U. etwas kleiner als oben angegeben, was
aber durch die Ausrüstung mit Kantinenwaren mind. voll
ausgeglichen wird. Demnach ergibt sich folg.:

		Falmouth		Buenos Aires
Proviant + sonstige Ausrüstung				
wie oben		151 t		118 t
Proviant + Kantinenwaren	ca	45 t	ca	25 t
verbleiben für sonstige Ausr.	ca	1o6 t	ca	93 t

In diesem Gewicht, das also im Mittel mit ca loo t anzusetzen ist, dürften u.a. wahrscheinlich folg. Posten enthalten sein:

Stauholz . . . . ca 15 t
Schottplanken (o,o62 m stark). . . . . . . ca   7 t
Maschinenvorräte + Reserveteile . . . . . ca   5 t
Bootsmannsvorräte . . . . ca 45 t

zusammen: . . . . ca 72 t

Es verbleibt demnach ein unaufgeklärter Rest von ca 3o t.
Er kann verursacht sein durch eine Ungenauigkeit des De-
placements oder auch durch weitere zusätzliche Ausrüstung.

B. Der Gewichtsschwerpunkt des Schiffes ohne Ladung.

Aus dem am 12.12.1951 durchgeführten Krängungsversuch
hatte die Werft für das leere seeklare Schiff ein Gewicht
von 2248 t und ein KG = 7,28 m ermittelt. Diese Werte
halten einer Nachprüfung nicht stand, da der beim Versuch
vorhandene Trimm - wie damals üblich - nicht berücksichtigt worden ist und nach den Angaben der Werft mit einer
freien Oberfläche im Wasserballasttank gerechnet worden
ist. Das Gewicht des leeren Schiffes beträgt in Wirklichkeit - wie bereits erwähnt - 2.3oo t. Die Lage des Gewichtsschwerpunktes erschien gegenüber derjenigen anderer
Segelschiffe gleicher Art und Grösse auffallend niedrig.
Dies geht aus einer Liste hervor, die der G.L. bei Rück-
sendung der ersten Stabilitätsunterlagen an die Werft zwecks
Verbesserung einiger Beladungsfälle übersandt hat. Die Berücksichtigung des Trimms erhöht den Schwerpunkt des leeren
Schiffes allein um o,lo m. Der Wasserballasttank ist im
Krängungsversuchsprotokoll mit 76o t Füllung (also vollkommen gefüllt) und einer Schwerpunktshöhe von 2,9o m,
also einer um o,6 - o,65 m zu hohen Schwerpunktslage eingesetzt, was im Rechnungsergebnis eine zu niedrige Lage des
Schwerpunkts des leeren Schiffes bewirkt. Nach meinen Berechnungen muss der Schwerpunkt des W.B. Tanks auf 2,25 m
für Wasser und 2,57 m für Ladung liegen, da für letztere

nur der Raum über den Bodenwrangen bzw. der Bodenwegerung
in Betracht kommt. Der Rauminhalt des bzw. der Tanks beträgt nach meiner Berechnungen für Wasser 735 m³, für
Ladung 600 m³. Herr Heptner ist zu den gleichen Ergebnissen
gekommen.

Unter Berücksichtigung der sich dadurch ergebenden Korrekturen beträgt das KG

für das leere seeklare Schiff mit den Segeln in der Last
7,56 m,

für das Schiff mit untergeschlagenen Segeln   7,59 m.

Die so verbesserte Schwerpunktshöhe bleibt immer noch
ca o,2 m unter derjenigen der "Passat".

Da aber bei dem Ergebnis aus einem Werftkrängungsversuch,
insbesondere beim Umbau eines alten Schiffes erfahrungsgemäss mit gewissen Ungenauigkeiten gerechnet werden muss,
wird den nachfolgenden Berechnungen ein KG = 7,54 m zugrundegelegt.

Da die Ausrüstungsgewichte der Veränderung unterliegen,
bleiben als feste Werte für jeden Reiseantritt nur die
folgenden:

	Gewicht t	Schw.P.- Höhe m	Höhen- Moment mt
Schiff leer	2.3oo	7,54	17.342
Frischwasser (I u.II)	1o4	3,67	382
Frischwasser (H.Piek)	27	4,96	134
Besatzung mit Effekten	8	9,5	76
Gesamt	2.439	7,35	17.934

Bezüglich der Ausrüstung dürfen nach Rücksprache mit Kapt.
Dominik und Kapt.Eggers folg. Werte bei Abfahrt von
Buenos Aires als ziemlich sicher angenommen werden:

Treiböl (vorw.Mitteltk.)	7o t	4,1o m	287 mt
Maschinenöl	4	4,78	19
Koks	2	6,8	13
zusätzl.Segel + S.Tuch	3	7,5	22
" "	2	8,o	16
Proviant	2o	5,4	1o8
" (zw.Deck)	5	8,o	4o
Stauholz	15	7,o	1o5
Schottplanken	7	4,5	31
sonstige Ausrüstung	4o	8,o	32o
" "	5	6,5	32
zusammen	173	5,74	993
+ feste Werte (wie oben)	2.439	7,35	17.934

Schiff + Ausrüstung
ab Buenos Aires   2.612 t   18.927 mt

KG = 18.927 mt : 2.612 t = 7,25 m.

Bei Abfahrt von Buenos Aires müsste also der Schwerpunkt des Schiffes mit Ausrüstung auf ca 7,25 m über Kiel gelegen haben. Eine um 3 - 5 cm höhere Schwerpunktslage ist möglich.

Die Lage des Gewichtsschwerpunktes am 21.9.1957 (Untergang)

Schiff leer	2.3oo t	7,54 m	17.342 mt
Frischw.(II voll) . .	48	3,7o	177
Besatzung	8	9,5	76
Treiböl (Mitteltank).	4o	3,3	132
Maschinenöl	3	4,78	14
Koks	1	6,oo	6
zus.Segel	3	7,5	22
" "	2	8,o	16
Proviant	7	5,3	37
"	2	8,o	16
Stauholz	15	7,o	1o5
Schottplanken	7	4,5	31
sonstige Ausrüstung .	35	8,o	28o
" " .	5	6,5	32
insgesamt	2.476 t	7,39 m	18.286 mt

insgesamt   2.476 t   7,39 m 18.286 mt

falls Hinterpiek wieder
aufgefüllt   +   27 t   4,96 m   134 mt

insgesamt   2.5o3 t   7,36 m 18.42o mt

Falls auch Frischwassertank
I wieder aufgefüllt   +   56 t   3,6o m   2o2 mt

insgesamt   2.559 t   7,28 m 18.622 mt.

Am 21.9. dürfte also der Schwerpunkt des Schiffes mit Ausrüstung, aber ohne Ladung gelegen haben:

a) wenn nur noch Fr.W.Tk.II voll war,   auf ca   7,39 m
b) wenn die Achterpiek aufgefüllt war   auf ca   7,36 m
c) wenn auch Fr.W.Tk.I gefüllt war   auf ca   7,28 m.

Eine etwas höhere Schwerpunktslage ist in allen drei Fällen
möglich.

C. Der Gewichtsschwerpunkt der Ladung.

Für den Fall, dass die sämtlichen vorhandenen Laderäume
homogen, also vollständig bis unter Deck gefüllt wären,
ergäbe sich mit teilweise verbesserten Werten folgendes:

	Raum-Inhalt	Schw.P.-Höhe	Höhen-Moment
I. Unterraum	735 m^3	4,50 m	3.3o7,5 m^4
Zwischendeck	373	8,15	3.o4o
II Unterraum	1.345	3,7o	4.976,5
Zwischendeck	66o	7,65	5.o49
III W.B.Tank	6oo	2,57	1.542
übr.Unterraum	9o8	4,1o	3.723
Zwischendeck	635	7,45	4.73o,7
IV Unterraum	865	4,27	3.693,5
Zwischendeck	418	7,1o	3.218,5
Gesamtladeraum	6.539 m^3	5,o9 m	33.28o,7 m^4

Gemäss Stauplan vom 9.8.1957 waren nur R III und R IV ganz
bis unter die Lukendeckel gefüllt; in Raum II war der Lukenschacht frei und in Raum I war nur der Unterraum mit Ladung
belegt und nicht voll. Der Lukenschacht II ist mit 24 m^3
mal 9,5 m anzusetzen. Somit ergibt sich für die Räume II,
III und IV zunächst folgendes:

Gesamtladeraum wie oben	6.539 m^3	5,o9 m	33.28o,7 m^4
abzüglich Raum I ganz	1.1o8		6.347,5
II,III und IV voll	5.431 m^3	4,96 m	26.933,2 m^4
abzüglich L.Schacht II	24	9,5	228
II,III und IV gefüllt gemäss Stauplan	5.4o7 m^3	4,92 m	26.7o5 m^4

Die vorstehenden Werte müssen nun noch um die Freiräume verbessert werden. Dazu ist es erforderlich, die Brutto- und
Netto-Staumasse zu betrachten, wobei ein Vergleich mit den
entsprechenden Werten der "Passat"-Ladung angebracht ist.
Die Brutto-Staumasse:

		"Pamir"	"Passat"
R II	1981 m^3: 131o t =	1,51 m^3/t	1,51 m^3/t
R III	2142 : 1327 =	1,62 m^3/t	1,58 m^3/t
R IV	1283 : 8o7 =	1,59 m^3/t	1,57 m^3/t
Gesamt	54o7 m^3:3444 t =	1,57 m^3/t	1,55 m^3/t

Der Vergleich dieser Werte zeigt, dass
1. sowohl auf "Pamir" wie auch auf "Passat" Raum III das
   grösste und Raum II das geringste Staumass aufweisen,
2. das durchschnittliche Staumass für die Räume II,III und
   IV zusammen auf "Pamir" grösser ist als auf "Passat".

Das Netto-Staumass der Ladung muss in jedem Falle kleiner
sein als 1,51 m^3/t, weil
a) die Rauminhaltswerte in Wirklichkeit durch Stauholz und
   Schottplanken verringert werden (in II und III je um ca
   1o m^3, in IV um etwa 6 - 7 m^3) und
b) die Ladung ohne ganz besondere Hilfsmittel bei einer
   Decksbalkenhöhe von o,25 m niemals gleichmässig bis
   unter Deck getrimmt wird, vielmehr in der Praxis immer
   gewisse Freiräume verbleiben.

Vom Institut für Schiffbau (Prof.Dr.Wendel) ist das Netto-
Staumass mit Hilfe von Proben der "Passat"-Ladung für die
lose geschüttete Ladung ohne Druckeinwirkung wie in den oberen Schichten mit 1,44 m^3/t und für die Ladung unter Druckeinwirkung wie an Bord in den unteren Schichten mit 1,423 m^3/t
festgestellt worden. Zu fast dem gleichen Wert wie dem letzteren komme ich unter Zuhilfenahme der Freiraumfeststellungen
der Herren Seefisch und Gröschel auf "Passat" in Lissabon.
Da dort der Freiraum in den Wasserballasttanks III nicht gemessen und nicht berücksichtigt worden ist, dürfte m.E. der
Freiraum auf "Passat" in den Räumen II,III und IV insgesamt
mit etwa 45o m^3 bei zusammengesackter Ladung anzusetzen sein.
Daraus würde sich für "Pamir" entsprechend dem grösseren
Durchschnittsstaumass ein Gesamtfreiraum von ca 5oo m^3 in
II, III und IV zusammen ergeben, was einem Nettostaumass von
1,425 m^3/t entspricht:

Lt.Stauplan ausgefüllter Raum in II,III u.IV =   5.4o7 m^3
Freiraum entspr. den Feststellungen auf "Passat"=   5oo m^3
verbleibt tatsächlich ausgefüllter Raum   = 4.9o7 m^3

4.9o7 m^3 : 3444 t = 1,425 m^3/t.

Mit diesem Nettostaumass muss also für die zusammengesackte
Ladung am 21.9.1957 gerechnet werden.

Einen Anhaltspunkt für das Netto-Staumass bei der Beladung
in Buenos Aires findet man, indem für die lose Ladung 1,43
bzw. 1,44 m^3/t und für die Ladung in Säcken 1,60 m^3/t rechnet. Mit diesen Werten ergeben sich zufolge der unterschiedlichen Menge der Sackladung in den einzelnen Räumen folgende
Durchschnitts-Nettostaumasse:

	bei 1,43 m^3/t u.1,6o m^3/t	bei 1,44 m^3/t u.1,6o m^3/t
in Raum II	1,433 m^3/t	1,445 m^3/t
III	1,443	1,433
IV	1,44o	1,450

Für die Abfahrt von Buenos Aires kann also mit 1,45 m^3/t
gerechnet werden. Um aber auch den Aussagen von Herrn
Kapt. Grubbe Rechnung zu tragen, wonach die Gerste durch
starke Luft- und Staubvermischung im Augenblick der Beladung ein grösseres Staumass aufweisen kann, wird ein
solches von 1,5 m^3/t in Betracht gezogen, d.h. ein Staumass, bei dem Raum II als fast völlig gefüllt angesehen
werden muss. Es ergeben sich dann folgende Freiräume:

F r e i r a u m

	bei 1,5o m^3/t	bei 1,45 m^3/t	bei 1,425 m^3/t
II	15 m^3	81 m^3	113 m^3
III	153	219	252
IV	73	113	133
zusammen	241 m^3	413 m^3	498 m^3

Bei der Verteilung dieser Freiräume sind zu berücksichtigen:
1. die Trimmlukenverhältnisse und
2. die Trimmentfernungen vom Lukenrand bis zum Querschott.
Zu 1. Ein Blick auf den Generalplan zeigt klar, dass die
   Trimmlukenverhältnisse in II am günstigsten sind.
   Es sind 9 grosse und 2 kleine Trimmluken vorhanden
   und gut verteilt, was durch das Bruttostaumass bestätigt wird. Zieht man von der gesamten Zwischen-
   decksfläche die Fläche der Ladeluke ab, so entfallen auf jede grosse Trimmluke ca 25 m^2.
   In III sind die Verhältnisse im Zwischendeck unterschiedlich: Vorkante Lukenrand ist das Zwischendeck
   fast nur ein grosses Trimmloch, so dass die Ladung
   hier unmittelbar durchfallen muss. Seitlich und
   hinter der Ladeluke sind insgesamt 4 Trimmluken vorhanden, so dass hier eine Trimmluke etwa 33 m^2 des
   Unterraums versorgen muss.
   Die Decke des W.B.Tanks, insgesamt ca 19o m^2 enthält
   keinerlei Trimmöffnungen.

Raum IV Zw.Deck enthält 2 grosse und 2 kleine Trimmöffnungen, letztere seitlich der Ladeluke, Vorkante
Lukenrand entfallen ca 45 m^2 auf eine grosse Trimmluke, seitlich der Ladeluke ca 25 m^2 auf ein kleines
Trimmloch.

Zu 2.Trimmentfernungen vom Lukenrand bis zum Querschott:

	nach hinten	nach vorne
II Zw.D.u.Unterraum	9,5 m	3,0 m
III Zw.D.	6 m	8 m
Unterraum	6 m	0 m
W.B.Tank	0 m	11,5 m
IV Zw.D.u.Unterraum	1,2 m	7 m

Gemessen an den Trimmöffnungen und den Trimmentfernungen müssen also beim Stauen der Ladung die
grössten Freiräume in Raum IV Unterraum, III Unterraum
und im Wasserballasttank entstehen, was durch die Brutto-
staumasse eindeutig bestätigt wird. Während der Reise
wird die Ladung in IV vorne und III hinten nur sehr unvollkommen nachsacken und, solange nicht durch starke Bewegungen des Schiffes die Ladung allgemein ins Rutschen
kommt, den Freiraum im Unterraum keineswegs ausfüllen, was
durch die Feststellungen auf "Passat" nachgewiesen ist.
Im W.B.Tank kann, sofern die Tankdeckel nicht aufgelegt
sind - wie auf "Passat" - eine Auffüllung von oben her
nur im Bereich der Lukenöffnung eintreten, wobei zu beachten ist, dass an den Aussenseiten unmittelbar neben
der Öffnung starke Unterzüge von o,45 m Steghöhe einer
Ausbreitung der Ladung nach der Seite hin hindernd entgegenstehen. Unter Berücksichtigung dieser Umstände und
Bedingungen ist der bei der Beladung bzw. nach derselben
bei der Anfahrt von Buenos Aires anzunehmende Freiraum
wie folgt zu verteilen:

Fall a) Staumass = 1,5o m^3/t:

Da es sich hier um verhältnismässig geringe
Freiräume handelt, sollen Rauminhalt der Schott-

planken und des Stauholzes in Abzug gebracht werden.
Es verbleiben dann im Raum II ca 5 m^3 Freiraum, die
vernachlässigt werden können. In III verbleiben ca
14o m^3 und inIV ca 65 m^3.

	Vert. Fläche	Fr.R. Höhe	Fr.R. Inh.	Schw.P. Höhe	Raum-moment
III					
unter Oberdeck	23o m^2	o,13 m	3o m^3	8,6	258 m^4
unter Zw.Deck	13o	o,38	5o	6,2	31o m^4
unter Tankdecke	18o	o,33	6o	3,8	228 m^4
IV					
unter Oberdeck	14o	o,1o	15	8,7	13o
unter Zw.Deck	13o	o,38	5o	6,2	31o
Freiraum in II,III u.IV			2o5 m^3	6,o3	1.236 m^4
Lt.Stauplan ausgef.Raum in II,III und IV			5.4o7 m^3	4,92 m	26.7o5 m^4
abzügl. Freiraum			2o5	6,o3	1.236
ausgefüllter Raum in II,III und IV			5.2o2 m^3	4,9o m	25.469 m^4
ausgefüllter Raum in I unten (1,5o m^3/t)			5o4	3,8o m	1.915 m^4
lt.Stauplan ausgefüllter Raum in allen Räumen			5.7o6 m^3	4,8o m	27.384 m^4

Bei Annahme von 1,5o m^3/t Staumass könnte also der Schwerpunkt der Ladung auf 4,8o m gelegen haben.

Fall b) Staumass = 1,45 m³/t (wahrscheinlicher Fall)

	Vert. Fläche	Fr.R. Höhe	Fr.R. Inh.	Schw.P. Höhe	Raum-moment
Raum II					
unter Oberdeck ca	230 m²	0,16	37 m³	8,8 m	326 m⁴
unter Zw.Deck ca	2oo	0,22	44	6,5	286
Raum III					
unter Oberd. vorne	1oo	0,5o	5o	8,35	418
unter Oberd.hinten	13o	0,2o	26	8,5	221
unter Zw.D. hinten	13o	o,4o	52	6,1	317
unter Tankdecke	18o	0,5o	9o	3,7	333
Raum IV					
unter Oberdeck	14o	0,25	35	8,6	3o1
unter Zw.Deck	13o	0,6o	78	6,1	476

Freiraum in II,III u.IV			412 m³	6,5o	2.678 m⁴

lt.Stauplan ausgef.Raum
in II,III und IV   5.4o7 m³   4,92 m   26.705 m⁴

abzügl.Freiraum   412   6,5o   2.678

tats.ausgefüllter Raum
in II,III und IV   4.995   4,81   24.027

ausgefüllter Raum in
I unten (1,45 m³/t)   487   3,7o   1.8o2

lt.Stauplan ausgefüllter
Raum in allen Räumen   5.482 m³   4,71 m   25.829 m⁴

Bei der Abfahrt von Buenos Aires dürfte also der Schwerpunkt der Ladung m.E. etwa in 4,7 m Höhe über Oberkante Kiel gelegen haben. Falls das Nettostaumass grösser gewesen sein sollte als 1,45 m³/t, würde der Schwerpunkt höher liegen; falls die Ladung bereits mehr nach unten durchgesackt sein sollte, würde der Schwerpunkt etwas niedriger liegen.

Zur Ermittlung des Ladungsschwerpunktes am 21.9. (Unfalltag) sei zunächst angenommen, dass die Ladung durch Nachsacken durch die Luken und Trimmöffnungen alle Freiräume in den Unterräumen mit Ausnahme des W.B.Tanks voll aufge-

füllt habe, so dass der gesamte Freiraum von ca 498 m^3 im
W.B.Tank auf das Zwischendeck zu verteilen ist. Dann ergibt sich:

	Vert. Fläche	Fr.R. Höhe	Fr.R. Inh.	Schw.P. Höhe	Raum-moment
Raum II unter Oberdeck ca	27o m^2	o,42	113 m^3	8,65 m	977 m^4
Raum III					
Lukenschacht ca	23	1,oo	23	9,1	2o9
unter Oberdeck ca	24o	o,66	158	8,3	1311
unter Tankdecke	18o	o,38	7o	3,8	266
Raum IV					
Lukenschacht ca	21	1,oo	21	9,4	197
unter Oberdeck	15o	o,75	112	8,4	941
Freiraum in II, III und IV			497 m^3	7,85 m	3.9o1 m^4
Lt.Stauplan ausgefüllter Raum in II, III und IV			5.4o7 m^3	4,92 m	26.7o5 m^4
Freiraum			497	7,85	3.9o1
tats. ausgefüllter Raum in II, III und IV			4.91o m^3	4,64 m	22.8o4 m^4
ausgefüllter Raum in I (,425 m^3/t)			479	3,65	1.748
lt.Stauplan ausgefüllter Raum in allen Laderäumen			5.389 m^3	4,56 m	24.552 m^4

Die geringstmögliche Schwerpunktshöhe der Ladung bei einem
Staumass von 1,425 m^3/t, d.h. also bei zusammengesackter
Ladung am 21.9.57 kann also demnach mit 4,56 m angenommen
werden.

Da in Wirklichkeit - wie die allerdings nur unvollständigen
Feststellungen in Lissabon beweisen - die Ladung durch Nachsacken keineswegs die Unterräume vollständig auffüllt,
sondern mindestens in III und IV Unterraum, vor allem aber
im W.B.Tank Freiräume verbleiben, muss die tatsächliche
Schwerpunktshöhe der Ladung vor dem Unfall am 21.9. m.E.
zwischen 4,6o u. 4,65 m liegen.

Das Nachsacken der Ladung durch die Luken und Trimmöffnungen
im Zwischendeck kann also während der Reise eine Senkung des
Ladungsschwerpunktes um ca o,1o - o,25 m bewirken.

D. Gewichtsmomente der Ladung.

Für die Abfahrt von Buenos Aires ist wie bereits früher erwähnt, das Gewicht der Ladung mit 3.783 t anzusetzen.
Während der Reise erfährt die Ladung in der Regel einen
Schwund durch Ausdünsten, der hier mit etwa o,5 % oder
ca 2o t angenommen werden kann.

Als Gewichtsmomente der Ladung kommen demnach in Betracht:
bei Abfahrt von Buenos Aires:

a) mit 1,5o m^3/t : 3.783 t mal 4.8o m = 18.158 mt
b) mit 1,45 m^3/t : 3.783 t mal 4.71 m = 17.818 mt

am 21.9.1957 :

  3.78o t . 4,56 m = 17.237 mt
  3.78o t . 4,65 m = 17.577 mt
  3763 t . 4,56 m = 17.159 mt
  3.763 t . 4,65 m = 17.498 mt

E. Die metazentrische Anfangshöhe MoG.

1. Bei der Abfahrt von Buenos Aires:

Fall a) Schiff mit Ausr.
         gemäss S 5   2.612 t   7,25 m   18.927 mt
         Ladung gemäss
         S 14 (a)   3.783 t   4,8o m   18.158 mt

     Schiff + Ladung   6.395 t   37.o85 mt

         37.o85 mt : 6.395 t = 5,8o m
         ===============================

Fall b) wahrscheinlichster Fall:
         Schiff mit Ausr. 2.612 t   7,25 m   18.927 mt
         Ladung (b)   3.783 t   4,71 m   17.818 mt

     Schiff + Ladung   6.395 t   36.771 mt

         36.771 mt : 6.395 t = 5,75 m
         ===============================

```
KM =   6,28 m              6,28 m
KG =   5,80 m              5,75 m
MoG =  0,48 m              0,53 m
```

Diese Werte können selbstverständlich keinen Anspruch
auf Genauigkeit und Zuverlässigkeit erheben; sie können
vielmehr nur als Anhaltspunkte dienen. Der wahrscheinlichste
Wert dürfte bei 0,53 - 0,55 m etwa liegen.

2. MoG am Unfalltage 21.9.1957.

Für den Tag des Unfalles lässt sich aus den vorherigen
Ergebnissen ein günstigster und ein ungünstigster Fall
für die Lage des Gewichtsschwerpunktes aus Schiff
+ Ladung und damit auch für das MoG ermitteln:

a) günstigster Fall: Schiff mit allen Frischwassertanks
   voll, Ladung ohne Schwund und vollständig nachgesackt:

```
Schiff gem. S. 6:   2.559 t    7,28 m    18.622 mt
Ladung gem. S.14:   3.780 t    4,56 m    17.237 mt
Schiff + Ladung     6.339 t              35.859 mt
```

$$35.859 \text{ mt} : 6.339 \text{ t} = 5,66 \text{ m}$$

b) ungünstigster Fall: Frischwasser nur noch in Tank II,
   Ladung leichter und nur unvollkommen gesackt:

```
Schiff              2.476 t    7,39 m    18.286 mt
Ladung              3.763 t    4.65 m    17.498 mt
Schiff + Ladung     6.239 t              35.784 mt
```

$$35.784 \text{ mt} : 6.239 \text{ t} = 5,74 \text{ m}$$

```
KM =   6,28 m              6,28 m
KG =   5,66 m              5,74 m
MoG =  0,62 m              0,54 m
```

Am Unfalltage muss also m.E. das MoG zwischen 0,62 und
0,54 m betragen haben. Die grösste Wahrscheinlichkeit
spricht für einen Mittelwert d.h. für ein MoG von ca
0,58 m.

Die den einzelnen MoG-Werten entsprechenden Schlingerperioden für "Pamir" (B = 14,o m) ergeben sich aus folg.
Tabelle:

Periode	f = 0,9o	f = 0,93	f = 0,95
14 Sek.	0,81 m	0,87 m	0,90 m
15	0,7o	0,75	0,78
16	0,62	0,66	0,69
17	0,55	0,59	0,61
18	0,49	0,52	0,55
19	0,44	0,47	0,49
2o	0,4o m	0,42 m	0,44 m

Da nach den Versuchen auf "Passat" der f-Wert nunmehr mit
ca 0,93 als erwiesen angesehen werden kann, seien die Ergebnisse zwecks besserer Übersicht mit den zugehörigen
Schlingerperiodenwerten zusammengestellt:

1. Bei Abfahrt von B.A.

	KG	MoG	T bei f = 0,93
a) Staumass = 1,5o m^3/t	5,8o m	0,48 m	ca 19 Sek.
b) Staumass = 1,45 m^3/t (wahrscheinlich)	5,75 m	0,53 m - 0,55 m	ca 18 bis 17,5 Sek.

2. Am 21.9.1957

a) ungünstigster Fall	5,74 m	0,54 m	ca 17,7 Sek.
b) wahrscheinl.Fall	5,7o m	0,58 m	ca 17 Sek.
c) günstigster Fall	5,66 m	0,62 m	ca 16,5 Sek.

Der für den Unfalltag als wahrscheinlich ermittelte Wert
der Schlingerperiode = 17 Sek. stimmt mit den Aussagen von
Kapt. Eggers vor dem Seeamt (betr. die vorhergehende Reise)
vollständig überein.
Ausserdem wird der für den 21.9. gefundene Wert von
MoG = 0,58 m entsprechend einer Schlingerperiode von 17 Sek.
ferner auch durch die Beobachtungsergebnisse auf "Passat"
indirekt bestätigt.
Der in Hamburg durchgeführte Krängungsversuch auf "Passat"
ergab für dieses Schiff ein MoG = 0,66 m. Da vor dem
Versuch nachweislich loo t Frischwasser eingenommen worden
sind, betrug das MoG vor Ankunft ca 0,64 m. Die vor der

Ankunft mit Naviclin-Registriergeräten beobachtete
Schlingerperiode betrug 16,7 Sek., was bei f = 0,93 einem
MoG = 0,64 m entspricht. Da in Lissabon gebunkert und
Ladung aus IV Zwischendeck in den Stb.W.B.Tank und in Raum
I unten umgestaut worden ist, muss das MoG vor dem Unfall
der "Passat" m.E. um ca 4 - 6 cm kleiner gewesen sein
(unter Berücksichtigung des grösseren Freibordes), also
ca 0,58 - 0,60 m betragen haben.

Hamburg, den 13.Januar 1957

gez. Wilhelm Platzoeder

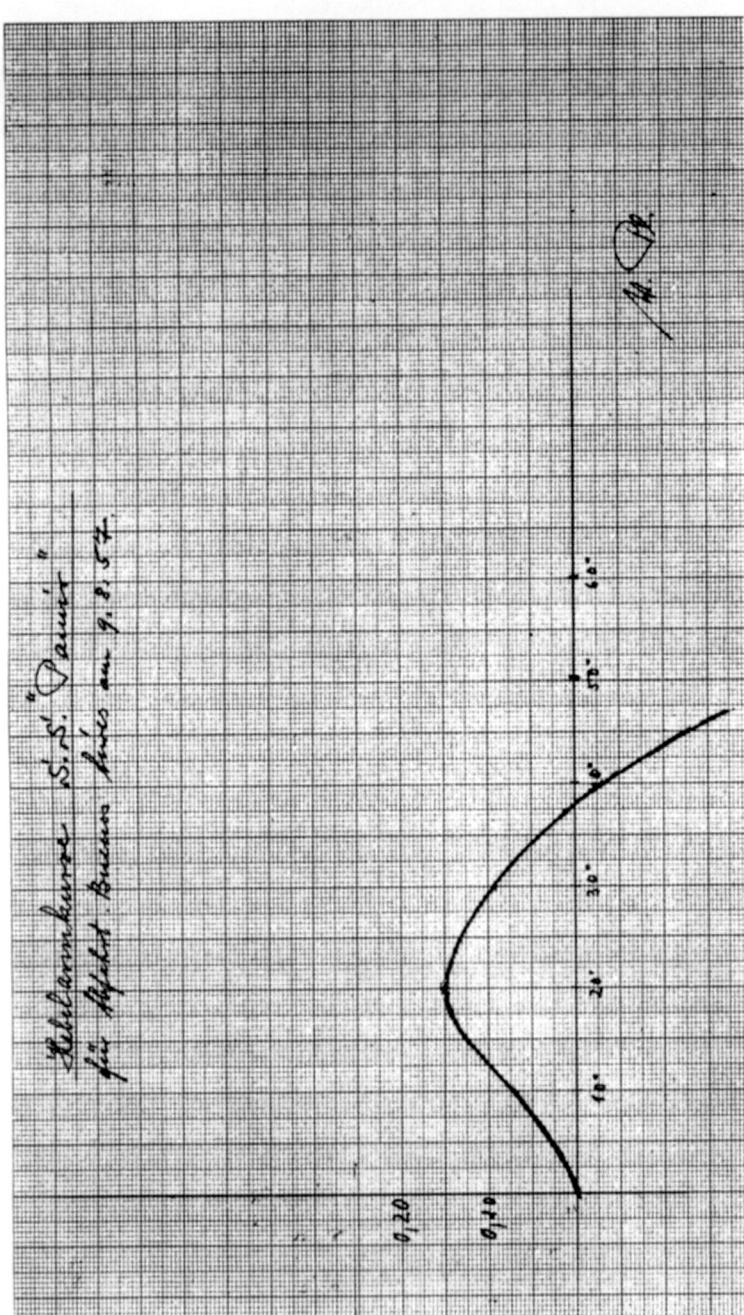

Ausgehend von einer Schlingerperiode = 20 Sek.

von einem φ = 0,9

u. einem Deplacement = 6400 t

erhält man unter Benutzung der an Bord befindlichen Pantokarenen (ohne Aufb.)
und einem Eingangswert von 6400 t statt 6200 m³ Volumen
folg. Werte:

		$\gamma =$			
	10°	20°	30°	45°	60°
KM_φ sin φ	1,08	2,16	3,02	4,02	4,66
K6 sin φ	1,01	2,01	2,93	4,15	
M6 sin φ	0,07	0,15	0,09	− 0,13	

gemäß Heftunterlage
ist KM = 6,27 m
 M6 = 0,40 m
 K6 = 5,87 m

M. Pl.

Anlage 2
zum Stabilitätsgutachten S.S. "Pamir"

Bestimmung der Hebelarmkurve für glattes Wasser für den
Unfallzustand

von cand.ing.P.H e p t n e r

1. Bestimmung der Anfangsstabilität MG

1.1 Bestimmung des Gewichtsschwerpunktes des fertigen
leeren Schiffes

Aus dem bei den Howaldtswerken Kiel am 12.Dezember 1951
durchgeführten Krängungsversuch wurde in den Stabilitätsunterlagen (1) der Gewichtsschwerpunkt des fertigen
leeren Schiffes berechnet. Bei dieser Rechnung sind zwei
Fehler unterlaufen:

1.) Die Formwerte KF und MF sind für den mittleren Tiefgang dem Kurvenblatt (2) entnommen. Der Versuch wurde
aber bei 1,52 m achterlastigem Trimm durchgeführt. Bei
einem derartig grossen Trimm ist es notwendig, diese
Werte für die betreffende Trimmlage zu ermitteln und in
der Auswertung zu berücksichtigen. Eine Nachrechnung
auf Grund des auch für die Stabilitätsrechnung benutzten Linienrisses ergab folgende Werte:

$$KM = 6,82 \text{ m}; \quad MF = 4,42 \text{ m};$$
$$KF = 2,4o \text{ m}$$
$$D = 33o9 \text{ t } (\gamma = 1,o115)$$

2.) Die Inhaltsangabe und die Schwerpunktslage des beim
Krängungsversuch gefüllten Ballasttanks sind unrich-
tig. In Tab. 1 sind die in dieser Anlage benutzten
Werte für Inhalte und Schwerpunkte der einzelnen
Räume zusammengestellt.

----
(1) Die in Klammern gesetzten Zahlen beziehen sich auf
das Verzeichnis der Unterlagen am Ende dieser
Anlage.

Tab. 1 Inhalte v. Schwerpunkten der Laderäume und Tanks

Laderäume	Inhalt V $\sqrt{m^3}$	Schwerpunktshöhe h $\sqrt{m}$
Laderaum I	735	4,5o
II	1345	3,7o
III	9o8	4,1o
IV	865	4,27
Ballasttank als Laderaum	598 +)	2,57 +)
Zwischendecks-laderäume I	373	8,15
II	66o	7,65
III	635	7,45
IV	418	7,7o

Tanks		
Ballasttanks als Tanks	735 +)	2,25 +)
Achterpiek	27,1	4,96
F.W.Tank 12o/125	56,1	3,58 +)
87/9o	48,3	3,71 +)
Treibölmittelbunker	48,3	3,3o +)
Treibölseitenbunker	93,6	5,7o +)

Die mit +) bezeichneten Werte sind nachgerechnet und
weichen von den Angaben von Howaldt ab. Die anderen Werte
sind aus einer Zusammenstellung der Howaldtswerke vom
7.12.1957 entnommen. Eine Überprüfung liess vermuten, dass
keine wesentlichen Fehler in diesen Werten enthalten sind.
Eine genaue Überprüfung war zeitlich nicht möglich.

Führt man jetzt eine Auswertung des Krängungsversuches unter Berücksichtigung der Änderungen, die die beiden genannten Fehler ergeben, aus, so ergibt sich folgendes:

Tab. 2	G $/\overline{t}$ $_7$	h $/\overline{m}$ $_7$	$M_H/\overline{mt}$ $_7$
Schiff im Krängungszustand	3309	6,12	20.251
Fehlende Gewichte [+]	+ 5o	-	+ 361
Ballasttank	- 746	2,25	- 1679
Frischwassertank			
Spt.12o/125	- 56	3,58	- 2oo
" Spt. 87/9o	- 48	3,71	- 178
Treibölbunker Seite	- 72,8	5,7o	- 415
" Mitte	- 4o,8	3,3o	- 135
Achterpiek	- 27,o	4,96	- 131
Restliche überzählige Gewichte [+]	- 68,1	-	- 486
Fertiges leeres Schiff	23o1	7,557	17368

[+] unverändert aus der Rechnung von Howaldt (S.B.G.Akte) übernommen

Der so errechnete Gewichtsschwerpunkt des Schiffes ist etwa um 3 cm zu erhöhen, wenn Segel angeschlagen werden, die beim Versuch in der Segelkammer waren. Ferner ist nicht bekannt, ob irgendwelche Rahen an Deck waren. Für die weitere Rechnung werden folgende Werte angenommen:

    Gewicht des fertigen leeren Schiffes   23o1 t
    Schwerpunkt des fertigen leeren Schiffes   7,56 m

Dieser Wert deckt sich wesentlich besser mit den von anderen Segelschiffen bekannten Angaben: für die Höhe des Gewichtsschwerpunktes des leeren Schiffes:

    KG in % H^+ H^+ = Mittlere Schiffshöhe

                        = Summe aus Seitenhöhe u. mittl.
                          Höhe der Aufbauten

Pamir	0,807
Pamir nach früherer Angabe	0,777
Kommodore Johnson	0,838
Potosi	0,814
Lübeck	0,886
Padua	0,869
Karl Vinnen	0,839

Bezieht man KG auf H, so ergibt sich für Pamir 0,891 bzw. nach früherer Angabe 0,858. Middendorf gibt 0,8199 an, allerdings für Segler mit wesentlich kürzeren Aufbauten als bei der Pamir.

Die den Stabilitätsblättern zu Grunde liegenden Werte für das Schiffsgewicht waren: $P = 2250$ t $\odot h = 7,277$ m

Die Differenz zwischen den beiden Schwerpunktswerten beträgt 28 cm, die Werte für die Anfangsstabilität MG sind also etwa 11 cm zu gross, da der Anteil des Schiffsgewichts am Gesamtgewicht etwa 2/5 beträgt. Die Hebelarmkurven würden entsprechend niedriger liegen. Der Ladezustand der "Pamir" weicht aber von dem Fall der homogenen Ladung ab, so dass zur Beurteilung der Stabilitätsverhältnisse erst einmal die Schwerpunkte der Ladung untersucht werden müssen.

1. 2 Bestimmung des Schwerpunkts der Ladung

Die übliche Annahme, dass sich der Ladungsschwerpunkt im Raumschwerpunkt befindet, ist an sich für eine Bemessung der Mindeststabilität ausreichend. Da der wirkliche Schwerpunkt der Ladung immer tiefer liegt, liegt man auf der sicheren Seite; ausserdem schafft man durch diese Annahme eine gute Vergleichsbasis. Um das Verhalten eines Schiffes unter der Wirkung krängender Momente beurteilen zu können, genügt diese Annahme jedoch nicht mehr. Es ist also nötig, sich ein Bild über die tatsächliche Verteilung der Ladung im Raum zu machen. Messbar bzw. berechenbar sind das spezifische Gewicht der Ladung und die

Raumgrösse. Ferner sind die Ladungsgewichte in diesem Fall recht genau bekannt. Aus diesen Werten lässt sich also der tatsächlich von der Ladung eingenommene Raum berechnen:

$$R = \frac{P}{\gamma} = \gamma \cdot P$$

mit R = von Ladung eingenommener Raum

$$\gamma \, \lfloor \bar{\ } t/m^3 \, \rfloor = \text{spez. Gewicht}$$

Damit wird der Freiraum

$$F = V - \gamma \, P \qquad \gamma = 1/\delta = \frac{m^3}{t} = \text{tatsächliche Räumte}$$

$$F = V - \gamma \, P$$

V = Rauminhalt für Schüttladung

Die Lage dieses Freiraums der Höhe nach lässt sich einigermassen schätzen, da er sich in jedem Fall unter den Decks befinden muss, und zwar besonders in den von den Luken entfernten Raumteilen.

Die untenstehende Skizze zeigt die Ladungsverteilung nach der Belastungsmeldung der Reederei:

S.S. Pamir VI Heimreise

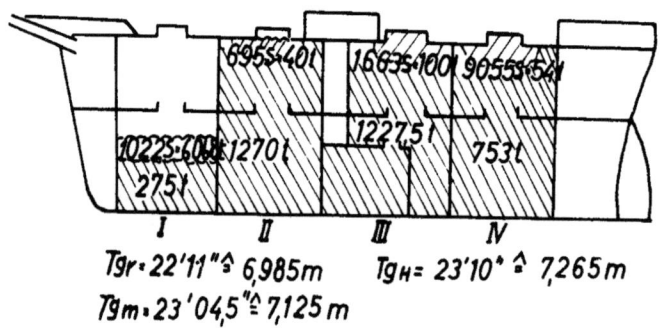

$$Tgr \cdot 22'11'' \hat{=} \ 6{,}985\,m \qquad Tg_H = 23'10'' \hat{=} \ 7{,}265\,m$$
$$Tgm \cdot 23'04{,}5'' \hat{=} \ 7{,}125\,m$$

Abb. 1 Beladung der „Pamir"
in Buenos Aires am 9.8.57.

Laderaum I war zur Erzielung eines etwas hecklastigen
Trimms teilweise frei. Für die übrigen Laderäume ergeben
sich mit den aus Anlage 2 entnommenen Raumgrössen folgende
Verhältnisse:

Tab. 3

Lader. No.	Schüttgut-inhalt $V[m^3]$	Ladungs-gewicht P $[t]$	Räumte einschl.Frei $r', \frac{v}{P} [\frac{m^3}{t}]$	Lukenfläche Frei Decksfl. Oberdeck	Lukenfl.[x] Decksfl. Zw-Deck	Lukenfl.[x] Decksfl. Tank	Maxima-ler Unterstau $[m]$	Freiraum m^3
2	2005	1310	1,530	0,115	0,154	—	105 0.D. 3,5 Zw-D.	139
3	2141	1327	1,613	0,089	0,111	0,100	9,20 0.D. 6,70 Zw-D. 11,20 T	253
4	1283	807	1,590	0,122	0,135	—	9,50 0.D. 6,50 Zw-D.	135
Mittel aus 2,3 v 4	5424	3444	1576	—	—	—	—	—

$^{x)}$ Einschließlich Trimmluken $^{xx)}$ Größte Entfernung eines Punktes von Lukensüll

Aus der Tabelle ist ersichtlich, dass die verschiedenen
Räumten im Zusammenhang mit den Staumöglichkeiten stehen:
In Raum 3 ergibt sich das grösste Staumass, dort sind aber
die Zugangsmöglichkeiten zum Unterraum und zum Tank auch
am schlechtesten, umgekehrt besitzt Unterraum 2 ausser der
grossen Ladeluke noch 9 Trimmluken, so dass sich für Raum
2 die kleinste Räumte ergibt.

Um die Grösse der Freiräume berechnen zu können, wurde die
wirkliche Räumte der Gerste in Abhängigkeit vom Druck gemessen. Als Probe wurde Gerste aus der Ladung der "Passat"
benutzt. Das Ergebnis ist untenstehend aufgetragen. Kurve
"a" gilt für Schüttung aus etwa 1/2 m Höhe, also etwa so,
wie das Getreide aus dem Heber fällt; Kurve "b" gilt wenn
der Messzylinder solange gerüttelt wurde, bis sich die
Körner alle parallel stellten. Dieser Effekt liess sich
jedoch nur durch kurze, harte Stösse erzielen; da die
Schiffsbewegungen wesentlich weicher sind, so ist anzu-

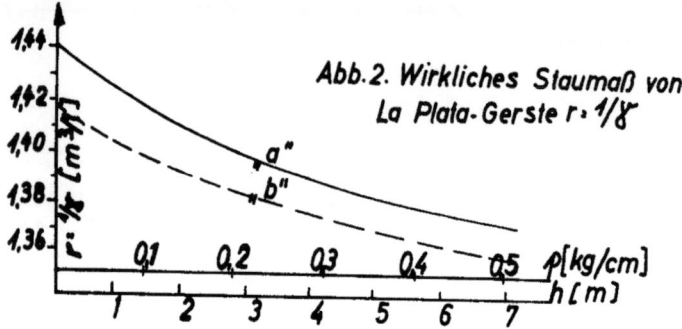

Abb.2. Wirkliches Staumaß von La Plata-Gerste r·1/γ

nehmen, dass sich die Ladung an Bord der "Pamir" wie "a" verhalten hat. Die zu den Kurven "a" und "b" gehörige Stellung der Körner zueinander zeigt Abb. 3

Abb. 3 Stellung der Gerstenkörner

Aus den Raumgrössen (Tab. 2) und dem wirklichen Staumass lassen sich jetzt die Grössen der freien Räume in den einzelnen Laderäumen und mit der Annahme, dass diese freien Räume sich etwa gleichmässig unter Deck dort befinden, wo die schlechtesten Trimmöglichkeiten sind, auch ihre Schwerpunkte und damit der Ladungsschwerpunkt bestimmen. Für die Annahmen über die Lage der Freiräume wurden ausserdem die Massungen von Herrn Dipl.-Ing. Seefisch auf der "Passat" benutzt (3).

Um die Rechnung zu vereinfachen, wird die Berechnung der Freiräume mit einer mittleren Räumte γ_m durchgeführt. Da

die Räumte nach unten hin abnimmt, das spezifische Gewicht
unter dem Ladungsdruck also zunimmt, liegt der mit dem
Mittelwert errechnete Schwerpunkt etwas zu hoch. Eine
Fehlerabschätzung ergab jedoch, dass der dadurch gemachte
Fehler im $\overline{MG}$ höchstens 1 cm beträgt, daher erscheint diese
Vernachlässigung berechtigt.

Bestimmung der mittleren Räumte:

	mittlere gestaute Höhe (m)	Inhalt	Höhe u.Inhalt
Untere Laderäume	5,40	3853	
Obere Laderäume	2,00	1713	(Raum I frei)
Tank	3,00	598	
		6164	26 026

$$hm = \frac{26026}{6164} = 4,22 \text{ m}$$

$$\Upsilon m = \frac{1}{hm} \int_0^{hm} rdh = 1,423 \ ^t/m^3 \quad (\text{aus Abb.2 planimetriert})$$

Mit diesem Wert wird jetzt die Grösse der freien Räume berechnet

Laderaum I

$P = 335$ t $\quad V = 735 \text{ m}^3$ (nur Unterraum)

$\quad R = 336 \cdot 1,423 = 478 \text{ m}^3 \quad F = 257 \text{ m}^3$

WL-Fläche ohne Trinkwassertank: WL 8 -142,5 m^2 WL 7 - 139,8 m^2

$\qquad\qquad\qquad\qquad$ Mittel A = 141,2 m^2

Freiraumhöhe: $a = \frac{F}{A} = \frac{257}{141,2} = 1,82 \text{ m}$

Höhe bis O K. Balken Spt. 131 1/2 h = 7,15 m (Mitte Schiff)

$\qquad\qquad\qquad$ b = 1/2 Decksbucht = 0,14 m

Schwerpunktshöhe des Freiraums $h_F = h - a/2 - b = 6,10 \text{ m}$

Gesamtschwerpunkt:	v (m^3)	h (m)	M (m^4)
Raum 1	735	4,50	3308
Freiraum	257	6,10	1568
Ladung Raum 1	478	3,64	1740

Laderaum II

$P = 1310$ t $\quad V = 2005$ m^3 $\quad R = 1310 \cdot 1,423 = 1864$ m^3

$\qquad\qquad F = 139$ m^3 Decksfläche 274 m^2

Verteilung der Freiräume:

Lukenschacht: 800 mm hoch frei $F = 7,32 \cdot 4,27 \cdot 0,8 = 25$ m^3

Unter Oberdeck: 215 mm hoch frei $F = 0,21 \cdot 274 = 57$ m^3

Unter Zwischendeck: 200 mm hoch frei $F = 0,2 \cdot 274 = 55$

Damit wird der Gesamtschwerpunkt:	v	h
Raum 2 Zw.D.	660	7,65
Raum 2	1345	3,70
Freiraum in der Luke	- 25	9,52
unter Oberdeck	- 59	8,62
unter Zwischendeck	- 55	6,35
Summe	1864	4,79

Laderaum III

$P = 1327$ t $\quad V = 2141$ m^3 $\quad R = 1327 \cdot 1,423 = 1888$ m^3

$\qquad\qquad F = 253$ m^3 Decksfläche 269 m^2

$\qquad\qquad\qquad$ Tankdecke 220 m^2

Verteilung der Freiräume

Lukenschacht: 1000 mm hoch frei $F = 5,49 \cdot 4,27 \cdot 1,0 = 23$ m^3

Unter Oberdeck $\sim$ 250 hoch frei $\quad F = 0,25 \cdot 269 = 67$ m^3

Unter Zwischendeck $\sim$ 250 hoch frei $F = 0,25 \cdot 269 = 67$ m^3

Unter Tankdecke $\sim$ 437 hoch frei $\quad F = 96$ m^3

Damit wird der Gesamtschwerpunkt	v	h
Raum 3 Zw.D.	635	7,45
Raum 3	908	4,10
Tank	598	2,57
Freiraum unter Oberdeck	-67	8,30
Freiraum unter Zw.Deck	-67	0,15
Freiraum in Luke	-23	9,00
Freiraum unter Tankdecke	-96	3,75
Summe	1 888	4,48

Laderaum IV

$$P = 8o7 \text{ t} \quad V = 1283 \text{ m}^3$$
$$R = 8o7 \cdot 1,423 = 1148 \text{ m}^3 \quad F = 135 \text{ m}^3$$
$$\text{Decksfläohe } 172 \text{ m}^3$$

Verteilung der Freiräume:

Lukenschacht looo mm hoch $F = 4,88 \cdot 4,27 \cdot 1,o = 21 \text{ m}^3$

Unter Zw.Deck 3oo mm hoch $F = o,3 \cdot 172 = 52 \text{ m}^3$

Unter Ober Deck 351 mm hoch $F = o,351 \cdot 172 = 62 \text{ m}^3$

Damit wird der Gesamtschwerpunkt	v	h
Raum 4 Zw.D.	418	7,7o
Raum 4	865	4,27
Freiraum Lukenschacht	-21	9,36
Freiraum Unter Oberdeck	-62	8,41
Freiraum Unter Zw.Deck	-52	6,38
Summe	1148	5,11

Gesamtschwerpunkt der Ladungsmengen	P	h
I	336	3,64
II	131o	4,79
III	1327	4,48
IV	8o7	5,11
Summe	378o	4,65

Rechnet man zum Vergleich mit homogener Ladung, wie es an sich üblich ist, so ergibt sich folgendes:

Mittlere Räumte aus Laderaum 2 - 4 gemittelt: 1,576

Laderaum I unten: Freiraum: 735 - 530 = 2o5 m^3

Raum 1	v	h
	735	4,5o
-	2o5	6,28
	530	3,81

Gesamtladeraumschwerpunkt: v   h

		v	h
Raum	1	53o	3,81
Raum	2 ZwD	66o	7,65
Raum	2	1345	3,7o
Raum	3 ZwD	635	7,45
Raum	3	9o8	4,1o
Tank		598	2,57
Raum	4 ZwD	418	7,7o
Raum	4	865	4,27
	Summe	5959	4,85

Das heisst, der Ladungsschwerpunkt bei Berücksichtigung der
freien Räume und der Zusammendrückung der Gerste liegt
etwa 2o cm tiefer als bei Rechnung mit homogenen Räumen in
Luke 1. Für die Bestimmung der Anfangsstabilität im Unfallzustand kann diese Lage des Gewichtsschwerpunktes jedoch
nicht angenommen werden, da sie den wirklichen Verhältnissen nicht Rechnung trägt.

1. 3 Bestimmung der Vorrats- und Ausrüstungsgewichte für
den Unfallzustand.

In der vom Gericht überlassenen Belastungsmeldung der
letzten Reise der "Pamir" fehlen Angaben über diese Gewichte. Es ist daher nur möglich, an Hand der Stabilitätsblätter und Schätzungen des Reiseverbrauchs Angaben über
diese Gewichte im Unfallzustand zu machen. Dabei ergab sich,
dass selbst ziemlich unterschiedliche Schätzungen keinen
grossen Einfluss auf MG haben. Es wurde daher nur mit einer
Annahme gerechnet, die sich etwa mit den Angaben der Stabilitätsblätter deckt. Im folgenden sind für die einzelnen
Gewichte diese Annahmen begründet.

Brennstoff Es ist anzunehmen, dass bei Ausreise von
            Buenos Aires nicht der volle Brennstoffvorrat
            an Bord gewesen ist, da das Schiff üblicher-
            weise in Europa gebunkert hat. Der Reisever-
            brauch dürfte für die 2 Maschinentage und das

Aggregat (42 Tage) etwa 24 t betragen haben.
An Brennstoff kann das Schiff insgesamt 131 t
nehmen. Es wird angenommen, dass am Unfalltage
der Mittelbunker mit 4o t Brennstoff gefüllt war.

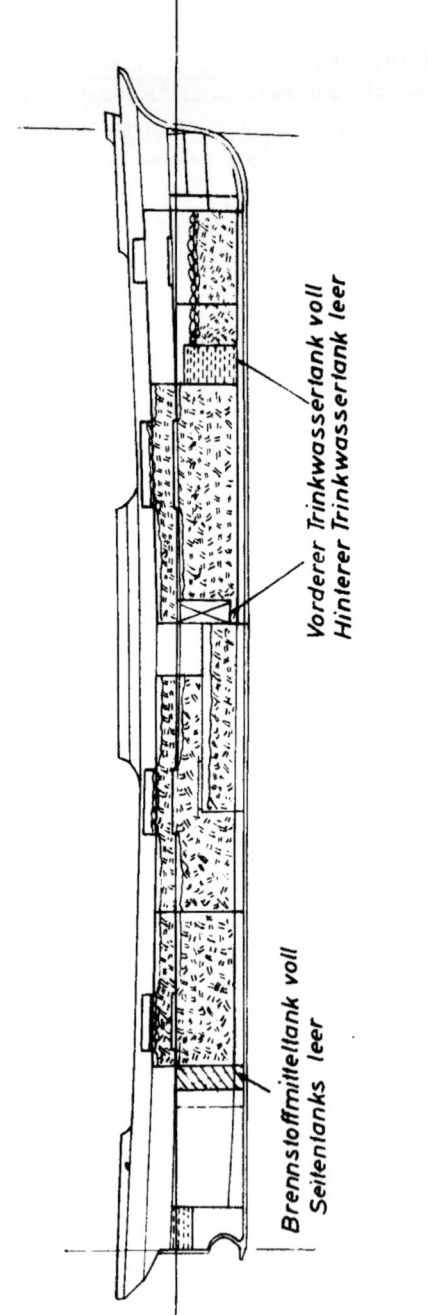

Brennstoffmitteltank voll
Seitentanks leer

Vorderer Trinkwassertank voll
Hinterer Trinkwassertank leer

Die durchschnittlichen Freiraumhöhen
sind aus der Rechnung zu ersehen,
sie entsprechen etwa dem eingezeichneten
Zustand.

Abb. 4

Ladeplan SS Pamir
im Unfallzustand

Abb. 5 Zusammenhang zwischen Rollzeit und Anfangsstabilität $\overline{MG}$

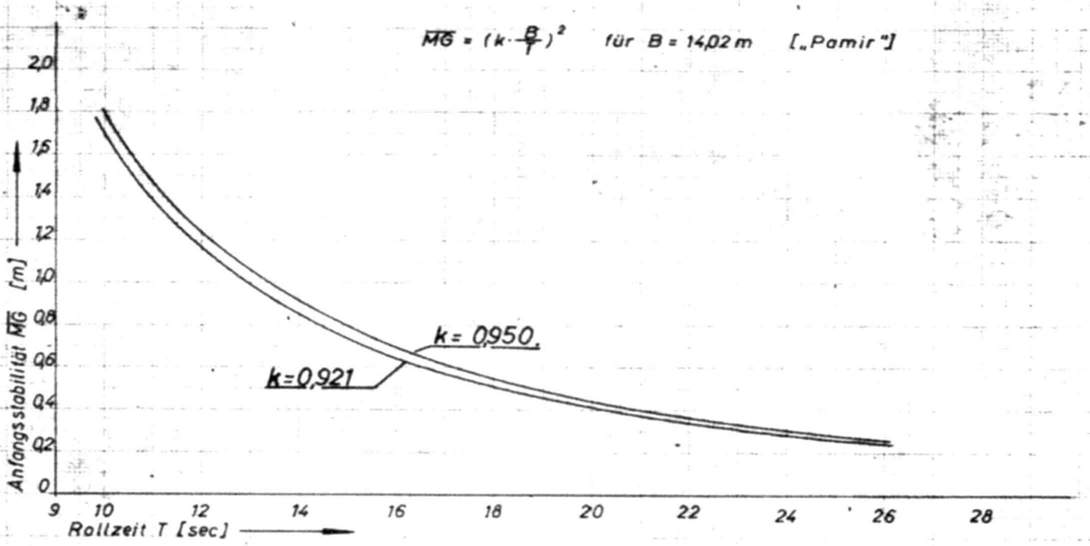

$$\overline{MG} = (k \cdot \frac{B}{T})^2 \quad \text{für } B = 14{,}02\,m \quad [\text{„Pamir"}]$$

$k = 0{,}950$

$k = 0{,}921$

Anfangsstabilität $\overline{MG}$ [m]

Rollzeit T [sec]

Trinkwasser Nach der Reisedauer dürfte am Unfalltage nur ein
Tank gefüllt gewesen sein. Es ist unwahrschein-
lich, dass zur Verbesserung der Stabilität der
leere Tank mit Seewasser nachgeflutet worden ist,
was ausserdem keine grosse Änderung für $\overline{MG}$
($\sim$ 1 cm) ausmacht.

Vorräte   etwa 7 t Maschinenölvorräte, Koks usw. nach
Stabilitätsblättern

1. 4 Bestimmung von $\overline{MG}$ im Unfallzustand

Aus den bisherigen Rechnungen ergibt sich folgender Ladungs-
zustand für den Unfalltag:

	P (t)	h (m)
Schiffsgewicht	2301	7,56
Ladung	3780	4,65
F.W.Tank 120/125	56	3,58
Achterpiek	27	4,96
Treibölbunker, Mitte	40	3,30
Maschinenöl	3	4,78
Koks	2	7,00
Proviant	7	5,40
Besatzung	10	9,50
Stores	5	8,00
	6231	5,72

Dieser Ladezustand ist auf Abb. 4 gezeigt

Ein Trimmüberschlag gab folgende Tiefgänge für das Schiff:

	bez. auf UKK	bez. auf OKK
Mittlerer Tiefgang	6,85 m	6,57
Tiefgang vorn	6,68 m	6,40
Tiefgang hinten	7,02 m	6,74

Dafür ergaben sich: $\overline{KF}$ = 3,78 m $\overline{KM}$ = 6,28 m
$\overline{MF}$ = 2,50 m

Der Trimm ist hier, ebenso wie bei der Auswertung des
Krängungsversuchs, berücksichtigt.
Damit ergibt sich $\overline{MG}$ = 0,56 m

1. 5 Vergleich des $\overline{MG}$ der "Pamir" mit dem aus Krängungsversuch gemessenen Wert der "Passat"

Nach dem Einlaufen der Passat in Hamburg wurde ein Krängungsversuch mit diesem Schiff vor dem Löschen durchgeführt. Dabei wurde folgendes $\overline{MG}$ festgestellt:

$$\overline{MG} = \frac{P \cdot e}{D \cdot \varphi} = \frac{4{,}835 \ t \cdot 11{,}oo \ m}{658o \ t \cdot o{,}o122} = 66 \ cm$$

mit P = 4,835 Gewicht der zur Krängung benutzten Mann-
schaften u. Schauerleute

    e = Verschiebungsweg

    D = 658o t aus Ladeplan für 7,16 m Tiefgang

    φ = 42' gemessen mit Naviclin

Mittlerer Fehler etwa $\pm$ 2 cm nach Fehlerabschätzung. Bei
der Auswertung der Winddruckmessungen ist es notwendig,
den Wert auf Reisezustand von Portsmouth nach Hamburg um-
zurechnen.

Für 7,16 m Tiefgang wird $\overline{KM}$ = 6,34 m, $\overline{KG}$ = 5,68 m

	P (t)	h (m)	M (mt)
Schiff im Krängungszustand	658o	5,68	37374
Schauerleute an Hochdeck	- 2,5	12,oo	- 3o
Besatzung auf Hochdeck	- 2,3	12,oo	- 28
Besatzung in Wohnräumen	+ 2,3	9,50	+ 22
Frischwasser in der Achterpiek	- 27	6,75	-182
Frischwasser im Hochtank	- 57	3,6o	-2o9
Frischwasser in der Vorpiek	- 12	2,2o	- 26
Schiff auf der Reise von Ports	6481	5,69	36897

Für Seewasser ändert sich der Tiefgang, KM = 6,33 cm.
Damit MG = o,64 m für den Reisezustand von Portsmouth.

Für einen Vergleich mit der "Pamir" muss auf einen ähnlichen Ladefall zurückgerechnet werden, es muss das Löschen
der Ladung aus dem Tieftank und das Umstauen der Ladung in
Lissabon berücksichtigt werden. Damit wird

	P (t)	h (m)	M
Schiff auf der Reise von			
Portsmouth	6481	5,69	36897
zusätzliche Ladung in Raum 4	14o	7,9o	11o5
abzuziehende Ladung im Raum 1	-24	6,oo	-144
	6597	5,74	37658

$$KM = 6,34 \text{ m} \qquad MG = 0,6o \text{ m}$$

Für einen vergleichbaren Ladezustand ergibt sich also für
"Passat" $\overline{MG}$ = o,6o m, für "Pamir": $\overline{MG}$ = o,56. Die Schwerpunktshöhe über Kiel $\overline{KG}$ ist bei Passat etwas grösser trotz
wahrscheinlich günstigerer Stauung. Dafür ist aber
$\overline{KM}$ = 6,34 m infolge der anderen Schiffsform wieder etwas
grösser, so dass $\overline{MG}$ trotz des höheren $\overline{KG}$ noch um 4 cm grösser ist als bei "Pamir".

1. 6 MG nach Rollzeitmessungen

Die Schlingerformel lautet

$$\overline{MG} = (K \cdot \frac{B}{T})^2$$

Auf der Reise der "Passat" von Portsmouth nach Hamburg wurde
wiederholt die Schlingerperiode mit dem Naviclin gemessen,
der Mittelwert von zahlreichen Messungen lag bei 16,7 sec
bis 16,8 sec, der von Herrn Dipl.-Ing.Seefisch gemessene Wert
in Lissabon lag etwas niedriger, nämlich bei 16,66 sec, dabei war aber wahrscheinlich $\overline{MG}$ grösser. Aus diesen Messungen
ist es in Verbindung mit dem in 1.5 errechneten $\overline{MG}$ möglich,
den K-Wert zu bestimmen

$$K = \sqrt{0,64} \cdot \frac{16,75}{14,32} = 0,936$$

Die von Mr.Noble in Falmouth gemessenen K-Werte waren o,9o6
und o,873.
Es ist möglich, dass die abgenommenen Royalrahen einen gewissen Einfluss auf das Ergebnis hatten. Auch ein Einfluss
der durch Segel mitbewegten Luftmassen ist denkbar. Ob bei
den Messungen in Falmouth genügend tiefes Wasser vorhanden
war, um ungestörte Schlingerperioden zu bekommen, ist nicht
bekannt. Da die eigenen Messungen jedoch oft wiederholt

worden sind, und die Streuung der Messwerte sehr klein war
(16,7 - 16,8 sec), müssen sie als zuverlässig angesehen
werden. Eine Unsicherheit in der Bestimmung des K-Wertes
kann durch das nur mit einer Genauigkeit von 64 $\pm$ 2 cm
bekannte $\overline{MG}$ gesehen werden. Nimmt man einmal 62 cm, ein
anderesmal 66 cm als richtigen Wert an, so wird K_1 = o,921
und K_2 = o,95o
Für diese beiden K-Werte sind die zugehörigen $\overline{MG}$ Werte in
Abb.5 dargestellt.
Für 2o sec Rollzeit würde sich nach Abb.5 etwa MG = 43 cm
ergeben.

Nimmt man an, dass der zweite Offizier Buschmann bei seiner
Auswertung der Rollzeit von 2o sec als K-Wert o,89   -nach
den Falmouth Versuchen - benutzt hat, so musste er auf ein
$\overline{MG}$ von 4o cm kommen. Die nach den Werftpantokarenen für
das Schiff ohne Aufbauten dazugehörige Hebelarmkurve für
$\overline{KM}$ = 6,24 m und V = 613o m^3 zeigt Abb. 6.

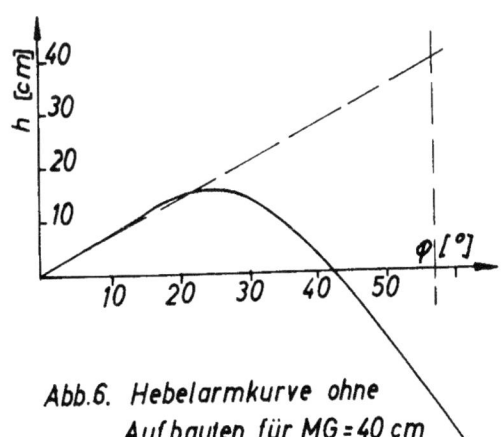

Abb.6. Hebelarmkurve ohne
Aufbauten für MG=40 cm

1. 7 Fehlergrenzen von $\overline{MG}$ im Unfallzustand.

Das in 1.4. ermittelte $\overline{MG}$ für den Unfallzustand ist ein
Mittelwert. Bei seiner Berechnung mussten einige Annahmen
so z.B. über die Lage der Freiräume und die Füllung der
Tanks gemacht werden. Wenn auch bei diesen Annahmen ständig geprüft wurde, ob sie mit den tatsächlichen Verhältnissen in Einklang stehen, und wie andere Annahmen, so
z.B. andere Füllung von Tanks, sich auswirken, so ist es
doch unvermeidbar, dass gewisse Abweichungen von diesem
Mittelwert möglich sind. Der Streubereich dürfte etwa
$\pm$ 3 cm betragen, so dass die endgültige Angabe für den
Unfallzustand lautet:

$$\overline{MG} = 56 \text{ cm} \pm 3 \text{ cm}$$

Diese Angabe steht auch noch mit dem aus der Rollzeit von
2o sec ermittelten $\overline{MG}$ = 43 cm in Einklang, wenn man berücksichtigt, dass diese Rollzeitmessung beim Auslaufen erfolgte und durch das Sacken der Ladung während der Reise
sich $\overline{MG}$ vergrössert.

2. Ermittlung der Formstabilität

Um mögliche Fehler bei der Berechnung der Formstabilität
durch die Werft auszuschalten und genaue Werte für den
Anfangsbereich zu bekommen, wurde für die in 1.4 gegebene
Lage des Schiffes eine Stabilitätsrechnung nach dem Verfahren von Kryloff durchgeführt. Als Grundlage für diese
Arbeit wurde der den G.L.Akten beiliegende Linienriss (4)
benutzt. Ein Vergleich mit einem bei der Bauwerft Blohm &
Voss noch vorhandene Spantenriss (5) ergab eindeutig, dass
es sich dabei um den Originalriss der "Pamir" handelte.
Da die uns überlassene Pause dieses Risses einen Breiten-
verzug hatte, war es notwendig, die Linien noch einmal
neu zu zeichnen, um diesen Fehler auszuschalten. Ferner
wurde, da für die Rechnung ohnehin ein Tschibyscheffspan-
tenriss gezeichnet werden musste, auch der achterlastige
Trimm berücksichtigt. Das Ergebnis dieser Rechnung zeigt
Abb.7.

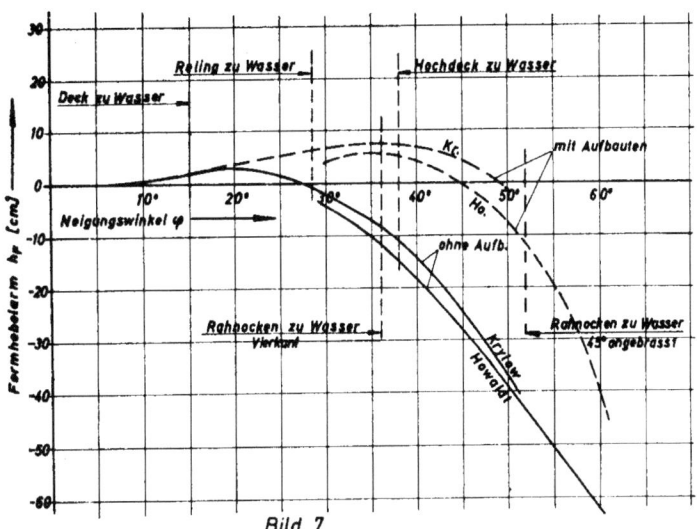

Bild 7

Die Abweichungen von den Werftangaben sind sehr gering und
können allein schon durch die Berücksichtigung des Trimms
möglich sein, ausserdem liegt eine Abweichung um $\pm$ 2 cm
durchaus innerhalb der Genauigkeit des von der Werft ange-
wendeten Integratorverfahrens.
Bei der Kryloffrechnung wurden 16 Tschibyscheffspanten verwendet, je 3 im Bereich der Aufbauten und je 5 für das Vorschiff und den Bereich zwischen Brücke und Poop. An sich
ist es kaum möglich, über die Genauigkeit von Stabilitäts-
rechnungen bestimmte Aussagen zu machen, der wahrschein-
liche Fehler für Stabilitätsrechnung nach Kryloff ist von
der Grösse des Neigungswinkels abhängig und wird in 3
durch die Erhöhung der Toleranz für $\overline{MG}$ um 1 cm berücksichtigt.

3. Hebelarmkurve für glattes Wasser

Nach 1./ und 2 ergibt sich als Hebelarmstreifen (Abb.7):

$$h = \overline{MG} \sin \varphi + h_F (\varphi)$$

$$\text{mit } \overline{MG} \text{ max} = 6o \text{ cm} , \overline{MG} \text{ min} = 52 \text{ cm}$$

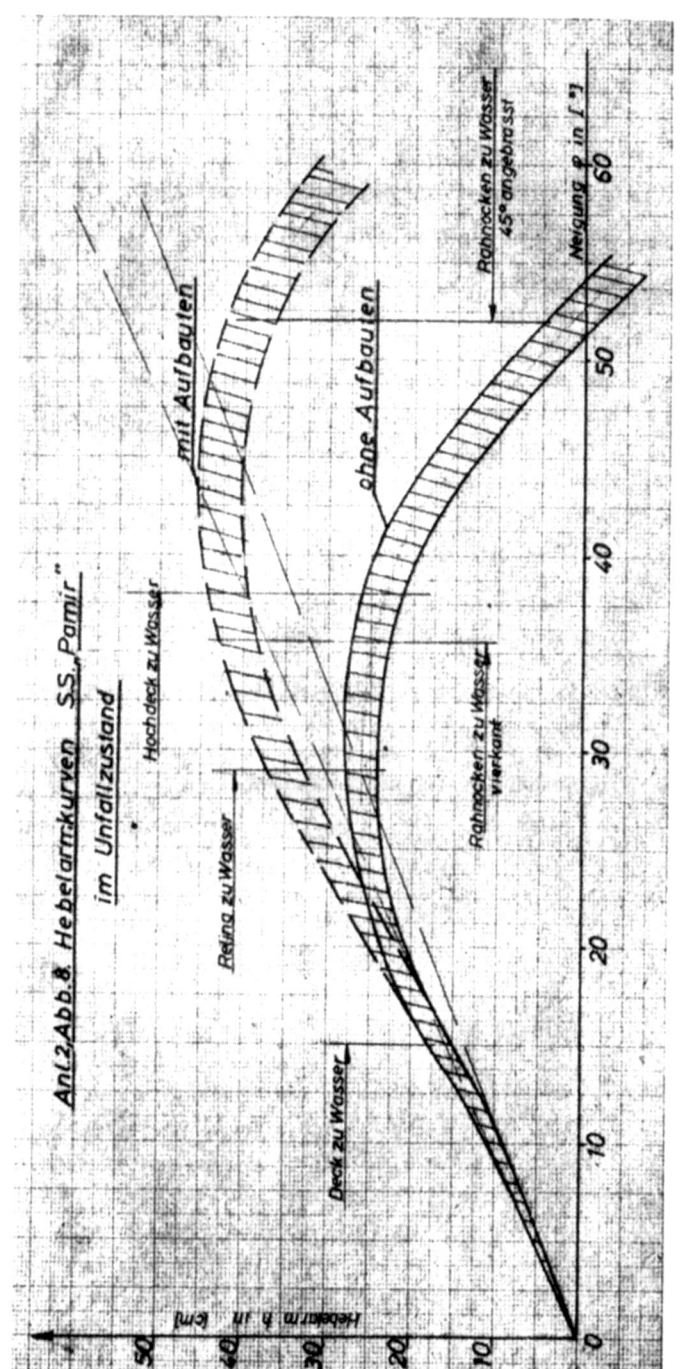

Anl.2 Abb.8. Hebelarmkurven SS. "Pamir"
im Unfallzustand

Benutzte Unterlagen

(1) Stabilitätsakte der Seeberufsgenossenschaft

(2) Unterlagen der Howaldtswerke Kiel

Kurvenblatt
Generalplan
Pantokarenen
Tieftank u. Wände auf Tieftankdecke
Maschinenaufstellung
Alter Hauptspant
Eisenlängsschnitt
Materialverbrauch
Ladeplan

(3) Fotokopie einer Rechnung von Herrn Dipl.-Ing.Seefisch,
Aufnahmen vom Zustand der Ladung auf Passat

(4) Linienriss aus Stabilitätsakte des Germanischen Lloyd

(5) Spantenriss der "Pamir" bei Blohm & Voss
(Bleizeichnung auf Karton, Maßstab 1 : 5o)

(6) Zeugenaussagen der Voruntersuchung.

Anlage 3

Beeinflussung der Stabilität der "Pamir" durch Seegang.

von S. R o d e n

Zur Unfallzeit haben am Unfallort etwa Seegangsverhältnisse vorgelegen, wie sie Bild 1 wiedergibt. Ihr Einfluss auf die Stabilität der "Pamir" soll nachstehend untersucht werden.

Einfluss der Windsee aus ONO.

Liegt ein Schiff parallel zu Wellen, deren Länge relativ
gross ist gegenüber der Schiffsbreite, kann der durch das
Schiff eingenommene Teil der Wellenoberfläche als ebene
Fläche angesehen werden. Bild 2. Eine auf diese, der jeweiligen Wellenschräge entsprechend geneigte Schwimmebene
bezogene Hebelarmkurve hat dann den gleichen Verlauf, wie
die Glattwasserhebelarmkurve. Weil bei relativ grossen
Wellendimensionen das Schiff die Bewegungen des Wassers
mitmacht, diese aber bewirken, dass das Wasser immer senkrecht zur jeweiligen Wellenschräge beschleunigt wird
- eine physikalische Bedingung für den Bestand von
Wellen - gilt für das Schiff das gleiche, d.h. Gleich-
gewichtslage des Schiffes ist die O-Lage gegenüber der
Wellenschräge. Weil die Abmessungen des Schiffsquer-
schnittes immerhin endlich sind gegenüber den Wellendimensionen muss an sich über diesen Bereich integriert
werden, für praktische Belange genügt es jedoch völlig,
mit einer wirksamen Wellenschräge zu rechnen, die in
diesem Fall etwa 7o - 8o % der Oberflächenschräge beträgt. Bild 2.
Durch quer einkommende Wellen werden Rollbewegungen des
Schiffes angefacht, weil die am Schiff wirksame Wellenschräge periodisch beim Passieren der Wellen schwankt.
Die Hebelarme der dabei auf das Schiff wirkenden Momente
entsprechen wie gezeigt den Glattwasserhebelarmen.
Die Amplitude der angefachten Rollbewegung ist abhängig
vom Verhältnis der Erregerfrequenz zur Eigenfrequenz

des Schiffes und der Dämpfung und im übrigen proportional
der Erregeramplitude.

Eine in dieser Weise auf die "Pamir" wirkende See (Windsee aus ONO) mit einer mittleren Wellenlänge von
$\lambda_m \sim$ loo m und einer Wellenhöhe $h \sim$ lo m hat etwa
nachstehende Wirkung:

Die maximale wirksame Wellenschräge ϑ_{max} beträgt ca.
$\pm 14^o$, die Wellen- und damit Erregerfrequenz ω etwa $\frac{1}{8}$ Hz.
Bei einer Eigenfrequenz der "Pamir" von $\omega_e \sim \frac{1}{2o}$ Hz ist
das Frequenzverhältnis $\frac{\omega}{\omega_e} \sim 2,5$. Da ein Segelschiff infolge
der Takelage relativ stark gedämpft ist, kann aus Bild 3
ein Vergrösserungsfaktor von höchstens o,2 entnommen werden,
das heisst die durch den Seegang angefachten Rollbewegungen
des Schiffes gegen den wahren Horizont haben eine Amplitude
von höchstens o,2 · $\pm 14^o$ also $\sim 3^o$. Dieser Winkel ist
klein gegenüber den durch äussere Momente hervorgerufenen
Neigungen, so dass er bei weiteren Betrachtungen ohne Bedenken vernachlässigt werden kann und das Schiff als nur
durch äussere Momente gegen den wahren Horizont geneigt
angesehen werden darf. Das heisst andererseits, dass die
Neigung des Schiffes gegenüber der wirksamen Wellenschräge
mit dieser in fast voller Grösse periodisch schwankt. Als
repräsentatives Stabilitätsmass muss daher der zeitliche
Mittelwert aller, den durch laufenden Neigungen zugeordneten Hebelarme gebildet werden. Wie aus Bild 4 hervorgeht
liegen diese Werte zumeist unterhalb der Glattwasserhebelarmkurve, allerdings ist die Differenz nicht sehr gross,
eine stärkere Beeinflussung der Stabilität durch den quer
einkommenden Seegang findet also nicht statt, wenn man
davon absieht, dass durch Störung der Welle durch das
Schiff dynamische Kräfte wirksam werden können. Es ist
jedoch keine Erscheinung bekannt, die darauf hin deutet,
dass ihre Wirkung bei grösserer Wassertiefe erheblich ist,
vielmehr werden Schiffe von quereinkommenden, relativ
langen Wellen verhältnismässig glatt unterlaufen.

Einfluss der Dünung aus SO

Liegt ein Schiff senkrecht zu Wellen, deren Länge von
gleicher Grössenordnung wie die Schiffslänge ist, wird
die Form des eingetauchten Teils des Schiffskörpers
völlig anders sein als in glattem Wasser (Bild 2). Da
die Stabilität eines Schiffes wesentlich von dieser
Form abhängt, ist ein anderer Verlauf der Hebelarmkurve
als bei glattem Wasser zu erwarten. Entsprechende Rechnungen ergeben erhebliche Stabilitätsschwankungen in
Abhängigkeit von der Wellenlänge, der Wellensteilheit
und der Lage des Schiffes in der Welle. Besonders ungünstige Verhältnisse für ein Schiff liegen dann vor,
wenn die Wellenlänge etwa gleich der Schiffslänge ist.
Für diesen Fall wurden umfangreiche Modellversuche angestellt, die gute Übereinstimmung mit entspr. Rechnungen
ergaben. Bild 5 zeigt ein Oszillagramm, auf dem von rechts
das Stabilitätsmoment aufgetragen wurde und von links die
Höhe der Wasseroberfläche und damit das Wellenprofil. Die
Wellensonde war neben dem Bug des Modells montiert, zeigte
also einen Wellenberg an, wenn das Modell im Wellental lag.
Um eine richtige Zuordnung der Stabilitätsmomente zu erhalten, muss das Wellenprofil um 18o° phasenverschoben betrachtet werden.

Bild 6 und 7 zeigen das Modell im Wellenberg, Bild 8 u. 9
im Wellental. Die Neigung des Modells betrug 3o°. Das Verhältnis Wellenhöhe zu Wellenlänge war   o,o5. Das Oszillo-
gramm zeigt deutlich die starken Schwankungen der Stabilität in Abhängigkeit von der jeweiligen Lage des Modells in
der Welle, ferner ist zu erkennen, dass das mittlere See-
gang-Stabilitätsmoment kleiner ist als das Glattwasser-
moment.

Der damit erläuterte Einfluss der Dünung aus SO auf die
Stabilität der "Pamir" geht aus Bild 1o und 11 hervor. Da
das Verhältnis von Wellenfrequenz zu Schiffseigenfrequenz
wiederum etwa 2,5 beträgt, gilt für die Bewegung des
Schiffes infolge dieser Dünung das was zum Einfluss der

Windsee gesagt wurde. Nennenswerte Rollbewegungen finden
nicht statt, so dass der zeitliche Mittelwert aller,
einer bestimmten Neigung zugeordneten Hebelarme als
charakteristischer Seegangsstabilitätswert für diese
Neigung des Schiffes gebildet werden muss.
Die mittleren Seegangshebelarme sind in beiden Fällen
wesentlich niedriger als die Glattwasserhebelarmkurve.
Die angegebenen Werte sind besonders zuverlässig, weil
sie durch Modellversuche gestützt sind, die unter
gleichen Bedingungen für das Modell durchgeführt wurden,
wie sie für die "Pamir" zur Unfallzeit galten.

Eine ausführliche Behandlung des Problems Seegangs-
stabilität gibt ein Aufsatz von Prof.Dr.-Ing. K.Wendel:
Stabilitätseinbüssen im Seegang und durch Koksdeckslast.
Hansa Nr. 46/47 Jahrgang 1954.

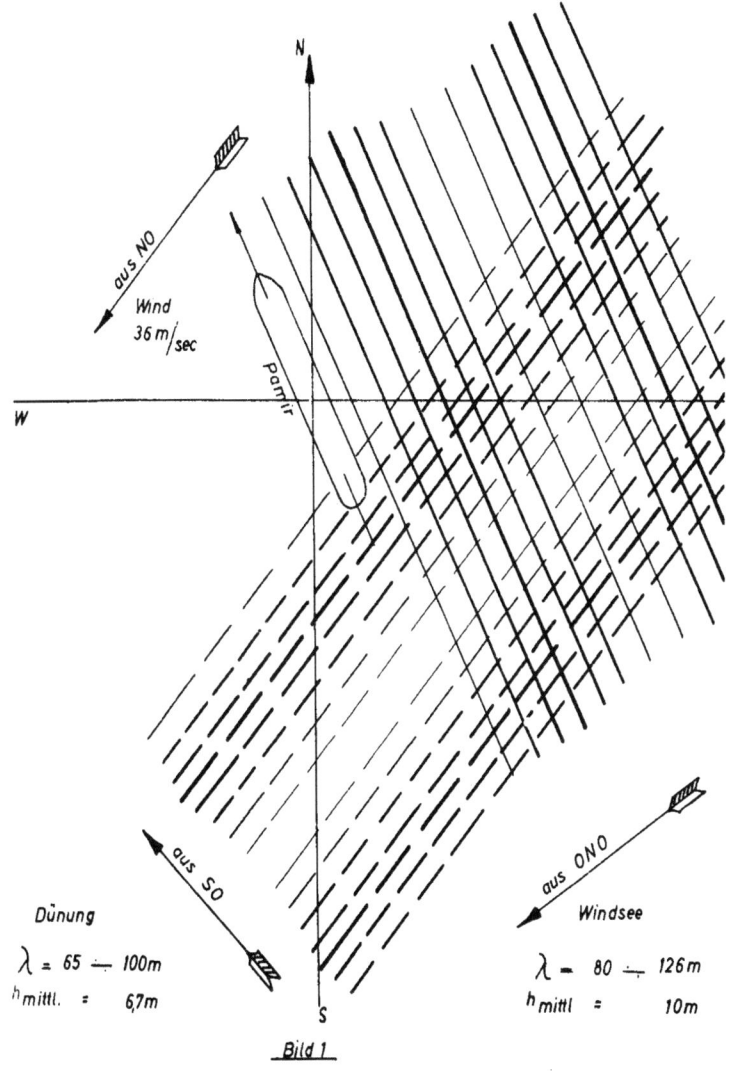

N

W

S

aus NO

Wind
36 m/sec

Pamir

aus SO

aus ONO

Windsee

Dünung

$\lambda = 65 \div 100m$
$h_{mittl.} = 6{,}7m$

$\lambda = 80 \div 126m$
$h_{mittl} = 10m$

Bild 1

BILD 2

Schiff und Wellen
parallel

Wellenoberfläche

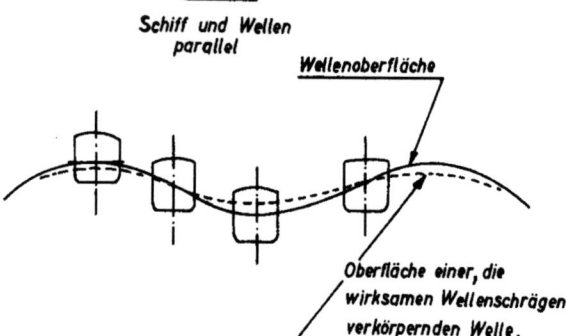

Oberfläche einer, die
wirksamen Wellenschrägen
verkörpernden Welle.

Schiff quer zu den Wellen

Glattwasser-Oberfläche

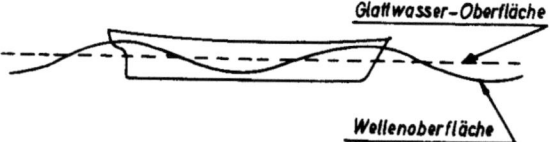

Wellenoberfläche

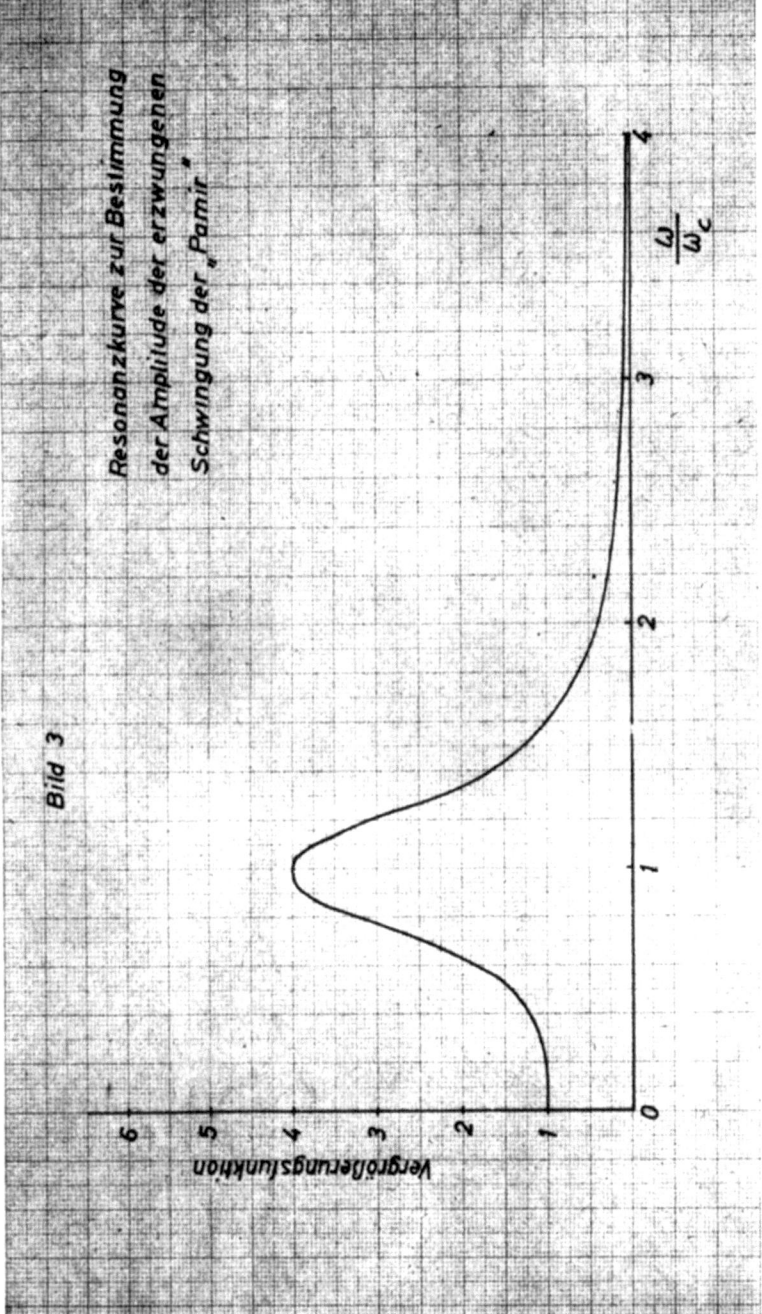

Bild 3

Resonanzkurve zur Bestimmung
der Amplitude der erzwungenen
Schwingung der „Pamir"

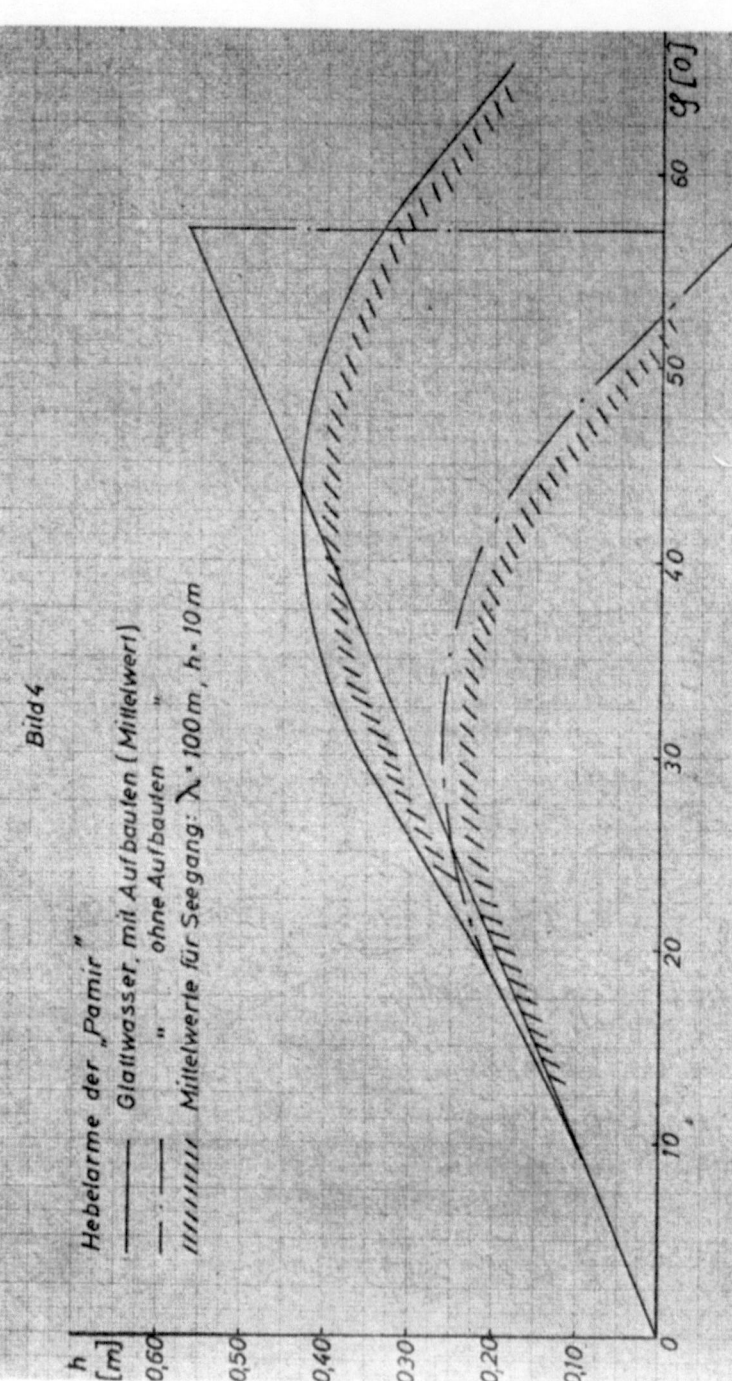

Bild 4

Hebelarme der „Pamir"

———— Glattwasser, mit Aufbauten (Mittelwert)
— ·· — „   „   ohne Aufbauten „
//////// Mittelwerte für Seegang: $\lambda = 100\,m$, $h = 10\,m$

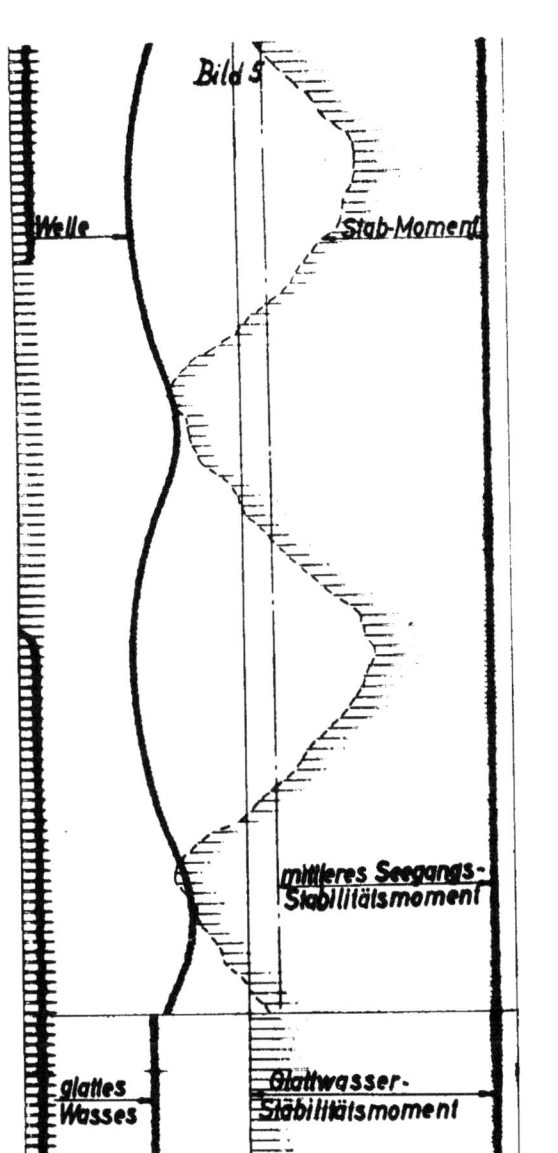

Bild 5

Welle

Stab-Moment

mittleres Seegangs-
Stabilitätsmoment

glattes
Wasses

Glattwasser-
Stabilitätsmoment

Bild 6

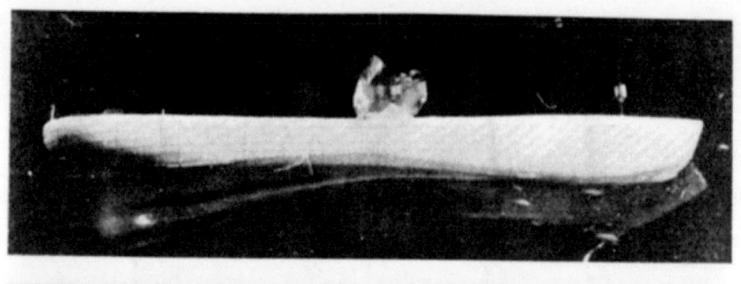

Bild 7

Bild 8

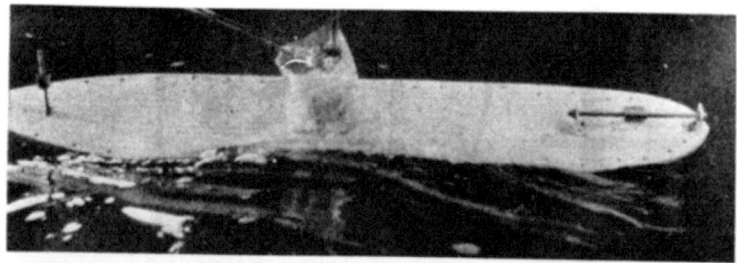

Bild 9

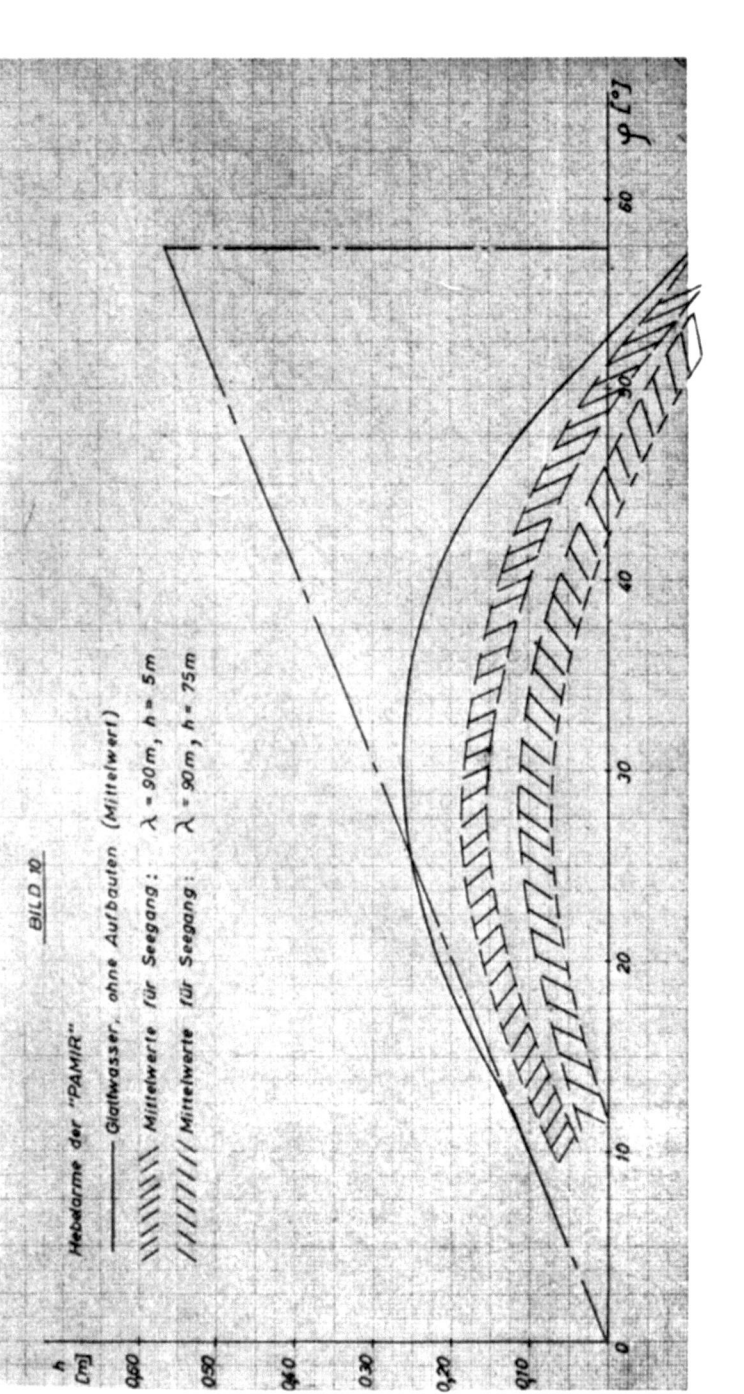

BILD 10

Hebelarme der "PAMIR"

—— Glattwasser, ohne Aufbauten (Mittelwert)

\\\\\\\ Mittelwerte für Seegang: λ = 90m, h = 5m

//////// Mittelwerte für Seegang: λ = 90m, h = 75m

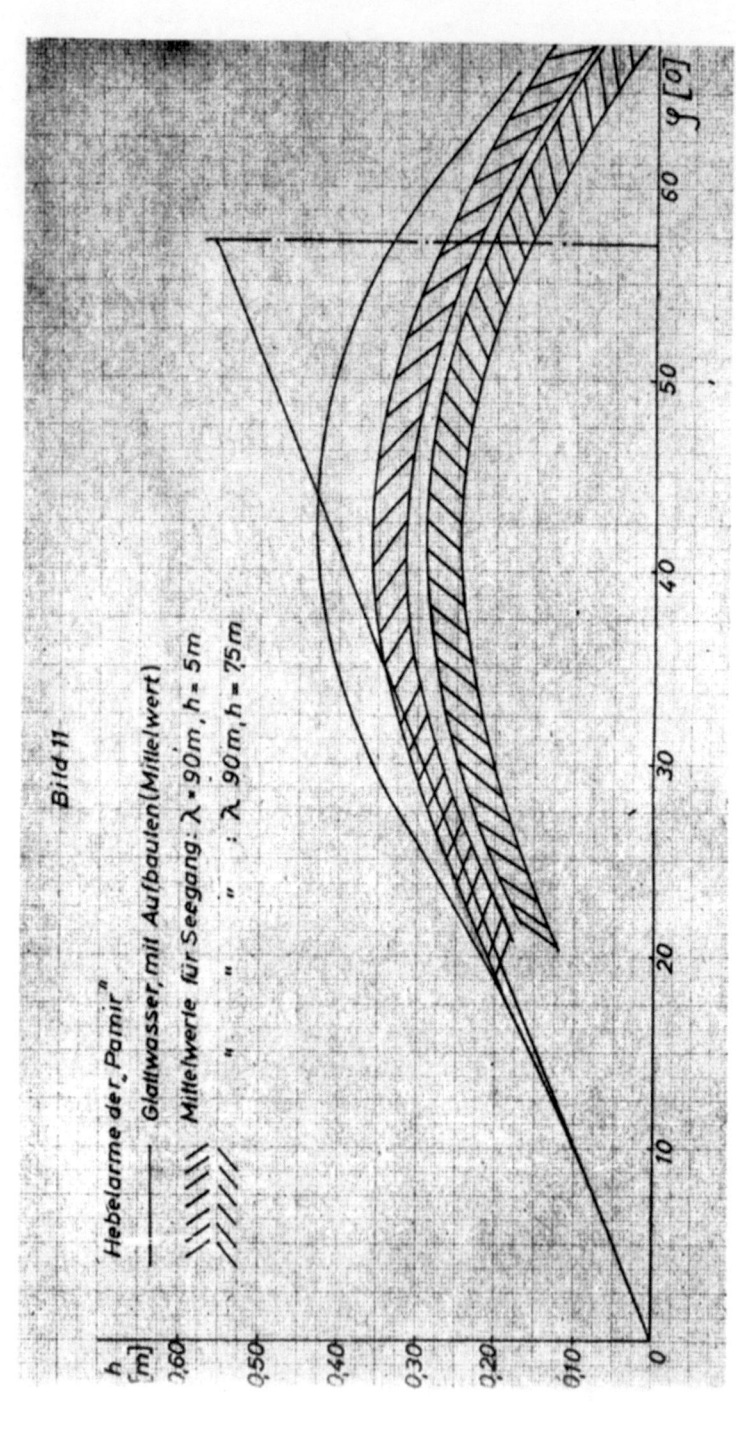

Bild 11

"Hebelarme der „Pamir"

—— Glattwasser, mit Aufbauten (Mittelwert)

////// Mittelwerte für Seegang: $\lambda = 90\,m$, $h = 5\,m$
////// " " : $\lambda = 90\,m$, $h = 7,5\,m$

Stabilitätsgutachten S.S. "Pamir"

Anlage 4

Berechnung der Hebelarme der Winddruckmomente

v.cand.ing. P. H e p t n e r

1. Theoretische Berechnung

Die genaue Angabe des hier angewandten Rechenverfahrens
ist in dieser Anlage nicht möglich. Es sei nur kurz auf
die benutzten Arbeiten verwiesen:

1) Horn, Stabilitätsbeanspruchungen durch Wind
"Hansa" 1950, S. 92 - 96

2) Bauermeister, Der Widerstand von Stahlleinen
in Luft und Wasser,
Schiffbau, 21.Jahrgang, S.337

3) M.Kinoshita H.S.Okada
Heeling Moment due to the wind pressure on small
vessels in: Proceedings Symposion on the Behavior
of ships in a seaway. Wageningen 1957, Auszug in
"Hansa" 57, S. 2322

4) Vorschriften für Stabilität und Freibord D.S.R.K 1956

Weitere Literaturangaben finden sich in der Arbeit 3).
Diese Arbeit war besonders für die Aussage über den Verlauf des Windkrängungsmoments des Schiffskörpers in Abhängigkeit vom Neigungswinkel φ wichtig, sie ist die erste
bekannte Arbeit, die darüber überhaupt Aussagen macht, die
den wirklichen Verhältnissen in etwa Rechnung tragen. Der
Verlauf der anderen Anteile in Abhängigkeit vom Winkel ist
im wesentlichen $\cos^2$ förmig. Als Unterlage zur Erfassung des
stehenden und laufenden Gutes diente ein Takelriss eines
ähnlichen Schiffes (in: Lass, die grossen Segelschiffe
J.S.T.G 1907) Die Berechnung erfolgte für quereinkommenden
Wind. Als Windgeschwindigkeit wurde in der Rechnung 33 m/sec
entsprechend einem Staudruck von 68,1 kg/m^2 gewählt. Für
die anderen Geschwindigkeiten wurde entsprechend umgerechnet.
Da die Masten für kleinere Windgeschwindigkeiten ($v <$ 2o m/sec)
in dem Bereich Reynoldscher Zahlen Re $<$ 5·1o^5 kommen, ist

eine Extrapolation über diesen Bereich hinaus nur unter
Berücksichtigung der anderen Widerstandsbeiwerte der
Masten möglich, was bei der Auswertung der Messungen an
der "Passat" berücksichtigt wurde. Alle anderen Teile der
Takelage sind in ihrem Beiwert C_w von der Windgeschwindig-
keit unabhängig.

2.) Korrekturen auf Grund der Messungen an der "Passat"

Bei den Messungen an der "Passat" wurde festgestellt, dass
die errechneten Kurven im wesentlichen richtig waren. Für
die Auswertung wurden die auf Grund des Krängungsversuchs
zurückgerechneten Werte von D = 6481 t und MG = 0,64 benutzt. Nach

$$D. \overline{MG} \ \text{ein} \ \varphi = \rho/2 \cdot v^2 \cdot \sum c_w \ F \ h$$

lässt sich bei bekannten D und $\overline{MG}$ und gemessenen φ und v
der Ausdruck $\sum c_w$ F h berechnen und für den jeweiligen
Segelzustand mit den Rechenergebnissen vergleichen.
Auf Grund dieser Auswertung ergaben sich folgende Korrekturen, mit denen die Ergebnisse der Rechnung zu multi-
plizieren waren:

$$c_1 = 1,11, \quad c_2 = 1,05, \quad c_3 = 1,03$$

für die 3 berechneten Segelstellungen.
Die Ergebnisse der korrigierten Rechnung sind in Bild 4,5
und 6 des Gutachtens dargestellt und dieser Anlage beigefügt. Die dargestellten Kurven sind Mittelwerte. Für die
Segel ist als Stellung der Rahen 45° zur Mittschiffslinie
angenommen.

Um die durch die Takelage ohne Segel verursachten höheren
Winddruckbeanspruchungen gegenüber Dampf- und Motorschiffen abschätzen zu können, ist in Abb. 1 dieser Teil
der Winddruckbeanspruchung gesondert aufgetragen:

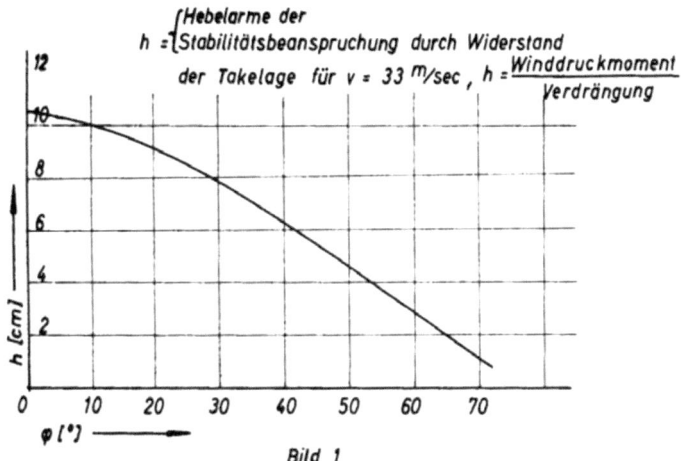

$$h = \begin{cases} \text{Hebelarme der} \\ \text{Stabilitätsbeanspruchung durch Widerstand} \end{cases}$$
der Takelage für v = 33 m/sec, $h = \dfrac{\text{Winddruckmoment}}{\text{Verdrängung}}$

Bild 1

Für Vergleichsrechnungen werden hier die in die Mittschiffs-
ebene projizierten Flächenmomente bezogen auf Tg/2 und die
dazugehörigen C_w -Werte der Ausgangsrechnung angegeben. Es
erscheint nicht möglich, die Korrekturen aus den Messungen
aufzuteilen.

	$10^{-3}M$ $[m^3]$	C_w [+)
Schiffskörper	1,56	1,07 - 1,17 +)
Masten	2,94	0,35 - 0,50
Takelage	11,2	0,78 - 0,92
Segel Zustand 1	1,78	1,2 - 1,4
2	11,5	1,2 - 1,4
3	29,4	1,2 - 1,4

Die Rahen sind nicht zu berücksichtigen, da sie kein nennens-
wertes Moment hervorrufen. Für den gesamten Winkelbereich
sind nämlich die aus den Auftriebs- und Widerstandskräften
herrührenden Momente gleich gross und entgegengesetzt. Die
aufgetragenen Werte sind die Mittelwerte der Bereiche, die
sich aus der Rechnung ergaben, multipliziert mit den sich
aus den Messungen ergebenden Koeffizienten.

+) Bezogen auf W.L., Siehe die Arbeit v.Okada

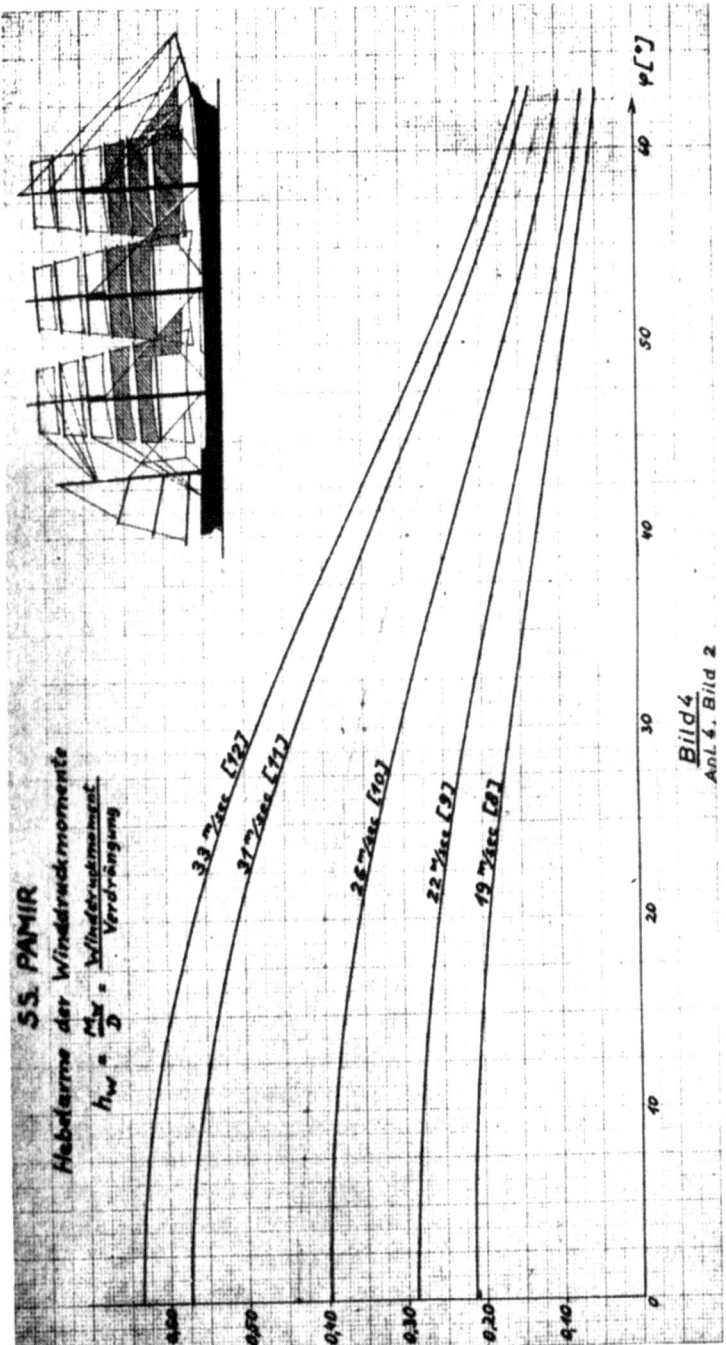

S.S. PAMIR

Hebelarme der Winddruckmomente

$h_W = \dfrac{M_W}{D} =$ Windkrümmung / Verdrängung

33 m/sec [12]
31 m/sec [11]
26 m/sec [10]
22 m/sec [9]
19 m/sec [8]

Bild 4
AnL 4, Bild 2

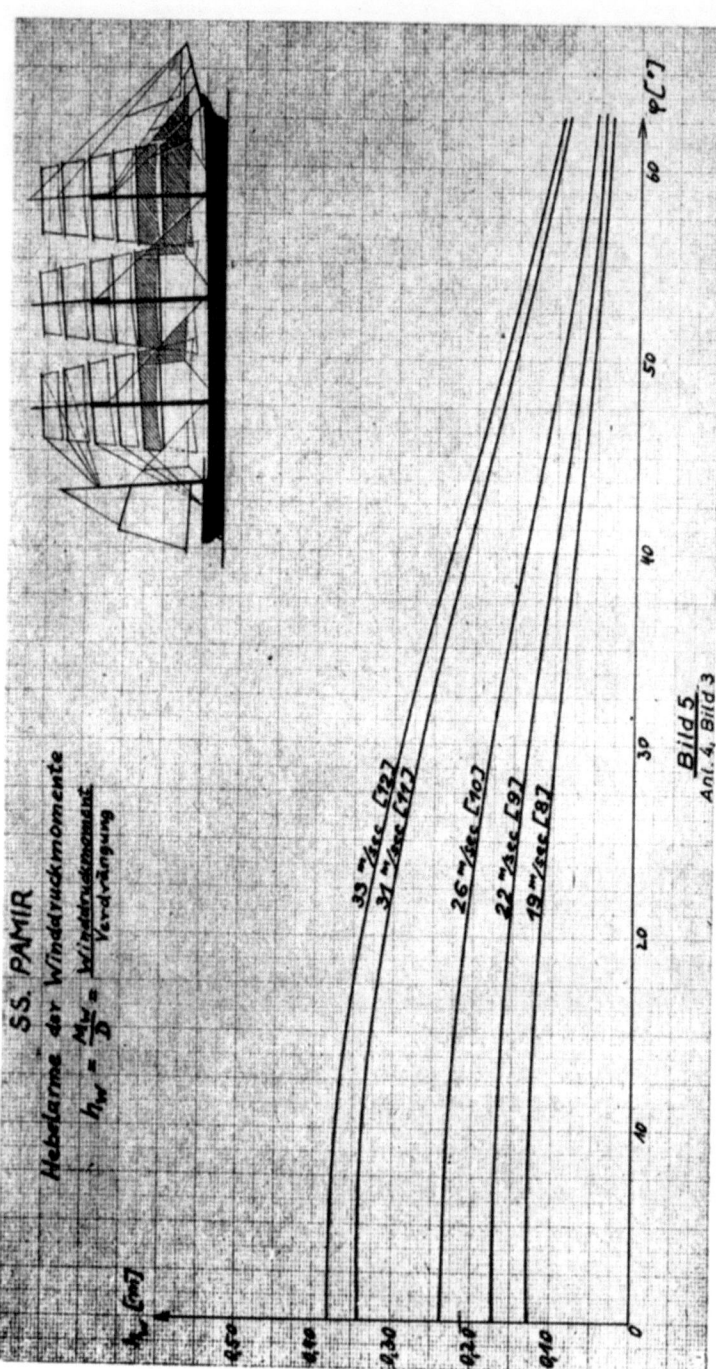

S.S. PAMIR

Hebelarme der Winddruckmomente

$h_W = \dfrac{M_W}{D} = \dfrac{\text{Winddruckmoment}}{\text{Verdrängung}}$

h_W [m]

0,40

0,30

0,20

0,10

0

10   20   30   40   50   60 φ [°]

35 m/sec [12]
31 m/sec [11]
26 m/sec [10]
22 m/sec [9]
19 m/sec [8]

Bild 5
Anl. 4. Bild 3

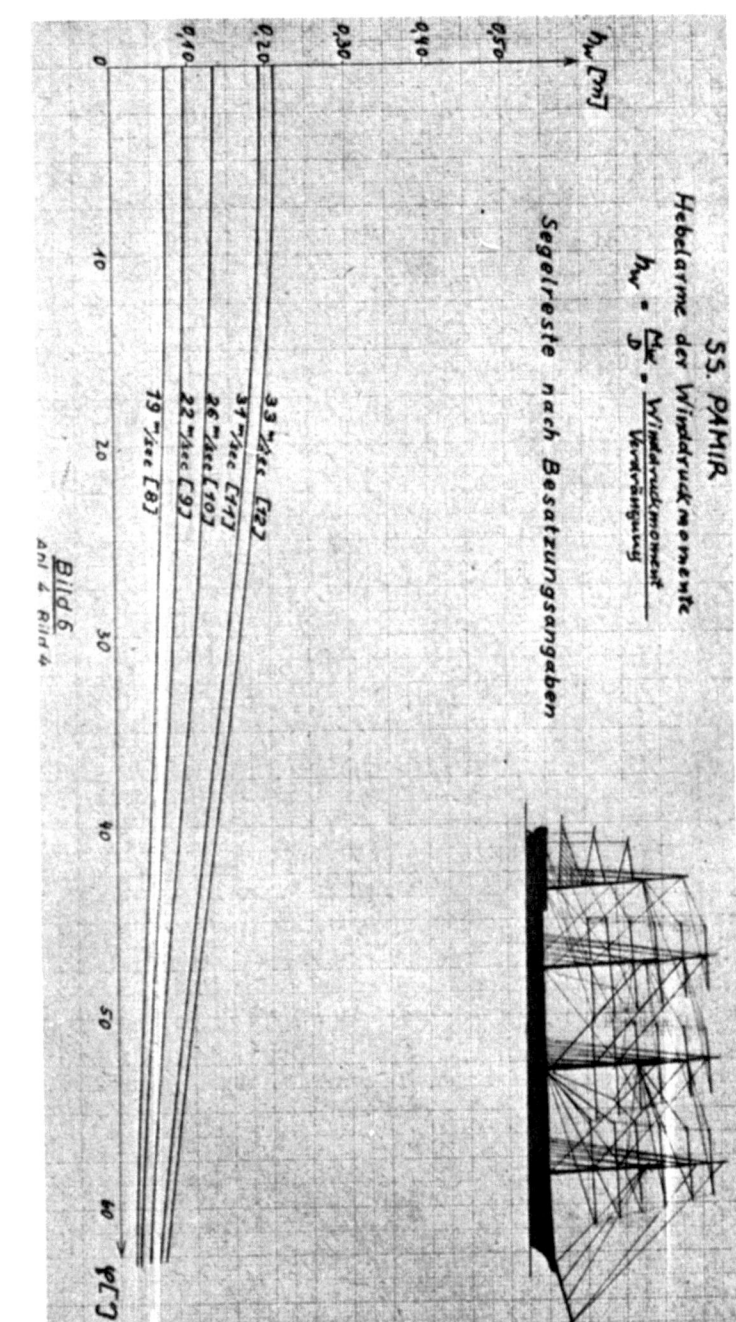

SS. PAMIR

Hebelarme der Winddruckmomente

$$h_w = \frac{M_w}{D} = \frac{\text{Winddruckmoment}}{\text{Verdrängung}}$$

Segelreste nach Besatzungsangaben

h_w [m]

0

0,10

0,20

0,30

0,40

0,50

33 m/sec [12]
31 m/sec [11]
26 m/sec [10]
22 m/sec [9]
19 m/sec [8]

0   10   20   30   40   50   60   φ [°]

Bild 6
Anl 4 Bild 4

A n l a g e 5

Andere Ladezustände   v. cand.ing. P. H e p t n e r

1.) Hebelarmkurve S.S. "Pamir" für die Fahrt mit Ballastwasser im Tieftank

Es wird von dem in Anlage 1, 4 gerechneten Zustand ausgegangen. Wenn der Ballasttank geflutet wird, muss weniger geladen werden.
Die Beladung ändert sich wie folgt:

	P (t)	h (m)
Ladezustand aus 1, 4	6231	5,72
- Ladung im Tank	-352	2,35
+ Ballastwasser im Tank	+753	2,25
- Ladung aus Laderaum 3 oben	-351	7,83
- Ladung aus Laderaum 1	- 5o	4,9o
	6231	5,4o

Aus Trimmgründen muss noch ein Rest Ladung in Raum 3
oben verbleiben und in Laderaum 1 müssen 5o t weniger
geladen werden. Damit hat das Schiff 28 cm achterlasti-
gen Trimm.
Mit $\overline{KM}$ = 6,28 m wird $\overline{MG}$ = o,88 m. Die dazugehörige Hebelarmkurve zeigt Bild 1.

2.) Änderung des Schiffskörpers durch den Umbau

Nach den von den Howaldtwerken überlassenen Plänen und
Gewichtsangaben der ein- und ausgebauten Teile ergaben
sich bei dem Umbau folgende Veränderungen:

a) Schiffbauliche Einbauten	P (t)	h (m)
Tieftank	41,8o	3,15
Wände auf Tieftankdecke	2,46	5,15
Schotten 47, 87, 12o	25,65	5,00
Rahmenspanten im M.R.	2,9o	4,4o
Hauptmotorenfundament	5,9o	2,00
Hilfsmotorenfundament	7,35	3,00
Poopverlängerung	26,88	1o,5o
Q.S. 2o und Treibölbunker	22,54	4,4o

	P (t)	h (m)
Segellast und Proviantsraum	2,65	6,4o
Umbau Luke	o,78	7,3o
Frischwassertank	5,26	3,85
Deckshäuser	lo,95	lo,55
Wände unter Brücke von Back	1,94	lo,3o
Treiböltagestank	o,97	8,11
Lukendeckel für Tieftank	3,4o	4,2o
Ladepfosten	8,68	13,2o
Eiserne Treppen und Türen	5,3o	7,oo
Fundamente für F.W.Behälter	2,31	1,1o
Mittellängsschotten	26,64	4,9o
Decksbelag Poopdeck 13o m^2	5,2o	11,3o
	+212,48	5,858
		Moment 1244,7

b) Schiffbauliche Ausbauten

Untere Stützen	-42,17	3,42
Obere Stützen	- 3,99	6,75
Raumbalken	- 7,48	3,86
Mittelkiel im Tieftank	-3,62	1,1o
	-57,26	
		Moment -2o4,o

c) Maschinenbauliche Einbauten

Gesamtanlage 9o t (1oo kg/WPS)	9o,o	4,oo
Kühlanlage 37 kg/m^2	1,o	5,oo
	+91,o	
		Moment +365,o

d) Einrichtung und Ausrüstung

Poop	13o m^2	9,1o	lo,oo
Achteres Deckshaus	22 m^2	1,54	9,7o
Vorderes Deckshaus	22 m^2	3,oo	9,7o
Ladewinden		12,4o	9,85
Boote 2,12 t + 2,62 t		4,74	11,7o
		+3o,78	
			Moment +312,7
Summe a - d		277,oo	+6,21

Der Schwerpunkt der Umbaugewichte liegt also über dem
Laderaumschwerpunkt. Zieht man diese Gewichte vom Schiff
fertig leer ab, so ergibt sich:

	P(t)	h(m)
Neuer Zustand	2301	7,53
Alter Zustand	2024	7,71

Das Gewicht von 2024 t liegt etwas niedriger als das von
Blohm & Voss angegebene Gewicht von 2042 t für den Neubau.
Die Gewichtsänderungen durch frühere Umbauten, Rost und
Farbe sind nicht bekannt. Da die Schiffsgewichte aus dem
Tiefgang nach den Kurvenblättern bestimmt werden, und in
diesem Fall zwei verschiedene Kurvenblätter vorlagen, muss
die Übereinstimmung der Schiffsgewichte (Fehler 0,9 %) als
gut bezeichnet werden.

3.) Beladung des Schiffes im alten Zustand

Die Unterlagen lassen nicht zu, bestimmte frühere Lade-
fälle genau zu berechnen. Da aber von früheren Reisen die
Rollzeiten bekannt sind, kennt man $\overline{MG}$ und kann für den
alten Tiefgang von 7,15 m und die dazugehörige Verdrängung
von 6312 m^3 die Hebelarmkurven nach den Werftpantokarenen
zeichnen und mit den Kurven für den Unfallzustand und den
Fall Tank mit Ballastwasser vergleichen (Bild 2 dieser Anlage). Wegen der besseren Übersichtlichkeit wurden nur die
Kurven ohne Aufbauten gezeichnet.

Der Bundesbeauftragte hat ausgeführt:

Der Untergang des Segelschulschiffes "Pamir" mit 8o Mann
seiner Besatzung am 21. September 1957 im mittleren Atlantik etwa 55o sm WSW-lich der Azoren ist wohl der schwerste
Verlust, der die deutsche Handelsmarine nach dem Kriege betroffen hat. Dem Ausmass dieser Katastrophe entsprechend ist
die Anteilnahme der Öffentlichkeit nicht nur in Deutschland,
sondern auch weit über seine Grenzen hinaus aussergewöhnlich
gross gewesen und hat sich in der Presse sowie in zahlreichen
Zuschriften an das Seeamt Lübeck geäussert. In der umfangreichen Voruntersuchung sind die vielen Anregungen, Vermu-
tungen, Kritiken und Vorwürfe ebenso gewissenhaft geprüft
worden wie die Fragen und Probleme, die sich bei dem Bemühen um Feststellung der Unfallursachen ergaben. Die
Hauptschwierigkeit bestand darin, dass sich weder ein Patent-
inhaber noch sonst ein hinreichend erfahrener Besatzungs-
angehöriger unter den Überlebenden befindet, der Einblick
in die Überlegungen und Massnahmen der Schiffsführung gehabt
hat und darüber zuverlässige Angaben hätte machen können.

Nach dem SUG soll das Seeamt die Ursachen und Umstände des
Seeunfalls ermitteln und vor allem feststellen, ob der Unfall
1) durch Fehler im Schiffahrtsbetriebe verschuldet worden
   ist oder
2) auf Mängel in der Bauart, Einrichtung, Ausrüstung Beschaffenheit, Beladung oder Bemannung des Seefahrzeugs
   zurückzuführen ist.

Von den im Laufe der Voruntersuchung und in der Seeamtsverhandlung festgestellten Tatsachen und wesentlichen Punkten,
die das Schiff und seine letzte Reise betreffen, werde ich
im Folgenden eine Zusammenfassung geben. Ich nehme dabei
Bezug auf die verschiedenen Gutachten der Sachverständigen,
denen ich durchweg zustimmen kann, und werde Angaben daraus
mit anführen.

E i g e n s c h a f t e n d e s S c h i f f e s

Die "Pamir" wurde im Jahre 1905 auf der Werft Blohm & Voss
in Hamburg als reiner Frachtensegler für die Reederei Laeisz
gebaut, wobei die vorliegenden Erfahrungen mit dem 5-Mast
Vollschiff "Preussen", der "Potosi" und anderen Segelschiffen berücksichtigt und besonderer Wert auf eine starke und
solide Bauweise gelegt wurden. Von 1905 bis 1921 ist dann
das Schiff mit der durch den ersten Weltkrieg bedingten Unterbrechung 16 Jahrelang regelmässig nach der Westküste Ame-
rikas gefahren und hat hierbei 18 mal Kap Horn umrundet. In
den Jahren 1924 bis 1931 folgten weitere 18 Umrundungen des
Kap Horn.

Im zweiten Weltkrieg und hernach hat die "Pamir" unter der
Flagge Neu Seelands in den Jahren 1941 bis 1948 auf 5 Rei-
sen einige schwere Stürme und 1 Hurrikan, bei dem sie 18
Segel verlor, gut überstanden. Allgemein galt die "Pamir"
in Schiffahrtskreisen als ein stets bewährtes seetüchtiges
Schiff.

Nachdem es wegen der Flaute auf dem Seeschiffsfrachtenmarkt
schien, dass das Ende der Frachtsegelschiffe gekommen war
und die Verschrottung bereits drohte, kam die Wende. 1951
wurde die "Pamir" gründlichst überholt und auf der Howaldtswerft Kiel zum Frachtsegelschulschiff umgebaut. Hierzu war
auf Veranlassung des Bundesministers für Verkehr eine Ar-
beitsgruppe "Schulschiffe" gebildet worden, die für die Segelschiffe "Pamir" und "Passat" besondere Sicherheitsgrund-
sätze ausgearbeitet hat, nach denen die Überholung der
Schiffskörper, der gesamten Takelage, Einbau eines Hilfsmotors, Prüfung der Stabilität, wasserdichte Unterteilung,
Ausrüstung mit weiteren Rettungsbooten und Schlauchbooten
u.a.m. erfolgen sollte. Bei diesen Arbeiten wurden u.a.
eingebaut: ein Tieftank, Hilfsmotorenanlage mit Hilfs-
aggregaten nebst Fundamenten, 5 Frischwassertanks mit 175 to
Fassungsvermögen, 4 wasserdichte bis zum Freiborddeck rei-
chende Querschotten, stählerne Mittellängsschotten ausserhalb der Ladeluken, 2 kleine Deckshäuser, eine Bootsbar-

ring für 2 weitere Rettungsboote und 4 Rahmenspanten. Ferner wurden Hintersteven und Ruder geändert, die Poop verlängert sowie lo Raumbalken und 2 x 32 + 3 Stützen ausgebaut.

Die erforderlichen Reparaturen, Erneuerungen und Umbauten wurden unter Aufsicht der Besichtiger des Germanischen Lloyd ausgeführt.

Danach erhielt das Schiff im Dezember 1951 die höchste Klasse des Germanischen Lloyd [+] loo A4 und von Lloyds Register loo Al, wie es § 19 der U.V.V. für Schulschiffe vorschreibt.

Ausserdem wurden für verschiedene Beladungsmöglichkeiten die Hebelarmkurven ermittelt und ein vervollständigtes Stabilitätsblatt an Bord gegeben. Februar 1955 wurde ein neuer Fahrterlaubnisschein für lange Fahrt nebst Ausrüstungssicherheitszeugnis von der SBG erteilt mit Gültigkeit bis 31.1.1957. Seitdem bestand laufend technischer Aufsichtsdienst, d.h. das Schiff wurde vor Antritt einer jeden Reise besichtigt. Auf ausdrückliche Anweisung des Bundesministers für Verkehr ist bei diesen Besichtigungen ein scharfer Maßstab angelegt worden. Nach erfolgten Besichtigungen wurde auch am 24.11.1956 der Fahrterlaubnisschein verlängert mit Gültigkeit bis zum 3o.11.1958. Besonders zu erwähnen ist, dass die von der SBG vorgeschriebenen Sicherheitsvorkehrungen für die Verschiffung von losem Getreide in Übereinstimmung mit den UVV. §§ 157 - 159 eingebaut waren. In allen 4 Laderäumen ausserhalb des Lukenbereiches waren stählerne Mittellängsschotten in den Unterräumen und im Zwischendeck vorhanden. Im Zwischendeck seitlich der Luken sowie vor und hinter den Luken waren Trimmöffnungen in ausreichender Zahl und Grösse. Einrichtungen für das Aufstellen von losnehmbaren Getreideschotten in den Unterräumen und im Zwischendeck im Bereich der Luken waren ebenfalls vorhanden. Die Bescheinigung der SBG hierüber datiert vom 16.11.1956.

Eine gründliche Besichtigung der gesamten Takelage, Segel und Ausrüstung an Drahtwerk und Segeltuch im Mai/Juni 1956 durch Kapt.Sietas hat keinerlei Beanstandungen ergeben,

Der letzte Befund am 11.Juni 1957 lautete: "Die gesamte
Takelage der "Pamir" ist in einem guten und seetüchtigen
Zustande." Dies Urteil hat sich beim Untergang in vollem
Umfange bestätigt, denn es ist weder ein Mast, noch eine
Stenge oder Rah gebrochen und von oben gekommen.
Der Zustand des Schiffskörpers hat keine Anhaltspunkte für
Mängel ergeben, die eine Rolle für das Sinken gespielt haben
könnten.

A u s r ü s t u n g

Bei der Ausrüstung interessieren besonders die Boote, Ret-
tungsmittel, Notsignale und Funkgeräte, weil ihnen erhöhte
Bedeutung zukommt. Hierzu ist im Einzelnen zu sagen:
Es waren an StB und BB Seite je 3 Rettungsboote aus Eichen-
holz mit zusammen 184 Bootsplätzen vorhanden und zusätzlich
2 Doppelschlauchboote für je 12 Personen und ein kleines
Schlauchboot für 4 Personen. Insgesamt standen also 212
Bootsplätze für 86 Mann Besatzung zur Verfügung. Eines der
3 Boote war ein Motorboot von 8,3 cbm für 29 Personen.
Es waren ferner vorhanden: 14 Rettungsringe mit Beschrif-
tung und mit je 14,5 kg Tragfähigkeit und 110 Schwimmwesten
mit je 8 kg Tragfähigkeit.
Die Ausrüstung mit Notsignalen bestand aus je 12 Raketen
mit Stöcken, Kanonenschlägen und Blaufeuern, 6 Fallschirm-
signalen und Signalpistole mit entsprechender Munition.
Ferner je Boot: 2 Fallschirmsignale, 2 Rauchsignale und 6
Handfackeln rot. Bootsmanöver sind noch Ende Mai 1957 für
die ganze Besatzung ausgeführt worden, und die vorschrifts-
mässige Ausrüstung der Boote ist, wie von Überlebenden bezeugt ist, noch wenige Tage vor dem Untergang sorgfältig
überprüft worden.
Folgende Funknachrichtengeräte befanden sich an Bord:
1) Hauptsender Telefunken SM 519 - 160 Watt
2) Notsender Telefunken SM 203 - 50 Watt
3) Kurzwellensender Lorenz S 540 - 210 Watt
4) Hauptempfänger Siemens E 66 a
5) Notempfänger Debeg E 500

6) Selbsttätiges Funkalarmgerät Lorenz Lo 572 a

7) Automatischer Alarmzeichengeber Debeg AT 512

8) Tragbares Funkgerät Elektromekano/Hagenuk SM lo8 KD 2

    Ferner waren folgende Funknavigationsgeräte an Bord:

9) Decca Navigator "Mark V" und

lo) Richtungssucher Telefunken E 388.

Hervorzuheben ist, dass die Reichweiten sowohl des Haupt-
als auch des Notsenders die Mindestforderungen der Funksicherheitsverordnung ganz erheblich übertrafen. Das tragbare Funkgerät wurde an Bord für einen schnellen Einsatz
in jedem beliebigen Rettungsboot bereitgehalten.
Man darf diese Funkausrüstung als erstklassig bezeichnen.

B e s a t z u n g

Verschiedentlich ist bemängelt worden, dass die Besatzung
unzureichend gewesen sei. Die Nachprüfung hat folgendes
ergeben:
Von der 86-köpfigen Besatzung rechneten 34 zur sogenannten
"Stammbesatzung". Diese setzte sich wie folgt zusammen:
Kapitän, 4 nautische Offiziere, 1 Funkoffizier, 2 Ingenieure,
1 Arzt, 2 Ingenieur-Assistenten, 2 Bootsmänner, 2 Segelmacher, 2 Zimmermänner, 5 Funktionäre, d.h. Köche und
Stewards sowie 5 Matrosen und 7 Leichtmatrosen. Hierzu kamen noch 3o Jungleute und 22 Decksjungen.
Über die Patentinhaber ist im Einzelnen zu sagen:
Kapitän Diebitsch hatte eine Seefahrtzeit von 3o Jahren
hinter sich, davon lo Jahre 8 Monate auf Segelschiffen
(ohne die Liegezeit "Pamir" 1914 - 1919). Besonders hervorzuheben ist, dass Kapt.Diebitsch als 2. und 1.Offizier auf
dem Segelschulschiff "Deutschland" des Deutschen Schulschiff-
vereins von März 1928 bis März 1933, also 5 Jahre gefahren
ist. In dieser Zeit hat er sich umfassende Kenntnisse in
Segelschiffahrt und im Schulschiffbetrieb erworben. Hinzu
kommt noch ein Jahr als Kapitän der "Xarifa", worauf ich
später noch zurückkommen werde. In vorgelegten Dienstzeug-
nissen ist Kapitän Diebitsch als ein auf das Beste bewährter

Offizier mit der Beurteilungsnote "sehr gut" bezeichnet
worden.

Der 1.Offizier Köhler hatte 9 Jahre 8 Monate Seefahrtzeit.
Auf Segelschiffen war er nicht gefahren, bevor er im Mai
1956 an Bord der "Pamir" kam.
Es ist die Frage aufgeworfen, ob Köhler für die wichtige und
verantwortungsvolle Stellung des I.Offiziers über ausreichende
Erfahrung verfügen konnte. Sicherlich kann Erfahrung nur in der
Praxis erworben werden und benötigt eine gewisse Zeitdauer.
Andererseits hängt die Eignung für eine bestimmte Dienststellung an Bord weitgehend von der individuellen Befähigung und den Anlagen des Betreffenden ab. Kapt. Eggers hat
die Befähigung Köhlers zum I.Offizier in seinem Zeugnis auf
Grund der Bewährung als II.Offizier hoch eingeschätzt und
ihm deshalb seiner Reederei als I.Offizier vorgeschlagen.
Durch den gleichzeitigen Ausfall des erkrankten Kapitän
Eggers und des I.Offiziers Beyer, der sich zur Weiterbildung
bei einer Seefahrtschule befand, war die Reederei zweifellos
in eine schwierige Lage geraten. Es ist daher verständlich,
dass sie sich auf Grund der günstigen Beurteilung Köhlers zu
seiner Einstellung als I.Offizier entschlossen hat. Nachträglich betrachtet, kann ich nicht umhin, den gegen die Eignung
des I.Offiziers Köhler geäusserten Bedenken eine gewisse
Berechtigung zuzusprechen.

Als überzähliger 1.Offizier war Kapt.Alfred Schmidt gemustert, der als Seefahrtschullehrer und Schiffahrtsschrift-
steller bekannt geworden ist. Er war über 11 Jahre zur See
gefahren, darunter 1 Jahr 4 Monate auf Segelschiffen.

Der 2.Offizier Buschmann war während seiner 4 Jahre 4 Monate betragenden Seefahrtzeit überwiegend, nämlich 3 Jahre 2
Monate, auf Segelschiffen gewesen. Seit Dezember 1954 war er
auf "Pamir" und vorübergehend auf "Passat" gefahren.

Der 4. nautische Offizier war der von der Bundesmarine für
ihr neues Segelschulschiff vorgesehene und darum als überzähliger 2.Offizier auf "Pamir" eingeschiffte Kapitänleut-

nant Buscher. Dieser hatte von reichlich 7 Jahren Seefahrtzeit über 1 Jahr auf Segelschiffen verbracht.

Zur Abrundung des Bildes sei noch folgendes erwähnt:
Der 1. Bootsmann war seit 1913 mit kurzen Unterbrechungen
zur See gefahren und seit 1923 auf Dampf- und Motorschiffen,
seit 1951 auf der "Pamir" als Bootsmann tätig. Er besass daher eine sehr grosse Erfahrung. Auch der Segelmacher war
als solcher nach kurzer vorheriger Fahrtzeit auf "Passat"
seit Juli 1951 ununterbrochen auf der "Pamir". Die zur Stammbesatzung gehörigen 5 Matrosen machten, ebenso wie der Zimmermann, ihre vierte, und die 7 Leichtmatrosen ihre dritte Segelschiffsreise.
Die Schiffsbesetzungsordnung gilt für Segelschiffe von der
Grösse der "Pamir" und "Passat". Danach musste jedes Schiff
1 Kapitän (A 6) und mindestens 2 Seesteuerleute (A 5) haben.
Auf "Pamir" waren ausser dem Kapitän 4 nautische Offiziere
vorhanden, davon einer mit A 6, zwei mit A 5 und einer mit
A 4.

Nach den Bemannungsrichtlinien der SBG waren für "Pamir"
vorgeschrieben: 4 Matrosen, 2 Leichtmatrosen, 2 Jungmänner.
Die Besatzungsstärken sind von der Reederei und den Kapitänen
den Anforderungen und Erfahrungen entsprechend bemessen. Zum
Vergleich führe ich an, wie sich die Besatzung des früheren
Segelschulschiffes "Bremen "   nach Angabe ihres derzeitigen
Kapitäns von Zatorski zusammensetzte:

4 Offiziere
8 Vollmatrosen)
1 Bootsmann   } = 1o Vollgrade
1 Segelmacher)
Dazu 25 Leichtmatrosen = 35 Mann (davon Segelmacher und
                                   Bootsmann nur in schweren
                                   Fällen)

Ferner 15 Jungen.

Sieht man sich die Besatzungsstärke der "Pamir", die rein
zahlenmässig auf den ersten Blick als völlig ausreichend
erscheint, genauer an, dann spiegeln sich auch hier in ge-

wisser Weise die Schwierigkeiten beim personellen Wieder-
aufbau unserer Handelsflotte. Die Auswirkungen durch die jahre-
lange Unterbrechung der fortlaufenden Ausbildung des Nach-
wuchses in den Kriegs- und Nachkriegsjahren sind unverkennbar.
Ebenso unverkennbar sind die mit eigenen Geldopfern verbundenen Anstrengungen der Stiftung, die Segelschulschiffe in
Dienst zu halten, um die Lücke im Personalbestand möglichst
schnell schliessen zu können. Mit jeder neuen Reise kam
Nachwuchs mit Segelschiffsausbildung und verbesserte die
Personallage. Zweifellos wäre es besser gewesen, wenn die
Besatzung noch grössere Segelschiffserfahrung gehabt hätte.
Ob sie dann jedoch den Hurrikan überstanden haben würde,
ist weder erwiesen noch anzunehmen. Ich schliesse mich da
der Ansicht von Herrn Kapitän Piening an.

B e l a d u n g

Als Ladung für die letzte Reise sind in Buenos Aires in der
Zeit vom 27.7. bis 9.8.1957 insgesamt 3.780,oo To Gerste geladen worden, und zwar in folgender Verteilung:

```
Luke   I   275 T lose Gerste u.6o,86 T in 1o22 Säck.= 335,86 T
Luke  II  127o "   "       "   " 4o    "  "  695  "   =131o,o  "
Luke III 1227,5" "       "   " 99,64 "  " 1663  "   =1327,14 "
Luke  IV  753  "  "       "   " 54,o  "  "  9o5  "   = 8o7,o  "
```

Gesamt: 3525,5 To lose Gerste und 254,5o To in 4285 Säcken.

Während Luke I nur im Unterraum beladen war, waren Luke II,
III und IV voll geladen. Die Schüttladung war oben jeweils
mit 3 - 4 Sacklagen abgedeckt und gesichert. Bei der Beladung sind insofern Schwierigkeiten aufgetreten, als die argentinischen Stauer auf Grund eines gewerkschaftlichen Beschlusses zur Durchsetzung von Lohnforderungen an einigen
Tagen nur "passiv" bzw. mit Unlust arbeiten wollten. Infol-
gedessen mussten vom 5. bis 9.August 43 bzw. 44 Mann der
Besatzung, und am 8. und 9. August zusätzlich argentinische
Soldaten eingesetzt werden. Laut Ladebericht, der von Kapt.
Diebitsch und dem Ladungsoffizier Buschmann unterschrieben
ist, haben Besatzung und Soldaten gut und schnell gearbei-

tet. Die Sackladung zum Abdecken und Sichern der Schüttladung wurde unter ständiger Aufsicht der Schiffsleitung seefest gezurrt. Getreideschotten waren gesetzt.

Der Ballasttank war ebenfalls voll loser Gerste geladen und
oben geschlossen. Die Belastung ausser der Ladung betrug an:

Brennstoff   ca. 65 To
Trinkwasser   130 "
Ausrüstung   _____170_"___

               Gesamt   365 To
               =====================

Der Tiefgang betrug bei Abfahrt:

vorn   22' 11"   mittlerer Tiefgang = 23' 4,5 "
achtern   23' 1o"   _____

Über die Heranziehung der Besatzung zu den Ladearbeiten liegen eine Reihe von positiven wie auch negativen Stimmungsbe-
richten aus Briefen vor. Allgemein ist hierbei auf die Tatsache hinzuweisen, dass jeder Schiffsoffizier immer wieder
mit staubiger oder schmutziger Ladung zu tun bekommt, dass
seine Mitwirkung bei der Beladung zu seinen Berufspflichten
gehört und dass es daher keine Zumutung bedeutet, wenn die
jungen Seeleute gegen Sondervergütung mal bei der Beladung
helfen, noch dazu freiwillig. - Ob es unter den obwaltenden
Umständen gelungen ist, die lose Gerste wirklich bis in alle
äussersten Ecken und Winkel zu trimmen, so dass kein Freiraum
mehr vorhanden gewesen ist, möchte ich doch bezweifeln. Bei
nüchterner Betrachtung muss berücksichtigt werden, dass Besatzung und Soldaten nicht die Übung und Erfahrung von Be-
rufsstauern haben und dass, wie aus manchen Briefen hervorgeht, nicht alle Mitwirkenden mit Lust und Liebe dabei gewesen und manche Ecken, z.B. im Tieftank, schwer zugänglich
sind.

H e i m r e i s e

Die Heimreise ist, wie aus den zweimal wöchentlich gegebenen
Standortmeldungen und den Berichten der Überlebenden hervorgeht, zunächst normal verlaufen. "Pamir" hat die auch auf den
früheren Reisen unter Kapitän Eggers üblichen Seglerwege ein-
gehalten. Es ist meistens gesegelt und - abgesehen von den
Mallungen - nur wenig mit dem Motor gelaufen worden. Der Nord-
Ost-Passat war schwach und brachte etwa Windstärken 2 - 3.
Abends wurden immer die Reuels festgemacht und die leichten
Segel weggenommen. Der Austausch der leichten Passatsegel gegen die schwereren Wintersegel war einen Tag vor der Katastrophe beendet worden. Bevor ich nun auf die Entwicklung der
Wetterlage und die Massnahmen der Schiffsführung eingehe, halte ich es für angebracht, ein Bild von dem Funkbetrieb auf
der letzten Reise zu gewinnen:

Die Funkanlage entsprach in vollem Umfange den Anforderungen
der Funksicherheitsverordnung, wie bei der letzten Prüfung am
24.Mai 1957 in Hamburg festgestellt ist. Es ist weiter festgestellt, dass während der letzten Reise fast täglich Verbindung zwischen "Pamir" und Norddeich Radio auf Kurzwelle bestanden hat, zuletzt am 2o.9.1957 von 15.5o bis 16.14 Uhr
MGZ. Dies ist insofern von besonderer Bedeutung, als dadurch
der Nachweis erbracht ist, dass die technischen Voraussetzungen für die Aufnahme von Wetterberichten, Sturmwarnungen usw.
gegeben waren. Die Möglichkeit oder Vermutung, dass die Aufnahme der von Washington/NSS gegebenen Warnungen durch den
zwischen dem Schiff und der Funkstelle Washington liegenden
"Carrie", gestört oder sogar unmöglich gemacht sein könnte,
wird durch den Bericht des MS "Brandenstein" widerlegt. Diese hat, auch als sie in der Nähe der "Pamir" stand, dreimal
täglich ohne Schwierigkeit die Warnungen von Washington/NSS
aufnehmen können und aufgenommen. Wie aus der Aussage des
Kochsmaats Dummer hervorgeht, hat der Funker am 21.9. früh
von dem gemeldeten und herannahenden Hurrikan gesprochen.
Es kann daher mit Sicherheit festgestellt werden, dass die
Schiffsführung auch während der Unglücksreise jederzeit die

Möglichkeit gehabt hat, sich über die Wetterverhältnisse zu
unterrichten. Da am 21.9. um 14.18 Uhr MGZ noch einer der Notrufe der "Pamir" in einer Entfernung von rund 600 sm mit noch
lesbarer Lautstärke gehört worden ist, muss die Sendeanlage
bis zuletzt voll intakt gewesen sein. Somit können m.E. in
dieser Hinsicht keinerlei Mängel festgestellt werden.
Wie stand es nun in personeller Hinsicht ?
Der Funkoffizier Siemers hatte sein Seefunkzeugnis schon im
Jahre 1924 erworben und später verschiedene Ergänzungs- und
Nachprüfungen abgelegt. Er besaß also langjährige Erfahrungen im Seefunkdienst. Da ausserdem sein Vorgänger, der Funkoffizier Karl Heinrich Schröder, an Bord der "Pamir" eine
Zusammenstellung der einzelnen Küstenfunkstationen mit ihren
Wetterberichten und Sendezeiten zurückgelassen hatte, ist es
so gut wie ausgeschlossen, dass Siemers von der Möglichkeit
der Aufnahme von Wetterberichten der Küstenfunkstellen keine
Kenntnis gehabt hat. Es ist ferner von Herrn Schröder bezeugt
worden, dass beim Empfang der Stationen keinerlei Schwierigkeiten aufgetreten sind und dass er keine nennenswerten atmosphärischen Störungen hat feststellen können.

Es ist in den Kreisen der Seefunker bekannt, dass z.B. bei
einem Hurrikan der drahtlose Empfang nur innerhalb des
Zentrums dieses Orkanes zeitweise durch starkes prasselndes
Geräusch erschwert wird. Auf den Zustand der Ionosphäre,
welcher für die Ausbreitung der kurzen Wellen über welt-
weite Entfernungen wichtig ist, hat der Orkan aber keinen
Einfluss. Es ist daher irrig, anzunehmen, dass vor dem
Untergang der "Pamir", als der Orkan zwischen dem Schiffs-
standort und Nordamerika stand, der drahtlose Empfang von
dort, d.h. von NSS (Washington), später aber, als der Orkan
sich zwischen das Suchgebiet "Pamir" und Europa geschoben
hatte, der Empfang aus diesem Seegebiet erschwert worden ist.
Solcher Art Empfangsschwierigkeiten im weltweiten Funkverkehr können nur durch Störungen in der Ionosphäre hervorge-
rufen werden. Hierbei muss erwähnt werden, dass diese Störungen sich zuerst und am stärksten auf Verbindungen auswirken,

Nach Beobachtungen in Norddeich und Bekanntmachungen der
Central Radio Propagnation Laboratory, National Bureau
of Standard, Washington 25 DC, sowie der "Arbeitsgemein-
schaft Ionosphäre" Darmstadt waren die Bedingungen für die
Ausbreitung der kurzen Wellen im Gebiet des Nordatlantik
während der Zeit vom 18.9. 00.00 Uhr bis zum 21.9. 1000 Uhr
sehr gut, d.h. erheblich besser als die Norm, vom 21.9.
1100 bis 2200 Uhr gut.

Diese Angaben werden erhärtet durch einen hier vorliegenden
Auszug aus dem Funktagebuch des norwegischen Motortankers
"Tank Duke", welcher zur Zeit des Untergangs in der Nähe
der "Pamir" stand und zeitweise auch die Leitung des See-
notnachrichtenverkehrs innehatte.

Erst im Laufe der Nacht vom 21. zum 22.9. machten sich im
Verkehr mit Schiffen auf der nördlichen Nordatlantik-Route
die ersten Anzeichen einer ionosphärischen Störung bemerkbar, die sich im Laufe des 22. und 23.9. noch erheblich
verstärkten und auch auf andere Richtungen übergriffen.

Nach den Erfahrungen des Funkers Schröder ist allgemein der
Empfang auf "Pamir" besser als auf Motorschiffen gewesen,
und die Takelage hat sich nicht nachteilig ausgewirkt.
Schwierigkeiten hinsichtlich der Stromversorgung sind niemals aufgetreten, und die Apparate als solche waren einwandfrei in Ordnung.

Bei derart günstigen Voraussetzungen hängt die Versorgung
der Schiffsführung mit Wetterberichten von den Anweisungen
des Kapitäns und der Aktivität des Funkoffiziers ab. Ob
Kapt. Diebitsch ebenso wie Kapt.Eggers grundsätzlich von
allen Stationen, in deren Bereich die "Pamir" gelangte,
Wetterberichte verlangt hat, hat sich nicht feststellen
lassen. Ebenso ist die Frage, ob Funkoffizier Siemers wie
sein Vorgänger Schröder Wetterberichte abgenommen hat,
nicht eindeutig zu beantworten. Ungeklärt geblieben ist
auch die Frage, ob Funkoffizier Siemers die zusätzliche
Tätigkeit als Zahlmeister ebenso wie sein Vorgänger Schröder als eine erhebliche Belastung empfunden hat und ob
der Funkdienst dadurch irgendwie beeinträchtigt worden ist.

Es ist festgestellt, dass der Berufsfunker Siemers gemäss
§ 2 Abs.8 der Funksicherheitsverordnung vom 9.9.1955 zwar
nur als Funker angemustert, jedoch zusätzlich mit Zahl-
meisteraufgaben betraut gewesen ist. Es erscheint erwägens-
wert, dass die Funksicherheitsverordnung dies deutlicher
als bisher ausschliesst.

In diesem Zusammenhang möchte ich aus vorliegenden Berichten
von Meteorologen des Seewetteramtes Hamburg Äusserungen
anführen, die sich auf Kapt. Diebitsch beziehen, der vor der
Ausreise mit der "Xarifa" beim Seewetteramt gewesen war:
"D. schien sich über die Wettergefahren völlig klar zu sein,
denen ein Schiff während der Hurrikan-Saison in westindischen Gewässern begegnen kann. Aus diesem Grunde war er auch
bestrebt, alle Unterlagen für das Zeichnen von Bordwetter-
karten vom Seewetteramt zu erhalten." Und weiter bei Be-
sprechungen an Bord: "zeigte sich Herr Kapitän Diebitsch
sehr interessiert und aufgeschlossen für meteorologische
Dinge. Ich gewann den Eindruck, dass er auf Grund seiner
Fahrtzeit als Offizier auf Segelschiffen gewohnt sei, sich
über die Wetterlage und ihre Entwicklung zu orientieren und
diese Informationen bei seinen Entschlüssen zu berücksichtigen."

Da wegen der besonderen Bedeutung von Wetterberichten für ein
Segelschiff die tägliche Aufnahme aller erreichbaren Wetterberichte eine Selbstverständlichkeit ist, wird man mit
höchster Wahrscheinlichkeit damit rechnen können, dass auch
auf der "Pamir" regelmässig täglich Wetterberichte aufgenommen sind. Damit komme ich zu den Feststellungen über den
Hurrikan "C a r r i e ".

Herr Dr.Rodewald hat in seinem ausführlichen meteorologischen
Gutachten bereits eingehend geschildert und durch die Karte
mit der Orkanbahn und dem Kurs der "Pamir" anschaulich dargestellt, wie sich die Lage immer mehr zugespitzt hat. Am
6.September 1957 wurde der Hurrikan "Carrie" erstmalig ge-
ortet und gemeldet. Der Entstehungsherd südlich der Kapverden
lag rund 5oo sm NNW des damaligen Standortes "Pamir", ohne
dass diese vermutlich etwas davon gewusst hat. Das Zentrum

befand sich am 6.9. etwa in 15 1/2° Nord und 39 1/2° West
und bewegte sich mit Generalkurs WNW und wechselnden Geschwindigkeiten in Richtung auf die Bermuda Inseln. Dort
war das Zentrum am 16.9. mit Bahnrichtung NW, die am 17.9.
auf NO änderte. Am 18.9. im Seegebiet nordöstlich der Bermudas begann "Carrie" seinen zuletzt verfolgten NO-Kurs
auf Ost bis OzS zu ändern. Zu diesem Zeitpunkt konnte die
Schiffsführung "Pamir" den Wirbelsturm "Carrie" noch nicht
in ihre direkte Berechnung einbeziehen. "Pamir" stand zu
dieser Zeit in rund 1ooo sm Abstand östlich von der Orkanbahn mit etwa Generalkurs NNW. Nunmehr näherte sich "Carrie"
bedenklich. Am 19.9. abends betrug der Abstand von "Pamir"
nur noch 54o sm, und die Bahnrichtung zeigte ziemlich genau auf die Position, die "Pamir" am 19.9. innehatte. Am
2o.9. hatte sich der Abstand zwischen "Carrie" und der "Pamir"
auf etwa 31o sm vermindert. Da das Schiff zu dieser Zeit fast
genau ostwärts des mit Kurs Ost ziehenden Zentrums stand,
war die Lage bedrohlich geworden.
Seit dem 7.9. ist "Carrie" laufend beobachtet und regelmässig 4 mal täglich gemeldet worden. In der Zeit vom 6.
bis 21.9. wurden von den Hurrikan-Warnzentralen des U.S.
Weather Bureau insgesamt 62 Warnmeldungen herausgegeben,
so dass man "Carrie" wohl zu den bestaufgeklärten Orkanen
rechnen muss.
An Bord der "Pamir" ist nach den Aussagen der Überlebenden
erst am 21.9. früh unter der Besatzung die Meldung vom
herannahenden Hurrikan bekannt geworden. Das beweist jedoch keineswegs, dass auch die Schiffsführung erst zu diesem Zeitpunkt Kenntnis von "Carrie" bekommen hat. Es muss
vielmehr davon ausgegangen werden, dass die Schiffsführung
schon früher Funkwarnungen erhalten hat. Dafür sprechen
die beim Abschnitt "Funkbetrieb" erwähnten Feststellungen.

Wenn aber die Schiffsführung schon einige Zeit vorher Orkanwarnungen erhalten hatte und, was mit hoher Wahrscheinlichkeit anzunehmen ist, Wetterkarten gezeichnet und die Orkanbahn mitgekoppelt hat, dann erhebt sich die Frage: Warum
ist die "Pamir" trotzdem in so gefährliche Nähe des Orkan-

zentrums geraten und nicht rechtzeitig ausgewichen ?

Überlegungen und Massnahmen der Schiffsführung

Für eine abschliessende und gerechte Beurteilung der Überlegungen und Massnahmen der Schiffsführung fehlen die nöti-
gen zuverlässigen Unterlagen. Man kann m.e. nicht davon aus-
gehen, wie sich heute die tatsächliche Lage auf Grund von
nachträglich gemachten Feststellungen und in eingehender
Untersuchung gewonnenen Erkenntnissen darstellt, sondern
wie sie damals von der Schiffsführung beurteilt werden
konnte und musste. Man muss Kapitän Diebitsch wohl zubilli-
gen, dass er ein erfahrener Seemann gewesen ist, der sich
seiner grossen Verantwortung bewusst war und sicher nicht
leichtfertig, sondern nach bestem Wissen gehandelt und
seine schwere Entscheidung nach reiflicher Überlegung getroffen hat. Das geht u.a. daraus hervor, dass Kapt. Diebitsch auf der Hinreise vor dem La Plata im Sturm 24 Stunden beigedreht hat und dass jeden Abend, auch bei ruhigem
Wetter, die Reuels festgemacht und die leichten Segel weggenommen sind. Als Grundlagen für die Überlegungen der
Schiffsführung standen u.a. neben den Angaben über Hurrikane
in dem "Handbuch des Atlantischen Ozeans" und "Segelhand-
buch für den Atlantischen Ozean", die "Wetter- und Meeres-
kunde" von Krauss-Meldau, das bekannte Buch "Praktische
Orkankunde" von Kapt.Schubart, Monatskarten sowie die
Wetterberichte zur Verfügung. Es wird also bekannt gewesen
sein, dass im zeitlichen Auftreten dieses Hurrikans nichts
Ungewöhnliches liegt, weil der September der Kernmonat mit
der durchschnittlich grössten Anzahl von Hurrikanen ist.
Anders ist es dagegen hinsichtlich der Örtlichkeit. Die
Unfallstelle liegt in einem Seegebiet, in welchem die
Häufigkeit tropischer Orkane sehr gering ist. Nach einer
Auszählung für den Zeitraum 1901 - 1956 kommt es während
eines halben Jahrhunderts etwa 7 mal vor, dass ein Hurri-
kanzentrum das Gebiet überquert, in dem der Untergangsort
der "Pamir" liegt. Gewöhnlich nehmen die Hurrikane ihren
Kurs näher auf die amerikanische Ostküste und Neufundland

zu oder in den Golf von Mexiko oder in die Vereinigten
Staaten hinein.

Für die Befolgung der alten Grundregel: "Gehe jedem tropischen Orkan aus dem Wege, wenn es möglich ist",müssen die
Existenz, die ungefähre Lage und die Bahnrichtung bekannt
sein. Nach den NSS-Berichten vom 16. bis 18.9. mittags,
befand sich "Carrie" westlich 60° West im Abzug mit Kurs
NW bzw. NO. Das entsprach durchaus den jahrzehntelangen
Erfahrungen, wonach auf dieser Breite kein Hurrikan in den
letzten 66 Jahren jemals über den 60° Meridian mit Ostkurs
abgebogen ist. Die Schiffsführung brauchte daher, sofern
sie die genannten Meldungen erhalten hatte, mit "Carrie"
nicht mehr zu rechnen.

Nach Überwindung der Passat-Periode bestand, wie der meteorologische Sachverständige ausgeführt hat, kein besonderer Grund mehr für das Halten der Westlänge. Es hätte
nunmehr nordöstlicher Kurs auf die südlichen Azoren genommen werden können. Dies hat die Schiffsführung jedoch nicht
getan, sondern vorgezogen, den allgemeinen empfohlenen
Seglerweg einzuhalten, der offenbar als "Normalweg" auf die
Dauer als der günstigere angesehen ist. Es besteht auch die
Möglichkeit, wie die Auswertung des meteorologischen Tagebuches
des MS "Brandenstein" ergeben hat, dass die am 19. und 2o.9.
am Ort der "Pamir" vorhanden gewesene Dünung aus etwa 340°
bis 350° von Einfluss auf die nördliche Kurswahl gewesen ist.
Jedenfalls wurde "Pamir" auf Nordkurs am 19.9. durch die Warnung vor dem nunmehr mit südöstlichem Kurs herannahenden
"Carrie" gezwungen, sich für ihr weiteres Verhalten zu entscheiden. Bei westlichen Kursen würde sie der Orkanbahn ent-
gegengelaufen sein und bei südlichem Kurs wegen des Kreuzens
gegen den Wind nicht aus dem gefährlichen Bereich (gefährlichen Viertel) gekommen sein. Da bei östlichem Kurs ein bal-
diges Überholen durch "Carrie" zu erwarten war, blieb nur
Nordkurs, d.h. der Versuch, mit achterlichem Wind und möglichst viel Fahrt quer zur Orkanbahn auf die günstige Seite
zu gelangen. Sie befand sich nunmehr in einer Zwangslage
und konnte sich m.E. nach Lage der Dinge nur für Beibehaltung

des Nordkurses entscheiden. Dieser Auffassung ist auch von
den sachverständigen Segelschiffskapitänen Piening, Balehr,
Schütze und Wendt beigepflichtet worden. Nur Kapt.Lehmberg
war anderer Ansicht. Der Nordkurs hätte sie auch auf die
linke vordere Seite, in das sogenannte "Fahrbare Viertel"
von "Carrie" in einen Abstand von etwa 2oo sm vom Zentrum
des Sturmfeldes gebracht unter der Voraussetzung, dass die
vorausgesagte Sturmbahn und Geschwindigkeit beibehalten
wurden. Hier setzt nun die tiefe Tragik ein, denn "Carrie"
zog nördlicher und wurde schneller, so dass er wieder auf
"Pamir" zudrehte und sie geradezu verfolgte. Bei diesem
Wettlauf wird die Schiffsführung ohne Zweifel bestrebt gewesen sein,möglichst weit aus dem Gefahrenbereich herauszukommen und darum solange wie möglich an Segeln zu führen,
was nur irgend tragbar schien. Nur so kann ich mir erklären, dass am 21.9. um 0600 Uhr der wachhabende Kapt. Diebitsch
vorgeschlagen hat, bei Windstärke 8 noch zusätzlich Segel zu
setzen. Das ist allerdings abgelehnt worden. Man sollte nun
annehmen, dass unter den gegebenen Verhältnissen in Erwartung
des herannahenden Hurrikans rechtzeitig alle üblichen und
notwendigen Vorsichtsmassnahmen ergriffen seien. Das ist un-
erklärlicherweise nicht rechtzeitig geschehen. - Verschiedene
Anzeichen deuten darauf hin, dass die Schiffsführung die
Lage bis zum 21.9. vormittags etwa 0900 Uhr noch nicht als so
bedrohlich angesehen und selbst nach Aussendung der ersten
SOS-Rufe noch nicht mit einer schnellen Katastrophe gerechnet hat. Wenn die Schiffsführung sich über den Ernst der Lage
völlig klar gewesen wäre, dann hätte sie früher den vollständigen Verschlußzustand herstellen, die Segel bis auf etwa
ein Stenge-Stagsegel und den Sturmbesan bergen lassen und
hätte beigedreht. Zur Unterstützung hätte hierbei auch der
Motor mit benutzt werden können, wie es z.B. auf "Passat" geschehen ist. Natürlich wird man mit einem 900 PS-Motor im
Sturm keine Fahrt machen können, aber wenigstens Schrauben-
strom aufs Ruderblatt erzielen, um besser anluven und Kurs
halten zu können. Auch der Gebrauch von Öl hätte von Vorteil sein können. Um 0900 Uhr hat Kapt.Diebitsch auf die

Frage des 2.Offiziers Buscher, ob er SOS geben solle, abgewinkt. Ich habe mich vergeblich bemüht, eine einleuchtende
Erklärung für das Verhalten der Schiffsführung zu finden,
das die Konsequenzen aus der ersten Massnahme - vor der
Sturmbahn noch die günstige Seite gewinnen - vermissen lässt.
Als dann der Sturm schnell Orkanstärke mit Windgeschwindigkeiten von etwa 7o Knoten annahm und das Schiff sich stark
nach BB überlegte, hat es in der Orkansee aus ONO und achter-
licher Dünung die Fahrt verloren und ständig zunehmende
Schlagseite nach BB bekommen. Dass nach Verlust sämtlicher
Segel das Schiff sich überhaupt nicht wieder aufgerichtet,
sondern immer weiter übergekrängt hat, kann m.E. nur durch
das teilweise Übergehen der losen Gersteladung und anschliessenden Wassereinbruch erklärt werden. Hierauf werde ich beim
Abschnitt "Stabilität" noch zurückkommen.
Die erste Notmeldung ist von "Pamir" am 21.9. um 14.01 Uhr
MGZ ausgestrahlt worden auf 5oo kHz. Bei der Auswertung der
Funksprüche war zunächst aufgefallen, dass der ersten um
14.01 Uhr MGZ mit dem Notzeichen SOS eingeleiteten Notmeldung
nicht das Alarmzeichen vorgesetzt worden ist. Dies hat
sich nachträglich dadurch erklärt,dass "Pamir" die erste um
13.36 Uhr MGZ gegebene Dringlichkeitsmeldung "Viermastbark
Pamir treibend in schwerem Hurrikan, ohne Segel auf Position
35,57 N 4o,2o W, Schiffe in Nähe bitte um Position" mit dem
Dringlichkeitszeichen XXX eingeleitet hatte. Da diese Meldung
während der planmässigen Wachzeit abgegeben worden ist, waren
bereits alle Schiffe bzw. ihre Funkoffiziere unterrichtet.
Es war gewissermassen mit der Meldung "Voralarm" gegeben
worden.
Bis 14.5o Uhr hat "Pamir" in Funkverbindung mit 4 Schiffen
gestanden und eigenartigerweise nur gebeten "bitte bereithalten, warten". Noch um 14.27 Uhr hat "Pamir" sogar an
"Crystal Bell" gefunkt: "Sie können Ihre Reise fortsetzen,
brauche Ihre Hilfe nicht, danke". Erst um 14.52 Uhr MGZ hat die
"Pamir" "President Taylor" gebeten "bitte kommen Sie sofort
zu uns - Kapitän". Zu dieser Zeit muss sich die Lage an Bord
stark verschlimmert haben, denn 2 Minuten später, um 14.54 Uhr

MGZ folgt SOS von "Pamir": "jagt jetzt auf uns zu, deutsche
Viermastbark "Pamir" in Gefahr, zu sinken - Kapitän". Ein
weiterer Funkspruch von "Pamir" um 14.57 Uhr lautet: "Jetzt
eilt, Schiff macht Wasser, Gefahr des Sinkens". Dies war
die letzte Meldung der "Pamir", denn ein weiterer Anruf von
"Pamir" um 15.03 Uhr MGZ an "President Taylor" hat keinen
Verkehr mehr zustande gebracht.

Nachdem die "Pamir" nach Verlust aller Segel liegen blieb
und die BB-Schlagseite ständig zunahm, schöpfte das Schiff
zunächst mit der Leeverschanzung, dann mit dem Hochdeck
Wasser. In kürzester Zeit standen alle Kammern an BB-Seite
voll Wasser, ebenso die Mittschiffsgänge, das Waschhaus und
die übrigen Räume unter der Poop. Dann tauchten die Lee-
nocken ein und das Schiff kenterte.

Die Frage, wie das Schiff überhaupt kentern konnte und ob
seine Stabilität ausreichend gewesen ist, hat in der Untersuchung einen breiten Raum eingenommen.

Die S t a b i l i t ä t von Frachtsegelschiffen wird entscheidend durch die Lage des Ladungsschwerpunktes beeinflusst.
Bei dem Umbau war anzustreben, dass die entstehenden Mehrge-
wichte, die einen Verlust an Tragfähigkeit bedeuteten, im Ge-
samtschwerpunkt nicht höher lagen als der alte Laderaumschwerpunkt. Dies ist nur annähernd gelungen,wie die Nachprüfung
der Stabilitätssachverständigen ergeben hat. Ich beziehe mich
auf das Gutachten, das auf Grund eingehender rechnerischer
Prüfung und praktischer Messungen auf dem Schwesterschiff
"Passat" in verschiedenen Hebelarmkurven die Ergebnisse der
Einflüsse von Winddruck, Seegang, Ladungsverschiebung bei
verschiedener Segelführung und Wassereinbruch anschaulich
dargestellt hat.

Ohne auf rechnerische Einzelheiten der verschiedenen Fälle
einzugehen, möchte ich die wichtigsten Ergebnisse des Stabilitätsgutachtens wie folgt zusammenfassen:

Das Schiff war stabil genug, um bei der herrschenden Wetterlage die Belastungen durch Wind und Seegang auszuhalten,

solange nicht bei grösseren Neigungen Wassereinbruch oder
Verrutschen der Ladung erfolgt. Da die "Pamir" auf früheren
Reisen öfter Weizen- und andere Ladungen unfallfrei gefahren
hat, liegt die Frage nach einer Erklärung hierfür nahe. Das spezifische Gewicht war in solchen Fällen günstiger. Bei der etwas
schwereren Weizenladung ist der Systemschwerpunkt von Schiff
und Ladung niedriger. Der grössere Anteil des Ladungsgewich-
tes am Gesamtgewicht bewirkt auch eine Verbesserung der Anfangsstabilität gegenüber dem Unfallzustand.
Der Böschungswinkel, bei dem die lose Gerste rutscht, ist
maximal mit 28° gemessen. Hierbei ist aber zu berücksichtigen, dass bei irgendeinem Anstoss, wie z.B. Schlingerbewe-
gungen, die leicht rieselnde Gerste schon bei einem kleineren
Winkel -etwa 25°- ins Rutschen kommt.
Die Grösse des krängenden Momentes der übergegangenen Gerste
beträgt nach den Feststellungen auf "Passat" mindestens 800 mt,
was einem Hebelarm von 13 cm entspricht. Dabei ist auf "Passat"
auf See etwa 2 Wochen vor dem Unfall die gesetzte Ladung nachgetrimmt und dadurch weniger Freiraum vorhanden gewesen, als es
auf "Pamir" ohne Nachtrimmen der Fall gewesen sein wird.
Eine grössere Anfangsstabilität zur Vermeidung des Übergehens
der Ladung hätte sich entweder durch rechtzeitiges Wegnehmen
der Segel oder, bzw. und das Füllen des Tieftanks mit 750 cbm
Wasserballast erreichen lassen. Dann wäre ein MG von ca.0,88 m
vorhanden gewesen. Im vorliegenden Falle ist der Tieftank voll
Gerste gefahren worden, und seine beiden Deckel waren geschlossen. Dabei betrug MG nur ca. 0,58 m. Diese Massnahme hat sich,
wie ein Blick auf das Bild mit den verschiedenen Hebelarmkurven
zeigt, sehr nachteilig ausgewirkt. Es kann kein Zweifel daran
sein, dass beim Fahren des Tieftanks mit vollem Wasserballast
die Anfangsstabilität verbessert und damit das Übergehen der
Ladung erst bei grösseren Windstärken und entsprechend stärkerer Krängung erfolgt sein würde. Segelschiffe bieten mit ihren
grossen Segelflächen in der Takelage eine erheblich grössere
Angriffsfläche für den Winddruck als Dampf- und Motorschiffe.
Darum spielt die Anfangsstabilität, das MG, eine grössere
Rolle als für Dampfer und Motorschiffe und sollte darum gross
genug sein.

Als zusammenfassendes Ergebnis der Untersuchung ist über
die w e s e n t l i c h e n U r s a c h e n der Katastrophe folgendes zu sagen:
Es haben mehrere Umstände ursächlich zusammengewirkt, nämlich

1) als Hauptursache der Hurrikan "Carrie", der seine Bahnrichtung entgegen allen in 66 Jahren gesammelten Erfahrungen genommen sowie mehrfach unerwartet und unberechen-
   bar geändert hat in Richtung auf die "Pamir" hin.

Hinzu kamen

2) die allen Orkansregeln widersprechende Tatsache, dass das
   sogenannte "Fahrbare Viertel" bei "Carrie" in bezug auf
   die Windstärken nicht das günstigere gewesen ist,

3) das teilweise Übergehen der losen Gerstenladung und die
   dadurch hervorgerufene starke BB-Schlagseite und

4) der starke Wassereinbruch.

Keine der vorgenannten Ursachen für sich allein würde m.E.
den Untergang der "Pamir" herbeigeführt haben. Erst durch
das unglückselige Zusammentreffen der verschiedenen Ursachen
und die dadurch erfolgte Steigerung ihrer Auswirkungen auf
das Schiff ist es zum Kentern und Sinken gekommen.

Überlebende "B e t e i l i g t e " sind nicht vorhanden,
und darum ist eine Erörterung der Schuldfrage gemäss SUG
nicht möglich und entfällt.

Wir können uns aber nicht damit begnügen, nur die Ursachen
und näheren Umstände dieser Tragödie zu untersuchen und festzustellen, sondern wir haben die Verpflichtung, daraus zu
lernen. Es gilt, zu prüfen, ob und wie es möglich ist, derartige Unfälle künftig mit weitergehenden Sicherungsmassnah-
men zu verhüten und die Rettungsmassnahmen zu verbessern.

L e h r e n u n d E r f a h r u n g e n

Das Untersuchungsergebnis zeigt, dass zwar alle auf langjährigen Erfahrungen beruhenden Vorschriften über Bau, Einrichtungen und Ausrüstung von Schiffen sorgfältig beachtet und
zum Teil sogar darüber hinaus erfüllt worden waren. Dennoch
halte ich Verbesserungen und Ergänzungen für möglich.

A) Getreideschotten.

Es ist auf der "Passat" einwandfrei festgestellt worden, dass
das hölzerne Längsschott leckte, so dass Getreide von einer
zur anderen Seite durchfloss. Dies ist vor allen Dingen an
den Stellen des Längsschottes erfolgt, die schiffbaulich nicht
geschlossen sind. Das sind die Durchführungsöffnungen für
die Decksbalken und die Schlitze, die im Anschluss zum Mast
vorhanden sind. Die Masten sind mit Holzkeilen im Oberdeck
und Zwischendeck festgekeilt, und man hat offenbar aus Festig-
keitsgründen vermieden, diese Längsschotten mit den Masten
zu verbinden. Dadurch ist dort ein Spalt von 3o oder 4o mm
Breite vorhanden. Als Sofortmassnahme sind in Lissabon auf
Anordnung des Vertreters der SBG die hölzernen Längsschotten
durch Auskleiden mit Rappeltuch, das an den Enden benagelt
wurde, gedichtet worden. Ausserdem ist in einem Falle ein
leicht durchgebogenes Längsschott noch mit Drahtstangen ver-
steift worden. Die UVV § 159, wonach die Längsschotten
"möglichst dichtschliessend" aufgestellt werden· müssen,
sollten noch klarer lauten: "Die beiden Raumhälften müssen
"getreidedicht" voneinander getrennt sein".
Während der Verhandlung ist die Frage untersucht worden, ob
Gerste als eine besonders gefährliche Getreideladung anzusehen ist. In dem allgemein anerkannten Standard-Werk über
die Ladung, Rotermund/Koch "Die Ladung", findet sich in den
bisherigen Auflagen seit 1924 kein Hinweis darauf, dass
Gerste - im Gegensatz zu anderen Getreidearten - besonders
vorsichtig zu behandeln ist. Wenn einzelne Nautiker aus
ihrer Erfahrung heraus eine andere Auffassung über Gerstenladung haben, wird damit lediglich das Problem deutlich,
wie solche Einzelerfahrungen für die übrige Schiffahrt in
nautischen Standardwerken nutzbar gemacht werden können.
Im übrigen ist offen geblieben, ob die früher vielfach
üblich gewesene Beladung mit Säcken einfach dadurch begründet war, dass sowohl in den Ausfuhrländern als auch in den
Empfangshäfen noch keine maschinellen Getreideheber vorhanden waren. Zusätzlich ist festzustellen, dass die Getreide-

Längsschotten auf der "Pamir" im Unterraum <u>ganz bis zum</u>
<u>Boden hinunterreichten</u>, obwohl die UVV der SBG für Getreide
nur vorsieht, dass das Schott bis auf 2/3 der Tiefe des
Unterraumes hinabreichen muss. (Der Internationale Schiffssicherheitsvertrag (Kap.VI Regel 2 (c) (ii)) sieht lediglich vor, dass dieses Schott um 1/3 vom Deck hinunterreicht.)

b) Auswechseln sämtlicher hölzerner Türen, die zu den Auf-
bauschotten führen, durch eiserne bzw. Stahltüren. Diese
Massnahme, die auf "Passat" bereits durchgeführt ist, soll
einen Wassereinbruch verhüten, wenn das Schiff bei starker
Krängung über das Schanzkleid des Hochdecks Wasser übernehmen sollte.

c) B o o t e .
Es ist immer schwierig, auf Segelschulschiffen die Boote un-
terzubringen, so dass sie schnell ausgesetzt werden können.
Dies liegt daran, dass durch die Bootsaufstellung die Führung
des stehenden und laufenden Gutes nicht behindert sein darf.
Bei der auf "Pamir" gefundenen Lösung - 4 Boote unter Davits,
2 auf Rollschlitten - waren die Vorschriften erfüllt und die
Boote ständig gebrauchsfähig und jederzeit verwendungsbereit
innerhalb der festgelegten Bedingungen. Bei der aussergе-
wöhnlichen Schlagseite und der hohen See war ein unversehrtes Zuwasserbringen der Boote nicht mehr möglich. Ich kann
hierin und auch in dem Urteil über die sonstige Bewährung
der Boote nur den Ausführungen des Vertreters der SBG zustimmen. Ich muss darauf hinweisen, dass gemäss internatio-
nalem Schiffssicherheitsvertrag von 1948 die offenen Rettungsboote, wie sie auf "Pamir" vorhanden waren, vorgeschrieben sind. Anzustreben ist der Bau von zusätzlichen
Rettungsgeräten, die bei jedem Wetter und jeder Lage des
Schiffes zu Wasser gebracht werden können.
Über die Bewährung der Schlauchboote, die als zusätzliche
Rettungsmittel an Bord gegeben waren, kann kein Urteil abgegeben werden, weil kein Überlebender aus einem Schlauchboot vorhanden ist, der berichten könnte. Die graue bzw.

grau-grünliche Farbe der Schlauchboote ist nach den Erfahrungen beim Auffischen leerer Schlauchboote nicht praktisch
und besser durch einen gelben Anstrich zu ersetzen.

Die Meinungen über den zweckmässigsten Anstrich der Boote
sind geteilt. Von einem Tarnanstrich kann bei den Holzbooten
keine Rede sein, denn sie waren aussen naturholz (Eiche)
lackiert und innen weiss. Zudem hat die Aussenfarbe in
diesem besonderen Falle kaum eine Rolle gespielt, weil die
beschädigten Boote bis zum Dollbord im Wasser lagen. Es
sind bereits Versuche mit einer Fluoreszierenden Orangefarbe
im Gange, die als Bootsfarbe natürlich salzfest sein muss.

d) B o o t s a u s r ü s t u n g .

Die international vorgeschriebene Bootsausrüstung war in allen
Booten vorhanden. Sie ist allgemein zweckmässig und reich-
haltig zusammengestellt, so dass eine Ergänzung nicht notwendig erscheint. Dagegen bedarf die Frage der sicheren Unterbringung der Rettungsbootsausrüstung der Nachprüfung. Offenbar
sind teilweise schon beim Kentern der "Pamir" und hernach beim
wiederholten Kentern der Boote in der hohen See eine Reihe von
Ausrüstungsstücken herausgefallen oder von der See herausge-
waschen worden. Der Verlust der Wasserfässer hat sich für die
Schiffbrüchigen durch quälenden Durst besonders ausgewirkt.
Da trotz der mit Bordmitteln angebrachten Ösen die Halterung
an den glatten Fässern abgerutscht ist, halte ich eine Verbesserung für wichtig. Auch die Seenotproviantdosen lassen
noch zu wünschen übrig. Verschluss und Grösse der Dosen müssen
so beschaffen sein, dass der Inhalt von Schiffbrüchigen auch
mit klammen Händen herausgenommen werden kann. Dickflüssige
und Durst erregende Nahrungsmittel haben sich nicht so bewährt wie andere mit erfrischender Wirkung.
Wegen des Versagens der nass gewordenen Rotfeuer erübrigen
sich Anregungen, da nach den Ausführungen von Herrn Kapt.
Gröschel bereits erfolgreiche Versuche mit selbst unter
Wasser arbeitender Abzugszündung vor dem Abschluss stehen
und in absehbarer Zeit die Ausrüstung mit neuen zuverlässig
arbeitenden Rotfeuern zu erwarten ist.

Die Schwimmfähigkeit der Luftkästen könnte wahrscheinlich
dadurch erhöht werden, dass sie mit Tennisbällen angefüllt
würden.
Allgemein bedarf die Frage der zweckmässigen Verteilung,
sicheren Unterbringung und wirklich wasserdichten Verpackung
der Ausrüstung im Boot einer Nachprüfung und befriedigenden
Lösung.
Als wirksame Neuerung zum Auffinden von treibenden Rettungsbooten werden Radar-Reflektoren vorgeschlagen. Der internationale Schiffssicherheitsvertrag schreibt trotz der umfangreichen Seenoterfahrungen im Kriege bislang Radar-Reflektoren
für Rettungsboote weder vor, noch werden sie empfohlen. In
die deutsche Schiffssicherheitsverordnung ist eine Ausrüstung
der Rettungsboote mit Radar-Reflektoren vorsorglich aufgenommen worden. Die Versuche, die erstrebte Reichweite von
3 sm zu erreichen und evt. die Reflektoren bei Verlust von
Mast und Riemen mit Hilfe von Druckluftballons in eine
wirksame Höhe zu bringen, laufen noch und sind zur Zeit noch
nicht abgeschlossen.

e) Rettungsringe und Schwimmwesten.

Die Rettungsringe, von denen statt der vorgeschriebenen 6
Stück sogar 14 an Bord waren, haben sich mit ihrem rot-
weissen Anstrich sehr gut bewährt. Nach dem Bericht des MS
"Vale" waren die Ringe schon auf 2 - 3 sm Entfernung auszumachen, während andere Gegenstände wie Riemen, Paddel, Türen
sehr schwer auszumachen waren.
Die weissen Korkschwimmwesten, wovon mehr als lo % Reserve-
schwimmwesten an Bord waren, entsprachen den Richtlinien der
SBG und waren nach dem Urteil des Kapitäns MS "Vale" von sehr
guter Beschaffenheit. Im übrigen kann ich auch hier nur den
Ausführungen der Überlebenden und des Vertreters der SBG zustimmen.

S c h l u s s w o r t .

Solange Menschen zur See fahren, haben sie gegen die Natur-
gewalten kämpfen müssen, und die See hat immer wieder Opfer

gefordert. Auch die "Pamir" ist mit 8o Besatzungsangehörigen
im Kampfe mit den entfesselten Elementen unterlegen und
ihnen zum Opfer gefallen. Wir stehen erschüttert vor der
Erkenntnis, dass dem Menschen mit all seinen wissenschaftlichen und technischen Errungenschaften Grenzen gesetzt und
die Naturkräfte stärker sind.

Die Anforderungen an die Schiffsführungen bedeuten ein Höchstmass von Können, Erfahrung, Entschlusskraft und Verantwortungsbewusstsein. Darum ist die Ausbildung und Heranziehung tüchti-
gen Nachwuchses in der harten Schule auf den Segelschiffen begonnen und betrieben worden. Die weitere Ausbildung unserer
künftigen Kapitäne zu Männern, die ihren späteren Aufgaben gewachsen sind, ist ein Ziel, für dessen Erreichung sich nicht nur die
in der Stiftung "Pamir" und "Passat" vereinigten, sondern alle
deutschen Reedereien einsetzen und geldliche Opfer bringen sollten. Denn nach wie vor gilt der alte Satz: " S e e f a h r t
i s t   n o t !"

Zum Abschluss möchte ich noch zwei Punkte erwähnen:
Die gesamte Besatzung der "Pamir" hat bis zum letzten Augenblick völlige Ruhe und eine einwandfreie vorbildliche Haltung
bewahrt. Das wollen wir in stolzer Trauer anerkennen.

Und noch etwas anderes hat sich bei dieser Katastrophe bewährt:
Die alle seefahrenden Nationen verbindende Kameradschaft und
Hilfsbereitschaft. Bei der Suchaktion haben sich 78 Schiffe von
15 Nationen, Flugzeuge und Kommandostellen an Land in selbst-
losem, Tage und Nächte dauerndem Einsatz um die Rettung der
Schiffbrüchigen bemüht und die wenigen Überlebenden geborgen.
All den Männern, die an dieser Suchaktion beteiligt waren,
gilt der tiefempfundene Dank des ganzen deutschen Volkes!

G r ü n d e .

Aufgabe des Seeamts war es, die Ursachen und Umstände des
Untergangs der "Pamir" zu ergründen; vor allem festzustellen, ob der Unfall auf "Fehler im Schiffahrtsbetrieb,
Mängel in der Bauart, Einrichtung, Ausrüstung, Beschaffenheit, Beladung oder Bemannung" der Viermastbark zurückzuführen ist, ferner ob "Mängel der benutzten nautischen
Bücher, des Nachrichtendienstes, der Rettungsanstalten"
aufgetreten sind. Die übrigen nach § 5 des Seeunfallunter-
suchungsgesetzes zu prüfenden Fragen konnten hier ausser
Betracht bleiben, weil sich der Unfall auf dem freien Atlantischen Ozean ereignet hat.

Schuldfragen standen nicht zur Erörterung.
Schuldfeststellungen wären nur gegen sog. Beteiligte zulässig gewesen. Als Beteiligte hätten nur der Kapitän und
die sonstigen Patentinhaber der "Pamir" in Betracht kommen
können. Sie sind sämtlich ums Leben gekommen. Andere natürliche oder juristische Personen oder Behörden sind im Sinne
des Gesetzes niemals "Beteiligte", auch wenn sie an den
zu treffenden Feststellungen menschlich, wirtschaftlich
oder sonst irgendwie interessiert sein können.

Die Feststellung von Tatsachen und ursächlichen Zu-
sammenhängen im seeamtlichen Verfahren ist auch nicht Selbst-
zweck; sie bindet weder die Gerichte, noch irgendwelche
sonstigen Stellen, die sich mit dem selben Sachverhalt zu
befassen haben. Sie erfolgt nur im Hinblick auf die Sicherung der deutschen Seeschiffahrt vor künftigen Unfällen und
zur Aufdeckung von Unzulänglichkeiten und Gefahren. Die
Handlungsweise von natürlichen oder juristischen Personen,
die mit der Schaffung, Erhaltung und Überwachung der See-
tüchtigkeit der "Pamir", ihrer Bemannung, Ausrüstung und
Beladung befasst gewesen sind, desgleichen die Entschlüsse
und Massnahmen der Schiffsleitung, sind nur hinsichtlich
ihrer objektiven Richtigkeit und Zweckmässigkeit überprüft
worden. Die subjektive Seite war, soweit mit dem Zweck der
Untersuchung vereinbar, ausser Betracht zu lassen und weder

im positiven noch im negativen Sinne zu beleuchten; es
konnte demgemäss auch nicht Aufgabe des Seeamts sein, bei
Feststellung objektiv falscher Handlungen oder Unterlassungen das Vorliegen von Entschuldigungsgründen zu untersuchen.
Soweit das Seeamt versucht hat, den Überlegungen und Beweggründen der Schiffsleitung der "Pamir" nachzuspüren, ist
auch das nur geschehen, um daraus Lehren zum Nutzen der
Seeschiffahrt zur Verhütung künftiger Unglücksfälle zu ziehen
Wo keine sicheren tatsächlichen Feststellungen getroffen
werden konnten, mussten mehrere Möglichkeiten offen gelassen
werden. Um aber die wertvollsten Lehren ziehen zu können,
musste jeweils der wahrscheinlichste Fall in den Vordergrund
gestellt und abgehandelt werden. Insofern unterscheidet sich
das seeamtliche Verfahren - jedenfalls, wenn, wie hier,
mangels Beteiligter eine Schuldfeststellung nicht zur Erörterung steht - grundlegend z.B. vom Strafverfahren, wo im
Zweifel immer der dem Angeklagten günstigste Fall dem Urteil
zugrunde gelegt werden muss.

Vielfach war die Erwartung ausgesprochen worden, das
Seeamt werde zu der Frage Stellung nehmen, ob künftig noch
eine Segelschiffsausbildung für den Nachwuchs der Offiziere
der Handelsmarine angebracht wäre. Dass es nicht Aufgabe des
Seeamts sein konnte, anhand der "Pamir"-Katastrophe zu dieser Grundsatzfrage Stellung zu nehmen, wird klar, wenn man
bedenkt, dass eine seglerisch-seemännische Ausbildung auch
auf anders getakelten, auch auf kleineren Fahrzeugen und
auf begrenzteren Revieren durchgeführt werden kann; dass es
auch unstreitig möglich ist, die Reisen von Schulschiffen
so zu legen, dass   zwar nicht schwere Stürme, aber doch
die Hurrikan-gefährdeten Meeresgebiete oder Jahreszeiten
vermieden werden. Ob gerade die traditionelle Ausbildung auf
Rahseglern so wichtig ist, dass ihr der Vorzug zu geben ist
vor moderner getakelten und leichter zu handhabenden
Schiffen, ob starke Hilfsmaschinen gefordert werden sollten,
die auch ein Manövrieren allein mit Maschine bei starkem
Wind und Seegang ermöglichten, das sind Fragen, die über
die seeamtliche Zuständigkeit hinausgehen.

Nicht einmal darüber, ob gegen kombinierte Schul- und
Frachtsegler (und damit gegen eine weitere Verwendung der
"Passat") grundsätzliche Bedenken zu erheben wären, war
zu entscheiden, da - wie noch zu zeigen- den sich aus
wechselnden Beladungen ergebenden stabilitätsmässigen
Gefahren wirksam begegnet werden kann. Im Übrigen ist der
Unfall der "Passat" auch nur insoweit erörtert worden, als
daraus Anhaltspunkte für die Beurteilung des "Pamir"-
Unfalles zu gewinnen waren.

Nachdem eine illustrierte Zeitung Briefe eines der
ums Leben gekommenen Jungen und in Verbindung damit Artikel
veröffentlicht hatte, wonach an Bord der "Pamir" auf der
letzten Reise gewisse Mißstände geherrscht haben sollten,
hat das Seeamt ein Rundschreiben an die Hinterbliebenen
gerichtet. Das Ergebnis ist ein starker Aktenband von
Briefen aus Buenos Aires, in denen sich die Jungen sehr
unterschiedlich über die Zustände und die Stimmung an Bord
geäussert haben. Neben vielen positiven,zumTeil sogar be-
geisterten Stimmen und vielen mehr neutral gehaltenen
ist auch eine ganze Anzahl von Briefen darunter, in denen
Mißstimmung und schärfste Kritik zum Ausdruck kommen und
Vorwürfe gegen die Vorgesetzten oder einige der Vorgesetzten erhoben werden. Ein grosser Teil dieser kritischen
Äusserungen betrifft aber - ausser vielen Klagen über die
beim Trimmen der Ladung in Buenos Aires erduldeten Stra-
pazen - nur den sog. neuen Stil, den Kapitän Diebitsch
eingeführt haben soll; einen strammen Schulschiffstil,
durch den er sich ebenso wie durch einige, vielleicht
unüberlegte Äusserungen bei Teilen der Besatzung sehr un-
beliebt gemacht hatte. Eine erhebliche Anzahl von Mitgliedern der Stammbesatzung und auch der Kadetten soll
die Absicht gehabt haben, nach Beendigung dieser Reise ab-
zumustern.

Das Seeamt konnte auf diese Dinge nicht eingehen. Es
ist kein Aufsichtsorgan für die Schulschiffsausbildung und
nicht zuständig für den Erlass von Richtlinien für die
zweckmässige Behandlung und Erziehung des seemännischen

Nachwuchses. Überdies gibt es sicherlich wenigeSeeleute,
die nicht in ihrer Schiffsjungenzeit manchmal missgestimmt
oder gar verzweifelt gewesen sind, auf ihre Vorgesetzten
geschimpft haben oder sogar die Seefahrt aufgeben wollten.
Solche zeitweiligen Misstimmungen bringt eine straffe Erziehung wohl mehr oder weniger zwangsläufig mit sich. Das
Seeamt hätte sich mit diesen Fragen nur dann zu befassen
gehabt, wenn ein ursächlicher Zusammenhang mit dem Unfall
denkbar gewesen wäre, etwa in dem Sinne, dass die Disziplin
und damit auch die Ausführung der Befehle im Augenblick der
Gefahr in Mitleidenschaft gezogen gewesen wäre. Davon kann
aber offenbar keine Rede sein, selbst wenn die Besatzung
dem allgemein sehr beliebten und verehrten Kapitän Eggers
freudiger gehorcht haben sollte.

In dem Rahmen, der sich aus vorstehenden Ausführungen
ergibt, hat sich das Seeamt bemüht, die Untersuchung um-
fassend und gründlich zu führen. Es hat nicht nur die
eingangs im Tatbestand aufgeführten Sachverständigen und
Zeugen vernommen, Akten, Zeichnungen, Pläne, Bücher und
Schriftstücke ausgewertet, sondern auch - soweit zu dem
jeweiligen Verhandlungsthema gehörig - Angehörige der ver-
unglückten Besatzungsmitglieder, den Vorsitzenden der
"Stiftung Pamir und Passat" und als Zuhörer anwesende
Schiffahrtsexperten zu Wort kommen und Fragen und Anregungen der anwesenden Interessenvertreter beantworten
lassen. Auch die zahlreichen, dem Seeamt von den ver-
schiedensten Seiten zugegangenen Zuschriften, darunter
solche bekannter und hervorragender Fachleute, sind beachtet worden. Um die Unparteilichkeit zu wahren, musste
es das Seeamt aber ablehnen, von Interessentenseite be-
stellte Sachverständige zu vernehmen.

"Pamir" ist im Sturmfeld eines tropischen Orkans
untergegangen. Da solche "Hurrikane" ein verhältnismässig
so kleines Gebiet erfassen und die Geschwindigkeit ihres
Fortschreitens meistens so mässig ist, dass gefährdete
Schiffe in der Regel rechtzeitig ausweichen können, er-

schien es folgerichtig, vor Untersuchung der Ursachen und
Umstände des Unfalls selbst zunächst der schon von Rodewald erörterten Frage nachzugehen, ob die "Pamir" nicht
eine Berührung mit "Carrie" überhaupt hätte vermeiden
können. Sind in dieser Hinsicht objektiv Fehler begangen
worden oder Unterlassungen vorgekommen, die zur Vermeidung
künftiger Seeunfälle festgestellt werden müssen?

"Pamir" hat von den Kap Verdischen Inseln ab den alt-
bewährten Segler-Heimweg verfolgt, der gegenüber dem Ausreiseweg mit Rücksicht auf den Nordost-Passat erheblich
nach Westen ausholt. Solange "Carrie" -vgl.hierzu Anlage 1
zum Rodewald'schen Bericht- sich in nordwestlicher Richtung
fortbewegte, also immer mehr von der "Pamir" entfernte,
konnte keine Veranlassung bestehen, bei der Kursgestaltung
auf den Hurrikan Rücksicht zu nehmen, zumal die Bahn, die
"Carrie" später beschrieben hat, eine sehr seltene gewesen
ist. Nachdem der Hurrikan aber am 17./18.9. die Schwenkung
vollzogen hatte und nunmehr mit Zugrichtung um Ost sich
näherte, lag für die in der ungefähren Zugrichtung stehenden Schiffe alle Veranlassung vor, auf der Hut zu sein und
erforderlichenfalls durch Kursänderungen auszuweichen.

Rechtzeitiges Ausweichen setzt natürlich rechtzeitige
Kenntnis von dem Vorhandensein und der drohenden Annäherung
eines Hurrikans voraus.

Fest steht, dass die Schiffsleitung spätestens am
21.9. morgens Hurrikanwarnungen erhalten hat. Das ergibt
sich klar aus den Bekundungen der Überlebenden, wonach
morgens gegen 8 Uhr der Schlachter berichtet hat, dass man
einen Hurrikan erwarte (und sogar befürchte, ins Zentrum
zu geraten). Ein entsprechendes Gerücht ist auch (angeblich
vom II.Offz. über den Bootsmann Lütje) zu Haselbach gelangt.
In diesen Morgenstunden, noch vor dem erheblichen Anwachsen
des Sturmes, ist man also an Bord über die Annäherung eines
Hurrikans im Bilde gewesen.

Hat die Schiffsleitung der "Pamir" aber vor dem 21.9.
Kenntnis von dem Vorhandensein und der Annäherung eines
Hurrikans gehabt ?

Sie könnte eine solche Kenntnis zunächst einmal durch
Vorboten atmosphärischer Art, Barometerfall, vielleicht
auch durch Dünung erlangt haben.

Schon in alter Zeit sind Erfahrungsregeln zur Erkennung
der Annäherung und Zugrichtung eines Hurrikans durch Beobachtung von Wolken, Wind, Sichtigkeit, Dünung, Barometer
erarbeitet worden, anhand deren die alten Segelschiffskapitäne in vielen Fällen Hurrikane oder doch deren Zentrum
haben ausmanövrieren können. Diese werden auch in Werken,
wie dem Handbuch des Atlantischen Ozeans und Schubarts
"Praktische Orkankunde" ausführlich abgehandelt. Diese
Bücher (und übrigens auch 2 Barographen) sind an Bord vorhanden gewesen. Die Vernehmung der Überlebenden hat in
bezug auf atmosphärische Vorboten nichts Greifbares ergeben. Nach Rodewald, der sich in seinem Bericht (s.Seite
86 bis 91) mit diesen Fragen beschäftigt hat, kann wohl
angenommen werden, dass am 2o.9. gewisse atmosphärische Vorzeichen aufgetreten sind und dass der Barometerfall eine
Vorwarnung darstellen konnte. Ob diese Vorzeichen aber so
ausgeprägt gewesen sind, dass ein aufmerksamer, fachkundiger
Beobachter allein aus ihnen auf die Annäherung eines Hurrikans
hätte schliessen können, ist sehr zweifelhaft und jedenfalls
ungeklärt geblieben.

Die Zeiten, in denen die Schiffsführer vornehmlich auf
die Beobachtung solcher Erscheinungen angewiesen waren,
sind nun - jedenfalls für die hier in Betracht kommenden
Meeresgebiete - längst vergangen. Heute haben jene alten
Hilfsmittel durch die gewaltigen Fortschritte der meteorologischen Wissenschaft und die Einrichtung der zahlreichen
Wetterstationen mit allen ihren Hilfsorganisationen und
durch die sorgfältig organisierte häufige funkentelegra-
phische Ausstrahlung von Wetterberichten sehr an Bedeutung
verloren.

Hat die Schiffsleitung der "Pamir" auf dem Funkwege
Warnungen vor "Carrie" erhalten?

Rodewald schildert -vgl. oben S.49/5o u. S.75-86 -
die Warnungen vor "Carrie", die die grossen, für den
Nordatlantik zuständigen Sendestationen Washington NSS,
Portishead, Saint Lys und Horta verbreitet haben und
zeigt in Anlage 4 zu seinem Bericht die Einteilung der
offiziellen Zuständigkeitsbereiche. Er hebt - in Übereinstimmung mit den vernommenen Funksachverständigen -
zutreffend hervor, dass für "Pamir" in erster Stelle die
"bei allen Schiffsführern und Funkoffizieren wohlbekannten
und geschätzten" Berichte von Washington NSS in Frage kamen.
Er hat berichtet, dass NSS vom 6. - 21.9. nicht weniger
als 62 Warnungen, die Warnungen 44 - 62 sogar viermal
täglich, im Rahmen ihrer grossräumigen Wettersendungen für
den Nordatlantik verbreitet hat. Er erwähnt die gewisse
"Überlappung" mit dem Zuständigkeitsbereich von Horta,
weist auch darauf hin, dass die letzte Position der "Pamir"
noch eben ausserhalb der Bereiche von Horta und Portishead
und weit ausserhalb des Bereiches von Saint Lys lag, gibt
aber dennoch vorsorglich auch die von diesen Stationen
ausgestrahlten Wettermeldungen sorgfältig wieder. Danach
hat Portishead seit dem 17.9. um 11.3o, Saint Lys spätestens
ab 18.9., 8.5o Uhr (frühere Berichte sind von Paris nicht
angefordert worden) und Horta am 19.9. um 12.3o Uhr über
"Carrie" berichtet.

Es hat also eine Fülle von Funkwetternachrichten zur
Verfügung gestanden, die, wenn sie aufgenommen worden
wären, die Schiffsleitung frühzeitig über die Existenz
und seit dem 18./19.9. auch über die drohende Annäherung
des Hurrikans ins Bild gesetzt hätten.

Ausserdem kann angenommen werden, dass auch Schiffe,
die in das Sturmfeld des Hurrikans geraten waren, bestimmungsgemäss durch Funksprüche Warnungen verbreitet
haben.

Voraussetzung für eine Aufnahme von Hurrikanwarnungen
war natürlich eine entsprechende Leistungsfähigkeit der
funktechnischen Einrichtungen. Die erstklassige Funkausrüstung ist im Tatbestand beschrieben worden. Kapitän Eggers
und der als Zeuge vernommene frühere Funker der "Pamir"
(Schröder) haben übereinstimmend bekundet, dass Washington
NSS, Portishead, Saint Lys und Horta von ihnen in den fraglichen Seegebieten regelmässig einwandfrei empfangen worden
wären. Nach Schröder ist der Empfang sogar besser als auf
Motorschiffen gewesen, weil keine Maschinengeräusche stör-
ten.

Dass die Sende- und Empfangseinrichtungen auch in den
Tagen vor der Katastrophe betriebsklar gewesen sind, ergibt
sich schon aus dem über Norddeich-Radio bis in die letzten
Tage auf Kurzwelle abgewickelten Telegramm-Verkehr (siehe
oben S.44 und unten S.255 , letztes Telegramm vom 2o.9.,
15.oo Uhr), ferner daraus, dass der Besatzung nach den
Bekundungen der Überlebenden auch die Funkpresse übermittelt
worden ist,(so war z.B. das Ergebnis der Bundestagswahlen
vom 15.9.57 an Bord bekannt geworden), dass den Überlebenden nichts von irgendwelchen Störungen des Funkverkehrs
zu Ohren gekommen ist, und schliesslich auch aus dem von
Funker Siemers bis zum 21.9., 15.o3 Uhr MGZ unterhaltenen
Funkverkehr.

Das Seeamt hat sich auch mit der Frage beschäftigt,
ob die Aufnahme der Wetterberichte von NSS oder auch der
erwähnten europäischen Wetterstationen durch funktechnische
Störungen beeinträchtigt worden sein könnte. Die Reederei
Zerssen & Co hatte sich hierzu schon im Ermittlungsverfah-
ren eingeschaltet und beim Funkamt Hamburg um Auskunft
gebeten, ob vielleicht der Hurrikan "Carrie" solche Störungen ausgelöst haben könnte. Die Antwort des Funkamtes
ist in der Seeamtsverhandlung erörtert worden. Sie lautet:
"... Die Auswertung einer grossen Zahl von Funktagebüchern deutscher Schiffe, die in den drei ersten
September-Wochen in der Südamerika-, Mittelamerika-
und Nordamerika-Fahrt beschäftigt waren, ergab, dass

die Funkoffiziere in der Lage waren, Funkverbindungen über
grosse Entfernungen mit nordamerikanischen und europäischen Küstenfunkstellen herzustellen; desgl. war
die Aufnahme von Wetterberichten und Hurrikan-Warnungen
der nordamerikanischen Küstenfunkstellen -insbesondere
NSS Washington- den Seefunkstellen immer möglich. Ge-
legentliche örtliche Störungen des Empfangs durch Ge-
witter waren insofern ohne Bedeutung, als Wetterberichte und Hurrikan-Warnungen mehrmals täglich ausgestrahlt wurden.

Ferner sei darauf hingewiesen, dass seit Mitte
September 1957 im Seegebiet westlich der Azoren wegen
des Hurrikans zwischen deutschen und ausländischen
Schiffen, sowie dem Ozean-Wetterschiff Station E auf
35°N und 48°W ein zum Teil lebhafter Nachrichtenaus-
tausch stattfand; in seinem Verlauf wurden der Standort des Hurrikans und seine Bewegung sowie Wetterbe-
obachtungen mehrerer Schiffe verbreitet. ... Hieraus
folgt, dass die allgemeinen Empfangsbedingungen auf
dem Nordatlantik normal waren. Diese Tatsache erhärtet
unsere weiteren Ermittlungen, wonach die Bedingungen
für die Ausbreitung der Kurzwellen über dem Nordatlantik gut, in der Zeit vom 18.9., o.oo Uhr bis
21.9., lo.oo Uhr sogar sehr gut und bis zum 21.9.,
22.oo Uhr wieder gut waren. Erst in der Nacht vom
21. zum 22.9. machten sich die ersten Anzeichen einer
sich später noch verstärkenden ionosphärischen Störung
im Kurzwellenverkehr bemerkbar. Diese Störungen hatten
jedoch auf die drahtlosen Verbindungen zwischen
Portishead-Radio sowie Norddeich-Radio und Schiffen im
"Suchgebiet Pamir" wegen der geringen Entfernung keinen
Einfluss. ..."

Der Leiter von Norddeich-Radio, Nanninga, hat vor dem
Seeamt dazu noch ergänzend hervorgehoben, dass zwischen
Störungen atmosphärischer und ionosphärischer Art unter-
schieden werden müsse. Die ersteren wären auf die unteren
Luftschichten begrenzt und könnten höchstens im Zentrum

des Orkans den Empfang durch prasselnde Geräusche stören.
Auf den Zustand der Jonosphäre, welche für die Ausbreitung der kurzen Wellen über weite Entfernungen wichtig
sei, hätten Hurrikane keinen Einfluss. Es sei deshalb
auch ein Irrtum, anzunehmen, dass der Empfang der NSS-
Warnmeldungen für die "Pamir" durch den dazwischenliegenden
Hurrikan erschwert worden wäre. Auch nach den Beobachtungen
von Norddeich-Radio, Washington, sowie der "Arbeitsgemein-
schaft Jonosphäre" in Darmstadt seien die Bedingungen für
die Ausbreitung der kurzen Wellen im Gebiet des Nordatlantik
vom 18.9., o.oo Uhr bis zum 21.9., lo.oo Uhr sehr gut, das
heisst erheblich besser als normal, vom 21.9., 11.oo Uhr
bis 22.9. immer noch gut gewesen. Das werde auch durch die
vorliegenden Auszüge aus Funktagebüchern erhärtet (z.B.
"Tank Duke" und "Brandenstein"). Erst im Laufe der Nacht
vom 21. zum 22.9. hätten sich die ersten Anzeichen einer
ionosphärischen Störung bemerkbar gemacht, die sich dann
am nächsten und übernächsten Tage noch verstärkt hätten.
Überdies sei zu bedenken, dass der Funker, wenn eine
Welle gestört sei, eine andere auswählen könne. Er habe
fünf Frequenzbereiche zur Verfügung. Alle Nautiker und
Funkoffiziere, mit denen Rodewald, Harder und Nanninga
bei Vorbereitung ihrer Berichte für die Seeamtsverhandlung
gesprochen hatten, haben ihnen gesagt und alle von ihnen
durchgearbeiteten Berichte, Schiffs- und Funktagebücher
haben bestätigt, dass sich keine Störungen des Funkverkehrs bemerkbar gemacht haben und dass die Schiffslei-
tungen in den fraglichen Tagen laufend über "Carrie"
unterrichtet gewesen sind.[+)]Auf den Schiffen, die mehr
oder weniger von "Carrie" gefährdet waren, sind nach den
NSS-Meldungen viele Wetterkarten gezeichnet worden,
an Hand deren die Kapitäne die Hurrikan-Bahn stetig und
einwandfrei haben verfolgen und auch fast alle dem Hurrikan
haben ausweichen können.

+) Auch MS "Esso Bolivar", dessen am 18.9.mittags
   erfolgte Begegnung mit "Pamir" erst nach der Seeamtsverhandlung bekanntgeworden ist, ist im Besitz
   der NSS-Warnungen gewesen und hat es für selbstverständlich angesehen, dass die Schiffsleitung
   der "Pamir" unterrichtet war.

Es muss demnach praktisch für ausgeschlossen angesehen
werden, dass aus funktechnischen Gründen der Empfang der
Hurrikan-Warnungen vor dem Morgen des 21.9. auf "Pamir"
nicht möglich gewesen sein sollte.

Selbst wenn aber doch irgendwelche Störungen die
direkte Aufnahme der Wetterberichte vereitelt hätten, dann
hätte -wie schon in dem oben S.246/247 zitierten Schreiben
des Funkamts Hamburg hervorgehoben und wie jeder Nautiker
und Funkoffizier weiss- ohne weiteres die Möglichkeit bestanden, von anderen Schiffen sich Wetterberichte übermitteln zu lassen. Es ist üblich, dass die Funker sich im
Mittelwellenbereich mit den in der Nähe befindlichen
Schiffen über Wind und Wetter verständigen. Die Funker
der im Südamerikadienst fahrenden deutschen Schiffe haben
es, wie Ewaldt überzeugend dargelegt hat, immer als ihre
Aufgabe betrachtet, die eigene Schiffsleitung von der Annäherung eines Segelschulschiffs zu unterrichten und den
in ihrem Bereich befindlichen Segelschulschiffen Wetter-
und Windberichte aufzugeben. Es wurden sogar häufig kleinere Zeit- und Kursverluste in Kauf genommen, um die
Segelschulschiffe bei Tag in Sichtweite zu passieren.
Auch der Vorgänger von Siemers, der als Zeuge vernommene
Funker Schröder, hat in solchen Fällen sofort, wenn er
sich meldete, von den anderen Schiffen Wetterberichte,
Barometerstand, Windstärke, Windrichtung usw. bekommen.

Funker Siemers verfügte, wie die Daten seiner
Laufbahn (vgl.S.31) erkennen lassen, über jahrzehntelange
Erfahrungen und ist selbstverständlich in der Lage gewesen, die Funkausrüstung voll auszunutzen. Schiffsfunker,
die die Funksprüche der "Pamir" am Tage der Katastrophe
aufgenommen haben, haben den Funkexperten des Seeamts berichtet, dass Siemers bis zuletzt eine "vorzügliche
Handschrift geschrieben" habe.

Der Funker der "Pamir" war, wie der Funksachverständige
Harder dargelegt hat, verpflichtet, auf See einen Hördienst
von täglich mindestens 8 Stunden wahrzunehmen, und zwar zu
den Zeiten, die in der Vollzugsordnung für den Funkdienst
für alle Seefunkstellen mit 8 Dienststunden festgelegt
sind. In der Wachzeitenzone F, in der sich "Pamir" zur Zeit
des Unfalls befand, mussten folgende Funkwachen gegangen
werden: 0.00 - 2.00 Uhr, 12.00 - 14.00 Uhr, 16.00 - 18.00 Uhr
und 20.00 - 22.00 Uhr MGZ.

Es gibt zwar keine Vorschrift, die den Funker zwingt,
von sich aus Wetterberichte und andere für die Schiffahrt
wichtige Nachrichten aufzunehmen, die "an alle" ausgestrahlt
werden. Es liegt bei der Schiffsführung, die Aufnahme solcher Nachrichten grundsätzlich oder von Fall zu Fall zu verlangen. Ist eine solche Aufforderung nicht ergangen, so
macht sich der Funker keiner Pflichtverletzung schuldig,
wenn er die Nachrichten nicht aufnimmt. Bei Warnmeldungen,
die von Küsten- oder Seefunkstellen bei akuter Gefahr für die
Schiffahrt unter dem Sicherheitszeichen TTT auf 500 kHz verbreitet werden, liegen die Verhältnisse aber anders. Diese
Sicherheitsmeldungen müssen von jedem Funker, der sie hört,
aufgenommen und dem Kapitän sofort zugeführt werden. Wegen
der grossen Gefahr der tropischen Wirbelstürme für die
Schiffahrt dürfen bestimmte Küstenfunkstellen Meldungen
über solche Stürme mit dem Alarmzeichen einleiten, damit
alle im Bereich der Küstenfunkstelle befindlichen Schiffe
sofort gewarnt werden. Die "Pamir" hat sich aber am Unfalltage und an den voraufgegangenen Tagen ausserhalb der
Reichweite der für solche Sendungen in Betracht kommenden
Küstenfunkstellen befunden.

In der Praxis bedarf es allerdings im allgemeinen
keiner ausdrücklichen Aufforderung seitens der Schiffsführung an die Funker, weil die Funker aus eigenem Antrieb
sich mit anderen Schiffsfunkern über Wind und Wetter zu
verständigen pflegen. Schröder hat Siemers bei der Über-
gabe darauf hingewiesen, dass auf der "Pamir" mehr Wetterberichte aufgenommen würden, als auf anderen Schiffen üblich.

Er hat ihm berichtet, dass er nie Schwierigkeiten hinsichtlich der Erlangung von Wetterberichten gehabt habe; zumindest von anderen Schiffen habe er immer welche bekommen.
Er hat ihm auch eine Zusammenstellung der Sendezeiten der
Wetterberichte der verschiedenen Stationen an Bord zurückgelassen. Kapt. Eggers hat dafür gesorgt, dass er laufend
Wetterberichte bekam. Er wollte "immer wissen, was im
Atlantik für Wetter ist". Im allgemeinen sind unter ihm
auf der "Pamir" täglich zwei Wetterkarten gezeichnet worden.

Es ist schwer denkbar, dass nicht auch unter Kapt.
Diebitsch ständig Wetterberichte von NSS aufgenommen worden
sein sollten. Welche Weisungen er seinem Funker über die
Aufnahme von Wetternachrichten gegeben hat und ob Wetterkarten gezeichnet worden sind, ist ungeklärt. Rechtsanwalt
Daersch, der mit Kapitän Diebitsch persönlich gut bekannt
gewesen ist und jetzt die Interessen seiner Witwe vertritt,
hat als Zeuge bekundet, dass Kapitän Diebitsch sich sehr
für Meteorologie interessiert und z.B. Schubart s "Orkankunde"
"fast auswendig gekannt" habe. Kapitän Diebitsch hat sich
auch seinerzeit vor dem Antritt der "Xarifa"-Reise eingehend
auf dem Seewetteramt unterrichtet, und nichts ist näher-
liegender, als dass der Kapitän und auch die Offiziere
eines Segelschiffs vor Antritt und während einer Reise auf
das genaueste sich über die voraussichtlich zu erwartenden
oder auch nur möglichen Wetterbedingungen unterrichten.
Als Kapitän Eggers dem Kapitän Diebitsch seine Erfahrungen
übermitteln wollte, hat Kapitän Diebitsch "abgewinkt"; das
hat Eggers so verstanden und wird auch so verstanden werden
müssen, dass er sich mit diesen Dingen so vertraut gemacht
habe, dass er keine Belehrung mehr benötige. Dabei wird er auch
daran gedacht haben, dass er auf seiner "Xarifa"-Reise Erfahrungen für grosse Teile der jetzt zu durchsegelnden Meeresgebiete gesammelt und sich auch zur Vorbereitung jener Reise
schon eingehend mit allen meteorologischen Fragen befasst
hatte. Auch Kapitän Schmidt wird als besonders für Meteorologie interessiert geschildert, und Buschmann hatte sich,
bevor er seinen Dienst als II.Offizier antrat, auf dem

Seewetteramt im Wetterkarten-Zeichnen geübt. Für jede
Segelschiffsreise sind Wind und Wetter ja von ausschlag-
gebender Bedeutung; nicht nur zur Vermeidung von gefährlichen Stürmen, sondern auch zum Aufsuchen der günstigsten
Windverhältnisse und damit zur Erzielung einer schnellen
und guten Reise. Aus diesem Grund sind Wind und Wetter das
ständige und niemals zu erschöpfende Gesprächsthema unter
den führenden Männern eines Segelschiffs. Sie werden auch
durch die atlantischen Monatskarten und die nautischen Handbücher immer wieder darauf hingeführt, und auch gerade die
tropischen Orkane werden in diesen Werken ausserordentlich
eingehend erörtert. Für jeden Nautiker, der sich mit Wetter-
fragen überhaupt beschäftigt, ist es übrigens eine Selbstverständlichkeit, dass gerade die Meldungen von Washington
NSS für die fraglichen Meeresgebiete die wichtigsten und
zuverlässigsten sein müssen, nicht nur, weil "Pamir" sich
in deren Zuständigkeitsbereich befand, sondern auch, weil
nördlich vom 30. Breitengrad die Wetterstörungen in der
Regel aus westlicher Richtung heranwandern, weil die USA
allein immer direkte Hurikanwarnung (mit Flugzeugaufklärung)
betreiben und weil ausserdem die Atlantikwetterberichte von
Washington am häufigsten und auf mehreren Frequenzen mit
guter Hörbarkeit ausgestrahlt werden.

Alle bisher angeführten Tatumstände und Erwägungen
sprechen also dafür, dass die Schiffsleitung der "Pamir"
nicht erst am Morgen des Unglückstages, sondern schon sehr
viel früher von der drohenden Annäherung des Hurrikans
Kenntnis erlangt haben müsste.

Sicher ist das aber keineswegs; es gibt eine Reihe
sehr gewichtiger Gegengründe.
Niemand wird der Schiffsleitung der "Pamir" unter-
stellen wollen, sie habe engstirnig darauf vertraut, dass
sie sich auf ihrem Nordkurs Meeresgebieten näherte, in
denen nach statistischer Erfahrung nur sehr selten tropische
Orkane aufgetreten sind. Eine der wichtigsten Erfahrungs-

regeln - alle Handbücher heben dies hervor - geht gerade
dahin, dass die Zugrichtung der Hurrikane niemals mit
Sicherheit vorauszusehen ist. Überdies befand sich die
"Pamir" immer noch in Meeresgebieten, in denen - wie
Rodewald ausgeführt hat und auch aus den meteorologischen
Monatskarten und Handbüchern ersichtlich -immerhin die
Hurrikangefahr besteht, und der September ist der Monat
der grössten Hurrikanhäufigkeit. Wenn daher die Schiffsleitung die Wettermeldungen bekommen, also gewusst hätte,
dass der Hurrikan seit dem 18./19.9., trotz gewisser
Schwankungen in der Zugrichtung, sich letzten Endes doch
auf die "Pamir" zubewegte und jedenfalls am 2o.9. schon
in höchst bedrohliche Nähe gekommen war, dann müsste es unbegreiflich erscheinen, dass so spät und unzulänglich Vor-
bereitungen zur Abwetterung eines tropischen Orkans getroffen worden sind. Jeder Schiffsführer, ganz besonders
aber der Kapitän eines Segelschulschiffes, würde doch ange
sichts der grossen Gefährlichkeit der Hurrikane im Bewusstsein seiner Verantwortung frühzeitig mit aller erdenk-
lichen Sorgfalt das Schiff auf die voraussichtlich bevorstehenden schweren Stunden vorbereitet haben.

Dass die Mannschaft nicht unterrichtet wurde, könnte
sich aus dem Wunsch, Beunruhigung zu vermeiden, erklären.
Unbegreiflich - auch, wenn die Bedeutung der Aufbauten für
die Stabilität nicht bekannt gewesen sein sollte - aber
wäre es, dass nicht spätestens am 2o.9. abends der Verschlusszustand mit aller Gründlichkeit hergestellt worden ist. Nicht
einmal am 21.9. morgens früh ist man mit aller Energie daran-
gegangen. Haselbach berichtet zwar, dass ab 6 Uhr gewisse
Schlechtwettervorbereitungen getroffen worden seien, in dem
achtern die sog. Leichenfänger ausgebracht und an B.B.
Strecktaue geschoren wurden; der Bootsmann soll auch irgend-
wann herumgegangen sein und gesagt haben, dass man an Deck
"alles klarmachen" sollte, aber an Bb-Seite sind Strecktaue
erst nach dem "Alle Mann"-Alarm,als man schon um das Bergen
der Segel kämpfte und die schwere Schlagseite eingetreten
war, gespannt worden. (Dummer hat dabei nach dem "Alle Mann"-

Alarm geholfen). Segeltuchbezüge waren zwar über die Lüfter
gebunden, die Holzpfropfen sind jedoch nur teilweise eingesetzt worden. Hinsichtlich der Bullaugen waren die Bekundungen der Überlebenden uneinheitlich. Während Anders meint,
dass die Bullaugen dicht gewesen seien, bekundete Kraaz,
dass Bullaugen auf Bb-Seite nachts über noch offengestanden
hätten. Er selber habe zu den Jungen gehört, die diese Bullaugen fest schliessen und Blenden vorsetzen mussten, als auf
der Leeseite schon das erste Wasser an Deck kam und in der
Zimmermannskammer und in den achteren Kammern das Wasser
schon durch die Bullaugen strömte; zu dieser Zeit sei auch
schon der "Alle Mann"-Alarm gegeben worden. Auch Dummer
weiss -vgl. seine im Tatbestand wiedergegebenen Bekundungen-
von in Luv und Lee offenstehenden Bullaugen; die Blenden
seien auch in der Kombüse nicht vorgesetzt gewesen. Wirth
hat bekundet, dass er zu einer Gruppe gehört hat, die vormittags, als der volle Sturm schon im Gange war, durch das
Schiff geschickt wurde, um die Bullaugenblenden dicht zu
schrauben. Das Wasser habe dabei an der Bordwand schon bis
über die zweite Schublade gestanden. Volle Übereinstimmung
bestand bei den Überlebenden darüber, dass die zweiteiligen
Stahlschott-Türen, mit denen die Eingänge zur Poop abgedichtet werden konnten, noch bei der plötzlichen Zunahme
des Sturmes nicht eingesetzt gewesen sind. Man hat dann
noch versucht, sie anzubringen, was jedoch nur hinsichtlich der unteren Hälfte und auch erst, nachdem die Holztür schon zerschlagen und starke Wassereinbrüche erfolgt
waren, gelungen ist. Nach Haselbachs Erinnerung war zu
dieser Zeit sogar schon das Rettungsboot Nr. 6 weggeschlagen worden. Durch das sog."Kapitänsschott" - eine hölzerne
Tür im Brückenendschott -, deren 50 cm betragende Süll-
höhe durch Einsteckbretter vergrössert werden konnte, ist
ebenfalls Wasser eingedrungen, was durch rechtzeitiges
Einsetzen der Einsteckbretter und Abdichten hätte ver-
hindert werden können.

    Als Ergebnis dieser Erörterungen muss also festge-
stellt werden, dass eine rechtzeitige, deutlich befohlene

streng überprüfte und wirksame Herstellung des Verschlusszustandes nicht stattgefunden hat.

Auch der noch morgens um etwa 6 Uhr von dem I.Offz.
Schmidt gemachte Vorschlag, weitere Segel zu setzen, kann
(muss allerdings nicht) so gedeutet werden, dass man zu
diesem Zeitpunkt noch nichts von dem herrannahenden Orkan
gewusst hätte. Gegen eine Kenntnis von den Warnungen könnte
auch die Tatsache sprechen, dass noch nicht einmal morgens
beim Aufzug der neuen Wache angesagt worden ist, dass die
Jungen mit Ölzeug an Deck kommen sollten. Sie sind später
eigens zu diesem Zweck noch einmal zurückgeschickt worden.
Im Zuge der Ermittlungen über die hier zur Erörterung
stehende Frage hat der Funksachverständige Harder im Auftrage des Seeamts mit Zustimmung der Reederei Zerssen & Co
bzw. der privaten Empfänger sämtliche von der "Pamir"
ausgesandten Dienst- und Privattelegramme durchgesehen.
Keines dieser Telegramme enthält irgendeinen Hinweis auf
den Hurrikan. Das letzte Diensttelegramm (am 2o.9. um
14.3o Uhr MGZ aufgeliefert) enthält lediglich die Positions-
angabe des Schiffes. Der II.Offz. Buscher hat am selben
Tage (2o.9.) um 14.35 Uhr folgendes Telegramm senden lassen:
" 34 N 41 W, Ankunft etwa 14 Tage. Hoffe
Euch gesund wiederzusehen. Geld mitbringen
nach Hamburg. Herzlichst Dein Hans."
Der Funkoffizier Siemers hat am selben Tage um 14.4o Uhr
MGZ folgendes Telegramm gefunkt:
" Bin trotz Hitze gesund und munter. Lebt Ihr
noch? Zustand Bethel. Herzlichst Dein Willy."
Das letzte Telegramm hat der II.Offz. Buschmann am 2o.9.
um 15.oo Uhr aufgegeben. Es hatte folgenden Text:
"... Telegramm erhalten. Grosse Freude. Noch
lächerliche 14 Tage. Ebenfalls o.k. Laufen
gute Fahrt. Grüsse Jungens und Familie.
Alles Liebe, Dein Gunther."

Diese drei Telegramme lassen offenbar eine echte
Unbefangenheit erkennen. Sie würden schwerlich so abgefasst worden sein, wenn die Schiffsleitung bewusst sich

auf einer dramatischen Flucht vor dem Zentrum eines herannahenden tropischen Hurrikans befunden hätte.

Wenn die Schiffsleitung, wie es hiernach den Anschein
hat, vorher keine Warnnachrichten aufgefangen, sondern erst
in den Morgenstunden des 21.9. durch nunmehr aufgenommene
Wetterberichte erfahren hätte, dass es sich bei dem immer
mehr zunehmenden starken Wind nicht um die Auswirkung einer
normalen Depression, sondern um das Sturmfeld eines tropischen
Orkans handelte, so könnte das vielleicht auf folgende Weise
erklärt werden: In der Passat-Region, in der sich die "Pamir"
bis zum 17.9. befunden hatte, wird man sich vor wettermässigen
Überraschungen sicher gefühlt haben. Es folgten dann die
windstillen Tage mit schönstem Wetter, insbesondere der 18.
und 19.9., in denen man mit Maschinenkraft nordwärts gelaufen ist und die restlichen Segel geschiftet hat. Der Gedanke an einen tropischen Orkan musste, solange man keinerlei entsprechende Nachrichten empfangen hatte, recht fern
liegen, zumal man schon sich den Meeresgebieten näherte, in
denen solche Orkane zu grossen Seltenheiten gehören. Ausserdem ist ja, wie schon an anderer Stelle ausgeführt, wegen
des räumlich begrenzten Bereichs der Fall selten, dass
Schiffe in das Sturmfeld von Hurrikanen geraten, Man hätte
also, nichts Böses ahnend, die im Laufe des 2o.9. ein-
setzenden und auffrischenden südlichen Winde als eine gute
Reisegelegenheit dankbar begrüsst und ausgenutzt. (Telegramm: "Ankunft etwa 14 Tage ... laufen gute Fahrt ...").

Vielleicht hat man auch nur auf Funkberichte von Horta
(Azoren) Wert gelegt, weil man sich schon in den nächsten
Tagen den Azoren nähern würde. Wenn Horta immer abgehört
worden wäre, so hätte die Schiffsleitung immerhin schon
am 19.9. um 12.3o Uhr von dem Vorhandensein des Hurrikans
"Carrie" Kenntnis erlangt. Am 19.9. herrschte aber noch
herrlichstes, ruhiges Wetter, so dass es immerhin denkbar
erscheint, dass man auf die Aufnahme von Wetterberichten
verzichtet haben sollte. "Carrie" ist von Horta dann erst
wieder am 2o.9. um 21.3o Uhr erwähnt worden, und durch
irgendwelche Umstände könnte auch die Abhörung dieses

Wetterberichts unterblieben sein. Wenn man sich etwa auf
Portishead - welches erst am 2o.9. 21.3o Uhr erstmalig
über "Carrie" berichtet hat - beschränkt hätte, dann
könnte natürlich auch ein unglücklicher Zufall dazu geführt haben, dass gerade diese Sendung nicht abgehört
wurde. So ist es also immerhin nicht unwahrscheinlich,
dass die Schiffsleitung erst am frühen Morgen des 21.9.,
durch den zunehmenden Sturm beunruhigt, sich andere
Wetterberichte verschafft und durch sie erfahren hat, dass
"Pamir" in das Sturmfeld eines Hurrikans geraten war.

Es ist häufig schon - besonders aus den Kreisen der
Funkoffiziere - Klage darüber geführt worden, das Seeamt
hat in der vorliegenden Sache eine Reihe entsprechender
Zuschriften erhalten, und auch die Sachverständigen Harder,
Nanninga und Ewald haben sich kritisch darüber geäussert,
dass die Reeder aus Sparsamkeitsgründen den Funkoffizieren
auf vielen Schiffen noch Verwaltungs- (Zahlmeister-) geschäfte
übertragen. Man befürchtet, dass die Funkoffiziere durch
solche Verwaltungsarbeiten von ihren eigentlichen Aufgaben
abgelenkt oder sogar gehindert werden, sich diesen in dem
erforderlichen Masse zu widmen. Auch auf der "Pamir" hatte
der Funker Siemers - ebenso wie sein Vorgänger Schröder -,
obwohl er formell nur als Funker gemustert war, zusätzlich
noch die Aufgaben eines Zahlmeisters zu erfüllen. In
mehreren Zuschriften ist die Besorgnis ausgesprochen worden,
dass er an der Aufnahme von Wetterberichten durch Überlastung
mit solchen anderen Arbeiten gehindert worden sein könnte.
Es ist darauf hingewiesen worden, dass gerade bei einer besonders zahlreichen Besatzung verhältnismässig viele Ver-
waltungsgeschäfte anfielen und dass gerade auf einem Schulschiff eine solche Sparsamkeit besonders unangebracht gewesen sei.

Schröder hat als Zeuge bekundet, dass besonders die
Heuer-Abrechnungen für ihn eine erhebliche Belastung bedeutet hätten. Die Proviantabrechnung dagegen habe er in
den Häfen durchgeführt, so dass sie ihn auf See nicht belastet hätten. Insgesamt betrachtet, hätten die Verwaltungs-

arbeiten aber doch eine erhebliche Belastung mit sich gebracht; er selbst sei an Bord der "Pamir" mit diesen Verwaltungsarbeiten nicht "klar gekommen" und habe einen sehr
erheblichen Fehlbestand herausgewirtschaftet, was er, Schröder, auf seine unzureichenden buchhalterischen und kauf-
männischen Fähigkeiten zurückführe. Es ist daher immerhin
denkbar, dass der Funker in den schönen, ruhigen Tagen vor
dem 2o.9. sich zeitweise mit Verwaltungsarbeiten befasst
hat und jedenfalls keine eigene Initiative zur Beschaffung
von Wetterberichten entwickelt hat. Dass er allerdings die
Aufnahme von Wetterberichten vernachlässigt hätte, wenn
die Schiffsleitung solche ausdrücklich angefordert haben
sollte, muss als sehr unwahrscheinlich angesehen werden.

Ein Anzeichen für eine gewisse Passivität des Funkers
Siemers (die noch keinen Verstoss gegen ihm obliegende
Pflichten zu bedeuten brauchte) könnte auch in der doch
sehr befremdlichen Tatsache gefunden werden, dass "Pamir"
in den Tagen vor ihrem Untergang überhaupt keinen Funkverkehr mit anderen Schiffen gehabt hat. Norddeich-Radio
hat auf Veranlassung des Seeamts am 15., 16., 17. und 18.
Oktober folgende Anfrage ausgestrahlt: "Seefunkstellen,
die am 19., 2o. oder 21.9. Verbindung mit der "Pamir"
hatten oder Funkverkehr der "Pamir" mit anderen Schiffen
beobachtet haben, werden gebeten, sich bei Norddeich-Radio
zu melden". Da auf diese Anfrage keine Antwort eingegangen
ist, muss als erwiesen angesehen werden, dass ein solcher
Funkverkehr nicht stattgefunden hat. Bei der ausserordentlich grossen Anteilnahme, die das "Pamir"-Unglück in aller
Welt gefunden hat, kann davon ausgegangen werden, dass
inzwischen dem Seeamt auch entsprechende Mitteilungen zugegangen wären, wenn in den letzten Tagen vor dem 19.9.
ein solcher Funkverkehr stattgefunden hätte. Es erscheint
weiter befremdlich, dass kein Funkverkehr mit der "Brandenstein" stattgefunden hat, als diese am 19.9. die "Pamir"
sogar in Sichtweite passierte.

   (Nach der Seeamtsverhandlung ist bekannt geworden,
  dass der Funker der "Esso Bolivar", die der

"Pamir" am 18.9. um 13 Uhr auf Pos. 28°21' N,
41°10' W auf geringe Entfernung begegnet ist
und Flaggengrüsse mit ihr ausgetauscht hat,
vergeblich versucht hat, Funkverbindung aufzunehmen. Dass Siemers vor dem Untergang in
Lebensgefahr und unter schwierigsten Bedingungen
(schwere Schlagseite) seine Ruhe bewahrt und
seine Pflicht vorbildlich erfüllt hat, sei an
dieser Stelle eingeschaltet.)

In diesem Zusammenhang erscheint immerhin auch eine Äusserung
erwähnenswert, die Haselbach bei seiner Kieler Vernehmung
getan hat: "Meines Wissens hat Kapitän Diebitsch nicht so
viele Wetterberichte gehört, wie Sie (Kapitän Eggers) ".
    Dies alles sind Gründe, und zwar recht schwerwiegende,
für die Annahme, dass die Schiffsleitung der "Pamir" erst
am frühen Morgen des 21.9. Warnungen vor "Carrie" empfangen
habe. Eine Deutungsmöglichkeit, in die alle Tatumstände sinnvoll einzuordnen wären, hat das Seeamt nicht gefunden. So
viele Argumente auch für die zweite Deutungsart (Orkan-
warnung erst am Morgen des Unglückstages empfangen) sprechen,
bliebe es doch schwer begreiflich, dass man dem laufenden
Abhören von Wetterberichten so geringe oder überhaupt keine
Beachtung geschenkt haben sollte. Das Seeamt sieht diese
Zweifelsfrage also für ungeklärt an und hat bei der weiteren
Untersuchung beide Möglichkeiten in Rechnung gestellt.

    Wenn die Schiffsleitung vor dem 21.9. von der Annäherung
des Hurrikans keine Kenntnis erlangt hätte, dann erschiene
die Wahl des Reiseweges ohne weiteres einleuchtend, denn
dieser entsprach im wesentlichen dem alterprobten Heimweg der
Segler. Die (unbedeutenden) Abweichungen von diesem Normalweg
werden auf schralende Winde zurückzuführen sein.
    Wie aber wäre der Reiseweg seit dem 17./18.9. (d.h. seit
der Ost-Schwenkung des Hurrikans) zu würdigen, wenn die
Schiffsleitung laufend die Hurrikanwarnungen erhalten hätte?
    In den nautischen Handbüchern wird unter Hinweis auf
die Erfahrung, dass die Zugrichtung und -Geschwindigkeit des

Hurrikans niemals sicher vorauszusehen sei, der Rat gegeben, im Zweifel den ungünstigsten Fall anzunehmen und
demgemäss davon auszugehen, dass man sich in dem allgemein als besonders gefährlich geltenden rechten vorderen
Quadranten befinde (bzw. in der Gefahr, in diesen hinein-
zugeraten). Wenn ein Schiffsführer zu der Überzeugung gekommen ist, mit dieser Gefahr rechnen zu müssen, dann muss
er sich darüber schlüssig werden, ob der Hurrikan noch
so weit entfernt steht, dass der Versuch riskiert werden
kann, noch die voraussichtliche Bahn des Zentrums zu
kreuzen oder ob es richtiger ist, in Gegenrichtung (im
vorliegenden Fall also nach Süden oder Osten) abzulaufen
und auf diese Weise aus dem Orkanfeld herauszukommen. Je
weiter südlich die "Pamir" von der voraussichtlichen
Hurrikanbahn stand, desto näher musste natürlich die
letzterwähnte Massnahme liegen.

Bei rückschauender Betrachtung ist es klar, dass
die Fortsetzung des Nordkurses für die "Pamir" verderb-
lich gewesen ist. Schon ein Blick auf die Anlage 1 zum
Gutachten Rodewald lässt erkennen, dass noch am 19.9.
durch ein Beidrehen oder durch ein Ausweichen in südliche
oder östliche Richtungen eine gefährliche Berührung mit
dem Orkanfeld mit Sicherheit vermieden worden wäre. Selbst
wenn man erst am 2o. mittags beigedreht hätte, wäre die
"Pamir" so hohen Windstärken nicht ausgesetzt gewesen.

Kapitän Lehmberg hat vor dem Seeamt mit Entschiedenheit erklärt, dass er einen Versuch, die Bahn des Hurrikans
noch zu kreuzen, für zu riskant angesehen haben würde. Er
würde an dem Flautentag (19.9.) auf SO- oder Süd-Kurs beigedreht haben, um erst einmal abzuwarten. Für eine solche
Massnahme (Beidrehen = Auf-der-Stelle-Treten oder ein
Ausweichen -evtl. mit dem Hilfsmotor- in südliche oder
östliche Richtungen) mussten in der Tat schwerwiegende
Gründe sprechen: Die Wahrscheinlichkeit, dass der Hurrikan
einen südöstlichen Kurs, also auf den derzeitigen Standort
der "Pamir" zu, einschlagen würde, war nach den in den
Handbüchern niedergelegten meteorologischen Erfahrungen

gering; diese Erfahrungen sprachen vielmehr für ein Ab-
ziehen in nordöstliche Richtungen (unter Beschleunigung
der Zuggeschwindigkeit), so dass die Schiffsleitung der
"Pamir" sich eigentlich auf ihrer derzeitigen Position relativ sicher und geborgen hätte fühlen können; jede Fortsetzung des Nord-Kurses musste den Abstand von der zu erwartenden Bahn des Hurrikans verringern. Wie Rodewald S.56
und 62 seines Gutachtens klar zum Ausdruck gebracht hat,
stellte die ostsüdöstliche Bahn, die "Carrie" am 18./19.9.
verfolgt hat, einen Ausnahmefall dar; früher oder später
stand ein Einschwenken auf ONO bis NO zu erwarten. Im
übrigen ergeben Rodewald's Ausführungen S.59 und 85 eine
eindrucksvolle Bestätigung für die Richtigkeit der Lehmberg'schen Ansicht. Washington NSS hatte - vgl. Rodewald
S.59- am 19.9. um o.35 Uhr und 6.oo Uhr eine östliche
Zugrichtung mit 14 bzw. 15 Knoten Marschgeschwindigkeit
angekündigt, und auch die übrigen Stationen -vgl. Rodewald
S.85- hatten diese Prognose gegeben. Wenn diese Vorhersage
eintraf - und sie ist letzten Endes im wesentlichen einge-
troffen-, dann war ein Zusammentreffen mit "Carrie " zu
erwarten: ein Weiterkoppeln mit Zugrichtung Ost bei 15
Knoten Marschgeschwindigkeit musste für den 21.9. um
4.oo Uhr MGZ den Standort des Orkanzentrums etwa mit 35°
5'N, 4o°5'W ergeben; einen Standort, den "Pamir" nach Koppe-
lung am 21.9. gegen 7 Uhr erreicht hat. Rodewald's Ansicht,
dass der Nordkurs verfehlt war, wenn die Wetterprognosen
von NSS 0.35 und 6.oo Uhr, Saint Lys 8.5o Uhr und Portishead-
Analyse 11.3o Uhr empfangen (und für zuverlässig angesehen)
worden sind, ist also unzweifelhaft richtig.

Wenn nichtsdestoweniger der Nordkurs fortgesetzt
wurde, so gibt es dafür (immer vorausgesetzt, dass laufend
Wetternachrichten empfangen wurden) folgende Deutungsmög-
lichkeiten: Entweder hat man angenommen, dass der Hurrikan
auf alle Fälle so weit nördlich vorüberziehen würde, dass
eine Fortsetzung des Nordkurses gänzlich unbedenklich war,
oder man hat umgekehrt eine SO-Schwenkung erwartet und sich
an den schon erwähnten Leitsatz gehalten, dass immer der

ungünstigste Fall angenommen und demgemäss alles daran-
gesetzt werden müsse, um in den als "fahrbar" geltenden
linken vorderen Quadranten zu gelangen; oder man ist zunächst davon ausgegangen, dass der Hurrikan weit nördlich
vorüberziehen werde und hat dann, als OSO-Zugrichtung angesagt wurde, geglaubt, dass jetzt nichts weiter übrig
bleibe, als den Nordkurs fortzusetzen. Die erste dieser
drei möglichen Erwägungen der Schiffsleitung würde das
Seeamt als reichlich unvorsichtig beurteilen; aber auch
bei der zweiten und dritten wäre immerhin zu überlegen
gewesen, ob es nicht richtiger wäre, mit kleinsten Segeln
beigedreht liegend, abzuwarten, als mit vielen Segeln
eine ebenso riskante, wie dramatische Flucht über die
Orkanbahn hinweg zu versuchen.

Die ehemaligen Rahseglerkapitäne - mit alleiniger
Ausnahme des Kapitäns Lehmberg - haben übereinstimmend
vor dem Seeamt erklärt, dass sie bei der gegebenen Lage
den Nordkurs fortgesetzt haben würden; nicht, weil sie
geglaubt hätten, dass der Hurrikan mit sicherem nördlichen
Abstand vorüberziehen würde, sondern im Gegenteil, weil
sie in den"fahrbaren" Sektor gelangen wollten. Die Entwicklung schien den Befürwortern des Nordkurses zunächst
auch recht zu geben, indem um 12.35 Uhr von NSS eine
Zugrichtung OSO und um 18.oo Uhr eine Verlangsamung der
Marschgeschwindigkeit auf 13 Knoten angekündigt wurde,
womit die Aussicht, auf dem Nordkurs von "Carrie" freizukommen, wesentlich besser zu werden schien (vgl.Rode-
wald S.6o unten). Dass im Endergebnis nicht diese günsti-
geren, sondern die Voraussagen vom 19.9. 6.oo Uhr eingetroffen sind, musste bei der Untersuchung, ob die meteorologische Navigation der Schiffsleitung der "Pamir" begreiflich erscheine, ausser Betracht bleiben. So unzweifelhaft die Fortsetzung des Nord-Kurses objektiv unrichtig war
und ins Verderben geführt hat, wird man dennoch den Nord-
Kurs auch für die erste Tageshälfte des 19.9. dann nicht
als einen klaren Verstoss gegen die anerkannten Regeln der
meteorologischen Navigation betrachten können, wenn man

annimmt, dass die Schiffsleitung geglaubt hat, eine südöstliche Zugrichtung des Hurrikanzentrums in Rechnung
stellen zu müssen und sich der Erfahrung bewusst gewesen
ist, dass die Zugrichtung und Marschgeschwindigkeit des
Zentrums niemals mit Sicherheit vorauszusagen sei.
    Am 2o.9. mittags, als die "Pamir" soviel an Nord-
breite gewonnen hatte, dass sie bei der am 19.9. angesagten
Zugrichtung schon nördlich der Hurrikanbahn hätte stehen
können, wurde eine östliche Zugrichtung angesagt, so dass
also davon auszugehen war, dass der Hurrikan direkt auf die
"Pamir" zulief. Im Laufe des 2o.9. hat dann "Carrie" eine
Schwenkung auf ONO vollzogen und auch seine Geschwindigkeit
weiter erhöht, so dass "Pamir" nach wie vor in der Zugrichtung stand und erst nachts 3 Uhr die Orkanbahn wirklich
kreuzen konnte. Insofern kann man unzweifelhaft von einer
tragischen Entwicklung sprechen, denn die an sich vielleicht
vorhersehbare neue Änderung der Zugrichtung und Beschleunigung der Marschgeschwindigkeit hätte ebensogut erst einen
oder zwei Tage später eintreten können. Auch die -regelwidrig-
bei "Carrie" gerade auf der linken Seite seiner Bahn aufgetretenen, besonders hohen Sturmstärken sind in diesem Sinne
zu würdigen.
    Nachdem die Schiffsleitung also sich am 19.9., wo sie
noch die Entschlussfreiheit hatte, für einen weiteren Nordkurs entschieden hatte, war sie in eine Zwangslage geraten.
Sie musste jedenfalls annehmen, dass sie - soweit sie sich
nicht zum Beidrehen entschloss - keine andere Wahl mehr
hätte, als mit der jeweils möglichen Höchstgeschwindigkeit
weiter nach Norden zu segeln bzw., solange der Wind flau
war, mit Maschinenkraft zu laufen, um noch vor dem herannahenden Zentrum auf die allgemein als am ehesten "fahrbar"
geltende linke Vorderseite zu gelangen.
    Die Beibehaltung des Generalkurses Nord war also,
auch wenn alle Wetterberichte aufgenommen worden wären, aus
der Sicht der Schiffsleitung begreiflich und bedeutete-mit
den für die Vormittagsstunden des 19.9. gemachten Vorbehal-
ten- keinen Verstoss gegen die anerkannten Regeln der

meteorologischen Navigation, Es ist der Schiffsleitung
ja auch noch gelungen, in den linken vorderen Quadranten
zu gelangen.

Für die Prüfung der seit den frühen Morgenstunden des
21.9. getroffenen Massnahmen erübrigt sich die bislang
durchgeführte Unterscheidung hinsichtlich Kenntnis oder
Nichtkenntnis der Hurrikanwarnungen, da, wie dargelegt,
spätestens seit diesem Zeitpunkt diese Kenntnis unzweifelhaft vorhanden gewesen ist.

Ein Umkehren, ein Ausweichen in südliche oder östliche
Richtungen konnte - schon seit dem 2o.9. - nicht in Betracht
kommen. Die Schiffsleitung musste sich nur darüber schlüssig
werden, ob sie, mit kleinsten Segeln beigedreht liegend, den
Hurrikan erwarten, oder ob sie die Fahrt nach Norden fortsetzen sollte. Für die eine wie für die andere Entscheidung
konnten schwerwiegende Gründe sprechen. Fürchtete man (wie
einige Überlebende ausgesagt haben), in das Zentrum des Hurrikans zu geraten und meinte man, dass dies mit grosser Wahrscheinlichkeit die Vernichtung des Schiffes bedeuten würde,
dann musste eine verzweifelte Flucht nach Norden vor dem
Zentrum als der einzige Ausweg erscheinen. Ob die Schiffsleitung aber wirklich geglaubt hat, mit grosser Wahrscheinlichkeit vom Hurrikanzentrum erfasst zu werden, erscheint
trotz der entsprechenden, vielleicht doch auf nachträglicher
Kombination beruhenden Bekundungen einiger Überlebender
zweifelhaft, zumal einige Unterlassungen damit doch schwer
in Einklang zu bringen wären. Ausserdem war nach den Wetterberichten nicht mehr mit so extremen Windstärken von weit
über loo Knoten zu rechnen, wie sie bis zum 15./16.9. gemeldet worden waren. Also hätte die Schiffsleitung, jedenfalls, wenn sie keine besonderen Bedenken wegen der Stabilität hegte, durchaus hoffen können, mit kleinster Besegelung und schulgerechtem Beidrehen,evtl. Ölen der See, den
Hurrikan abzuwettern.

Vieles spricht im Gegenteil dafür, dass die Schiffsleitung der Ansicht gewesen ist, die Orkanbahn überquert
zu haben und geglaubt hat, einen vorhandenen, noch be-
trächtlichen Abstand vom Zentrum zur Vergrösserung des

Abstands von der Hurrikanbahn so erfolgreich nutzen zu
können, dass sich ein Beidrehen (das bei schulgerechter
Ausführung ein Halsen erfordert hätte) erübrigte. Möglicherweise sind die Entschlüsse sogar durch die Annahme
beeinflusst worden, dass man es gewissermassen "geschafft"
habe, dass man sich eindeutig im "fahrbaren" Quadranten befinde, sich immer mehr von der Orkanbahn entferne, keine
hohen Sturmstärken mehr zu befürchten habe und den Wind zur
Fortführung der Reise ausnutzen könne. So könnte der Entschluss, die Segel entsprechend der Drehung des Windes
über ONO immer mehr anzubrassen, erklärt werden. Eine so
optimistische Beurteilung würde auch die unterlassene Herstellung des grösstmöglichen Verschlusszustandes für die
Aufbauten und später die Zurückhaltung bei der Aussendung
von SOS-Rufen erklären. Ein solcher Optimismus wäre aber
nicht gerechtfertigt gewesen, solange nicht nur keine Anzeichen für eine Wetterbesserung vorlagen, sondern der Sturm
im Gegenteil immer noch zunahm.

Mit einem Beidrehen (unter kleinsten Segeln) hätte man
auf alle Fälle die Lage vermieden, in die die "Pamir" dann
geraten ist und die ihr zum Verhängnis geworden ist, nämlich mit vielen Segeln dem plötzlich noch weiter stark zunehmenden Sturm ausgeliefert zu sein. Dennoch konnten be-
achtliche Gründe für ein Weitersegeln nach Norden sprechen,
und der Entschluss hierzu würde auch dann nicht als ein
Verstoss gegen die Regeln der sog. Orkanstrategie zu bezeichnen sein, wenn die Schiffsleitung über die wirkliche
Lage im Bilde gewesen wäre, also gewusst hätte, dass es
zwar gelungen war, die Orkanbahn zu kreuzen, dass das
Zentrum aber in nur geringem Abstand südlich vorüberzog.
Wenn man sich unter solchen Umständen zum Weitersegeln
entschloss, dann konnte nur ein Lenzen mit Steuerbord-
achterlichem Wind in Frage kommen, wie von Schubart,
"Orkankunde",auf S.120 empfohlen. Dabei hätten aber die
Segel rechtzeitig, d.h. vor dem zu erwartenden Auftreten
von Orkanstärken, bis auf eine ganz kleine Sturmbesegelung
verkürzt werden müssen. Wenn und solange das Hurrikanzentrum

noch so weit entfernt war, dass mit dem Einsetzen von Orkanböen nicht zu rechnen war, musste "Pamir" zwar die zur Erzielung einer hohen Geschwindigkeit erforderlichen Segel
führen. Je näher aber das Zentrum rückte, desto grösser wurde
das mit der Führung so vieler Segel verbundene Risiko, wobei auch noch die recht geringe Zahl sturmerprobter, in der
Takelage auch unter schwersten Bedingungen voll einsatz-
fähiger Matrosen und Leichtmatrosen in Rechnung zu stellen
war. Für jeden Führer eines Segelschiffes - gleichgültig, welcher Grösse und unabhängig von den besonderen Stabilitätsverhältnissen - ist es nichts weiter als eine selbstverständ-
liche Vorsichtsmassnahme, dass er bei heraufziehendem Sturm
die Segelfläche so weit verkleinert, dass er zuverlässig
hoffen kann, sein Schiff werde der Gewalt des Sturmes widerstehen können. Dass muss natürlich noch in gesteigertem Masse
bei der Annäherung eines tropischen Orkans gelten. Je sicherer
die Schiffsleitung sein konnte, dem Zentrum des Hurrikans
mit seinen spezifischen Gefahren (plötzliches Umschlagen der
Sturmrichtung usw.) entronnen zu sein, desto weniger konnte
es gerechtfertigt erscheinen, angesichts der auch im nahenden
Orkanfeld zu gewärtigenden extremen Windstärken das mit der
Führung vieler Segel verbundene Risiko in Kauf zu nehmen. Auch
der Gedanke, dass man die Segel hätte stehen lassen dürfen,
bis sie von alleine wegflogen und dass sich die Segelfläche
auf diese Art gewissermassen automatisch regulieren würde,
wäre abwegig, zumal die Segel und das stehende und laufende
Gut der "Pamir" in vorzüglicher Verfassung gewesen sind.
Nichts ist - darüber waren sich alle Überlebenden einig -
durch den Sturm gebrochen und von oben gekommen. Die meisten
Segel mussten mit Messern aufgeschlitzt oder abgeschnitten
werden, bis sie schliesslich davonflogen.

Das Seeamt ist der Ansicht und stimmt dabei mit der
Auffassung der in der Seeamtsverhandlung gehörten ehemaligen
Rahsegler-Kapitäne überein, dass am 21.9. frühmorgens ein
Segel nach dem anderen hätte geborgen werden müssen. Kapitän
Wendt hat mit Zustimmung seiner Berufskameraden zutreffend
dargelegt, dass bei dem zunehmenden Sturm mit dem Bergen

immer weiterer Segel nicht einmal eine ins Gewicht fallende
Fahrtverminderung verbunden gewesen wäre - jedenfalls,wenn
man weiterhin raume Kurse gesteuert hätte. Er würde
schliesslich nur noch das Gross-Untermarssegel stehenge-
lassen haben und meint, dass bei Windstärke 12 aus achter-
licher Richtung allein mit diesem Segel noch eine Geschwindigkeit von biszu 12 Knoten vielleicht hätte erreicht werden können. Er hätte es darauf ankommen lassen, dass dies
Segel aus den Lieken flog und würde vor Topp und Takel
weiter gelenzt haben.

Auch das Seeamt ist der Auffassung, dass - ganz ohne
Rücksicht auf die speziellen Stabilitätsverhältnisse der
"Pamir" , einfach als seemännische Vorsichtsmassnahme -
die Segelfläche in den zeitigen Morgenstunden bis auf
kleinste Sturmsegel hätte verkürzt werden müssen.

Leider hat die Schiffsleitung der "Pamir" das nicht
getan. Von vornherein hat unter den Überlebenden volle Übereinstimmung darüber bestanden, dass bei der schnellen, die
schwere Schlagseite auslösenden Zunahme des Sturmes noch
alle 6 Marssegel, die Fock, ein Klüver und mehrere Stagsegel gestanden haben. Nur darüber, wieviele Stagsegel es gewesen sind, war keine Klarheit zu gewinnen. Diese Unklarheit
ist aber bei der relativen Kleinheit dieser Stagsegel bedeu-
tungslos, zumal auf alle Fälle etwa ein Drittel der gesamten
Segelfläche noch gestanden hat. Wenn in den nachfolgenden
Ausführungen der Kürze halber von lo-12 Segeln gesprochen
wird, so sind damit also immer die 6 Marssegel, die Fock ,
ein Klüver und 2 - 4 Stagsegel gemeint. Während der Seeamtsverhandlung ging eine Meldung durch die Presse, wonach
der Berichterstatter einer grossen Hamburger Zeitung ein
Gespräch der Überlebenden mit angehört habe, in welchem
diese sich geeinigt haben sollten, weitere (also über diese
lo - 12 hinausgehende) Segel zu verschweigen. Das Seeamt
ist dieser Frage nicht weiter nachgegangen, weil Haselbach
einerseits und die anderen Überlebenden andererseits von
vornherein in bezug auf Segelführung im Wesentlichen über-
einstimmende Angaben gemacht haben, weil die Aussagen auch

schon beschworen worden waren und weil die Entstehung
der Schlagseite auch schon mit den 1o - 12 Segeln technisch
einwandfrei zu erklären ist.

Das Anbrassen der Rahen und Dichtholen der Schoten hat
die Gefahr noch vergrössert.
Wenn Kapitän Diebitsch Schubarts "Orkankunde" "fast
auswendig gekannt" hat, dann ist es nicht unwahrscheinlich,
dass das starre Durchhalten des Nordkurses, welches das
immer schärfere Anbrassen der Rahen (und Dichtholen der
Schoten) erforderte, auf den bei Schubart S.12o gegebenen
Ratschlag zurückzuführen ist, den rechtwinklig von der
Orkanbahn abführenden Kurs solange wie möglich zu halten,
obwohl der Wind dabei allmählich querein und schliesslich
von vorne kommen musste.

Sollte Kapitän Diebitsch diesen Ratschlag bei seinen
Massnahmen im Sinne gehabt haben, so hat er ihn missver-
standen oder doch allzu schulmässig befolgt. Es durfte
dabei nicht übersehen werden, dass einsetzende Orkanböen,
wenn sie die mit angebrassten Rahen und dichtgeholten
Schoten am Winde segelnde Viermastbark erfassten, eine
weitaus stärkere Krängung erzeugen mussten, als wenn sie
auf das mit ganz raumem Winde lenzende Schiff trafen. Das
ergibt sich einmal schon aus der unterschiedlichen Grösse
der von Segeln, Takelage und Schiffsrumpf gebotenen Angriffsfläche, sodann aber auch aus der auf raumem Kurse weit
grösseren Geschwindigkeit des Schiffes. Je geringer die
Fahrt des Schiffes ist und je seitlicher die Orkanböen
einfallen, desto mehr muss sich die Gewalt der Bö in reine
Krängung umsetzen; desto grösser ist die Gefahr, dass das
Segelschiff einfach auf die Seite gedrückt wird und seine
Fahrt und Manövrierfähigkeit so verliert, wie es im Falle
der "Pamir" geschehen ist. So meinten denn auch die ehemaligen Rahsegler-Kapitäne, dass sie nicht angebrasst,
sondern weiter gelenzt hätten, und bei Schubarts Ratschlägen ist den Worten "so lange als möglich" grosses
Gewicht beizumessen, denn er fährt fort:

"In vielen Fällen wird es sich im strengen Sinne so,
wie hier empfohlen, nicht durchführen lassen, denn
beim Kurshalten werden wohl meistens Wind und See
zu schwer werden, um sie querein vertragen zu können;
dann muss man wiederum abhalten und mit dem Wind von
stb achtern lenzen ..."

Ein gewisser Unterschied zwischen dem unbedingten Lenzen
und den Schubart'schen Ratschlägen besteht; aber er ist
geringfügig, wenn man sich vor Augen hält, dass auch Schubart einen Kurs quer zur Orkanbahn eben nur "so lange wie
möglich" empfiehlt. Diese Grenze des Möglichen richtig zu
erkennen, erfordert wiederum eine grosse Erfahrung und
Kenntnis der besonderen Eigenschaften des betroffenen
Schiffes, wobei natürlich auch die Zahl und Grösse der geführten Segel eine wichtige Rolle spielen musste: Der
Zeitpunkt, in dem die Fortsetzung des Nordkurses unmöglich wurde, musste bei grosser Segelfläche noch sehr viel
früher eintreten.

Zusammenfassend ist also festzustellen, dass die Beibehaltung so vieler Segel und noch dazu ihre Am-Wind-
Stellung falsch war und als eine der massgebenden Ursachen
für die Katastrophe angesehen werden muss. Wieviel grösser
die Aussichten, den Orkan zu überstehen, bei kleinster
Besegelung (und Beidrehen oder Lenzen) gewesen wären, wird
bei der Erörterung der Stabilitätsfrage dargelegt werden.

Die Maschine ist in einwandfreiem Zustand und noch am
19.9. - an diesem Tag hat MS 'Brandenstein" die "Pamir"
mit laufender Maschine gesichtet - in Betrieb gewesen.

Alle Zuschriften und Kritiken, die darauf abzielten,
dass die "Pamir" eine stärkere Maschine hätte haben sollen,
übersehen, dass es sich hier um ein Segelschiff gehandelt
hat, welches als solches allen Situationen gewachsen sein
sollte. Fast 5o Jahre lang war die "Pamir" ohne Maschine
bestens gefahren. Wer die Auffassung vertritt, ein Segelschiff müsse eine so starke Maschine haben, dass es allein
damit sogar bei Sturm und Seegang sollte manövrieren können,
übersieht nicht nur die gewaltige Angriffsfläche, die eine

so hohe Takelage selbst ohne Segel dem Wind bietet, sondern
er wendet sich damit überhaupt gegen das Prinzip der Segelschiffahrt.

In der Kapitänsorder Nr.3, die die Firma Zerssen & Co
unter dem 4.5.56 über den Gebrauch der Maschine herausgegeben hat, heisst es:

"Für die Segelschulschiffe ist das Erreichen des
Ausbildungszweckes wichtiger, als die termingerechte
Ablieferung der Ladung. Es ist daher möglichst wenig
mit Maschine zu fahren. Der Motor der Segelschiffe
ist ein Hilfsmotor, der in erster Linie auf dem Re-
vier, auf See aber nur unter ganz besonderen Verhältnissen, z.B. in den Mallungen oder wenn sonst das
Etmal weniger als 100 sm in 24 Std. beträgt, helfen
soll. Selbstverständlich kann der Kapitän in besonderen Fällen, wenn er es für die Sicherheit des Schiffes
für erforderlich hält, die Maschine brauchen."

Den in dieser Kapitänsorder zum Ausdruck gekommenen Auffassungen kann nur beigepflichtet werden.

Am Tage des Untergangs ist die Maschine nach glaubwür-
diger Bekundung der Überlebenden nicht angestellt worden.
Kapitän Grubbe hat sie, als er am 5. und 6.11. mit der
"Passat" beigedreht liegend den schweren Nordweststurm abwetterte, mitlaufen lassen. Er glaubt, damit eine gewisse
Ruderwirkung erzielt zu haben, mit der er den Bug härter
an den Wind bringen konnte. Auch Kapitän Eggers hat früher
einmal, als er einen schweren Pampero, beigedreht liegend,
abwetterte, die Maschine stundenlang mitlaufen lassen. Ob
sie einen Vorteil gebracht hat, hat er damals nicht feststellen können. Nachdem die "Pamir" in einem anderen orkan-
artigen Sturm (Stärke 11 - 12) ohne Maschine tadellos beigedreht gelegen hatte, hat er die Maschine fortan beim
Beidrehen nicht mehr benutzt. Im vorliegenden Fall war die
Lage eine andere. Kapitän Diebitsch hat keine Anstalten
zum Beidrehen getroffen, sondern ist weitergesegelt. Die
"Pamir" ist mit vielen Segeln, gute Fahrt laufend, von dem
plötzlich sich verstärkenden Sturm auf die Seite gedrückt

worden,um sich nicht wieder aufzurichten. Solange sie gute
Fahrt lief, wäre es natürlich sinn- und nutzlos gewesen,
die Maschine mitlaufen zu lassen. Ob die Maschine noch
eine Ruderwirkung hätte erzeugen können und einen Nutzen
hätte bringen können, als "Pamir" mit dieser schweren
Schlagseite ohne Segel,nur mit der Persenning im Besan-
want und einem Stück des ausgeholten Unterbesans quer
zum Wind schnell nach Lee vertrieb, erscheint sehr zweifelhaft.

Stahlmasten sind Holzmasten vorzuziehen.

Aufgrund einer von Kapitän Eggers vor der Presse getanen
- vielleicht falsch verstandenen - Äusserung war in der
Öffentlichkeit darüber diskutiert worden, ob der Umstand,
dass die "Pamir" Stahlmasten, nicht Holzmasten, gehabt
hat, sich bei dem Unfall ungünstig ausgewirkt haben könne,
Dieser Gedanke ist durchaus abwegig. Schon in der Zeit, in
der die "Pamir" erbaut wurde, (und wo noch ein erheblicher
Teil der gesamten Handelsflotte aus Segelschiffen bestand!),
hatte sich allgemein die Erkenntnis durchgesetzt, dass für
so grosse Segelschiffe nur Stahlmasten infrage kommen konnten, da sie-auch dank der in ihrem Inneren anzubringenden
Verankerungen- sehr viel fester sind und viel steifer ab-
gestagt werden können und da sie zugleich viel leichter,
also stabilitätsmässig günstiger sind, als Holzmasten.
    Was das Kappen der Masten anbelangt, so sind aus der
Vergangenheit Fälle bekannt, in denen Segelschiffskapitäne
ihr Schiff durch das Kappen der Masten vor dem Kentern
bewahrt haben. Bei "Pamir" (und ebenso übrigens bei "Passat")
waren, wie die Beweisaufnahme ergeben hat, die Wanten und
Spannschrauben so stark, dass es praktisch unmöglich gewesen wäre, sie mit Bordmitteln zu kappen. Ob ein Durch-
schlagen der Wanten oder ein Zertrümmern der Spannschrauben,
    wenn es technisch möglich gewesen wäre, den Erfolg gehabt
hätte, die viele Tonnen schweren Masten und Rahen so über
Bord gehen zu lassen, dass sie nicht grosse Teile der Besatzung töteten und das Deck zerschlugen, ob es möglich

gewesen wäre, die Masten und Rahen,selbst wenn sie ins
Wasser gestürzt wären, so vom Schiff zu lösen, dass sie
nicht wie Rammböcke die Aussenhaut einstiessen, ist mehr
als zweifelhaft. Man wird daher aus dem Untergang der
"Pamir" nicht die Lehre ziehen können, dass Einrichtungen
geschaffen werden müssten, die das Kappen der Masten ermöglichten.

Nicht nur die Masten, sondern auch das Stehende und
Laufende Gut und die Segel sind in bester Verfassung gewesen. Bis auf die Segel war die ganze Takelage beim Untergang noch unversehrt.

Es sind auch keine Anhaltspunkte dafür gegeben, dass
Schäden des Schiffskörpers bei dem Untergang mitgewirkt
hätten. "Pamir" war zwar 5o Jahre alt und hatte in Antwerpen abgewrackt werden sollen; ausserdem ging in Schiff-
fahrtskreisen das Gerücht, dass die "Pamir" in nächster Zeit
hätte ausser Dienst gestellt werden sollen. So ist es nicht
verwunderlich, dass in der Presse und in vielen Zuschriften
an das Seeamt der Verdacht laut geworden war, der Erhaltungszustand des Schiffes sei nicht einwandfrei gewesen und habe
bei dem Untergang eine Rolle gespielt.

Dass durch Materialmüdigkeit, Korrosion oder etwa
mangelnde Längsfestigkeit hervorgerufene Leckstellen, Risse
u.dgl. den Untergang zumindest hätten beschleunigen können,
ist nicht zweifelhaft.

Dr.Wachs, Vorsitzender der "Stiftung Pamir und Passat", hat
als Zeuge bestätigt, dass die Ausserdienststellung der
"Pamir" ins Auge gefasst gewesen sei, jedoch noch nicht für
die nächste Zeit, sondern erst für das Jahr 196o, wo eine
Klassenerneuerung fällig gewesen wäre. Schon die Arbeiten,
die im Jahre 1956 für die neue Klassifizierung ausgeführt werden mussten, hätten rd. 4oo.ooo,- DM gekostet, und es sei
vorauszusehen gewesen, dass sie im Jahre 196o noch eine
wesentlich höhere Summe erfordert hätten. Man habe deshalb
den Gedanken erwogen, anstelle der "Pamir" die "Deutschland"
in Dienst zu stellen, als ein reines, nicht frachtfahrendes

Schulschiff. Der Betrieb der "Pamir" und "Passat" habe
ohnehin laufend enorme Zuschüsse seitens der öffentlichen
Hand und auch seitens der Stiftung erfordert, und der Ausfall an Frachtraten wäre mehr oder weniger durch die Ein-
sparung an Heuergeldern aufgewogen worden, da auf reinen
Schulschiffen die Jungen keine Heuer zu erhalten pflegten.
Vor allem aber würden auf der "Deutschland" gleichzeitig
rund doppelt so viel Jungen wie auf der "Pamir" ausge-
bildet werden können. Aus solchen Erwägungen heraus, nicht
aber aufgrund von Zweifeln an dem Bauzustand und der See-
tüchtigkeit der "Pamir", habe man ihre Ausserdienststellung
erwogen.

Dass das Alter des Schiffes gewisse Auswirkungen gehabt hat, zeigen schon die 45 Platten, die im Jahre 1951 erneuert werden mussten, und das beweisen auch die bei den
späteren Besichtigungen festgestellten - ebenfalls teilweise
auf Korrosion zurückzuführenden - Schäden. Alle Reparatur-
und Erneuerungsarbeiten sind aber unter Aufsicht der Klassifikationsgesellschaften durchgeführt worden, und es kann
davon ausgegangen werden, dass bei den zahlreichen Besichtigungen alle Mängel festgestellt und dass auch alle festgestellten Mängel sachgemäss und gründlich beseitigt worden
sind.

Es sind auch bei der Beweisaufnahme über den Hergang
der Katastrophe vom 21.9. keine Anhaltspunkte hervorge-
treten, die die Annahme rechtfertigen könnten, dass Schäden
im Schiffskörper (Aussenhaut) aufgetreten wären, die den
Untergang hatten beschleunigen oder gar massgeblich mit
verursachen können. Insbesondere können derartige Schlüsse
auch nicht aus dem Wortlaut des letzten Funkspruchs
("Jetzt eilt, Schiff macht Wasser, Gefahr des Sinkens")
oder daraus gezogen werden, dass der II.Offz. Buschmann
noch im Rettungsboot zu Haselbach geäussert haben soll, er
führe das Kentern auf das Eindringen von Wasser zurück.
Damit ist offenbar das in die Aufbauten eingedrungene Wasser
gemeint gewesen. Natürlich kann die Möglichkeit, dass bei
der schweren Beanspruchung früher oder später irgendwelche

Schäden im Unterwasserschiff in der Aussenhaut eingetreten
sind, nicht mit Sicherheit ausgeschlossen werden (Im April
1952 war einmal ein festgestellter Plattenriss von 4o cm
Länge auf die Einwirkung von schwerer See und schlechtem
Wetter zurückgeführt worden.) Die entstandene und ständig
zunehmende Schlagseite und das schliessliche Kentern er-
klärten sich aber erschöpfend durch die später noch zu
erörternden physikalischen Vorgänge.

Durch die im Jahre 1951 bei Howaldt eingebauten 4
neuen wasserdichten Schotten und das vorhandene Vorpiekschott war das Schiff in 6 Abteilungen unterteilt worden
mit der Wirkung, dass es auch beim Vollaufen einer Abteilung seine Schwimmfähigkeit behalten musste. Dies entsprach einer von der SBG in Anlehnung an die Vorschriften
für Fahrgastschiffe gemachten Auflage. Sie ist auch in dem
erteilten Klassenzeichen zum Ausdruck gekommen. Die Schottenkurve entsprach den Vorschriften für Einabteilungs-
schiffe gemäss Fahrgastschiff-Verordnung 1932. Die Schotten
genügten also den verschärften, für Fahrgastschiffe geltenden Vorschriften, was auch wieder verschärfte Aufsichts-
bestimmungen nach sich gezogen hat.

Dass die Verschlüsse der Aufbauten den Freibord-Vor-
schriften entsprachen, ist nicht zu bezweifeln Neben den
vorgeschriebenen Blenden, Sturmklappen, Absperrschiebern
und sonstigen Verschlüssen waren in den Frontschotten
Stahltüren angeordnet. Die durch die Aussenhaut führenden
Abflussleitungen waren mit Bedienungsgestänge zum Verschliessen der Sturmklappen versehen. Die technischen
Einrichtungen, um die (in der Stabilitätsrechnung als wasserdicht berücksichtigten) Aufbauten gegen Wassereinbrüche zu
schützen, waren also, wie auch Dipl.Ing. Seefisch überzeugend dargelegt und Kapitän Eggers bestätigt hat, vorhanden. Die Vorgänge auf der "Passat" haben bewiesen, dass
mit den vorhandenen Vorrichtungen der Verschlusszustand
auch praktisch hergestellt werden konnte. Die Aufbauten der
"Passat" sind dicht geblieben, und zwar auch bei einer
Schlagseite, bei der auf der "Pamir" längst starke Wasser-

einbrüche erfolgt waren. Auf der "Passat" sind keine
nennenswerten Wassermengen eingedrungen, und das hat sich
sehr segensreich ausgewirkt.

Damit ist klargestellt, dass die "Pamir" als ein
- bis auf die Segel - unversehrtes und (von der Beladung
abgesehen) in technisch einwandfreiem Zustand befindliches
Schiff unter Einwirkung des Windes Schlagseite bekommen
hat und gekentert ist. Die physikalisch-technischen Ursachen
dieses Vorgangs zu klären, musste zu den Aufgaben des Seeamts gehören. Die krängenden Momente müssen schliesslich
stärker gewesen sein, als die ihnen entgegenwirkenden aufrichtenden Kräfte, es handelt sich also um einen Stabilitätsunfall. Ob und in welchem Umfang ein Segelschiff der
krängenden Gewalt des Windes (und Seegangs) zu widerstehen
vermag, insbesondere auch die Frage der Segelführung, ist
eine Stabilitätsfrage. Hier müssen die Erfahrungen des
Schiffsführers, seine Vertrautheit mit seinem Schiff, sein
Wissen darum, was er dem Schiff "anbieten" kann, zum Tragen
kommen.

Aber um diesen Fragen, besonders zur Verhütung künftiger Unfälle, auf den Grund zu gehen, um sich auch mit
den Stimmen auseinanderzusetzen, welche meinen, Segelschiffe als solche seien mehr stabilitätsgefährdet als
maschinengetriebene Fahrzeuge, konnte und durfte das Seeamt
sich nicht auf die Auswertung rein empirischer Erfahrungen
von Praktikern beschränken. Es musste auch die Vertreter
der Wissenschaft, also der Schiffbauwissenschaft, gehörig
zu Wort kommen lassen.

Dabei musste allerdings die Gefahr vermieden werden,
dass die Seeamtsverhandlung in einen "Gelehrtenstreit"
ausmündete, in welchem immer neue Theoretiker zu Wort
kämen und schliesslich - da natürlich auch die fachkundi-
gen Beisitzer des Seeamts wissenschaftliche Streitfragen
nicht würden entscheiden können - der Ruf nach einem sog.
"Obergutachter" zu erwarten gewesen wäre. Des weiteren
musste das Seeamt auch - schon um gegenüber den wider-

streitenden Interessen eine streng unparteiische Haltung zu
bewahren - sich hüten, seinen Spruch auf Gutachten von
Sachverständigen aufzubauen, die von Interessenten be-
stellt waren und bei denen demgemäss zwangsläufig die Besorgnis einseitiger Betrachtungsweise bestand.

Das Seeamt hat deshalb nach sehr sorgfältiger Überlegung sich auf 2 Stabilitätsfachleute beschränkt, die die
Gewähr für beste Fachkunde mit dem grossen Vorzug der Un-
abhängigkeit und Unvoreingenommenheit verbanden; Dr.ing.
Wendel, Professor für Schiffbau an der technischen Hoch-
schule Hannover und Universität   Hamburg, zugleich Vorsitzender des Schiffssicherheitsausschusses der Schiffbau-
technischen Gesellschaft und des Nautischen Vereins in
Hamburg und ferner Kapitän Platzoeder, früher $4^1/2$ Jahre
lang auf Laeisz-Seglern, davon 2 Jahre lang als Wachoffizier,
jetzt Lehrer, besonders auch für Schiffsstabilität, an der
Hamburger Seefahrtschule.

Sie hatten den Auftrag, unabhängig voneinander zu arbeiten und nur dann   und insoweit eine Arbeitsteilung bei
der Ausarbeitung vorzunehmen, als sie zu übereinstimmenden
Auffassungen und Ergebnissen kommen würden. An diesen Auftrag haben sie sich gehalten. Sie haben die erarbeiteten
Werte gegenseitig überprüft und die entscheidenden rechne-
rischen Arbeiten gesondert durchgeführt und sind zu übereinstimmenden Werten gelangt. Ihre Gutachten sind im Tatbestand abgedruckt.

Die von den beiden Sachverständigen entwickelten
Auffassungen erscheinen überzeugend, die Berechnungen gründ-
lich und zuverlässig. Der Unfallhergang wird physikalisch-
technisch einleuchtend erklärt, und diese Erklärung steht in
Einklang mit Zuschriften anderer bekannter Stabilitäts-
experten sowie mit der praktischen seemännischen Erfahrung.
Es bestand daher kein Anlass zur Zuziehung noch weiterer
Stabilitätsfachleute.

Da die Beweiswürdigung dem Seeamt obliegt, musste,
bevor das Gutachten Wendel/Platzoeder dem Spruch zugrundegelegt wurde, geprüft werden, ob der von den Sachverständigen
angenommene Sachverhalt dem Ergebnis der Beweisaufnahme ent-
spreche.

Hinsichtlich der Gewichte von Schiff, Ladung und Ausrüstung, der Gewichtsschwerpunkte usw. konnte ohne weiteres
von den in den Einzelarbeiten von Platzoeder und Heptner
(Anl. 1 und 2) erarbeiteten Werten ausgegangen werden.

Die Sachverständigen haben gemäss der ihnen vom Seeamt
gestellten Aufgabe die Auswirkung verschiedener Windgeschwindigkeiten untersucht. Die dem Wind gebotene Angriffsfläche ist (s. oben S. 267) mit lo - 12 Segeln ermittelt
worden. Es ist noch eine erhebliche Zeit vergangen zwischen
der plötzlichen Verstärkung des Sturmes und dem Davonfliegen
der letzten Segel. In dieser Zeitspanne hat sich die Angriffsfläche für den Wind schon durch die zunehmende Schlagseite
allmählich verringert, jedoch müssen die wild schlagenden
Segel bis zuletzt noch eine zusätzliche krängende Wirkung
ausgeübt haben. Auf Bild 2 und 4 zum Hauptgutachten haben
die Sachverständigen den lo - 12 Segeln den Fall gegenübergestellt, dass "Pamir" vor Topp und Takel gelegen hätte. Dieser
Fall wäre, wie sie überzeugend dargelegt haben, stabilitätsmässig dem Fall praktisch gleichzusetzen, dass "Pamir" nur
die oben S. 267 abgehandelte kleinste Besegelung (Gross-
Untermarssegel oder einige Schratsegel) geführt hätte. Die
auf Bild 3 angenommene Besegelung konnte bei den vom Seeamt anzustellenden Überlegungen ausser Betracht bleiben.

In bezug auf Wassereinbrüche in die Aufbauten hat die
Beweisaufnahme ein etwas klareres Ergebnis gehabt, als
Wendel/Platzoeder laut ihrer Ausführungen S.157 und 165
erwartet hatten. Oben S.254   sind einige ermittelte Ein-
bruchsstellen bezeichnet worden. Es erscheint als sicher,
dass durch diese (wahrscheinlich auch noch weitere) Öffnungen
das Wasser schnell in die Aufbauten mittschiffs und achtern
eingedrungen ist.

Das von Wendel/Platzoeder angenommene Verrutschen der

Gersteladung hat unzweifelhaft stattgefunden. In den Anlagen 1 und 2 zu dem Stabilitätsgutachten und auch in dem
zusammenfassenden Gutachten selbst ist überzeugend nachgewiesen worden, dass die Ladung infolge vorhandener erheblicher Freiräume zunächst innerhalb der beiden Längsschiffshälften und dann auch - infolge unzureichender Ab-
dichtung durch das vorhandene Längsschott - von der
Steuerbord- zur Backbordseite in beträchtlichem Umfange
übergegangen sein muss. Die Freiräume sind in den Anlagen
1 (Platzoeder) und 2 (Heptner) sorgfältig berechnet worden.
Die Berechnungen und die zugrunde liegenden tatsächlichen
Feststellungen erscheinen zutreffend. Auf der "Pamir"
müssen - über die sogar bei modernen Schiffen in gewissem
Umfange häufig beobachteten Freiräume hinaus - erhebliche
Freiräume vorhanden gewesen sein. Dafür sprechen schon die
besonderen, beim Trimmen der Ladung in Buenos Aires aufgetretenen Schwierigkeiten. Der äussere Hergang ist in dem
Ladebericht S. 39-4o sicherlich zutreffend geschildert. Es
kann auch unbedenklich davon ausgegangen werden, dass die
Offiziere das Trimmen der Gerste sorgfältig beaufsichtigt
haben, auch mit in die Luken hineingekrochen sind. An ihrem
Verantwortungsbewusstsein ist nicht zu zweifeln, und sie
werden sich auch der Wichtigkeit des sorgfältigen Trimmens
einer Getreideladung bewusst gewesen sein.

Das Trimmen war aber ausserordentlich schwierig und
beschwerlich. Die Trimmlukenverhältnisse und die Trimmentfernungen waren (siehe Gutachten Platzoeder S.175/176)
zum Teil recht ungünstig. Es wurde immer ein Quantum
Gerste von oben hineingeschüttet und musste dann mühselig
(teilweise mit den Händen) in die entfernten Winkel und
Ecken und Zwischenräume getrimmt werden. Die Besatzung hat
auch nicht - wie es Kapitän Ballehr aus der alten Praxis
berichtete - bei diesen Arbeiten auf einer über die Gerste
gebreiteten Persenning gestanden, die bei der Arbeit eine
gewisse Standfestigkeit gewähren würde. Die Gerste ist
ungewöhnlich staubig gewesen, auch sonst waren die Arbeits-
bedingungen besonders ungünstig. Es musste mit sehr be-

helfsmässigen Atemschutzgeräten gearbeitet werden. Besondere Gerätschaften, wie die von Kapitän Grubbe eingeführten
schneeschieberähnlichen Geräte, sind auf der "Pamir" nicht
vorhanden gewesen. Bei einer Decksbalkenhöhe von o,25 m
wird die Ladung ohne ganz besondere Hilfsmittel niemals
völlig gleichmässig bis unter das Deck getrimmt; es werden
immer gewisse Freiräume verbleiben. Waren die Räume fast
vollständig gefüllt, dann war ein Herumkriechen nahezu unmög -
lich. Die Briefe aus Buenos Aires sprechen insoweit eine
überzeugendere Sprache als die diesbezüglichen Bekundungen
der Überlebenden in der Seeamtsverhandlung, aus denen doch
das Bestreben herauszuhören war, die Dinge etwas zu be-
schönigen.

Besonders in dem langgestreckten Tieftank muss die
Stauung und Trimmung auf erhebliche technische Schwierigkeiten gestossen sein. Es muss - siehe auch Platzoeder S.179 —
praktisch als ausgeschlossen angesehen werden, dass er restlos gefüllt worden ist. Sogar auf der "Passat", wo beim
Stauen und Trimmen normale Verhältnisse geherrscht haben,
haben Seefisch und Groeschel noch in Lissabon über der
Öffnung des Tieftanks einen deutlichen Trichter festgestellt,
welcher erkennen liess, dass die Gerste in den Tieftank nachgesackt war. Es kommt hinzu, dass die argentinischen Hafenarbeiter, wie geschildert, mit Unlust gearbeitet haben, und
es lässt sich auch denken, dass die dann eingesetzten argentinischen Soldaten sich keine Mühe gegeben haben.

Danach ist davon auszugehen, dass trotz allen Eifers
der Ladungsoffiziere von vornherein nicht unerhebliche Freiräume verblieben sind. Diese Freiräume müssen sich, obwohl
teilweise durch Nachsacken ausgefüllt, im Endergebnis doch
noch vergrössert haben durch das Zusammensacken der Gersteladung. Dass alle Getreideladungen sacken, ist eine jedem
Fachmann bekannte Erfahrungstatsache. Die Kapitäne Grubbe
und Eggers stehen mit ihren angeblichen gegenteiligen Erfahrungen wohl ziemlich allein.

Dass auf der "Passat" die Ladung in erheblichem Masse
(trotz Nachtrimmens während der Reise) gesackt war, dass
erhebliche Freiräume entstanden waren und dass die Gerste
nicht nur innerhalb jeder Schiffshälfte von Steuerbord
nach Backbord, sondern auch von der Steuerbordseite des
Schiffes nach der Backbordseite in grossen Mengen übergegangen war, ergibt sich aus den in Lissabon getroffenen
Feststellungen, welche Dipl.Ing. Seefisch in einer gründ-
lichen und überzeugenden Weise rechnerisch ausgewertet hat.
Er hat ein krängendes Moment von insgesamt 8oo-9oo Metertonnen
errechnet. Von der Steuerbord- zur Backbordseite waren mindestens 72 Tonnen übergegangen (siehe oben S.144). Auf die Auswertung dieser Erfahrungen in dem Stabilitätsgutachten Wen-
del/Platzoeder wird verwiesen.

Dass die diesbezüglichen Verhältnisse auf der "Pamir"
nicht günstiger gewesen sind, als auf der "Passat", ergibt
sich aus folgenden Erwägungen:

1. Stauung und Trimm auf der"Passat" sind , wie Dipl.Ing.
Seefisch berichtet hat, - im Rahmen des Möglichen - gut
gewesen. Dass sie auf der "Pamir" trotz der oben dargelegten
Schwierigkeiten noch besser gewesen sein sollten, kann nicht
angenommen werden.

2. Auch die Vorrichtungen zum Bau der Längsschotte, die dazu
verwandten Bohlen usw. können auf der "Pamir" kaum in besse-
rem Zustand gewesen sein als auf der "Passat". Sie waren zur
gleichen Zeit angeschafft worden und vermutlich ebenfalls
schon durch den Gebrauch mehr oder weniger mitgenommen. Die
in der Seeamtsverhandlung von Kapitän Eggers zunächst auf-
gestellte Behauptung, dass die Holzschotten auf seinen Reisen
vor der Beladung mit Gerste auf "Pamir" noch mit Persenningen
getreidedicht gemacht worden wären, hat er nicht aufrecht
erhalten. Er wollte sie nur so verstanden wissen, dass einige
schadhafte Stellen abgedichtet worden wären.

3. Auf der "Passat" ist die Gersteladung während der Reise
noch nachgestaut worden. Auf der "Pamir" hat, wie die Beweisaufnahme ergeben hat, eine solche Nachstauung nicht
stattgefunden. Aus dem - insofern recht unklaren und wider-

spruchsvollen - Bekundungen der Überlebenden konnte zwar
entnommen werden, dass einige Luken wohl einmal geöffnet
worden sind; ein Nachtrimmen oder Umtrimmen der Ladung
kann aber nicht erfolgt sein, da derartige Arbeiten den
Überlebenden hätten in Erinnerung bleiben müssen.

Als Ergebnis ist also festzustellen, dass auf der
"Pamir" mindestens ebenso grosse Freiräume vorhanden gewesen sein müssen, wie auf der "Passat". Der Berechnung
der Freiräume in Anlage 2 zum Stabilitätsgutachten
(Platzoeder S.173 ff und Heptner S.189 ff) kann also unbedenklich gefolgt werden. Die Ladung muss mindestens in
gleichem Umfange wie auf der "Passat" verrutschbar gewesen
sein. Sobald der Böschungswinkel der Gerste erreicht war
(unter Umständen auch, wie manche Handbücher sagen, schon
früher), musste diese in Bewegung geraten und innerhalb
der beiden Längsschiffshälften und dann auch von der einen
Schiffshälfte zur anderen so, wie in dem zusammenfassenden
Gutachten Wendel/Platzoeder S.6 - 8 erläutert, von luv
nach lee hinüberfliessen.

Was den Seegang anbelangt, so hatte Rodewald zunächst
mit Entschiedenheit die Auffassung vertreten, dass eine
hohe Dünung aus Südost sich mit einer hohen Windsee ge-
mischt haben müsse. Nachdem die Überlebenden bei ihrer
früher gemachten Bekundung verblieben waren, dass die See
nur aus einer Richtung, und zwar querab von Steuerbord
gekommen sei, ist Rodewald etwas schwankend geworden. Er
vertrat dann aber doch die Ansicht, dass die Jungen sich
wohl durch die überwiegende Windsee hätten täuschen lassen.
Dieser Auffassung wird beizutreten sein. Der durch den
stürmischen Südost erzeugte Seegang muss auch nach dem
weiteren Krimpen des Sturmes als Dünung eine Zeitlang
fortgewirkt haben; sie wird aber allmählich immer mehr von
der durch den Nordnordost aufgeworfenen Windsee überlagert
worden sein, so dass letztere sehr bald stark vorgeherrscht
hat. Übrigens hat Haselbach beobachtet, dass das Schiff
nicht nur rollende, sondern auch leicht stampfende Bewegungen gemacht habe. Auch die Tür zum Lampenspind an der

Achterkante Back kann wohl nur durch eine von achtern auf-
laufende Schwell eingeschlagen sein. Das Seeamt hält es
deshalb für sehr wahrscheinlich, dass z.Zt. des Eintretens
der starken Schlagseite neben der dominierenden Windsee
aus Nordost bis Nordnordost noch eine nicht unbedeutende
Dünung aus Südost gestanden hat.

Damit ist klargestellt, dass Wendel/Platzoeder von einem
Sachverhalt ausgegangen sind, der sich in der Beweisaufnahme
in allen wesentlichen Punkten als zutreffend bestätigt hat.

Das Seeamt ist auch überzeugt, dass der Untergang der
"Pamir" so stattgefunden hat und physikalisch-technisch so
zu erklären ist, wie in dem zusammenfassenden Gutachten dargestellt. Zur Vermeidung von Wiederholungen wird hinsichtlich
der Einzelheiten auf diese Darstellung, besonders S.156-159,
verwiesen. Der Hergang wird etwa folgender gewesen sein:

Die mit angebrassten Rahen am Winde segelnde Viermastbark
ist von dem von Windstärke 8-9 schnell noch erheblich zunehmenden Sturm in eine Schräglage gedrückt worden, bei der die
Gerste überzugehen begann und bald auch Wasser in die Mitt-
schiffsaufbauten und in die Poop eindrang. Der Kapitän gab
Order, als erste die Obermarssegel zu bergen. Die Krängung
und der Winddruck waren aber so stark, dass die Rahen beim
Fieren nicht kamen, sondern heruntergehievt werden mussten,
was nur unvollkommen gelang. Die Segel sind dann fortgeflo-
gen oder abgeschnitten worden. Inzwischen waren schon einige
Schratsegel zerrissen und davongeflogen. Auch der Versuch,
die Fock zu bergen, schlug fehl; sie musste abgeschnitten
werden. Auch die Untermarssegel hat man nicht festmachen
können. Die Schoten sind losgeworfen worden, auch diese
Segel sind zerschnitten oder zerrissen und davongeflogen.
Es mag zwischen 11 und 12 Uhr Bordzeit gewesen sein, als
das Schiff so ohne alle Segel, ohne noch nennenswerte Fahrt
zu machen und ohne Ruderwirkung mit schwerer Schlagseite
quer zur See lag und nach Lee vertrieb. Die durch die davon-
fliegenden Segel bedingte fortschreitende Verminderung der
Wind-Angriffsfläche ist durch die übergehende Ladung und das
immer stärker eindringende Wasser, wohl auch noch durch

zunehmende Windstärke, mehr als ausgeglichen worden, so
dass "Pamir" schliesslich kentern musste.

Die Schiffsleitung scheint, als "Pamir" sich nach
dem Verlust aller Segel nicht wieder aufrichtete, nicht
erkannt zu haben, dass die Ladung übergegangen war (und
weiter überging). Man hat offenbar gehofft, dass das
Schiff bis zu dem in absehbarer Zeit erwarteten Abflauen
des Sturmes ("das Barometer steigt noch") so liegen bleiben
würde. Wenn die "Pamir" allein durch übermächtigen Sturm
und Seegang auf die Seite gedrückt worden wäre, dann würde
die zuversichtliche Stimmung und die lange geübte Zurückhaltung in der Abgabe von Notrufen nicht verständlich sein.

In dem zusammenfassenden Gutachten (vgl.S.156) haben
Wendel/Platzoeder dargelegt - und dies ist auch aus den
graphischen Darstellungen abzulesen-, dass "Pamir" unter
den vorliegenden ungünstigen Umständen (grosse Segelfläche,
Tieftank nicht geflutet) ohne Berücksichtigung des Stabilitätsabbaus durch achterlichen Seegang bei Stärke lo (bei
Berücksichtigung dieses Abbaus sogar noch früher) eine
Neigung von an 3o Grad bekommen musste, bei der die Gersteladung übergehen musste. Die Entstehung und die Zunahme
der Schlagseite, das Kentern und schliesslich der Untergang
sind also im Sinne des Stabilitätsgutachtens physikalisch-
technisch einwandfrei geklärt, wenn zur Zeit des Entstehens
der Schlagseite auch nur Stärke lo aufgetreten ist. Dass
während der in Frage kommenden Zeitspanne mindestens eine
solche Windstärke geherrscht hat, steht nach Rodewald und
auch nach den Bekundungen der Überlebenden ausser jedem
Zweifel.

Es drängt sich natürlich die Frage auf, weshalb die
"Pamir" denn in alten Zeiten nicht gekentert ist. Dass das
Schiff mit so vielen Segeln plötzlich einem so starken Sturm
ausgesetzt wurde, ist in der 5o-jährigen Geschichte der
"Pamir" sicherlich öfter vorgekommen. Aber früher fuhren diese
Großsegler unverrutschbare (Weizen in Säcken) und meist auch
schwere Ladung (Salpeter, Zement). Die Stabilitätsverhältnisse waren vor dem Umbau günstiger. Wenn auch die Stabilität
des leeren Schiffes durch den Umbau nicht wesentlich beein-

trächtigt worden ist, so waren doch die Stabilitätsverhältnisse des homogen beladenen Schiffes infolge der veränderten
Raumgestaltung ungünstiger geworden. Man wird auf einen sorgfältigen Verschlusszustand der Aufbauten geachtet haben, der
auch leichter herzustellen war, solange die Besatzung aus
einer geringen Zahl erfahrener Seeleute bestand und nicht
so viele Wassereinbruchstellen in Frage kamen. Auch die
grossen Erfahrungen der alten Segelschiffskapitäne, die ihr
Schiff mit allen seinen Eigenschaften kannten, werden sich
ausgewirkt haben. Ein mit seinem Schiff bestens vertrauter
Segelschiffskapitän wird dieses auch noch unter Wetterbedingungen in den sicheren Hafen bringen, bei denen das einem
ebenso erfahrenen anderen Kapitän, der die Eigenschaften
gerade dieses Schiffes aber nicht kennt, unter Umständen
nicht gelingt.

Dem Vorhalt, dass Kapitän Eggers auch nach dem Umbau
zwei Gersteladungen ohne Unfall nach Deutschland gebracht
habe, ist mit dem Hinweis zu begegnen, dass er sich bei
seiner grossen Erfahrung mit der "Pamir" und der grossen
Aufmerksamkeit, die er der Wetterentwicklung ständig gewidmet hat, sich nicht von so starkem Wind mit einer so
grossen Segelfläche hat überfallen lassen. Er hat schwere
Stürme regelmässig abgewettert, indem er das Schiff beidrehte.
Er wird auch die Aufbauten vor Wassereinbrüchen geschützt
haben.

Da Windstärke 1o ausreichen musste und da es naturgemäss nur auf die Zeitspanne zwischen der Entstehung der
starken Schlagseite und dem Zeitpunkt, in dem sich das
Schiff infolge übergegangener Ladung und eingedrungenen
Wassers ohnehin nicht mehr aufrichten konnte, ankam, brauchte
das Seeamt die Frage nicht zu entscheiden, welche Maximalwindstärken zur Unfallzeit im Unfallgebiet aufgetreten sind.
Eine solche Entscheidung war um so weniger erforderlich, als
die Maximalstärke höchstwahrscheinlich nicht schon in dem
Zeitpunkt eingesetzt hat, als "Pamir" auf die Seite gedrückt
wurde. Im Gegenteil, auch Rodewald geht -S.71/72 davon aus,
dass die Sturmstärke von 9-1o auf 11 und dann erst etwa

eine Stunde später auf 12 (33 m/sec) angewachsen sei.

Nur weil in den öffentlichen Erörterungen über den Untergang der "Pamir" des öfteren die Formel aufgetaucht ist, dass das Schiff "höherer Gewalt" erlegen sei, hat sich das Seeamt auch mit der Frage der aufgetretenen Maximalwindstärken befasst. Soweit man den Begriff der "höheren Gewalt" subjektiv verstehen, d.h. einer Ausschliessung von schuldhaften Handlungen oder Unterlassungen in bezug auf die Verursachung gleichsetzen wollte, würden Fragen angesprochen, die im vorliegenden Verfahren nicht zur Erörterung standen. Wollte man den Begriff der "höheren Gewalt" aber objektiv fassen, so würde man seine Voraussetzungen höchstens dann für erfüllt ansehen dürfen, wenn die Gewalt des Sturmes (und Seegangs) so übermächtig gewesen wäre, dass er auch vor Topp und Takel bzw. bei kleinster Besegelung, bei unverrutschbarer Beladung, einwandfreiem Verschlusszustand der Aufbauten, besterzielbarem Stabilitätszustand, d.h. geflutetem Tieftank und bei bester Führung des Schiffes die "Pamir" hätte vernichten müssen. Dazu wäre aber nach dem Ergebnis der Stabilitätsgutachten eine Windgeschwindigkeit von weit über 100 Knoten erforderlich gewesen.

Einer solchen Orkanstärke ist "Pamir" bestimmt nicht ausgesetzt gewesen. Es steht fest, dass die "Pamir" nicht ins Zentrum des Hurrikans "Carrie" geraten ist, sondern dass dieses etwa um 12 Uhr MGZ (nach 9 Uhr Bordzeit) in einem Abstand von vielleicht 60 sm südlich vorübergezogen ist. "Carrie" hatte am 21.9. bei weitem nicht mehr die vernichtende Gewalt von bis zu 140 Knoten in der Stunde, mit der er um den 9. und 10. September herum etwa 1000 sm östlich Puerto Rico gewütet hatte. Der tiefste Kerndruck war am 13. und 14.9. mit 951 mb gemessen worden; am 21.9. wird er nach Rodewald bei 978 gelegen haben. Die Maximalstärken waren seit dem 11.9. wesentlich zurückgegangen, wenn auch die amerikanischen Meldungen, die "Carrie" zur Zeit der Energiekulmination als "severe hurricane" angezeigt hatten, ihn bis zuletzt als "still a dangerous storm" gekennzeichnet haben. Die Abschwächung spiegelt sich auch deutlich in den

im Tatbestand wiedergegebenen Warnmeldungen von NSS wieder,
in denen als Höchststärken am 17.9. und seit dem 18.9.
nur noch 75 Knoten und am 2o.9. nur noch 65 Knoten angegeben
worden waren. Am 21.9. um 18 Uhr war noch einmal eine Stärke
von 7o Knoten "nahe dem Zentrum" vorhergesagt worden, und in
der aufgrund des letzten Fliegerberichts (vom 21.9. nachmittags) gefertigten Wettervorhersage ist am 22.9. um o.oo Uhr
nur noch eine Maximalstärke von 65 Knoten "über ein kleines
Gebiet nahe dem Zentrum" angekündigt worden. Gleichzeitig mit
dieser Abschwächung hatte sich "Carrie" auch aus seiner ursprünglich kreisförmigen Gestalt zu einer Ellipse deformiert,
und ein regelrechtes Orkanauge mit seinen typischen Eigenschaften (extreme Windstärken nahe um ein kleines, relativ
windstilles Aufklarungsgebiet) war überhaupt nicht mehr vorhanden. Auch für die nachfolgenden Tage sind keine höheren
Geschwindigkeiten als 7o - 75 Knoten gemeldet worden. Entgegen den Bekundungen der Überlebenden, die übereinstimmend
von einem starken, aber stetigen Sturm gesprochen haben,
hat Rodewald mit einleuchtenden Argumenten die Meinung vertreten, dass "Carrie" als er die "Pamir" überfiel, einen
böigen Charakter gehabt habe. Er hat ausgeführt, dass alle
Hurrikane einen solchen Charakter hätten, und dass Menschen,
die der Gewalt eines solchen Sturmes ausgesetzt sind, die
Unterschiede der Windgeschwindigkeit nicht mehr zu erkennen
vermöchten. Er hat sich schliesslich dahin entschieden, dass
7o Knoten die "mittlere Höchstgeschwindigkeit" dargestellt
hätten in dem Sinne, dass einzelne kurze Böen mit wesentlich
grösserer Stärke aufgetreten sein könnten.

.Auf der anderen Seite spricht eine ganze Reihe von
Indizien gegen extreme Windstärken. Aus den Bekundungen
der Überlebenden ging hervor, dass von einzelnen Besatzungsmitgliedern bis zuletzt geraucht, getrunken, gegessen und
fotografiert worden ist, der Arzt hat sogar, auf dem Lüfter
sitzend, gefilmt. Manche Jungen haben sich noch in die Unter-
künfte begeben, um sich umzuziehen oder um trockenes Zeug
zu holen. Oben ist Brot verteilt worden, Schnaps und Zigaretten sind auch ausgegeben worden. Die Schilderungen gingen

nicht dahin, dass - wie bei voller Orkanstärke sonst immer
beobachtet - Himmel und See ein ununterscheidbarer Schaum
und Gischt und die Sicht gleich null gewesen wäre. Im
Gegenteil, die Jungen haben die Sicht zunächst als nicht
schlecht bezeichnet; die Seen seien als "grünweisse Berge"
herangerollt. Erst nach langen Vorhaltungen hat Haselbach
eingeräumt, dass die Sicht doch wohl nicht mehr als eine
Schiffslänge betragen habe. Bei voller Orkanstärke tritt
nach Berichten von Seeleuten, die solche erlebt haben,
sogar Atemnot auf, und der Mensch kann praktisch nicht
viel mehr tun, als sich dort festzuklammern, wo er gerade
sich befindet. In der Seeamtsverhandlung ist den Überlebenden ein Absatz aus dem Standardwerk von Schubart
"Praktische Orkankunde" S.33 vorgelesen worden, wo es
heisst:

> "Wolken, Regen und der Gischt des Meeres ist eine
> Masse. Sie werden vom Sturm gemischt und gejagt.
> Ihre Berührung mit der Haut ist stechend. ... Von
> Stärke des Sturmes kann nicht mehr gesprochen werden.
> Es ist Mut. ... Das Schiff ist in allen Fugen er-
> schüttert. ... Es wird fest auf das Wasser gedrückt.
> Die Wellen können nicht mehr brechen, da ihre Köpfe
> in Gischt zerstäubt weggeweht werden, aber ihre Be-
> wegung ist nicht aufgehoben. Sie wälzen sich durch-
> einander und über das Schiff hin wie an eine Klippe
> schlagend. Man ist nicht mehr imstande, zu gehen
> oder zu stehen. Unter dem Schutz des Schanzkleides
> kriecht man auf dem Deck entlang Wer stehen muss,ist
> festgebunden. ..."

Die Jungen haben hierzu gelächelt und die Schilderung für
eine Übertreibung angesehen. Haselbach äusserte: "Das ist
ein Witz", und halblaut: "Welcher Idiot hat das geschrieben?"
Auch die ruhige, zuversichtliche, teilweise sogar unbe-
kümmerte Stimmung, die unter der jungen Mannschaft bis in
die letzten Minuten vor dem Untergang geherrscht hat, spricht
gegen ein Wüten der Elemente im Sinne der oben wiedergegebenen Schubart'schen Formulierung. Es wird auf der anderen

Seite einzuräumen sein, dass gerade bei der sehr starken
Schlagseite das Steuerbord-Schanzkleid einen gewissen Schutz
gegen Sturm und Gischt geboten haben mag. Aus dem Umstand,
dass die Schiffsleitung in ihren Notrufen die Wendung
"heavy hurricane" gebraucht hat, wird man keinen Schluss
auf die Stärke des Sturmes ziehen dürfen. Der Kapitän und
die Offiziere können weder die Apparate noch die Erfahrung
gehabt haben, eine Unterscheidung zwischen "Hurrikan" und
"schwerem Hurrikan" zu treffen. Sie wussten aufgrund der
jedenfalls am Morgen empfangenen Meldungen, dass es sich
um einen Hurrikan handelte, und jeder Schiffsführer, dessen
Schiff durch einen Hurrikan in eine so schwierige Lage gekommen ist und sich genötigt sieht, um Hilfe zu rufen, wird
geneigt sein, den Hurrikan als einen "schweren" zu bezeichnen. Auch die Schiffsleitung (der offenbar nicht der Gedanke
gekommen ist, dass die Ladung übergegangen sein könnte) hat,
wie aus der lange geübten Zurückhaltung bei den Hilferufen
hervorgeht, die Gesamtlage bis zur letzten Viertelstunde vor
dem Untergang noch zuversichtlich beurteilt.

Nach alledem neigt das Seeamt zu der Auffassung, dass
7o Knoten schon die obere Grenze der an der Unfallstelle aufgetretenen mittleren Windgeschwindigkeiten darstellen dürften,
wobei allerdings einzelne kurze Böenstösse darüber hinaus-
gegangen sein mögen. In dem entscheidenden Zeitraum (von der
Entstehung der Schräglage um 3o Grad bis zum Übergehen der
Gersteladung) wird die Windgeschwindigkeit schwerlich mehr
als Stärke 11 betragen haben. Keinesfalls hat sie an loo
Knoten herangereicht, geschweige denn dieses Mass noch über-
stiegen , so dass also "höhere Gewalt" in dem oben gedachten
Sinne nicht vorgelegen hat. Wenn das Seeamt in der Spruchformel die Worte "bei schwerem Nordnordoststurm im Sturmfeld
eines tropischen Orkans" gewählt hat, so soll dieser Ausdruck
nicht im Sinne der Terminologie der Beaufort-Scala verstanden
werden. Es sollte damit zum Ausdruck gebracht werden, dass
der Sturm jedenfalls in dem Zeitpunkt, in dem die "Pamir"
die verhängnisvolle Schlagseite erhielt, wahrscheinlich noch
nicht volle Orkanstärke erreicht hatte.

"Pamir" ist also auch nicht das Opfer der spezifischen
Gefahren eines tropischen Orkans - extremer und plötzlich
umschlagender Winde - geworden. Die Windstärke - auch die
Maximalstärke! - war nicht grösser, als sie bei schweren
atlantischen Stürmen des öfteren vorkommt, und die Viermastbark hat in ihrer 5o-jährigen Geschichte sicherlich häufiger
solche Sturmstärken überstanden. Auch die Seegangsverhältnisse
waren keine einmaligen. Vielleicht könnte man die "Pamir"
insofern als das Opfer eines tropischen Orkans bezeichnen,
als möglicherweise die Schiffsleitung aus dem Bestreben heraus,
unter allen Umständen einem vermeintlich herannahenden Orkan-
"auge" zu entkommen, viel mehr Segel gefahren hat, als sie bei
Annäherung eines gewöhnlichen schweren Sturmes stehen gelassen
haben würde.

Um Lehren aus den durch das Stabilitätsgutachten gewonnenen Erkenntnissen zu ziehen, muss man sich vergegenwärtigen,
dass neben Sturm und Seegang folgende Ursachen zusammengewirkt
haben (wobei die Reihenfolge der Aufzählung keine Rangfolge
andeuten soll):

  Die Führung von lo - 12 Segeln(und deren Am-Wind-
   Stellung) anstelle kleinster Besegelung,
  der Ausfall der Aufbauten als Stabilitätsfaktor,
  die Verrutschbarkeit der Ladung,
  die unterlassene Flutung des Tieftanks.

Sturm und Seegang müssen, wenn man von der etwaigen Möglichkeit, dem Hurrikan auszuweichen, einmal absieht, als un-
abänderlich hingenommen werden. Die übrigen Ursachen waren
jedoch vermeidbar. Ihr Zusammenwirken und ihr Verhältnis
zueinander ist aus den Diagrammen und Kurven abzulesen. Wenn
nachfolgend noch einige Gegenüberstellungen gebracht werden,
welche die Bedeutung jeder einzelnen dieser Ursachen veranschaulichen sollen, so übersieht das Seeamt dabei keineswegs,
dass neben diesen, von den Wissenschaftlern errechneten
Kräften in der Praxis noch das ganze dynamische Geschehen zu
berücksichtigen ist und auch die bei schweren Stürmen und
entsprechendem Seegang möglichen Beschädigungen hinzutreten

können. Dadurch wird aber - gerade im Hinblick auf die
Verhütung künftiger Unfälle - die Bedeutung der in den
Diagrammen niedergelegten Erkenntnisse nicht herabgemindert,
die eine so deutliche (und nach Ansicht des Seeamts auch
weitgehend zutreffende) Vorstellung von den wirkenden Kräften
und Gegenkräften vermitteln.

Dass die Stabilität durch achterliche Dünung gegenüber
den aus der Glattwasser-Hebelarmkurve zu entnehmenden Werten
ungünstig beeinflusst wird (vgl.S.2o3 ff), erscheint einleuchtend. Dass Ausmass dieses Stabilitätsabbaus ist aber in der
Wissenschaft noch recht umstritten. Das Seeamt hat es nicht als
seine Aufgabe angesehen, zu dieser wissenschaftlichen Streit-
frage Stellung zu nehmen. Es geht davon aus, dass die Stabilität infolge der (neben der vorherrschenden Windsee noch vorhandenen) achterlichen Dünung noch geringer gewesen ist, als
die aus der Glattwasserkurve entnommenen, in der nachfolgenden Zusammenstellung angeführten Werte besagen, hat es aber
für untunlich angesehen, dafür Zahlenwerte einzusetzen.

Was die Segelführung anbelangt, so haben Wendel/Platz-
oeder überzeugend dargelegt, dass stabilitätsmässig kein we-
sentlicher Unterschied zwischen kleinster Orkanbesegelung (Gross-
Untermars-Segel bei Lenzen oder einige Schratsegel in Beidrehlage) und den Verhältnissen vor Topp und Takel vorhanden ist,
dass aber ein grosser Unterschied zwischen kleinster Orkanbesegelung und der Segelfläche von lo - 12 Segeln besteht, mit
denen das Schiff in die verhängnisvolle Schräglage geraten ist.
Die Unterschiede der Hebelarme der Winddruckmomente einerseits
bei den lo - 12 Segeln und andererseits bei kleinster Orkanbesegelung sind in den Kurven Bild 2, 4, 5, 9, 13 - 16 ein-
drucksvoll gegenübergestellt.

Bei der eben erwähnten kleinsten Besegelung hätte "Pamir"
unter den gegebenen Verhältnissen erst bei über 9o Knoten
Windgeschwindigkeit die Schräglage von annähernd 3o Grad erreicht, bei der die Gerste ins Rutschen kommen musste. Bei
65 Knoten (= Windstärke 12) hätte nur eine Schlagseite von
etwa 18 Grad eintreten können, die dem Schiff nicht hätte
gefährlich werden können. Bis zu über 8o Knoten Windgeschwin-

digkeit hätte der Unfall also rechnungsmässig (bei kleinsten
Segeln) durch den Winddruck allein trotz undichter Aufbauten,
verrutschbarer Ladung und ungeflutetem Tieftank nicht eingeleitet werden können, während er bei den lo - 12 Segeln schon
bei 45 - 55 Knoten (= Windstärke lo - 11, s.oben Seite 283)
eingeleitet werden musste.

Die ausserordentliche Bedeutung eines sicheren Verschlusszustandes für die Aufbauten ergibt sich anschaulich aus den
Bildern 1, 5, 9 und 11 - 17. Wären (bei kleinsten Segeln) auch
noch die Aufbauten dicht gewesen, so wären sogar ca. loo Knoten
Windgeschwindigkeit erforderlich gewesen, um die Katastrophe
einzuleiten; wäre auch noch die Ladung unverrutschbar gewesen,
so hätte der "Pamir" erst ein noch schwererer Orkan stabilitätsmässig gefährlich werden können, und wäre schliesslich auch
der Tieftank geflutet gewesen, so wäre das Schiff bei kleinsten Segeln wohl nahezu jeder Orkanstärke stabilitätsmässig
gewachsen gewesen.

Wäre der Tieftank geflutet gewesen, so hätte "Pamir"
bei dichten Aufbauten trotz verrutschbarer Ladung sogar mit
den lo - 12 Segeln noch hohe Sturmstärken vertragen. Die gefährliche Schräglage von 3o Grad wäre, wie die Kurven zeigen,
erst sehr spät eingetreten.

Zusammenfassend ist also zu sagen:
Der Unfall der "Pamir" ist ein Stabilitätsunfall in dem
Sinne, dass die "Pamir" einem Sturm zum Opfer gefallen ist,
den sie hätte überstehen müssen, wenn die Ladung unverrutschbar fest gelegen hätte, der Tieftank geflutet gewesen wäre,
kleinste Orkansegel gestanden hätten und die Aufbauten wirksam
gegen das Eindringen von Wasser gesichert gewesen wären.
Hätten auch nur einige dieser die Stabilität verbessernden
Momente vorgelegen, so wären die Aussichten, dem Orkan stand-
zuhalten, viel grösser gewesen. Gerade weil das Eindringen
von Wasser in die Aufbauten (auch bei allen Vorsichtsmass-
regeln) und auch ein gewisses Übergehen von Gewichten nach
seemännischer Erfahrung immerhin bei Orkanen vorsichtshalber
in Rechnung zu ziehen war, wäre es um so notwendiger gewesen,
bei der Segelführung und -stellung alle erdenkliche Vorsicht

walten zu lassen, d.h., sich auf kleinste Besegelung zu
beschränken.

Es kann ohne weiteres davon ausgegangen werden, dass
die Schiffsleitung von Buenos Aires mit dem vorliegenden
Beladungszustand nicht in See gegangen wäre, wenn sie sich
über die Stabilitätsverhältnisse des Schiffes - wie diese
nachträglich bei der seeamtlichen Untersuchung enthüllt
worden sind - , im Klaren gewesen wäre. Auch die Reederei
hätte selbstverständlich anders disponiert und auf Beladung
des Tieftanks (die damit zu erzielenden Einnahmen) verzichtet, wenn man sich bewusst gewesen wäre, welcher Gewinn
an Stabilität und damit an Sicherheit für Schiff und Besatzung
durch eine Flutung des Tieftanks zu erzielen gewesen wäre.
Auch eine Verladung der Gerste in Säcken würde man sicherlich
in Kauf genommen und notfalls auf eine Getreideladung überhaupt verzichtet haben, wenn man mit der Entstehung derartiger Freiräume gerechnet und gewusst hätte, dass in dem entstehenden Beladungsfall so leicht Schräglagen auftreten konnten,
bei denen das Getreide ins Rutschen kommen musste. Der Kapitän
würde auch nicht die lo - 12 Segel stehen gelassen haben, wenn
er sich über die damit heraufbeschworenen zusätzlichen Gefahren klar gewesen wäre, und er würde mit peinlichster Sorgfalt
für einen Verschlusszustand der Aufbauten gesorgt haben, wenn
er gewusst hatte, welche Bedeutung diesem für die Stabilität
zukam. Vielleicht würde er nach dem Auftreten der Schlagseite
sogar auf den Gedanken gekommen sein, dass er dieser durch
Fluten des Tieftanks entgegenwirken konnte.

Es ist also anzunehmen, dass die Katastrophe nicht
eingetreten wäre, wenn die im Rahmen der seeamtlichen Untersuchung gewonnenen Erkenntnisse der Schiffsleitung zur Verfügung gestanden hätten.

Daraus ergibt sich - ganz besonders natürlich für frachtfahrende Segelschiffe - die Wichtigkeit genauer und zuver-
lässiger Stabilitätsunterlagen und betrieblicher Stabilitäts-
kontrollen. Ein bekannter Fachmann für Schiffsstabilität
(Baurat Dahlmann) hat in einer Zuschrift darauf hingewiesen,

dass die "Pamir""als Schnellsegler verhältnismässig schmal
gebaut gewesen sei und schon aus diesem Grunde die Notwendigkeit steter sorgfältiger betrieblicher Stabilitätskon-
trollen gegeben" gewesen sei, wozu das sog. "Gefühl in den
Knien" niemals ausreichen konnte. Man wird dieser Ansicht
jedenfalls mit der Einschränkung beipflichten können, dass
nur sehr lange und reiche Erfahrungen mit demselben Schiff
und mit gleichartigen Ladungen wissenschaftliche Erkenntnisse und exakte Versuche weitgehend ersetzen können.

Untersuchungen, bei denen mit solcher Gründlichkeit
die Stabilitätsbeanspruchungen eines Segelschiffs seiner
Eigenstabilität gegenübergestellt werden, sind wohl noch
niemals durchgeführt worden; die Arbeit Wendel/Platzoeder
dürfte die erste ihrer Art sein. Erkenntnisquellen für
eine Beurteilung der Stabilität sind erst allmählich gewonnen und vervollkommnet worden, die Entwicklung ist noch
im Fluss.

In der alten Segelschiffahrtszeit war man nur auf
Erfahrungen angewiesen, und zwar - da eigene Erfahrungen
häufig zu teuer erkauft werden müssen - auf die Erfahrungen
der Kapitäne, unter denen man als Offizier gefahren war und
auf die von ihnen vermittelten Erfahrungen früherer Genera-
tionen.Nachdem die Kapitäne sich ursprünglich wohl gänzlich
nach den überkommenen(und durch die eigene Praxis ergänzten)
Erfahrungen über Segelführung und Beladung (wie die Faustregel: bei schweren Ladungen 1/3 im Zwischendeck, 2/3 im
Unterraum, Getreide nur in Säcken) gerichtet und im übrigen
sich auf das "Gefühl in den Knien" verlassen hatten, womit aber
auch schon die Bewegungen des Schiffes im Seegang gemeint waren, ist man sich immer mehr der Bedeutung der Rollperioden-
Messungen für die Beurteilung der Stabilität bewusst geworden.
Kapitän Piening als Laeiszsegler-Kapitän hat zwar nicht vor
Antritt seiner Reisen Rollperioden gemessen, aber doch
während der Reisen; befriedigte ihr Ergebnis nicht, so hat
er während der Reise umstauen lassen. Er hat die stabilitätsmässigen Beladungserfahrungen jeder Reise ausgewertet,
z.T. auch im Schiffstagebuch festgehalten. So hat man sich

allmählich Grenzwerte der Rollperioden in beiden Richtungen
(zu geringe und zu grosse Stabilität) erarbeitet. Der einer
jüngeren Generation angehörende Kapitän Wendt, der übrigens
schon auf der Seefahrtschule Unterricht in Stabilitätsfragen
genossen hatte, war mit diesen Erfahrungswerten vertraut und
hat mit ihnen gearbeitet. Auch Kapitän Eggers, der vor seiner
Fahrtzeit als I.Offizier und Kapitän der "Pamir" schon jahrelang als Offizier auf Laeisz-Seglern gefahren war, war gewöhnt,
mit Rollperioden zu arbeiten. Anders als Kapitän Grubbe, der
nur gelegentlich "draussen" Rollperioden gestoppt hat, hat er
manchmal schon vor dem In-Seegehen - so z.B. in der Schelde-
Mündung zu Anker liegend vor Antritt der Reise, die dann 'in
Falmouth unterbrochen werden musste - durch Hin- und Her-
schicken der Mannschaft Rollversuche gemacht. Auf dem La Plata
sollen solche,wie er behauptet, wegen der Strömungsverhält-
nisse allerdings schlecht durchführbar sein; er hat dann aber
auf See jede Woche einmal die Rollperiode gestoppt. Nach der
Laeisz-Überlieferung wurden für diese Vier-Mast-Barken Rollperioden von 12 Sek. als zu steif, 14 bis 15 Sek. als gut,
16 Sek. schon als Grenzwert angesehen. Kapitän Greiff hat
ebenfalls 12 Sek. als zu wenig, 14 Sek. als gut beurteilt
und Erzladungen so getrimmt, dass sich 16 Sek. ergaben.
Kapitän Eggers hat bei Erz 16 Sek., bei Weizen 14 - 16
und bei Gerste 17 Sek. für richtig angesehen und meint, mit
diesen 17 Sek. bei Gerste noch "ein tadelloses Seeschiff"
gehabt zu haben, während Dipl.Ing. Seefisch (Germanischer
Lloyd) nachdrücklich die Auffassung vertrag, dass 16 Sek.
die Höchstgrenze dargestellt hätten, bei deren Überschreitung er Flutung des Tieftanks verlangt haben würde. Im Falle
Falmouth sollen 24 - 25 Sek. gemessen worden sein. Nach dem
Fluten des Tieftanks und dem Umstauen der Ladung hat die
Rollperiode auf der Weiterreise nach Montevideo lt. Kapitän
Eggers 14 - 16,5 Sek. betragen. Dennoch brauchte - darüber
waren sich Prof.Wendel, Kapitän Platzoeder und Dipl.Ing.
Seefisch einig - aus dem Fall Falmouth nicht der Schluss gezogen zu werden, dass der Tieftank grundsätzlich aus Stabili-
tätsgründen geflutet werden müsste. Denn damals, bei dem

Methylalkohol, hat es sich um eine aussergewöhnlich leichte
Ladung gehandelt, bei der "Pamir" trotz voller Laderäume
nicht auf den Marken gelegen hat. Dagegen mussten jene Erfahrungen es nahelegen, der Stabilitätsfrage besondere Aufmerksamkeit zu widmen.

Neben die rein aus der Praxis gewonnenen Erfahrungsregeln treten die von der inzwischen fortgeschrittenen
Schiffbau-Wissenschaft erarbeiteten, in Hebelarmkurven und
Stabilitätsblättern niedergelegten Erkenntnisse, (bei deren
Entwickelung die Rollperioden wiederum eine Rolle gespielt
haben). Diese Erkenntnisse müssen für die heutige Praxis
umso bedeutsamer erscheinen, als alle rein erfahrungsmässig
gewonnenen Regeln über die wirkliche Endstabilität wenig
aussagen können und als die lebendige Überlieferung seit dem
Ende der frachtfahrenden grossen Segelschiffe praktisch mehr
oder weniger verloren gegangen ist.

Nach § 21 Abs.VI UVV müssen nicht nur bei Neubauten,
sondern auch bei älteren Schiffen, "soweit diese einem
wesentlichen, die Stabilität beeinflussenden Umbau unterzogen worden sind, für die wichtigsten in Betracht kommenden
Beladungsfälle und Tiefgänge die Hebelarmkurven der stati-
schen Stabilität aufgestellt und dem Führer des Schiffes ausgehändigt und erläutert werden." Die Howaldtswerke haben nach
den Umbauten solche Unterlagen erstellt. Unter dem 18.12.51
übersandten sie dem Germanischen Lloyd Stabilitätsblätter,
denen sie schon am nächsten Tage "vervollständigte und
korrigierte Stabilitätsunterlagen" folgen liessen. In den
letzteren wurden 7 verschiedene Stabilitätsfälle (ohne Bei-
fügung von Hebelarmkurven) abgehandelt. Diese Unterlagen sind
beim Germanischen Lloyd und der SBG durchgearbeitet worden.
Bl.12 der Stabilitätsakte trägt beim Fall 3 den Vermerk
"Ballast nehmen", und die Überholungsakte der SBG Bl.41 -43
enthält verschiedene Kopierstiftvermerke, so bei den Stabili-
tätsfällen 1, 5, 6 und 7 den Vermerk "gut", beim Fall 2
(homogene Ladung und volle Vorräte) "vgl. Voranzeige v.28.
XII.51." (bei den Akten nicht zu finden), bei Stabilitätsfall
3 (Ladezustand wie Fall 2, aber Vorräte verbraucht) den Ver-

merk "zu wenig" und beim Stabilitätsfall 4 den Vermerk
"zu viel".

Unter dem 28.12.1951 bestätigte der Germanische Lloyd
den Howaldtswerken den Eingang des vorbezeichneten Schreibens und der Stabilitätsunterlagen und schrieb dazu:
"... Die Unterlagen haben wir mit der See-Berufsgenossenschaft durchgesprochen und heute dem Kapitän des
Schiffes ausgehändigt.

Es sind noch einige weitere Beladungsfälle zu ermitteln. Für längere Versegelungen in Ballast genügt
der Wasserballast mit 760 to nicht, sondern es sind
noch etwa 500 to Sandballast im Vorschiff zu nehmen,
um den Trimm zu verbessern. Damit die metazentrische
Höhe MG nicht zu gross wird, ist ein Teil des Sand-
ballastes im Zwischendeck zu stauen.

Im Fall 3 ist die metazentrische Höhe durch Ein-
nahme von Wasser in den Treiböl- oder die Frischwassertanks zu erhöhen.

Fall 4 ist auszuschalten.

Bei Fall 6 dürfte der Ladungsschwerpunkt nach
Herausnahme des Ballasttanks höher liegen.

Für alle Fälle sind die Hebelarmkurven zu ermitteln.
Zum Vergleich haben wir eine Zusammenstellung verschiedener Segelschiffe angefertigt, die wir Ihnen an-
liegend übersenden. Die Hebelarmkurven sollen auch an
Bord gegeben werden, sie müssen also nach Rio de Janeiro nachgeschickt werden.

Nach Vervollständigung des Stabilitätsblattes
im Sinne dieses Briefes, bitten wir, es uns in
doppelter Ausfertigung einzureichen. Wir werden dann
das Blatt noch einmal überprüfen. Falls keinerlei Ein-
wendungen mehr zu machen sind, könnte daraufhin die
Übersendung des Blattes nach Rio de Janeiro erfolgen."
(Die in vorstehendem Schreiben erwähnte Zusammenstellung der
Stab.Unterlagen für einige Segelschiffe befindet sich
Bl.22-26 der Stab.Akte). Die Howaldtswerke antworteten
unter dem 14.1.52:

"Wir beziehen uns auf Ihr Schreiben vom 28.12.51 und
übersenden Ihnen beiliegend in 3-facher Ausfertigung
unsere neuen Stabilitätsunterlagen, die wir auf Grund
Ihres o.a. Schreibens nochmals überholt hatten.
Die Hebelarmkurven haben wir erneut aufgestellt und
glauben, dass der Verlauf dieser Kurven jetzt etwas
harmonischer ist als bisher. Leider erreichten wir den
Stabilitätsumfang der Vergleichsschiffe "Kommodore
Johnsen" und "Padua" nicht. ... Vielleicht ist es darauf
zurückzuführen, dass bei diesen Schiffen die Aufbauten
berücksichtigt worden sind. Unsere Stabilitätsrechnung erfolgte nach dem Integrator-Verfahren und wir haben
festgestellt, dass trotz exakterer Durchführung mit
vergrössertem Spantenriss die Abweichungen gegenüber
unseren ersten Ergebnissen sehr gering gewesen sind. ..."

Unter dem 17.1.52 (Bl.28 der Stab.Akte) hat der Germanische
Lloyd "berichtigte Stabilitätsblätter" mit Kurvenblatt der
SBG übersandt, womit die Erörterungen über die Stabilitätsfrage offenbar abgeschlossen waren. Die berichtigten Stabilitätsunterlagen sind der inzwischen in See gegangenen
"Pamir" nach Rio de Janeiro nachgesandt worden. Sie werden
nachstehend abgedruckt wobei darauf hinzuweisen ist, dass
die Fälle 1 und 5 unverändert gelassen, die Fälle 2, 3, 4,
6 und 7 dagegen geändert worden waren. Der speziell interes-
sierende Fall 3 war ursprünglich mit einem MG von o,32 m
angegeben, dann aber in o,45 m verbessert worden. Die Her-
leitung dieser veränderten Werte ist im Einzelnen nicht aus
den Unterlagen zu ersehen.

HOWALDTSWERKE
Aktiengesellschaft
WERK KIEL

Viermastbark "Pamir"

Länge zwischen den Loten	94,485 m
Breite auf Spanten	14,020 m
Seitenhöhe bis Oberdeck	8,483 m

Stabilitätsfall 1: Schiff in Ballast, 10 to Segel in der Last.

		Höhenmoment
Leeres Schiff	2248,3 t	16344,6
Wasserballast	760,0 t	2200,0
Frischwassertanks	104,0 t	382,0
Treiböl	113,6 t	489,0
Hinterpiek	27,0 t	134,0
Maschinenölvorräte	6,0 t	28,7
Koks	3,0 t	21,0
Proviant	5,0 t	27,0
Besatzung	15,0 t	142,5
Stores	5,0 t	40,0
	3287,0 t	19809,0

Schwerpunkt H = 6,026 m
Mittl.Tiefgang 4,24 m
MK   6,74 m
GK   6,026 m
MG   0,714 m

Stabilitätsfall 2: Ladezustand wie Fall 1, jedoch mit
500 t Ballast.

		Höhenmoment
Fall 1	3287,0 t	19809,0
Sand in Raum 1	320,0 t	608,0
Sand im Zw.D. Raum 1	180,0 t	1328,0
	3787,0 t	21745,0

Schwerpunkt H = 5,74 m
Mittl.Tiefgang 4,66 m
MK   6,44 m
GK   5,74 m
MG   0,70 m

Stabilitätsfall 3: Schiff mit vollen Vorräten und homogener
Ladung in allen Laderäumen einschl.Wb-Tank.

		Höhenmoment
Fall 1 ohne Wb-Tank	2527,o t	176o9,o
Ladung	3893,o t	1973o,o
	642o,o t	37339,o

Schwerpunkt H = 5,82 m
Freibordtiefg. 7,o7 m
MK   6,27 m
GK   5,82 m
MG   o,45 m

Stabilitätsfall 4: Ladezustand wie Fall 2, Vorräte verbraucht,
dafür Wasserballast in Treibölmittelbunker
und Frischwassertank Spt.87-9o.

		Höhenmoment
Leeres Schiff	2248,3 t	16344,6
Frischw.Tank Spt.12o-175	1o,o t	15,o
Treibölseitenbunker	1o,o t	2o,o
Maschinenölvorräte	1,o t	4,4
Koks	o,5 t	3,5
Proviant	o,5 t	2,7
Besatzung	15,o t	142,5
Stores	5,o t	4o,o
Wasserball.i.Treibölmitt.Bunk.	48,o t	187,o
dto. in Frischw.Tk.Spt.87-9o	49,o t	179,o
	2387,3 t	16938,7
Ladung	3893,o t	1973o,o
	628o,3 t	36668,o

Schwerpunkt H = 5,84 m
Mittl.Tiefgang 6,94 m
MK   6,23 m
GK   5,84 m
MG   o,39 m

Stabilitätsfall 5: Schiff mit Zementladung 2/3 in Unterräumen,
1/3 im Zwischendeck.

Höhenmoment

Fall 1 Abzgl.Wasserballasttank	2527,o t	17609,o
Zement im Unterraum o,9 t/cbm	2595,o t	7332,o
Zement im Oberraum	1298,o t	927o,o
	642o,o t	34211,o

Schwerpunkt H = 5,33 m
Freibordtiefg. 7,o7 m
MK   6,27 m
GK   5,33 m
MG   o,93 m

Stabilitätsfall 6: Schiff mit homogener Ladung und vollen
Vorräten, Wb-Tank mit Ballastwasser gefüllt.

Höhenmoment .

Fall 1	3287,o t	19809,o
Ladung	3133,o t	1683o,o
	642o,o t	36639,o

Schwerpunkt H = 5,71 m
Freibordtiefg. 7,o7 m
MK   6,27 m
GK   5,71 m
MG   o,56 m

Stabilitätsfall 7: wie Fall 6, aber Vorräte verbraucht.

Höhenmoment

Fall 6	642o,o t	36639,o
abzügl.Frischwassertanks	94,o t	367,o
Treiböl	1o3,6 t	469,o
Hinterpiek	27,o t	134,o
Maschinenölvorräte	5,o t	24,3
Koks	2,5 t	17,5
Proviant	4,5 t	24,3
	236,6 t	1o36,1
	6183,4 t	356o2,9

Schwerpunkt H = 5,75 m
Mittl.Tiefg.   6,84 m
MK   6,2o m
GK   5,75 m
MG   o,45 m

Zchg.Nr.SKR 3o6

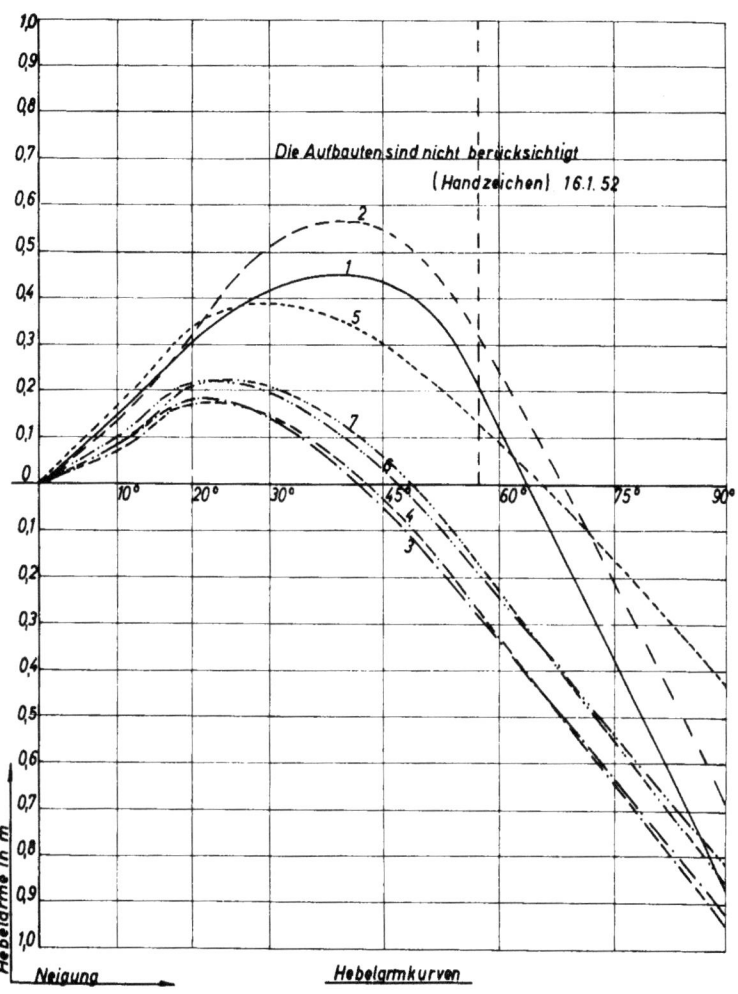

Die Aufbauten sind nicht berücksichtigt
(Handzeichen) 16.1.52

Hebelarme in m

Neigung   Hebelarmkurven

——————————— Stabilitätsfall 1
— — — — — — Stabilitätsfall 2
—·—··—··—· Stabilitätsfall 3
—·—··—··—· Stabilitätsfall 4
---------- Stabilitätsfall 5
—··—··—··— Stabilitätsfall 6
—··—— ··—— · Stabilitätsfall 7

Diese Stabilitätsblätter haben sich, solange Kapitän
Eggers das Kommando führte, an Bord befunden und sind sicherlich auch auf der letzten Fahrt an Bord gewesen. Erläutern-
de Vermerke haben sie vermutlich nicht enthalten. Nur das
Kurvenblatt (siehe vorige Seite) ist, wie die Unterlagen der
SBG ergeben, mit dem Vermerk "die Aufbauten sind nicht berücksichtigt" versehen gewesen.

Dass mündliche Erläuterungen gegeben worden sind,
ergibt sich aus einem Vermerk Bl.36 der Bauakte des Germ.Lloyds,
wo es heisst, dass der G.L. "mit den Vertretern der Reederei ausführlich die Stabilitätsverhältnisse erörtert" habe
und aus einem Vermerk v.28.12.51 Bl.51 der Überholungsakte:
"Stabilitätsblätter der Umbauwerft und Vergleichsblätter
anderer Segler dem Kapitän übermittelt und erläutert ..."
Dieses Blatt trägt die Unterschrift des Kapitäns Greiff,der
damals die "Pamir" geführt hat. Er sowohl wie Kapitän Eggers,
(damals I.Offizier auf "Pamir") haben allerdings in der
Seeamtsverhandlung angegeben, sich auf Erläuterungen nicht
besinnen zu können.

Für Kapitän Diebitsch, der niemals als Kapitän oder
verantwortlicher Ladungsoffizier auf frachtfahrenden Seglern
gefahren war und demgemäss über keine ausreichenden Erfahrungen auf diesem Gebiet verfügen konnte, auch keine besondere Verbindung zu den Überlieferungen der Reederei Laeisz besass, mussten Stabilitätsblätter und Erläuterungen dazu von
besonderem Wert sein. Ob er sich mit den Stabilitätsblättern
beschäftigt hat, wieweit er in der Stabilitätslehre bewan-
dert gewesen ist, was er gegebenenfalls aus den Blättern
herausgelesen hat, ist ebenso ungeklärt, wie die Frage, ob
er über die beim sog.Fall Falmouth gesammelten Erfahrungen
unterrichtet gewesen ist. Da dem Kapitän Eggers keine Erläuterungen erinnerlich sind, kann er solche nicht an
Kapitän Diebitsch weitergegeben haben. Seines Wissens hat
er ihm nur den Wert von 17 Sekunden als gute und ausreichende Rollperiode für Gersteladungen bezeichnet. Wie weit der
I.Offizier Köhler sich mit der Stabilitätsfrage befasst hat,
ist nicht ermittelt. Es ist möglich, dass beide sich mit dem

Gedanken beruhigt haben, dass das Schiff sich nicht nur
fünf Jahrzehnte lang stabil gezeigt hatte, sondern dass
auch Kapitän Eggers schon zwei Gersteladungen glücklich
vom La Plata nach Deutschland gebracht hatte.

Fest steht dagegen, dass der II.Offizier Buschmann
sich intensiv mit der Stabilitätsfrage beschäftigt hat.
Haselbach hat schon bei seiner Kieler Vernehmung bekundet, dass Buschmann bald nach der Abfahrt von Buenos Aires
die Rollperiode gemessen und eine Hebelarmkurve gezeichnet habe, die er ins Schiffstagebuch eingeklebt habe. (Die
zur Berechnung der Hebelarmkurve erforderlichen Pantokarenen waren erst vor kurzem, höchstwahrscheinlich auf
Veranlassung von Buschmann, an Bord geliefert worden).
Buschmann habe ihm, Haselbach, diese Kurve mit dem Bemerken gezeigt, sie wäre "nicht allzu gut"; die Stabilitäts-
grenze liege bei 37 Grad. Ein Dampfer - so habe Buschmann
sich wörtlich ausgedrückt - würde damit nicht in See gehen.
Die Kurve sei rot gezeichnet gewesen und "auf der einen
Seite ein bißchen steil heruntergegangen". Diese Angaben
hat Haselbach auch in der Seeamtsverhandlung mit aller
Bestimmtheit bestätigt. Er habe mit Buschmann auf Grund
längerer Bekanntschaft in einem etwas vertrauteren Verhältnis gestanden; das Gespräch habe eines Tages stattgefunden, als Buschmann wachhabender Offizier war und er,
Haselbach, Brückendienst hatte. Buschmann habe ihm erzählt, dass er gerade an diesem Tage in seiner Freizeit
daran gearbeitet habe und habe ihm näher erklärt, wie er
die Hebelarmkurve berechnet habe.

Bei seiner Kieler Vernehmung hatte Haselbach auch
- wenngleich ohne sich auf diesen Wert festzulegen -
bekundet, dass Buschmann von einer gemessenen Rollperiode
von 2o Sekunden gesprochen habe. In der Seeamtsverhandlung
hat Haselbach sich zu diesem Punkt völlig unbestimmt geäussert. Eine Rollperiode von 2o Sekunden hätte jedenfalls
eine sehr ernste Warnung bedeutet. Nach Wendel/Platzoeder
liegt sie für die letzte Reise im Bereich des Möglichen.
Ob Buschmann mit dem Kapitän und den Offizieren über das

Ergebnis seiner Stabilitätsberechnungen gesprochen hat, ist
ungeklärt; die Wahrscheinlichkeit spricht dafür. Der Umstand, dass er die Hebelarmkurve in das Schiffstagebuch
eingeklebt hat - eine sehr ungewöhnliche Massnahme - legt
sogar die Vermutung nahe, dass es darüber zu Auseinander-
setzungen gekommen ist.

Der vorliegende Beladungszustand ähnelte dem Stabilitätsfall 3 (Schiff mit vollen Vorräten und homogener Ladung
in allen Laderäumen einschl. Wasserballasttank). Er war
etwas günstiger, weil keine Ladung im Zwischendeckraum 1
gefahren wurde. Es war aber auch zu erkennen, dass die
Stabilität für diesen Beladungsfall nur gering war; bereits für Dampfer verlangt man nämlich einen geringsten
Hebelarm von 0,2 m bei 30°; hier betrug er für ein Segelschiff, für das doch unzweifelhaft eine höhere Stabilität
vonnöten ist, kaum mehr. Es war klar, dass durch den Ver-
brauch von Vorräten während der Reise die Stabilität abnehmen musste, sofern dieser Gewichtsverlust nicht durch
geeignete Massnahmen ausgeglichen wurde. Nur der mit
Tinte eingetragene Vermerk: "Aufbauten sind nicht berücksichtigt", konnte eine Beruhigung bedeuten, aber auch nur
eine fragwürdige, da über das Ausmass der günstigen Auswirkung der Aufbauten nichts gesagt war. Auf jeden Fall
war aus den Kurven zu schliessen, dass ohne die Auftriebskraft der Aufbauten schon bei einem Krängungswinkel von
ca. 25° Kentergefahr bestand, die Stabilität also nur bei
zuverlässigem Verschlusszustand der Aufbauten als ausreichend angesehen werden konnte. Um zu wissen, dass die
Unverrutschbarkeit der Ladung für die Stabilität von ent-
scheidender Wichtigkeit ist, bedurfte es keiner Kurven,
da das einer uralten Erfahrung entspricht und jede seitliche
Verschiebung der Ladung zwangsläufig eine Stabilitätsmin-
derung herbeiführt. Es ist weiter klar, dass auch die Kurven über die zulässige Segelführung nichts aussagen konnten.
Dies ist ein Punkt, wo die seemännische und seglerische Erfahrung des Schiffsführers zur entscheidenden Auswirkung
kommen muss, indem er wissen muss, welche Segelfläche sein

Schiff bei den verschiedenen Windstärken zu tragen vermag.
Es kann auch als allgemein bekannt vorausgesetzt werden,
dass die grossen frachtfahrenden Segelschiffe nicht die
unbegrenzte Stabilität wie z.B. Segelyachten besitzen, die
sich auch nach Schräglagen von annähernd 9o° wieder aufrichten.

Dass die Flutung des Tieftanks eine Verbesserung der
Stabilität mit sich bringen musste, war physikalisch
eine Selbstverständlichkeit, war aber auch aus dem Stabilitätsfall 6 (Schiff mit homogener Ladung und vollen Vorräten,
Wasserballasttank mit Wasser gefüllt) zu ersehen, da die
Kurve eine merkliche Verbesserung durch das Fluten des Tieftanks erkennen lässt. Die Ursache dafür, dass nicht das
volle Ausmass der Stabilitätsverbesserung daraus zu erkennen ist, liegt darin, dass,um den gleichen Tiefgang zu
erhalten, 75o to Gerste an Land bleiben müssten, von denen
35o to aus dem Tieftank und 4oo to aus den übrigen Laderäumen entnommen werden müssten. Erst die Verbindung beider
Massnahmen, also Flutung des Tieftanks und geringere Füllung der Laderäume, musste die wesentliche Verbesserung der
Stabilität herbeiführen.

Dipl.Ing.Seefisch hat in der Seeamtsverhandlung be-
kundet, dass der Germanische Lloyd während der ganzen Betriebs-
zeit der beiden Schiffe "Pamir" und "Passat" nur in wenigen
Fällen mit Stabilitätsfragen befasst worden sei. Von der
Methylalkohol-Ladung habe er erst Kenntnis erlangt, als
"Pamir" Falmouth als Nothafen angelaufen hatte. Im damaligen Beladungsfalle habe angesichts der besonders leichten
Ladung die Notwendigkeit der Flutung des Tieftanks auf der
Hand gelegen. Der Germanische Lloyd habe einmal auf Wunsch
von Kapitän Grubbe für die "Passat" den Stabilitätsfall
einer Koksladung durchgerechnet und sei zu dem Ergebnis
gekommen, dass das Schiff Ballast nehmen müsse. Dass die
Schiffe auch Gerste führen, habe der Germanische Lloyd erst
nach dem Untergang der "Pamir" erfahren. Nach den Stabilitätsblättern sei Gerste als ein Grenzfall zu beurteilen, bei
dem es zweifelhaft sein konnte, ob eine Flutung des Tief-

tanks geboten wäre. Er würde es von dem Ergebnis einer
Rollperiodenmessung abhängig gemacht haben. Wenn eine
Rollzeit von 16 Sek. gewährleistet gewesen wäre, würde
er eine Flutung des Tieftanks als entbehrlich bezeichnet
haben. Rollversuche vor der Abfahrt von Buenos Aires würde
er also für entscheidend wichtig angesehen haben. Ohne
Aufbauten sei das Schiff"überhaupt nicht vernünftig stabil
zu bekommen" gewesen. Aber wenn ein Kapitän eine Hebelarmkurve sähe, die bei 4o - 5o Grad zu Ende sei, so werde
er vorsichtiger sein, als wenn sie bis 7o - 8o Grad reiche.
Darum sei es berechtigt gewesen, dass die Stabilitätsblätter die zusätzliche Auftriebskraft der Aufbauten unberück-
sichtigt gelassen und darüber einen entsprechenden Vermerk
enthalten hätten.

Zusammenfassend ist zu Seite 295 ff zu sagen, dass die
an Bord vorhandenen Stabilitätsunterlagen zwar unvollkommen
waren, insbesondere auch den Verhältnissen auf Segelschiffen, speziell dieser Art, nicht genügend Rechnung trugen,
aber doch immerhin wichtige Schlussfolgerungen ermöglichten. Der Fall Buschmann zeigt, dass diese Unterlagen in
Verbindung mit den Ergebnissen von Rollperiodenmessungen
einem interessierten und in der Stabilitätslehre etwas be-
wanderten jungen Nautiker genügt haben, um gewisse stabilitätsmässige Gefahren des vorliegenden Beladungszustandes
zu erkennen. Die Unterlagen reichten aber bei weitem nicht
aus, um die durch die Wendel/Platzoeder'schen Untersuchungen
ermittelten Stabilitätsverhältnisse klarzustellen.

Dass sachliche Fehler in den Stabilitätsblättern
schwerwiegende Folgen haben können und vermieden werden
müssen, versteht sich von selbst.

Im übrigen ergeben sich folgende Anregungen:
Die Blätter sollten in Anpassung an durchschnittliche
Kenntnisse und Fähigkeiten übersichtlich und unmissverständ-
lich gestaltet werden. Jeder Kapitän, der sein A 6 - Patent
in den letzten 15 - 2o Jahren erworben hat, müsste zur Auswertung solcher Unterlagen imstande sein, und von allen
Schiffsführern muss verlangt werden, dass sie sich anHand

von Fachliteratur unterrichten. Die Praxis zeigt aber,
dass doch noch eine Vervollkommnung der Kenntnisse in
Stabilitätsfragen anzustreben ist. Überhaupt lässt das
Interesse und Verständnis für die Erkenntnisse der Wissenschaft und ihre Bedeutung für die Praxis bei manchen Nautikern wohl noch zu wünschen übrig. Die Übersichtlichkeit
wird beeinträchtigt, wenn, wie hier geschehen, sämtliche
Kurven in ein und dasselbe Bild eingezeichnet werden.
Jeder Beladungsfall sollte also auf besonderem Blatt dargestellt werden. Man wird nicht so weit gehen können, für
alle denkbaren Beladungszustände im voraus die Aufstellung
von Hebelarmkurven zu fordern. Man sollte aber, zumal es
auch für einen Fachmann schwierig ist, aus vorhandenen
Kurven auf einen ähnlichen Beladungsfall zu inter- oder
extrapolieren, eine reichliche Zahl von Kurven erstellen,
und zwar besonders für die Ladezustände zwischen der Leicht-
wasser- und der Tiefladelinie.

Auch Erläuterungen erscheinen unerlässlich. Durch sie
muss u.a. klargestellt werden, ob alle berechneten und in
Kurven dargestellten Beladungsfälle automatisch als zulässig
und risikolos zu betrachten sein sollen. Grenzfälle oder gar
kritische Fälle sollten unbedingt als solche ausdrücklich
hervorgehoben werden. Keinesfalls sollte es den Nautikern
überlassen bleiben, selber aus den Kurven und Werten derartige Schlüsse zu ziehen. Die Erläuterungen sollten schrift-
lich abgefasst und mit den Blättern fest verbunden werden,
da natürlich die Gefahr besteht, dass (seitens der Werft,
des Germanischen Lloyds oder der SBG gegebene) mündliche
Erläuterungen falsch verstanden oder nicht genügend gewür-
digt werden oder dass ihre Weitergabe unterbleibt. Es sollte
daher auch Vorsorge getroffen werden (Kenntnisnahme quittieren
lassen!), dass die Stabilitätsunterlagen mit Erläuterungen
jedem neu eintretenden Kapitän und Ladungsoffizier bekannt
werden. Das gilt nicht nur für Segelschiffe.

Darüber hinaus sollte die Stabilitätswissenschaft so
weiter entwickelt werden, dass sie in der Lage wäre, für
die verschiedenen Schiffsklassen bestimmte Stabilitätsgrenzen

(Mindestwerte der Stabilität bei verschiedenen Betriebszuständen) zu erarbeiten.

Hinsichtlich des Verschlusszustandes für die Aufbauten erübrigte sich die Herausstellung einer "Lehre" in der Spruchformel, weil die Notwendigkeit von Vorrichtungen zur Herstellung eines sicheren Verschlusszustandes und die Forderung, bei drohendem schweren Watter von diesen Vorrichtungen auch Gebrauch zu machen, keiner solchen Hervorhebung bedürfen. Die unheilvolle Rolle, die das in die Aufbauten eindringende Wasser beim Untergang der "Pamir" gespielt hat, sollte die zuständigen Stellen aber doch zu Überlegungen darüber veranlassen, ob die Verschlusseinrichtungen nicht noch-besonders in bezug auf schnelle Bedienbarkeit - vervollkommnet werden könnten.

Da das Übergehen der Gersteladung (im Verein mit dem in die Aufbauten eindringenden Wasser) ein Wiederaufrichten des Schiffes nach dem Verlust der Segel vereitelt hat, drängt sich natürlich die Frage auf, wie das Übergehen der Ladung zu verhindern gewesen wäre.

Getreideladungen waren seit altersher wegen der Gefahr ihres Verrutschens und Übergehens gefürchtet. Gerste ist - wegen ihres geringeren spezifischen Gewichts und ihrer leichteren "Flüssigkeit" - noch gefährlicher als Weizen, und Segelschiffe sind noch wesentlich stärker gefährdet als maschinengetriebene Fahrzeuge, weil sie oft längere Zeit in Schräglage auf demselben Bug segeln, so dass loses Getreide reichlich Zeit findet, auch durch kleine Öffnungen und Schlitze hindurch "sanduhrartig" zur Leeseite hinüberzurieseln. Die Seefahrer haben deshalb schon von jeher nach Mitteln und Wegen gesucht, um dieser Gefahr zu begegnen und haben Erfahrungsregeln über Sicherungsvorkehrungen entwickelt, die teilweise auch ihren Niederschlag in schriftlichen Bestimmungen gefunden haben, deren Zweck dem der heutigen Unfallverhütungs-Vorschriften entsprach.

Auf Seite 35 bis 38 ist dargelegt worden, dass man auf der "Pamir" (wie auch auf der "Passat")bestimmungsgemäss

der Gefahr des Übergehens der Getreideladung durch Einrichtungen im Sinne der §§ 157-159 UVV zu begegnen versucht
hat. Sicherlich haben die Längsschotte mit allem Zubehör
jedenfalls, als sie neu eingerichtet wurden und auch noch
zur Zeit ihrer Besichtigung den Bestimmungen der §§ 157 ff
UVV entsprochen. Es steht aber auf Grund der in Lissabon
an Bord der "Passat" getroffenen Feststellungen, der Ausführungen der Stabilitätssachverständigen (vgl.besonders
S.153-155) und der Ausführungen oben S.278 ff auch fest,
dass die Längsschotte das Übergehen sehr beträchtlicher
Mengen von Gerste auf beiden Schiffen nicht haben verhindern können. Zum Teil war dies darauf zurückzuführen, dass
die Vorschriften der §§ 157 ff nicht durchweg befolgt worden waren. Es kann hier auf die Feststellungen der Stabili-
täts-Sachverständigen verwiesen werden: freie Flächen über
den Holzschotten, die nur bis Unterkante Lukenkranz reichten; Einsteckschuhe an Schiebebalken und Quersüll nicht eingesetzt; auch die bloss "pfropfen"-artige Anordnung von gefüllten Säcken unter und(in Sackbreite) neben den Lukenöffnungen fand keine Stütze in den §§ 157 ff; einzelne
dieser Säcke waren tief in der losen Gerste versunken. Zum
Teil war das Versagen der Längsschotte aber auch auf Umstände zurückzuführen, die schwer zu vermeiden sein werden
(Grenzstellen mit Stahlbauteilen!), und die natürliche Ab-
nutzung wird zwangsläufig zu mannigfachen Undichtigkeiten
führen, denen nur durch eine sorgfältige Verkleidung der
ganzen Längsschotte mit Persenningen oder Rapportuch begegnet werden könnte. Des weiteren ist zu bedenken, dass ein
Zustand absoluter Füllung wegen des unvermeidlichen Nachsackens auch bei peinlichster Innehaltung der §§ 157 - 159
UVV nicht zu erreichen ist. Das Ausmass des Nachsackens
(im Durchschnitt 53 cm) hat für Dipl.Ing.Seefisch eine
Überraschung bedeutet. Auch er hat vor dem Seeamt der Auffassung Ausdruck gegeben, dass man von vollständig gefüllten Räumen aus diesem Grunde praktisch nicht sprechen
könne.

Auf alle Fälle sollte daher das Wort "möglichst" im

letzten Absatz des § 159 UVV gestrichen werden, weil es
einem gewissen Schlendrian bei der Einrichtung und dem
Aufbau der Längsschotte Vorschub leisten könnte. Das
sollte auch für maschinengetriebene Fahrzeuge gelten.

Es mag zutreffen, dass auch die sog. "normativen"
Vorschriften des Kap.VI des Schiffssicherheitsabkommens
1948 nicht für Segelschiffe gelten sollen (weil in Regel 3
"Schiffe ohne mechanischen Antrieb"ausgenommen sind).
Wenn aber die "Väter" dieser Bestimmung die Segelschiffe
haben ausnehmen wollen, so ist das sicherlich nicht
deshalb geschehen, weil sie der Auffassung gewesen wären,
Segelschiffe wären durch Getreideladungen weniger gefährdet; vielleicht hat man frachtfahrende grosse Segelschiffe überhaupt nicht mehr in Rechnung gestellt, oder
man ist davon ausgegangen, dass auf Segelschiffen ohnehin die altüberkommenen Erfahrungsregeln beachtet würden.
Dass man bei Segelschiffen (und erst recht bei Segelschulschiffen) die strengsten Anforderungen stellen sollte,
darüber kann kein Zweifel bestehen.

Aber auch bei Innehaltung der Bestimmungen des Kap.VI
des Abkommens 1948 würde nach Auffassung des Seeamts keine
sichere Gewähr für Unverrutschbarkeit einer Gersteladung
gegeben sein, zumal die dort vorgeschriebenen Füllschächte
für Segelschiffe anerkanntermassen Gefahren mit sich bringen können.

Einen zuverlässigen Schutz gegen die Gefahr eines
Übergehens der Getreideladung könnte nach Ansicht des
Seeamts nur eine Bestimmung bieten, die vorschreiben
würde, dass auf Segelschiffen Getreide nur in Säcken verladen werden dürfte. Dieser einfachste und wirksamste Weg
ist, wie auch die vom Seeamt vernommenen ehemaligen Rahsegler-Kapitäne bestätigt und viele Experten in Zuschriften
an das Seeamt hervorgehoben haben, in der Blütezeit der
Segelschiffahrt allgemeiner Brauch gewesen. Man hat Getreideladungen grundsätzlich nur in Säcken verschifft, und
einen kleinen Teil der Säcke hat man häufig aufgeschnitten,
damit das sich daraus entleerende Getreide auch noch die

kleinen Freiräume zwischen den Säcken ausfüllen sollte. Es
ist eingewendet worden, dass das Getreide früher nur deshalb in Säcken verladen worden sei, weil in den Verschif-
fungshäfen keine Silos mit modernen Ladeeinrichtungen
vorhanden gewesen seien. Diese Auffassung steht im Widerspruch zu der Ansicht der erwähnten Sachverständigen und dem
Inhalt der erwähnten Zuschriften, die sich darin einig waren,
dass es sich um eine bewusste Vorbeugungsmassnahme gegen
Übergehen der Getreideladungen gehandelt hat. Wenn man die
Säcke hätte einsparen und auch noch den entsprechenden
Laderaum hätte gewinnen wollen, hätte man ja auch die Säcke
an Bord entleeren und wieder an Land geben können.
Erst nach dem ersten Weltkrieg ist dieser gute alte Brauch
mehr oder weniger aus der Übung gekommen; offenbar aus finan-
ziellen Gründen, aber auch wohl unter dem Einfluss der Dampf-
und Motorschiffahrt, die - wie erwähnt - weniger gefährdet
ist. Es kommt noch hinzu, dass die lebendige Überlieferung
dadurch mehr oder weniger abgerissen war, dass die Fracht-
fahrt mit Großseglern nahezu zum Erliegen gekommen war.
Das frachtfahrende Segelschulschiff "Kommodore Johnsen" ist
bekanntlich in den dreissiger Jahren durch Übergehen der
losen Getreideladung in grösste Gefahr gekommen, obwohl das
Getreide noch mit einigen Lagen gefüllter Säcke abgedeckt
war.

Auch Dipl.Ing.Seefisch (Germ.Lloyd) und Kapitän
Groeschel (SBG) haben aufgrund des Besichtigungsbefundes
auf der "Passat" in der Seeamtsverhandlung die Auffassung
vertreten, dass sie eine Vorschrift begrüssen würden, wonach auf Segelschiffen Getreide nur noch in Säcken verladen
werden sollte. Prof.Wendel und Kapitän Platzoeder haben auf
S. 165 empfohlen, im Zwischendeck nur Getreide in Säcken
zu fahren.

Ob die zuständigen Stellen die Absicht haben, in der
in Vorbereitung befindlichen Verordnung zu Kap.VI des
Schiffssicherheitsabkommens 1948 noch besondere Bestimmungen für Segelschiffe aufzunehmen, ist dem Seeamt nicht
bekannt. Sollte eine solche Absicht bestehen, so würde das

Seeamt eine Bestimmung für empfehlenswert halten, wonach
Getreide auf Segelschiffen nur in Säcken verschifft werden
sollte. Kräftige, allen Beanspruchungen standhaltende
Mittellängsschotte sollten ausserdem aufgestellt werden.
Sie sollten zwischen den Schiebebalken bis ans Lukendach
heraufgeführt werden, wie es auch der Schiffssicherheitsvertrag und auch die §§ 157-159 UVV ausdrücklich vorschreiben. Um Härten zu vermeiden, könnten Ausnahmen von der
Vorschrift, dass Getreide auf Segelschiffen nur in Säcken
zu verschiffen wäre, in der Weise zugelassen werden, dass
die Seeberufsgenossenschaft (gewissermassen als Ausnahmegenehmigung) Einzelanweisungen für jedes frachtfahrende
Segelschiff herausgeben könnte, die auf andere Weise ein
Übergehen der Getreideladung zuverlässig ausschliessen
würden. Einzelanweisungen sollten auch erlassen werden,
wenn keine generelle Bestimmung des Inhalts, dass Getreide
auf Seglern grundsätzlich nur in Säcken zu verschiffen ist,
ergehen sollte.

Es sollten auch in bezug auf die Auswahl von Kapitänen
und Offizieren von Segelschulschiffen Lehren aus dem Untergang der "Pamir" gezogen werden. Die Bestimmungen der Schiffsbesetzungsordnung schreiben für Segler dieser Grösse nur
einen A 6 - Kapitän und zwei Inhaber des Patentes A 5 vor.
Diesen gesetzlichen Bestimmungen ist nicht nur Genüge geschehen, sondern es sind sogar mehr Offiziere, als erforderlich, an Bord gewesen: der A 6 -Kapitän Schmidt und der
Kapitänleutnant Buscher waren "überzählig" im Sinne des Gesetzes. Ein Verstoss gegen gesetzliche Bestimmungen kommt
also von vornherein nicht in Betracht.Aber nicht jeder A 6 -
Kapitän ist heute in der Lage, ein grosses Segelschiff oder
gar eine Viermastbark wie die "Pamir" oder "Passat" zu
führen, und auch nicht jeder Inhaber des Patents A 5 ist
ohne weiteres in der Lage, den Aufgaben eines Offiziers
auf einem grossen Rahsegler gerecht zu werden. Die sichere
Führung solcher grossen Rahsegler erfordert eine umfassende
Spezialerfahrung und Kenntnisse, die nur durch eine lange

und vielseitige Praxis erworben werden können, und auch die
Offiziere auf solchen Schiffen können ihren Aufgaben nur
gerecht werden, wenn sie über reiche Segelschiffserfahrungen verfügen. Insofern führt die Besatzungsfrage mitten
hinein in die Problematik, die mit dem heutigen Betrieb
grosser Segelschiffe verbunden ist. Schon bei der Untersuchung des Untergangs des Segelschulschiffes "Admiral
Karpfanger" hat das Hamburger Seeamt im Januar 1939 der
Erörterung dieses Problems einen breiten Raum eingeräumt.
Es ist klar, dass diese Schwierigkeiten in den seither vergangenen Jahren sich nur noch vergrössert haben können,
und so haben sich denn auch angesichts der "Pamir"-Katastrophe
viele Stimmen - auch aus dem Kreise der alten Fahrensleute-
erhoben, welche sagten, dass dieses Problem unlösbar geworden sei und aus diesem Grund der Betrieb von grossen Rahseglern eingestellt werden müsste. Das gelte übrigens nicht
nur für Kapitäne und Offiziere, sondern gerade im Augenblick der höchsten Gefahr sei auch bei den Voll- und Leichtmatrosen die See-Erfahrung und Routine durch eine noch so
zahlreiche, mutige und tüchtige junge Mannschaft nicht zu
ersetzen.

Diese Schwierigkeiten sind natürlich seinerzeit im Jahre
1 9 5 2 bei der Wiederingangsetzung der "Pamir" und "Passat"
am grössten gewesen. Dass die Reisen damals ohne Unglücksfälle verlaufen sind, ist ohne Zweifel vor allem den erfahrenen Kapitänen und Offizieren zu verdanken, die man
noch hatte ausfindig machen können. Bisher war es der Reederei auch gelungen, Männer als Kapitäne einzusetzen, die
früher schon als Offiziere auf diesen Schiffen gefahren
waren. Einige Kapitäne, die noch über die erforderliche Erfahrung verfügen und auch noch gesund und rüstig genug wären,
diesen Aufgaben gerecht zu werden, gibt es wohl noch in der
Bundesrepublik. Ob sie auch bereit gewesen wären, für Kapitän
Eggers einzuspringen, hat das Seeamt nicht geprüft. Allen
Anforderungen gewachsene junge Offiziere konnten praktisch
wohl nur aus dem Kreise der jungen Patent-Inhaber hervor-
gehen, die schon ihre Ausbildung auf "Pamir" oder "Passat"

seit 1952 genossen hatten.

Kapitän Diebitsch war sicherlich ein erfahrener, in Krieg und Frieden bewährter Seemann. Seine menschlichen Qualitäten, die übrigens gar nicht zur Erörterung gestanden haben, sind unbestritten. Er ist sich sicherlich der Grösse der übernommenen Verantwortung bewusst gewesen. Dass er allabendlich die Reuels hat bergen lassen, lässt erkennen, dass er nicht um des sportlichen Ehrgeizes willen, eine schnelle Reise zu machen, die Vorsicht ausserachtgelassen hat. Seine Schiffsjungen- und Matrosenzeit auf Großseglern, darunter sogar auf der "Pamir", hat ihm ohne Zweifel eine vollauf genügende Kenntnis von der Takelage und allen an Bord vorkommenden Arbeiten vermittelt. Fraglich dagegen muss es erscheinen, ob er die genügende Erfahrung gehabt hat, um ein so grosses Segelschiff in allen Lagen sicher und überlegen zu führen. Seine kurze Fahrzeit auf den Segelschiffen "Seefahrer" und "Majotte" als dritter Offizier lag über 35 Jahre zurück, und auch seit seiner Abmusterung von der "Deutschland" waren fast 25 Jahre vergangen. Abgesehen davon, dass er auf der "Deutschland" im wesentlichen nur mit der Kadettenausbildung befasst gewesen ist, handelt es sich dabei auch um ein viel kleineres und leichteres Schiff und vor allem um ein Schiff mit festem Ballast, bei dem die mit der Beladung verbundenen Stabilitätsfragen überhaupt nicht auftauchen konnten. So erscheint es durchaus einleuchtend, dass Kapitän Piening, ehemaliger Laeisz-Segler-Kapitän und langjähriger Inspektor dieser Reederei, den Kapitän Diebitsch, wie er vor dem Seeamt erklärt hat, "nicht gern" genommen, sondern lieber Ausschau nach einem Kapitän gehalten hätte, der über Erfahrungen in der Führung vergleichbarer Segelschiffe verfügte. Die Erfahrungen mit der "Xarifa", bei der es sich nur um eine grosse Segelyacht handelt, konnten zwar in meteorologischer Hinsicht zur Auswirkung kommen, nicht aber hinsichtlich der sonstigen Führung und Handhabung einer grossen Viermastbark. Kapitän Diebitsch's Erfahrungen können schwerlich ausgereicht haben, um sich ein

absolut zuverlässiges Bild z.B. darüber zu machen, was er
der Viermastbark im schweren Sturm an Segeln "anbieten"
konnte, und wann der Zeitpunkt, wo zweckmässig beigedreht
wurde, gekommen war. Auch der Umstand, dass er sich in der
Praxis niemals mit den mit der wechselnden Beladung von
Segelschiffen verbundenen Problemen verantwortlich zu befassen gehabt hatte, kann sich ungünstig ausgewirkt haben.
Dass er - bis auf ein Jahr (1926/27) und seine "Xarifa"-
Zeit - überhaupt niemals als Kapitän gefahren war, sei
nur am Rande erwähnt.

Der I.Offizier Köhler war leider nicht in nennens-
wertem Masse auf Segelschiffen "vor dem Mast" zur See gefahren, als er im Mai 1956 auf der "Pamir" als II.Offizier
anmusterte. Auf dem Schulschiff "Kommodore Johnsen" war er
nur im Jahre 1945, also zur Zeit des deutschen Zusammen-
bruchs, gemustert. Das Schiff ist nur einige Wochen in Fahrt
gewesen und dann aufgelegt worden, so dass man jene Monate
als eine wirkliche Fahrzeit nicht wird ansehen dürfen. Auch
seine Matrosenzeit auf dem Küsten-Motorsegler "Regina" kann
ihm keine Segelschiffserfahrungen vermittelt haben, die die
Schiffsjungen - und Matrosenzeit auf "Pamir" oder "Passat"
hätten ersetzen können. Ohne Zweifel ist auch der I.Offi-
zier Köhler ein tüchtiger Seemann und ein Mann gewesen,
der aus reinem Idealismus die zusätzlichen Gefahren und
Entbehrungen der Segelschiffahrt auf sich genommen hat.
Kapitän Eggers hat ihm das beste Zeugnis ausgestellt. Dennoch erscheint die Bemerkung von dem alten Rahsegler-Kapitän
Lehmberg in diesem Zusammenhang wichtig, der unter Zustimmung seiner Berufskameraden sich gegen die Auffassung ver-
wahrt hat, dass eine Segelschiffspraxis vor dem Mast, ein
"Von-der-Pike-auf-Dienen" auf Segelschiffen für Segel-
schiffs-Kapitäne oder -Offiziere entbehrlich wäre.

Es wäre auch sicherlich wenig folgerichtig, wenn man
Segelschiffspraxis für die Offiziere von Dampfern und
Motorschiffen für dringend erwünscht halten wollte, aber
auf einem Segelschiff Offiziere für tragbar ansehen würde,
die ihre Ausbildung im wesentlichen auf Dampfern oder

Motorschiffen genossen haben.

Der II.Offizier Buschmann war jahrelang als Jungmann,
Leichtmatrose, dann als III.Offizier und schliesslich als
II.Offizier auf der "Pamir" und "Passat" gefahren. Er ist ein
ausgezeichneter Segelschiffsoffizier und -Praktiker gewesen
und hat allen Anforderungen entsprochen.

Natürlich haben die beiden "überzähligen" Offiziere
- der A 6 -Kapitän Schmidt und der Kapitänleutnant Buscher -
eine sehr wertvolle Bereicherung bedeutet. Aber die Spezialerfahrung auf ladungfahrenden Großseglern, um die es hier
gerade geht, standen auch Kapitän Schmidt nicht zur Verfügung, und Kapitänleutnant Buscher war zur Ausbildung
auf die "Pamir" kommandiert.

Den Bootsmann Kühl hatte Kapitän Eggers im Jahre 1951
auf die "Pamir" geholt, weil er ihm als besonders tüchtig
und zuverlässig bekannt war. Kühl war aber in seiner Ein-
satzfähigkeit naturgemäss durch sein Alter - er war
inzwischen 68 Jahre alt geworden - beeinträchtigt. Es ist
nicht anzunehmen, dass der überlebende Schiffsjunge Kraaz
in seiner ersten Vernehmung am 29.9. seine Bekundungen
aus der Luft gegriffen haben sollte, wonach der alte Bootsmann an diesem letzten Tage recht schwach und hilfsbedürf-
tig gewesen ist. Auch der Segelmacher war schon 65 Jahre
alt. Beiden stand aber je eine junge Fachkraft zur Seite
(Lütje bzw. Holzapfel) und auch ein Zimmermann war vorhanden. Insofern war die "Pamir" also gut bemannt.

Nicht so günstig lagen die Verhältnisse bezüglich der
Voll- und Leichtmatrosen. Die Bemannungsrichtlinien von
1934 forderten für "Pamir" bei 3103 BRT nur 4 Matrosen,
2 Leichtmatrosen und 2 Jungmannen. Praktisch würde aber eine
diesen Richtlinien entsprechende Besatzung für die Be-
dienung so grosser Segelschiffe mit so komplizierter Besegelung natürlich bei weitem nicht ausreichen. Man muss
vielmehr dabei auf die Erfahrungen der alten Segelschiffs-
zeit zurückgreifen, wobei wieder die Frage auftaucht, ob
und inwieweit die Masse einsatzfreudiger junger Anfänger
die Routine einiger alterfahrener Seeleute ersetzen kann.

Des weiteren war auch zu beachten, ob bei den Beförderungen
die in den Laufbahnvorschriften festgesetzten Mindestfahr-
zeiten vorgelegen haben. In einer Kapitänsorder Nr.9 hatte
die Firma Zerssen & Co den Kapitänen die Beachtung der Vorschriften der Verordnung über die Eignung und Befähigung
der Schiffsleute des Decksdienstes auf Kauffahrteischiffen
vom 28.5.1956 zur Pflicht gemacht. Dabei ist allerdings
zu bedenken, dass die Bestimmungen der vorgenannten Eig-
nungsverordnung sich nicht schlagartig verwirklichen
lassen. Die Dinge befinden sich insofern z.Zt. in einem
Überleitungsstadium, und gewisse Ausnahmen waren bisher
zulässig und werden auch in Zukunft schwerlich vermieden
werden können. Die S.32/33 aufgeführten Daten lassen erkennen, dass die Beförderungen zu Leichtmatrosen und Vollmatrosen auf der "Pamir" teilweise recht früh, um nicht
zu sagen zu früh, erfolgt sind. Die Beförderungen sind
wohl weniger nach dem Buchstaben der geltenden Bestimmungen,
als nach der persönlichen Tüchtigkeit der jungen Seeleute
vorgenommen worden. Leider haben die auf den beiden Viermastbarken voll ausgebildeten Matrosen offenbar keine
Neigung gehabt, noch weiter auf diesen Schiffen Dienst
zu tun. Anders ist es schwerlich zu erklären, dass die
"Pamir" die letzte Ausreise mit nur 3, bzw. wenn man den
Segelmacher Holzapfel hinzurechnet, 4 Vollmatrosen angetreten hat. (Arfsten, Lühring seit dem 1.3.57 Vollmatrosen
und Koopmann seit dem 1.5.57 Vollmatrose). Erst während
der Reise - am 1.7. bzw. 18.8.57 - sind dann noch Dellitt
und Gundermann zu Vollmatrosen umgemustert worden. An
sog. Vollgraden waren also - von den Offizieren abgesehen-
am 21.9. der 2.Bootsmann Lütje, der Segelmacher Holzapfel
und die 5 Vollmatrosen in der Takelage voll einsatzfähig.
Hinzu kamen noch 7 Leichtmatrosen, von denen aber ebenfalls 2 erst am 1o.8.1957 und einer am 1.6.1957 zu Leichtmatrosen befördert worden waren.

In den Zeiten um die Jahrhundertwende waren solche
Großsegler noch - neben Segelmacher, Bootsmann und Zimmermann - mit 14 - 15 Vollmatrosen und 8 - 1o Leichtmatrosen
und Jungmännern besetzt gewesen; zwischen den beiden Welt-

kriegen waren (neben Bootsmann, Segelmacher und Zimmermann)
6 Vollmatrosen und 9 - 7 Leichtmatrosen (neben Jungmännern
und Jungen) üblich gewesen. Vergleicht man diese Zahlen,
so muss man doch feststellen, dass die "Pamir" etwas schwach
bemannt war, eine Tatsache, auf die die Schiffsleitung bei
allen Massnahmen und Überlegungen Rücksicht zu nehmen hatte.

Auch die beste Mannschaft hätte aber die Katastrophe
vom 21.September 1957 nicht abwenden können. Die erörterte
Schwäche der Besatzung ist nicht ursächlich für den Untergang der "Pamir" gewesen; dennoch sollten auch die in diesem
Zusammenhang erörterten Schwierigkeiten bei der Wiederingangsetzung eines Segelschiffes erkannt und beachtet werden.

Dagegen ist die Möglichkeit gegeben, dass die dargelegte
mangelnde Vertrautheit des Kapitäns mit den besonderen
Segel- und Stabilitätsverhältnissen der Viermastbark und
die nur begrenzte Segelschiffserfahrung des I.Offiziers ungünstige Auswirkungen gehabt haben. Es ist immerhin möglich,
dass eine über reiche Erfahrungen im erwähnten Sinne ver-
fügende Schiffsleitung schon lose Gerste als Ladung abgelehnt,
an Hand der Rollperiode die stabilitätsmässige Gefährdung
erkannt, vielleicht sogar vorsichtshalber den Tieftank geflutet oder in anderer Weise für ausreichenden Ballast gesorgt, jedenfalls aber die Räume laufend überprüft und nachgetrimmt hätte. Sie hätte sicherlich - für den vorliegenden
Fall musste diese Frage, wie ausgeführt, offenbleiben -
laufend Wetternachrichten aufgenommen und wäre vielleicht
dem Hurrikan nach Süden oder Osten ausgewichen; hätte,
wenn ihr dies nicht gelang, rechtzeitig für einen sicheren
Verschlusszustand der Aufbauten gesorgt, mit wenigen Schrat-
segeln beigedreht oder mit einem Untermarssegel gelenzt,
die Nachteile des Anbrassens erkannt, beim Auftreten der
Schlagseite frühzeitig ein Übergehen der Getreideladung vermutet und Gegenmassnahmen ergriffen, vielleicht auch früher
und uneingeschränkt SOS gegeben.

Das alles sind keine erwiesenen Tatsachen, aber Möglichkeiten. Um alles Erdenkliche zur Vermeidung künftiger
Katastrophen zu tun, sollte man jedenfalls Segelschulschiffe

nur Kapitänen anvertrauen, die entweder das Schiff in
längerer Fahrzeit als Wachoffizier kennengelernt haben
oder Segelschiffe ähnlicher Grösse und Eigenschaften aus
eigener Kapitänspraxis gründlich kennen; als Offiziere
sollte man auf solchen Segelschiffen nur Männer anmustern,
die selber eine gründliche Segelschiffsausbildung, auch
"vor dem Mast", erfahren haben.

Damit ist die Untersuchung des eigentlichen Unfall-
hergangs abgeschlossen. Sie hat - bei völliger Ausschaltung
der Schuldfrage - ergeben, dass die "Pamir" den Hurrikan
durchaus hätte überstehen können. Alle die Stimmen, die
- aus menschlich begreiflichen Beweggründen - die Ansicht
vertreten, dass die Viermastbark einem unvermeidlichen
Geschick zum Opfer gefallen sei, verkennen nicht nur Tatsachen und ursächliche Zusammenhänge, sondern übersehen
auch wohl vielfach einen wichtigen Punkt: Dass ihre Auffassung den Betrieb von Segelschulschiffen in der vorliegenden Form als mit einem zu hohen Risiko belastet erscheinen lassen würde. Wenn ein solches Segelschiff im Feld eines
Hurrikans zugrundegehen müsste, dann wäre der Einsatz zu
hoch; trotz der verhältnismässigen Seltenheit tropischer
Orkane würden noch so gute Ausbildungserfolge es dann nicht
rechtfertigen, die Blüte des Nachwuchses der deutschen
Handelsmarine in der Jahreszeit der grössten Hurrikanhäufigkeit mitten durch die hurrikangefährdeten Meeresgebiete
segeln zu lassen. Die seeamtliche Untersuchung hat gezeigt,
dass der Unfall der "Pamir" nicht zu einem solchen Schluss
nötigt. Die "Pamir" hätte den Gewalten von Sturm und Seegang, denen sie ausgesetzt gewesen ist, nicht zu erliegen
brauchen.

Für den Zeitpunkt des Eintretens der eigentlichen
Katastrophe geben die letzten Funksprüche wertvolle Hinweise. Das Eintauchen der Masten, also eine Schlagseite
von 9o Grad, bei der die Besatzung ins Wasser gestürzt ist,
wird vermutlich nicht lange nach dem letzten Notruf

(15,o3 MGZ) eingetreten sein. Eine gewisse Zeit später ist
das Schiff über Backbord gekentert. Es hat noch eine zeitlang kieloben getrieben und ist dann, mit dem Bug zuerst,
abgesunken.

Die herzergreifenden Ereignisse beim Untergang der
"Pamir" und danach, bis zur Bergung der wenigen Überlebenden sind aus den im Tatbestand wiedergegebenen Berichten zu ersehen. Leider muss es als feststehend erachtet
werden, dass Volkert Anders, Karl-Otto Dummer, Klaus
Fredrichs, Günter Haselbach, Karl-Heinz Kraaz und Hans-
Georg Wirth die einzigen Überlebenden sind. Auch wenn es
einer Anzahl von Besatzungsmitgliedern gelungen sein sollte,
ein drittes Boot zu bemannen, so müssen sie mit umgekommen
sein. Bei dem heutigen Stande der Nachrichtentechnik wäre
ihre Rettung längst bekannt geworden. So sind denn achtzig
Seeleute, Kapitän, Offiziere und Stammbesatzung, die aus
Idealismus, aus Hingabe an eine grosse Aufgabe, die Härte
und Entbehrungen der Segelschiffahrt auf sich genommen
hatten, und eine hoffnungs- und tatenfrohe junge Mannschaft
auf See geblieben; geblieben mit einem der allerletzten
jener ganz grossen Frachtsegler, die der Handelsfahrt mit
Segelschiffen noch im Zeitalter ihres Ausklingens hohe
Anerkennung und Bewunderung eingetragen hatten, denen die
Liebe der Seefahrer gehörte und deren Schönheit alle Welt
ergriff; geblieben mit der "Pamir", die in der alten Hansestadt Lübeck beheimatet war und ihren Namen über die Meere
getragen hat.

Das Seeamt hat es nicht als seine Aufgabe angesehen,
den Versuch zu machen, aus den natürlich lückenhaften Berichten ein erschöpfendes Bild von dem Ablauf der Ereignisse nach dem Kentern der "Pamir" zu rekonstruieren oder
gar Einzelschicksale aufzuklären. Es hat auch diese Vorgänge vornehmlich unter dem Gesichtspunkt untersucht,
welche Lehren für die Zukunft daraus zu gewinnen wären.
Haselbach hat bekundet, der II.Offizier Buscher habe
ihm im Boot erzählt, dass er schon etwa um 9 Uhr (Bord-

zeit) den Kapitän gefragt habe, ob er SOS geben solle; der
Kapitän habe abgewinkt. Erst um 13,36 Uhr MGZ (= 1o, Uhr
Bordzeit) ist der erste Notruf erfolgt, und zwar nicht als
echte Seenotmeldung (SOS), sondern nur als XXX-Meldung; es
wird auch nicht die-nach den Berichten der Überlebenden
damals zweifellos schon vorhanden gewesene - starke Schlagseite, sondern nur der Verlust der Segel erwähnt. Um
14 Uhr wird zwar SOS gegeben und auch die schon 35 Grad
betragende und noch zunehmende Schlagseite gemeldet, aber
doch nur gebeten, Verbindung aufzunehmen. Die Schiffsleitung hatte es also anscheinend als ausreichend angesehen, dass ein Schiff ("Penn Trader") Kurs auf die "Pamir"
genommen hatte, um dem Schiff in seiner hilflosen Lage
beizustehen. Wenn man zu dieser Zeit schon mit dem Untergang
des Schiffes gerechnet hätte, würde man selbstverständlich
schon jetzt uneingeschränkt und in der dringlichsten Form
um Hilfe gebeten haben. Wenn dies schon, als Buscher die
Anregung gab, geschehen wäre und alle auch im weiteren Umkreis anwesenden Schiffe um Hilfe gebeten worden wären,
hätten die ersten Schiffe vielleicht schon vor Einbruch
der Dunkelheit eintreffen können; jedenfalls hätte schon
in der ersten Nacht, als noch zahlreiche Besatzungsmitglieder am Leben waren, von mehreren Schiffen die Suche
aufgenommen werden können.

Weitere wertvolle Stunden sind für die Einleitung
der allgemeinen Suchaktion noch dadurch verlorengegangen,
dass bis 19.18 Uhr anscheinend nur zwei Schiffe, nämlich
"Penn Trader" und "President Taylor", Kurs auf die Unfallstelle genommen hatten, was aus der Sicht der Führer der
an dem Notverkehr beteiligten Schiffe begreiflich erscheint,
weil man immer noch davon ausging, dass das Wrack noch
treiben würde und demgemäss eine Hilfeleistung durch zwei
Schiffe ausreichen würde. Erst um 19.18 Uhr hat dann
"Penn Trader" eine XXX-Meldung an alle Schiffe im Umkreis
von 2oo Meilen ausgestrahlt, mit der Aufforderung, zu Hilfe
zu kommen und nach Überlebenden zu suchen. Damit ist dann
die wohl grossartigste Hilfsaktion angelaufen, die jemals

zur Rettung von Schiffbrüchigen durchgeführt worden ist.
Die Schiffe sind aus zum Teil weit entfernten Seegebieten
herbeigeeilt, um sich an der Suche zu beteiligen. Die Suchaktion ist im Tatbestand näher beschrieben worden. Auch die
Flieger haben, sobald die atmosphärischen Bedingungen es
zuliessen, sich in hervorragender Weise unermüdlich an den
Aktionen beteiligt. Dank und Anerkennung ist allen Helfern
auch in der Spruchformel zum Ausdruck gebracht worden.

Worauf ist es nun zurückzuführen, dass ein solch un-
erhörter Grosseinsatz doch leider nur so sehr begrenzte
Erfolge gebracht hat? Aufgrund der - in der Seeamtsverhandlung aus naheliegenden Gründen nicht vollständig bekannt-
gegebenen - Berichte der Überlebenden steht fest, dass
sich in dem Dummer'schen Boot, vor allem aber auch in dem
Haselbach'schen Boot zunächst eine weit grössere Anzahl
von Besatzungsangehörigen befunden hat, die dann einer nach
dem anderen verstorben sind. Wenn die Boote nur einige
Stunden früher aufgefunden worden wären, wäre die Zahl der
Geretteten grösser gewesen. Vielleicht ist sogar noch ein
drittes Boot mit ca. 2o Mann vorhanden gewesen. In der
ersten Nacht sind nicht nur von den Insassen des Dummer'
schen Bootes, sondern auch von "Penn Trader" und "President
Taylor" Flackerfeuer beobachtet worden, die - wenn es sich
nicht um optische Täuschungen gehandelt hat - wohl nur von
einem solchen verschollenen dritten Boot ausgegangen sein
könnten. Es liegt also eine besondere Tragik darin, dass
trotz des Grosseinsatzes von Schiffen und Flugzeugen und
obwohl auch das Wetter sich in den nachfolgenden Tagen
völlig beruhigt hatte, nur so wenige gerettet werden konnten.

Keines der sechs hölzernen Rettungsboote (eines war
schon vorher fortgewaschen worden) ist auch nur in leidlich
unbeschädigtem Zustand zu Wasser gekommen. Es waren nur
Wracks oder Trümmer von Rettungsbooten, die die nicht von
der "Pamir" sogleich mit in die Tiefe Gerissenen oder in
dem hohen Seegang trotz Schwimmwesten alsbald Ertrunkenen
schwimmend erreicht haben. Dem Hinweis des Kapitäns Groeschel

(SBG), dass diese hölzernen Bootswracks, obwohl vollgeschlagen, doch noch einen gewissen Halt und Schutz geboten
und sich demgemäss bewährt hätten, kann zugestimmt werden.
Rettungsboote der herkömmlichen Form und Konstruktion
werden wohl immer unentbehrlich bleiben, zumal ja auch
Schiffskatastrophen bei ruhigem Wetter und ruhiger See
stattfinden. Dennoch drängt sich - im "Zeitalter der
Kunststoffe" - naturgemäss die Frage auf, ob es nicht in
Zukunft möglich sein sollte, Rettungsboote aus elastische-
rem, bruch- und splittersicherem Material zu bauen, die
grössere Aussicht hätten, unbeschädigt die enormen Beanspruchungen zu bestehen, die immer beim Zuwasserlassen bei
Sturm, Seegang und starker Schlagseite auftreten.

Gerade wegen der bisher noch ungelösten Schwierigkeiten, die einem Zuwasserlassen herkömmlicher Rettungsboote bei hohem Seegang und Schlagseite entgegenstehen,
wird man der Entwicklung und Verwendung der modernen Schlauchboote, Rettungsflösse, Rettungsinseln usw. die grösste Aufmerksamkeit schenken müssen. Aus der Tatsache, dass im Falle
der "Pamir" - Katastrophe niemand sich mit Hilfe der drei
an Bord mitgeführten Schlauchboote hat retten können, wird
man keine Schlüsse gegen den Wert und die Brauchbarkeit
von Schlauchbooten usw. ziehen dürfen. Es ist bekannt, dass
solche modernen Schlauchboote sich bei anderen Seeunfällen
auch bei schwerstem Seegang vorzüglich bewährt haben. Derartige Rettungsboote haben immer noch die grösste Aussicht,
unbeschädigt ins Wasser zu gelangen, und der Gefahr ihres
sofortigen Abtreibens kann durch Anbringung schnell lös-
barer Fangleinen begegnet werden.

An Rettungsringen sind 14, davon 6 mit automatischen
Nachtleuchten versehene vorhanden gewesen, während nach den
UVV im ganzen nur sechs Rettungsringe erforderlich gewesen
wären.

Die "Pamir" ist nicht mit den für Neuausrüstungen
in § 93 der Schiffssicherheitsverordnung vorgeschriebenen
Schwimmwesten, die den Kopf einer bewusstlosen Person über
Wasser halten können, ausgerüstet gewesen. Die vorhandenen

Korkwesten waren aber nicht vorschriftswidrig, weil nach
S.3 der Richtlinien auf Schiffen, deren Kiel vor dem
19.11.1952 gelegt wurde, die den Richtlinien von 1941
entsprechenden Schwimmwesten noch aufgebraucht werden
dürfen. Diesen Richtlinien der SBG vom April 1941 haben
die Korkwesten entsprochen. Da die Tragfähigkeit von
Kapokwesten nur für die Dauer von 48 Stunden gewährleistet
sein soll, haben die Korkwesten sich im vorliegenden
Falle sogar als vorteilhaft erwiesen, denn Dummer und
seine Gefährten sind erst nach 54 Stunden abgeborgen
worden, und Haselbach sogar noch sehr viel später. Kapitän
Groeschel hat vor dem Seeamt in recht einleuchtender Weise dargelegt, dass die modernen, mit Kapok gefüllten
Schwimmwesten bei ölhaltiger Wasseroberfläche so schwerwiegende Nachteile aufweisen sollten, dass ihre Abschaf-
fung erwogen wird. Wenn auch im Falle "Pamir" eine ölhal-
tige Wasseroberfläche nicht in Frage kam, wird man doch
wohl sagen können, dass bei der "Pamir"-Katastrophe die
Art und Beschaffenheit der Schwimmwesten im Enderfolg
keine Rolle gespielt haben kann. Bei der zunächst noch
herrschenden schweren Sturmsee musste ohnehin jeder verloren sein, dem es nicht in kurzer Zeit gelang, eines
der Boote zu erreichen.

Verhängnisvoll hat es sich ausgewirkt, dass die
Besatzungsmitglieder, die sich in die Boote hatten retten können, nicht bzw. erst so spät aufgefunden worden
sind, obwohl schon in der ersten Nacht und dann erst recht
in der Folgezeit Suchfahrzeuge und Flieger in verhältnismässig geringer Entfernung vorübergekommen sind. Wenn die
Insassen dieser Boote Mittel zur Verfügung gehabt hätten,
um sich bemerkbar zu machen, oder mit Radargeräten ausfindig zu machen gewesen wären, so wäre die Zahl der
Opfer dieser Schiffskatastrophe bei weitem nicht so gross
gewesen.

Die Ausrüstung der Rettungsboote ist nach den Feststellungen der Seeberufsgenossenschaft in Verbindung mit
den Bekundungen der Überlebenden vollständig und vor-

schriftsmässig gewesen. Ihre Befestigung in den Rettungsbooten aber ist den Beanspruchungen nicht gewachsen gewesen, was übrigens auch für die Luftkästen žu gelten hat.
Treffend hat eine bekannte Bootswerft in einer Zuschrift
an das Seeamt darauf aufmerksam gemacht, dass die sichere
Befestigung der Lufttanks in den Rettungsbooten wohl
nicht selten vernachlässigt werde um der Möglichkeit willen, sie mit geringer Mühe bei den vorgeschriebenen Kontrollen herausnehmen und vorzeigen zu können. Solche
Mißstände sollten wirksam abgestellt werden. Aus dem
Dummer'schen Boot war praktisch fast die gesamte Ausrüstung
herausgeschlagen oder -gewaschen worden; im Haselbach'schen
Boot ist sie zwar zunächst im wesentlichen vorhanden gewesen, aber die Signalmittel waren - anscheinend durch die
Einwirkung des Wassers - unbrauchbar.

Die an Bord befindlichen pyrotechnischen Signalmittel
stammten vom Ende des Jahres 1955, waren also verhältnismässig alt, aber doch noch zugelassen. Die Raketen waren
- obwohl auch ihre turnusmässige Erneuerung noch nicht vorgeschrieben gewesen wäre - im November 1956 erneuert worden, nachdem eine Rakete bei ihrer Erprobung versagt hatte.
Wenn die Ausrüstung an pyrotechnischen Signalmitteln nicht
herausgeschlagen worden wäre, bzw. funktioniert hätte,
dann würde sie unzweifelhaft ausgereicht haben, um die im
Laufe der Nacht oder am nächsten Tage immer zahlreicher
eintreffenden Schiffe und Flugzeuge zu den Schiffbrüchigen
hinzuführen. Im Haselbach'schen Boot ist vergebens versucht worden, Fallschirmsignale, Rotfeuer und Rauchsignale
in Gang zu setzen. Wenn aber die in der ersten Nacht ge-
sichteten Flackerfeuer etwa von einem verschollenen dritten
Boot gestammt haben sollten, könnte daraus geschlossen
werden, dass die pyrotechnischen Signalmittel sich doch
noch in einem entflammbaren Zustand befunden hätten. Dass
die Signalmittel auf dem Haselbach'schen Boot versagt
haben, war höchstwahrscheinlich auf die Durchfeuchtung
zurückzuführen.

Auf dem später geborgenen - jetzt im Hamburger Freihafen lagernden, ebenfalls stark beschädigten - Boot 6
(welches schon vor dem Kentern fortgewaschen worden war),
ist noch eine Reihe von optischen Signalmitteln vorge-
funden worden. Wenn der stichprobenhaft unternommene Versuch, ein solches Rotfeuer im Hamburger Hafengebiet in
Gang zu setzen, fehlgeschlagen ist, so mag das auf die
lange Zeit zurückzuführen sein, in der das ganze Inventar
dieses Bootes unter Wasser gewesen ist. Auf alle Fälle
aber sollte gerade der weiteren Verbesserung der Wasserfestigkeit und automatischen Entflammbarkeit aller solcher Signalmittel die grösste Aufmerksamkeit gewidmet
werden. Solche pyrotechnischen Signalmittel sollten
nicht nur in einem wasserdichten Gefäss verstaut werden,
sondern auch jedes Gerät für sich sollte noch einmal
wasserdicht verpackt sein, wenn sie nicht ohnehin als
völlig wasserunempfindlich entwickelt werden können.

Bei Tage wären Rauchsignale von vorzüglichem Nutzen
gewesen.

Die im Kriege mit gutem Erfolg erprobten Farbbeutel,
die einen grossen farbigen Fleck rings um die Schiffbrüchigen erzeugen, hätten ebenfalls wertvolle Dienste
leisten können.

Alle Rettungsboote, Schlauchboote, Flösse usw.
sollten grundsätzlich mit hell-leuchtenden, am besten
hellgelben Farbanstrichen versehen werden. Auch der Vorschlag, sie mit selbst- (d.h. auch bei Dunkelheit)
leuchtenden Farben zu streichen, sollte erwogen werden.
Die Rettungsboote der "Pamir" waren zwar nicht, wie in der
Presse gesagt worden war, mit "Tarn-"farbe gestrichen,
sondern naturholzlakiert. Sie hatten aber ebensowenig
eine helleuchtende Farbe, wie das aufgefundene Schlauchboot. Dass grelle Farben im vorliegenden Falle zu einer
schnelleren Auffindung geführt hätten, ist allerdings
wenig wahrscheinlich, weil die Boote ja vollgeschlagen
waren und demgemäss zum grössten Teil unter der Wasseroberfläche schwammen. Die zwei von der "Vale" aufgefisch-
ten Rettungsringe sind mit ihrem rot-weissen Anstrich

auf eine grosse Entfernung (2 - 3 sm) ausgemacht worden.
Verhängnisvoll hat es sich auch vor allem ausgewirkt,
dass das tragbare Notsendegerät, der sog. "gelbe Kasten",
nicht in Tätigkeit gesetzt werden konnte. Man weiss nur,
dass der I.Offz. Köhler bis zuletzt um diesen Kasten bemüht gewesen ist, über seinen Verbleib ist nichts bekannt.
In den überfluteten und weitgehend zerstörten Booten hätte
allerdings wohl ohnehin die Antenne nicht aufgerichtet
und der Notsender in Betrieb genommen werden können. Umso
tatkräftiger sollte die Entwicklung und Einführung von
Notsendegeräten vorangetrieben werden, die nicht nur gänzlich wasserunempfindlich sind, sondern auch unter den aller-
schwierigsten Bedingungen bedient werden könnten. Auch
der Anregung, Notsender in Rettungsbooten fest zu montieren,
sollte sorgfältig nachgegangen werden. Auch schwimmende Funkbaken, welche automatisch Notzeichen ausstrahlen, hätten von
höchstem Nutzen sein können.

Da heute die Ausrüstung der Seeschiffe mit Radar schon
weitgehend fortgeschritten ist, sollte auch dafür gesorgt
werden, dass treibende Rettungsboote im Radarschirm deutlich wahrgenommen werden können. Die im Gange befindliche
Entwicklung wirksamer Radarreflektoren sollte mit allen
Kräften gefördert werden.

Das Seeamt möchte auch auf die bedeutsamen "Vorschläge
für die Sicherung menschlichen Lebens auf See" verweisen,
die Wolfgang Woerdemann in der "Hansa" Nr.52/53 des Jahr-
gangs 1957 im Hinblick auf den Untergang der "Pamir" anhand
eigener Erfahrungen aus der Kriegszeit entwickelt hat.

Zu empfehlen wäre ferner wohl, das Trinkwasser anstatt
in grossen Fässern in einzelnen kleineren Behältern an verschiedenen Stellen des Rettungsbootes sicher zu befestigen.

Beachtlich erscheinen auch die Erfahrungsberichte, die
die Überlebenden in der Seeamtsverhandlung über die Art
der Zusammensetzung der Verpflegung in den Rettungsbooten
gemacht haben. Dextroenergen haben sie besonders gerühmt.
Beklagt haben sie sich darüber, dass sie zwar Dosen hatten,
aber keine Werkzeuge, um diese zu öffnen; ausserdem sollen

die Dosen so eng gewesen sein, dass es nicht möglich war,
mit aer Hand hineinzugelangen, nachdem sie sie mühselig
geöffnet hatten. Der Inhalt, Hartbrot usw., war auch so
fest gestaut, dass sie die grössten Schwierigkeiten gehabt haben, etwas herauszubekommen. Selbstverständlich
wird man nicht so weit gehen können, zu verlangen, dass
die Nahrung so zusammengestellt werden müsste, dass sie
auch ohne Trinkwasser genossen werden könnte. Immerhin
wird es auch empfehlenswert sein, die Gefahr in Betracht
zu ziehen, dass auch einmal - wie im vorliegenden Fall -
das Trinkwasser verlorengehen kann. Kapitän Groeschel wird
darin beizupflichten sein, dass es natürlich eine obere
Grenze für die Ausrüstung der Rettungsboote geben muss,
weil andernfalls schliesslich nicht mehr genügend Platz
für die Besatzung bleiben würde.

Damit soll die seeamtliche Untersuchung der Fragen,
zu deren Prüfung der Untergang der "Pamir" Anlass bieten
musste, abgeschlossen sein. Der Seeamtsspruch konnte, da
Schuldfragen nicht zur Erörterung standen, nur gutacht-
lichen Charakter haben. Gerade deshalb musste das Haupt-
gewicht auf den Versuch gelegt werden, aus diesem so besonders verlustreichen, schmerzlichen Seeunfall doch ein
Höchstmass von Lehren zu erarbeiten. Möchten die gewonnenen Erkenntnisse zur Verhütung künftiger Seeunfälle bei-
tragen.

Luhmann

Krieger   H. Dobberthien

Adolf Kruse   W. Seefisch

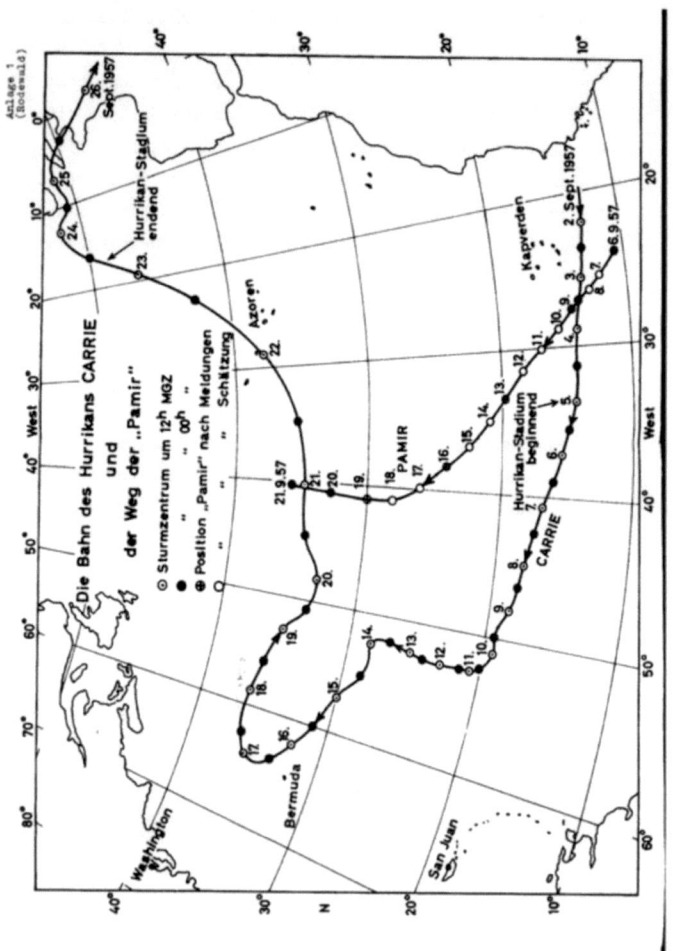

Die Bahn des Hurrikans CARRIE
und
der Weg der „Pamir"

⊙ Sturmzentrum um 12ʰ MGZ
   „   „   „   00ʰ „
⊕ Position „Pamir" nach Meldungen
   „   „   „   „   Schätzung

Anlage 1
(Bodewald)

Häufigkeit, Hauptgebiete und mittlere Zugbahnen der Westindischen Orkane

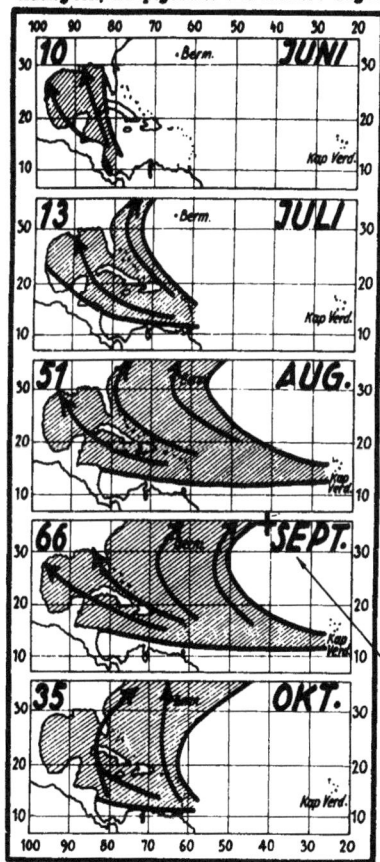

Die Anzahl der von 1887 bis 1936, also im Laufe von 50 Jahren, beobachteten tropischen Wirbelstürme, in denen zweifelsfrei Windstärke 12 festgestellt wurde, ist auf den nebenstehenden Karten für jeden Monat durch die links oben eingetragene Zahl angegeben. Von Dezember bis Mai sind in jenem Zeitraum Wirbelstürme mit sicher festgestellter Hurrikanstärke nicht beobachtet worden, im November nur sechs.

Zählt man diejenigen Wirbelstürme mit, die keine volle Orkanstärke erreichten oder bei denen dies zweifelhaft ist, so lassen sich in den genannten Jahren 352 Wirbelstürme ermitteln, die sich über das Jahr wie folgt verteilen: Mai 4, Juni 24, Juli 25, August 71, September 112, Oktober 90, November 24, Dezember 2.

Die schraffierten Flächen bezeichnen die Hauptgebiete des Vorkommens Westindischer Orkane nach Beobachtungen von 1874 bis 1933 (60 Jahre). Berücksichtigt wurden nur diejenigen Wirbelstürme, die Windstärke 12 erreichten. Die Grenzen der schraffierten Flächen sind als Mittel anzusehen und schließen deshalb das Vorkommen tropischer Orkane außerhalb derselben nicht aus.

Die Pfeillinien bezeichnen schematisch die bevorzugten Zugbahnen der Mitten der Wirbelstürme. Starke Abweichungen davon sind nicht selten. Manchmal sind die Bahnen verschlungen und in ihrer Form oft nicht mit Sicherheit zu verfolgen.

Letzte Position "Pamir"

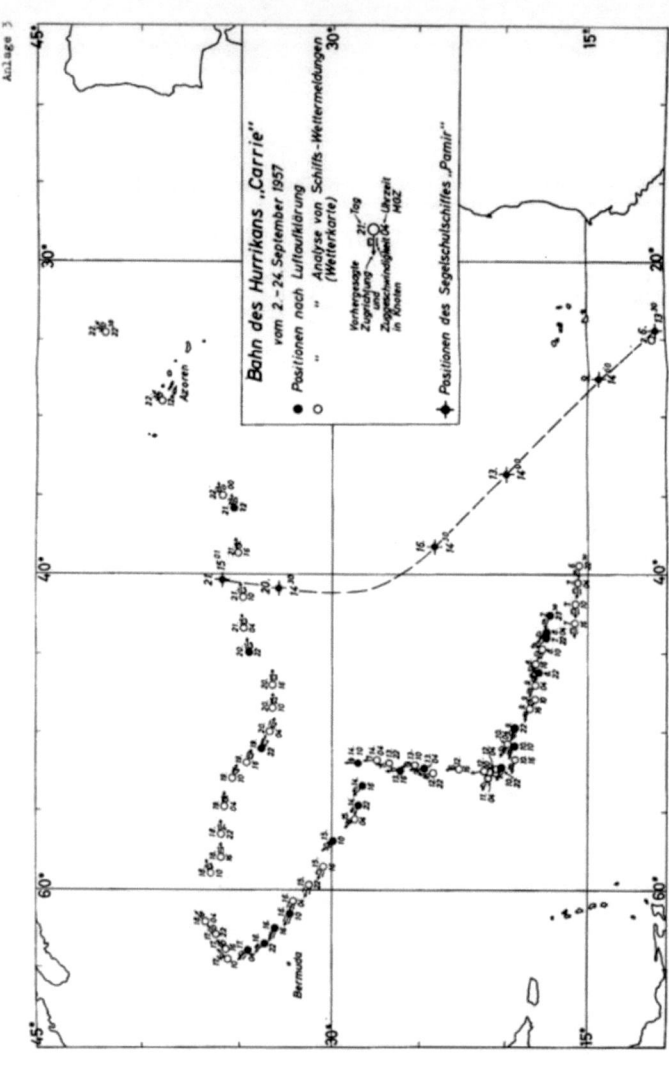

Bahn des Hurrikans „Carrie"
vom 2.–24. September 1957

● Positionen nach Luftaufklärung

○ = Analyse von Schiffs - Wettermeldungen
(Wetterkarte)

+ Positionen des Segelschulschiffes „Pamir"

Gebietseinteilung zum Wettervorhersagedienst für die Schiffahrt

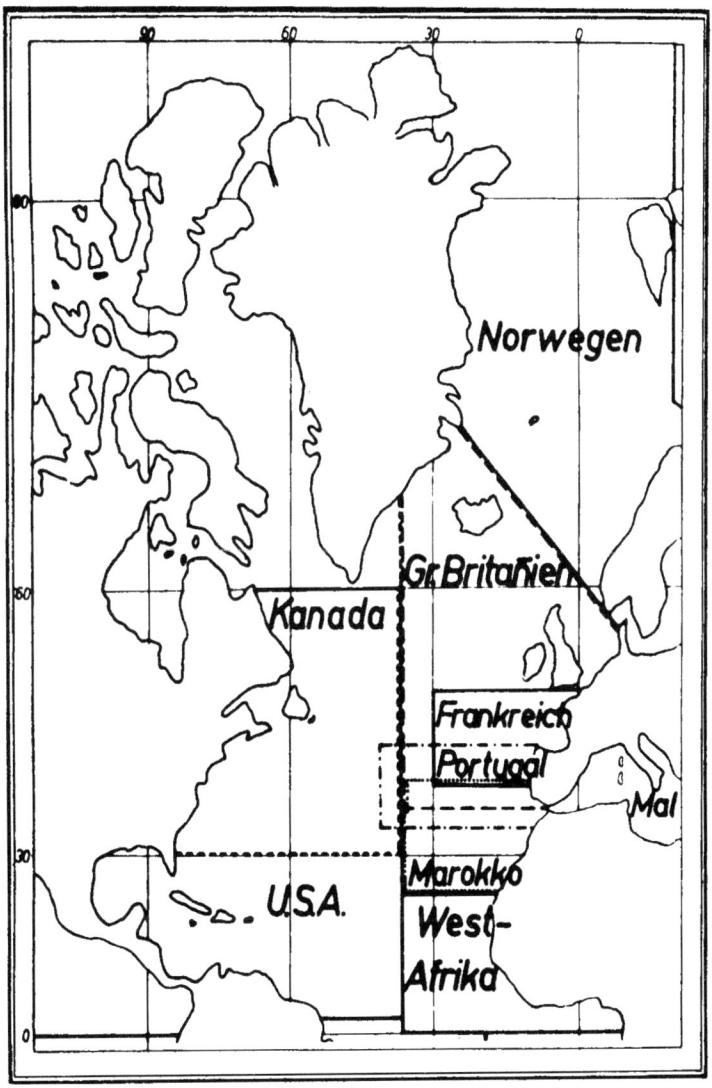

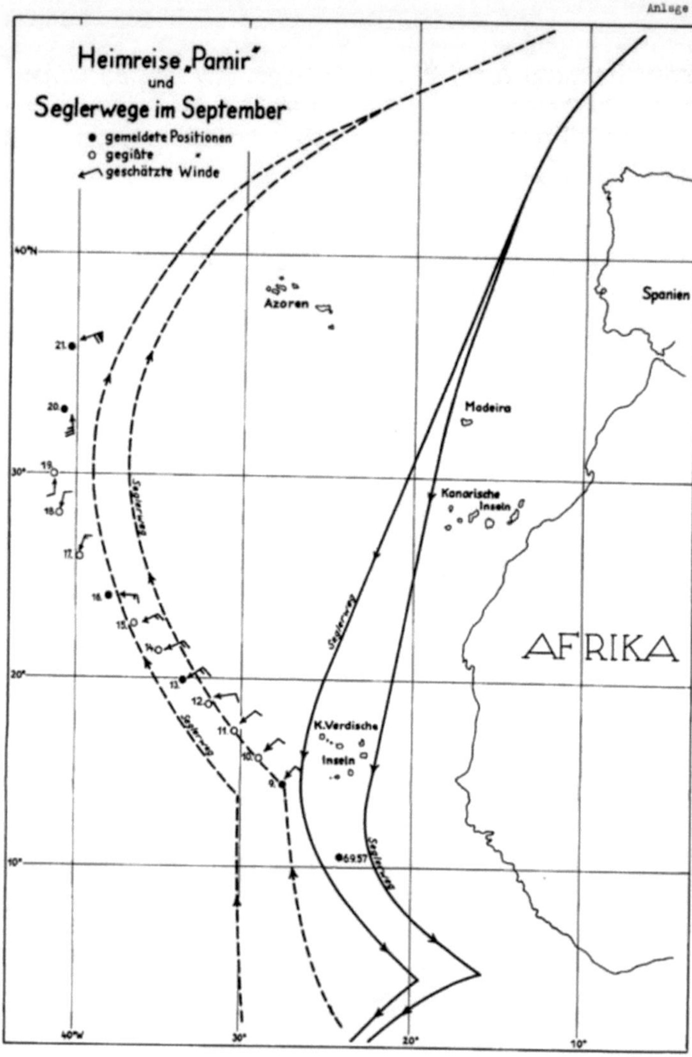

Heimreise „Pamir"
und
Seglerwege im September
gemeldete Positionen
gegißte
geschätzte Winde
40°N
30°
20°
10°
40°W
30°
20°
10°
Azoren
Madeira
Kanarische Inseln
K. Verdische Inseln
Spanien
AFRIKA
Seglerweg
Seglerweg
Seglerweg
Seglerweg
21.
20.
19.
18.
17.
16.
15.
14.
13.
12.
11.
10.
9.
6.9.57

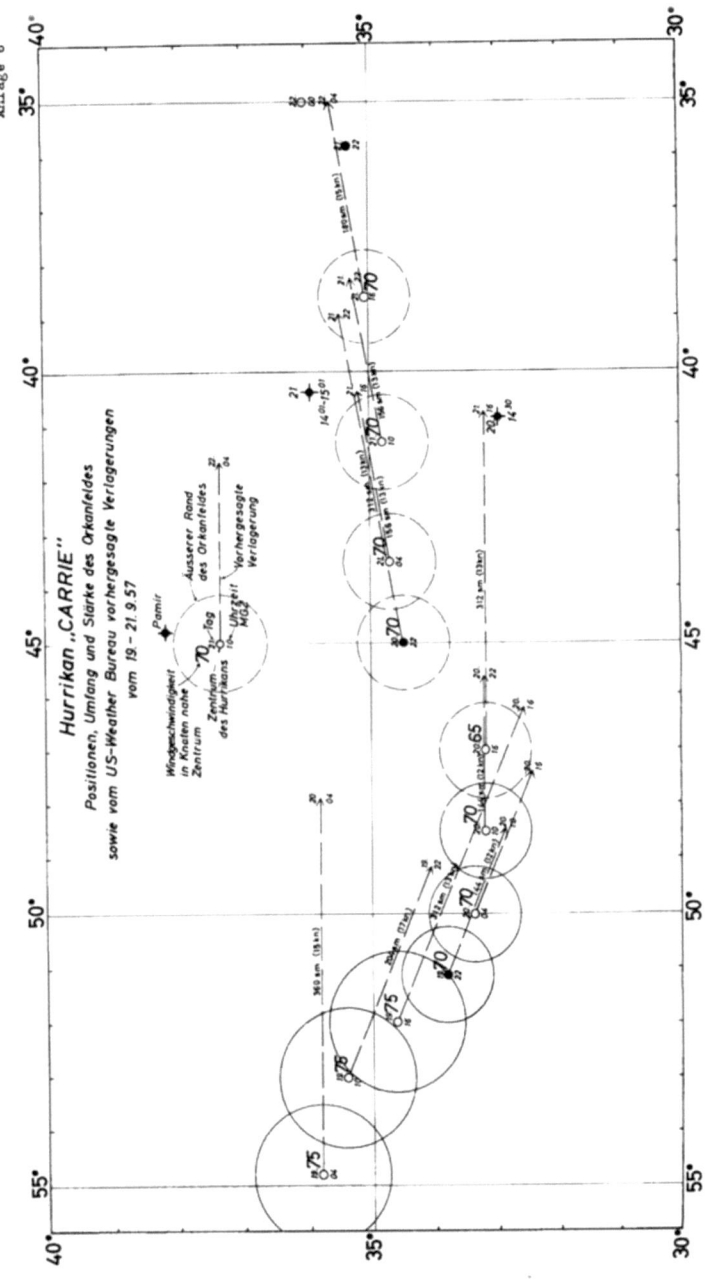

Anlage 6

Hurrikan „CARRIE"
Positionen, Umfang und Stärke des Orkanfeldes
sowie vom US-Weather Bureau vorhergesagte Verlagerungen
vom 19.– 21.9.57

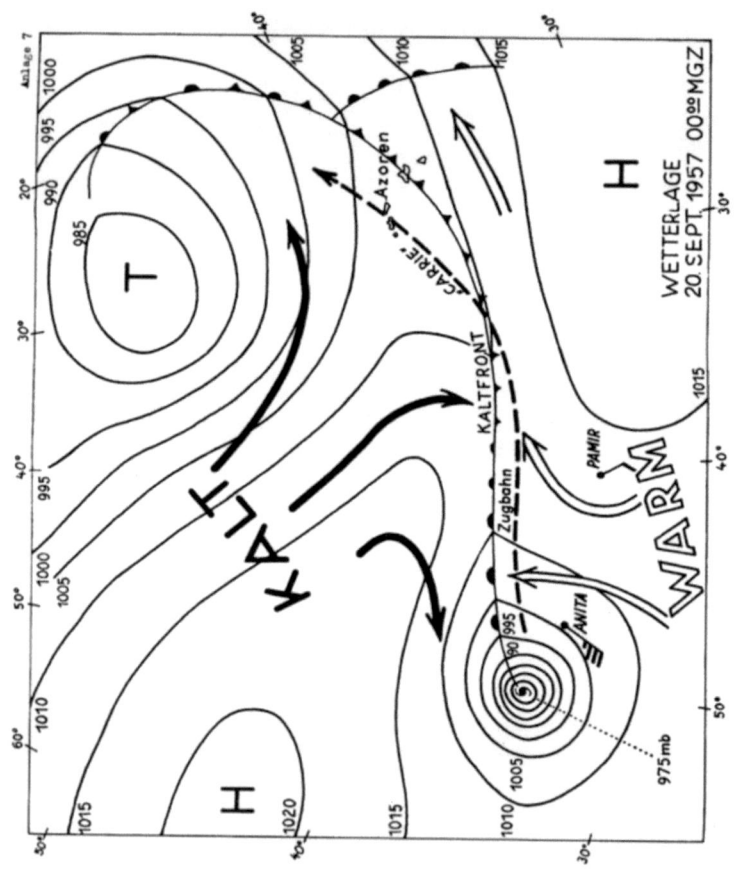

WETTERLAGE
20. SEPT. 1957 00⁰⁰ MGZ

Anlage 8

Druckverlauf und Winde M.S. ANITA im Hurrikan „Carrie"
(nach Meteorol. Tagebuch)

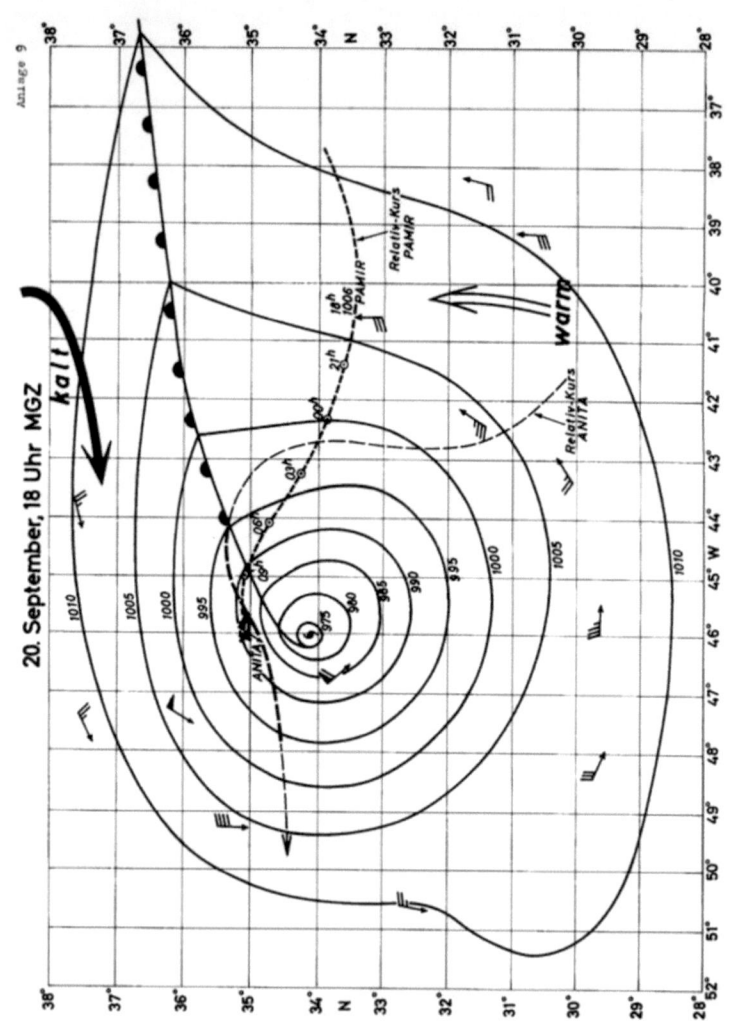

Anlage 9

20. September, 18 Uhr MGZ

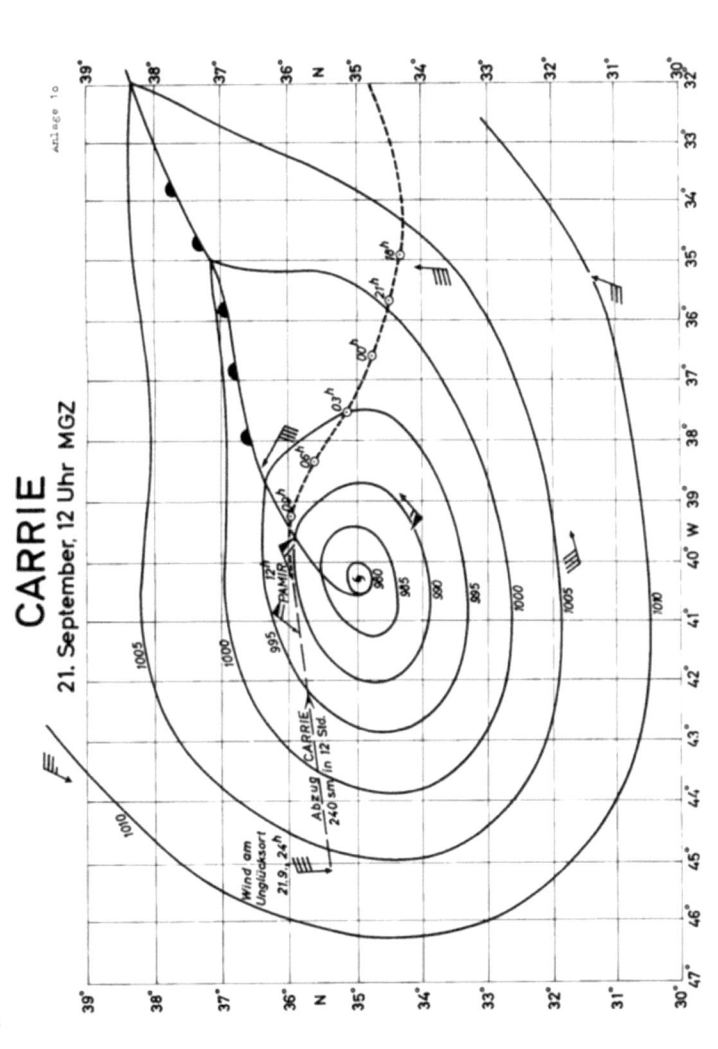

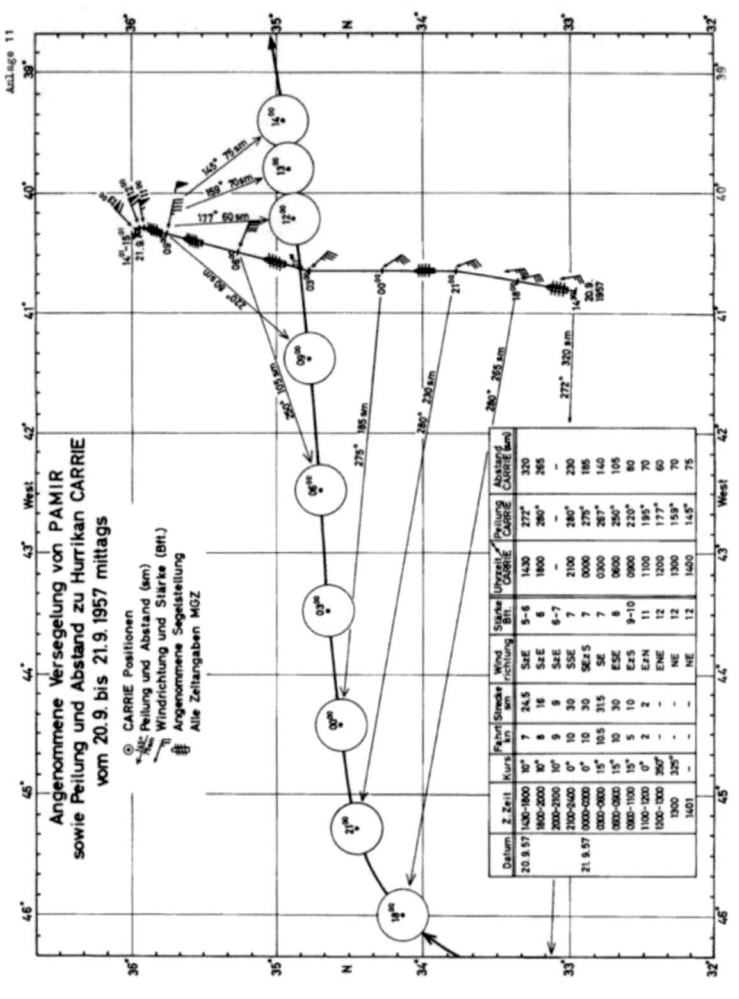

Anlage 11

Angenommene Versegelung von PAMIR
sowie Peilung und Abstand zu Hurrikan CARRIE
vom 20.9. bis 21.9.1957 mittags

⊕ CARRIE Positionen
Peilung und Abstand (sm)
Windrichtung und Stärke (Bft.)
Angenommene Segelstellung
Alle Zeitangaben MGZ

Datum	Z.Zeit	Kurs	Fahrt sm	Strecke sm	Wind Richtung	Stärke Bft.	Uhrzeit CARRIE	Peilung CARRIE	Abstand CARRIE (km)
20.9.57	1430–1800	10°	7	24,5	SzE	5–6	1430	272°	320
	1800–2000	10°	8	16	SzE	6	1800	280°	285
	2000–2100	10°	9	9	SzE	6–7	2100	–	–
	2100–2400	0°	10	30	SSE	7	2100	280°	230
21.9.57	0000–0300	0°	10	30	SEzS	7	0000	275°	185
	0300–0600	15°	10,5	31,5	SE	8	0300	287°	140
	0600–0800	15°	10	30	ESE	9–10	0600	250°	105
	0800–1100	15°	5	10	EzS	11	1100	220°	80
	1100–1200	0°	2	2	EzN	11	1200	195°	70
	1200–1300	260°	–	–	ENE	12	1300	177°	60
	1300	325°	–	–	NE	12	1300	159°	70
	1401	–	–	–	NE	12	1400	145°	75